经／邦／济／世／

励／商／弘／文／

京师经管文库

北京师范大学

李宝元文集

李宝元／著

人本发展与管理

经济科学出版社

Economic Science Press

总　序

北京师范大学是教育部直属重点大学，其前身是 1902 年创立的京师大学堂师范馆，1908 年改称京师优级师范学堂，独立设校，1912 年改名为北京高等师范学校。1923 年学校更名为北京师范大学，成为中国历史上第一所师范大学。1931 年、1952 年北平女子师范大学、辅仁大学先后并入北京师范大学。师大始终同中华民族争取独立、自由、民主、富强的进步事业同呼吸、共命运，经过百余年的发展，秉承"爱国进步、诚信质朴、求真创新、为人师表"的优良传统和"学为人师，行为世范"的校训精神，形成了"治学修身，兼济天下"的育人理念，现正致力于建设成为具有"中国特色、京师风范"的世界一流大学。

经济与工商管理学院是北师大这棵百年大树长出的新枝嫩叶，其前身是北京师范大学政治经济学系，始建于 1979 年 9 月，由著名经济学家陶大镛教授担任第一届系主任。1985 年更名为经济系，1996 年 6 月组建为北京师范大学经济学院，2004 年 3 月更名为经济与工商管理学院。作为改革开放的产物，北师大经管学院一直坚守"经邦济世、励商弘文"的使命，见证了中国近四十年来所取得的伟大成就，并为之做出了自己的贡献，在这过程中，自身不断壮大，成为了中国经济学和工商管理的重要人才培养和科学研究基地。

北师大经管学院现在涵盖了理论经济学、应用经济学和工商管理三个一级学科，在世界经济、政治经济学、西方经济学、劳动经济、收入分配、教育经济、金融、国际贸易、公司治理、人力资源管理、创新创业、会计、市场营销等领域形成了稳定的研究方向，产生了一批有影响的研究成果。比如世界经济，它是国家重点培育学科，其最早的带头人陶大镛先生是我国世界经济学科的创始人之一。学院在此基础上，还衍生出了国际贸易和国际金融两大研究领域，现在都有很强的实力。还比如教育经济，它是国家重点学科，作为新兴学科和交叉学科，它也是经管学院的特色学科，其带头人王善迈教授是我国教育经济学科的创始人之一，他在20世纪80年代初参与了"六五"国家社会科学重点项目"教育经费在国民收入中的合理比重"的研究，其研究成果为国家财政性教育经费占GDP 4%的目标提供了依据。再比如劳动经济和收入分配，已具有广泛的学术影响和社会影响，其带头人李实教授更被国际同行誉为"收入分配先生"（Mr. Distribution），他所主持的CHIPs数据库，被誉为迄今中国居民收入分配与劳动力市场研究领域中最具权威性的数据库之一。近些年来，学院通过队伍建设、国际化、体制机制改革等措施，因应国家重大理论和现实问题的能力进一步提升，学术成果的影响力进一步增强。比如在"十二五"期间，学院共承担国家社科基金重大项目、教育部人文社科重大攻关项目、国家社科基金重点项目、国家自科基金重点项目15项；在第七届高等学校科学研究优秀成果奖（人文社会科学）评选中，学院7项成果榜上有名，其中一等奖1项，二等奖2项，三等奖4项；此外，学院还有多项成果获北京市哲学社会科学优秀成果奖一等奖、孙冶方经济科学奖、安子介国际贸易研究奖、张培刚发展经济学奖、蒋一苇企业改革与发展学术基金优秀专著奖等，并有

3 项成果入选国家哲学社会科学成果文库。

北师大经管学院一直很重视将教师的学术成果集中呈现给社会。早在 1980 年 5 月，就主办了《经济学集刊》，在中国社会科学出版社出版，其宗旨是"促进我国经济科学的繁荣和发展，积极开展经济理论的研究，提高经济科学的水平，更好地为我国社会主义革命和建设服务。"《经济学集刊》收集有胡寄窗、朱绍文、田光等著名经济学家的大作，但更多的是本院教师的作品，如陶大镛教授的《论现代资本主义的基本特征》、詹君仲教授的《劳动价值学说的由来与发展》、杨国昌教授的《〈资本论〉创作发展阶段问题的探讨》、王同勋教授的《墨子经济思想初探》、程树礼教授的《简论人口规律和生产方式的关系》等，出版后产生了很好的影响。后来又陆续出版了多本。现在我国正处于全面建成小康社会的决胜阶段，未来一个时期，仍是经管学科发展的重要战略机遇期。北京师范大学经济与工商管理学院的愿景是成为具有人文底蕴和国际影响力的一流经管学院，要为"两个一百年"中国梦的实现做出更大的贡献。今天，学院与经济科学出版社合作推出《京师经管文库》，目的是要集中展示学院教师取得的成果，发出师大经管人关于中国社会经济改革和发展的声音，并推动各位学者再接再厉，再攀新高。

《京师经管文库》的汇集出版，得到了北京师范大学"985"工程建设项目和一级学科建设项目的慷慨资助，得到了北京师范大学学科建设与规划处、社会科学处、财经处等的具体指导，得到了经济科学出版社的大力支持。此外，学院学术委员会就文库编辑出版事宜多次开会讨论，许多教职员工为之付出了大量心血。在此一并表示感谢。

《京师经管文库》编委会

2016 年 2 月 14 日

C目 录
ONTENTS

自序 / 01

第一篇　人本生涯路漫漫 / 1

经济地管理人生：一个经济管理专业老师从"潘晓困惑"到
　　"四十不惑"的人生感悟 / 3

人本发展经济学要义：关于阿马蒂亚·森"以自由看待发展"思想的
　　一个理论拓展 / 23

人本管理经济学探索 / 37

人力资本理论史考 / 56

第二篇　人本发展面面观 / 119

国家发展规划的理论基础与战略视界：从马克思社会再生产原理重新审视
　　国家发展战略规划体系 / 121

市场经济广域性与体制改革新突破 / 132

人力资本约束与中国经济可持续发展 / 141

人力资本国际流动与中国人才外流危机 / 151

人力资源国际竞争力四维指数测算及比较研究 / 164

关于教育产业的经济学意义 / 181

制度创新是中国教育发展的根本出路 / 208

第三篇　人本管理学无边 / 237

企业人力资本产权制度史论解析 / 239

人力资本产权安排与国有企业制度变革 / 252

企业经营者人力资本股权化：制度意义与实现途径 / 265

中国企业人力资本产权变革三次浪潮评析 / 277

战略性激励论：现代人力资源管理精髓理念及其在转型期中国企业的
　　应用探析 / 295

论人力资源管理中的制度激励 / 307

组织学习通论：关于组织行为在社会生态学意义上的一个解说 / 318

平衡计酬卡（BCC）：基于战略性广义薪酬整合激励的综合平衡设计 / 328

从平衡计分卡（BSC）到平衡计酬卡（BCC）：现代企业人力资源战略性
　　激励焦点整合管理框架 / 337

中国企业如何打造"战略中心型组织"：基于青啤导入 BSC 实践的
　　案例研究 / 357

自序

人本生涯路漫漫，感慨知命五十年；

人本发展面面观，制度变革最关键；

人本管理学无边，前沿学术悟道先。

这三句顺口溜，是今年五一日于京西爨底下村雨夜偶得，也是笔者围绕"人本发展与管理"主题主线读书教书写书之"书匠"生涯及心路历程的真情真感真实写照，作为这本自选集《人本论语》题记似很妥帖。

人本生涯路漫漫

鄙人今年五十有三，似乎离自传人生还有些年头，按照日前微信上调侃的联合国世界卫生组织最新年龄段划分标准，还算是"青年"呢！但"人到中年"无疑，"五十知天命"的心态心智心绪早有，因此趁着学院及出版社提供的这个"京师经管文库"平台，将自己在"黑暗中摸索前行"的半生心路历程稍稍总结一下，也算对前辈师长有个"感恩"性质的交代。

书匠半生，说来惭愧。读书，教书，写书，五十年与"书"为伍，一晃而过，除了堆积起来"等身"的纸载文字，一事无成。

说到读书，在国人看来，似乎与上学才有关，所谓"上学读书"是也。其实，"上学"不一定就"读书"，在我们这里，更多的是

"应试"，更何况我们这辈人那个"文革"时期的"中小学"年代，根本就不读书。从"庆祝九大"开始小学五年，到"批林批孔"进入初中两年，后又在高中"农业班"里摸爬滚打了两年，才正儿八经通过一年多的应试"农转非"。只是上了大学后，才真正读了点书，而且只是"一点"，还主要是"教科书"。后来，就凭着读的这一点点书，从学习普通话开始，懵懵懂懂地走上"教书"职业生涯路。先是老老实实地做了五年助教，后看不到出路及发展空间，万般无奈才又去读书，"研读"了三年。毕业后重新死心塌地教书，谁知五年后又"没事干了"，不得不再去读书，又是三年的"研读"……结果，十六年时光，就如此这般恍然而过。

公元一千九百九十九年，正式进入京师大学堂，不仅在命运轮回中无意间歪打正着还了二十年前"上师范，学中文"之夙愿，而且在坚守自己"经济管理"（财经院校）学科专业背景下，由宏观（国民经济管理）到微观（工商企业管理）同时兼顾纵观（教育经济与管理），正式踏上以"人力资源开发与管理"为主领地的京师经管职业生涯路。

在京师经管一晃七年过去，对于自己"人本生涯"来说，2006 年是一个具有里程碑意义的年份。就在这一年，学校正式批准成立了"人本发展与管理研究中心"（Research Center for Human Resource Development and Management, RCHRM）；本来，原来申请的名称是"人力资源开发与管理研究中心"（其实英文名称就是此意），但因种种考虑没能"名正言顺"，结果再一次歪打正着，无比欣喜地发现，这个"人本发展与管理"，真真切切地是自己坚守三十余年的"研究中心"，正是自己书匠职业生涯的主题主线。伴随着"名正言顺"的学术机构成立，在这一年做了两件有里程碑意义的大事情。

第一件大事情，就是应《新京报》著名评论员曹保印先生邀请，作为"36 位中国当代学人"之一，将自己三十年"精神里程"做了一个淋漓尽致的"自述"——《经济地管理人生：一个经济管理专业老师从"潘晓困惑"到"四十不惑"的人生感悟》（后以"一个农村孩子的进城路：我从潘晓困惑到四十不惑的人生感悟"为名，载入曹保印编《精神历程：36 位中国当代学人自述》，当代中国出版社 2006 年 9 月版，此文四年后又进一步扩展成书《多元成功路》，2010 年出版发行后数次重印、影响传播甚广）。在这篇半自传性的万言文稿中，结合自己青少年时代"在黑暗中苦苦摸索前行"（特别是 1980 年与全国"八十年代新一代"青年们一起围绕"潘晓困惑"进行轰轰烈烈人生大讨论）的亲身经历及感悟，利用现代经济学"理性人假定"及"个人自由主义"方法论，以及樊纲等当时还是"青年经济学家"的同代同仁们集体"求解命运的方程"，认真清理、理性梳理、客观分析了人际关系的应有常态及待人处世的大道通理。这篇东西，可以说是感悟理解"人本发展与管理"真谛要义不可多得的活教材，要对本书"人本"主题思想有一个充分理解和深刻把握，先耐心看看鄙人身世家史、成长磨难、心路历程、思想源头及学涯脉络，可能是必要的。

　　第二件大事情，是结合个人职业生涯发展以及所供职的京师经管学院关于"教育经济与管理"及"人口、资源与环境经济学"学科建设需要，将自己二十余年在宏观视界下围绕"人本经济发展"主题的方方面面做了一个集成性的总结梳理。从大学本科阶段接触马克思政治经济学"社会再生产理论"特别是"两种再生产理论"开始关注"人本经济"问题，到五年助教后的硕士研究生阶段以本科毕业论文《两种再生产理论探讨》为蓝本发表处女作《从"两种生产论"到"两种价值论"》，并沿此线索在知道了"经济学应该实证化"的道理后，特别是自从欣喜地读到舒尔茨、贝克尔有关"人力资本理论"的学术文献以后，便"满怀激情"甚至有些"癫狂"地投入到积极探索中国经济学（家）从"物本经济学"到"人本经济学"之可能路径的宏大学术事业中，进而沿此线索围绕宏观国民经济管理关于"计划与市场"主题主线撰写了"一大堆文字"并陆续发表在当时各类财经核心期刊上，一直到博士学位论文《人力资本与经济发展》进行了一个阶段性整合总结后，又在京师"教育经济与管理"特色学科背景下做了进一步的相关探索，最后一口气篡出了一本近 70 万字的《人本发展经济学》集大成性专著，由经济科学出版社隆重推出。后精选了部分内容撰写成《人本发展经济学要义：阿马迪亚·森

"以自由看发展"思想的一个理论拓展》一文，发表在《财经问题研究》2006 年第 9 期上。笔者将此文（该著摘要和目录见本书附录一）放在"人本生涯路漫漫"一篇中，以概览笔者前二十余年从宏观视角探索"人本经济发展"问题的学术思想体系，为阅读后面专题论文做一个预设性铺垫。

写作这本《人本发展经济学》，可以说是还了我多年的夙愿，将自己二十余年的学术探索，结合对最新研究文献的"创造性转述"，做了一个自己觉得还算满意的梳理和总结。其基本架构读者一眼就看得出来：它是信奉并遵循现代经济学方法论，基于我称之为"三域耦合再生产"的理论模型，并以现代经济学人本化的新取向为标度，特别是汲取了诺贝尔经济学奖获得者阿马蒂亚·森"以自由看发展"的精髓思想内涵，将有关宏观及微观发展经济学，资源环境经济学与可持续发展理论，人力资本理论和劳动经济学，家庭和人口经济学，教育经济与管理学，文艺、科技和信息经济及管理学，以及制度变迁和产业结构演进理论等多学科的核心命题和前沿研究成果，做了有机的整合，并由此得到一系列新见解、新思路。此跨学科整合工作对发展经济学学术价值的提升、研究思路的拓展以及政策方向的调整有广泛影响，著名经济学家李晓西教授等专家学者给予了很高评价。

从 1999 年进入北京师范大学经济学院，开始从事"人力资源开发与管理"教学工作，同时主要从三个方面着手开展相关学术研究工作。首先，用了六年时间推出"李宝元现代人力资源管理三部曲"，即《战略性激励：现在人力资源管理精要》（2002，2005）、《人本方略：现代公共人力资源开发与管理》（2003）和《战略性投资：现代组织学习型人力资源开发全鉴》（2005），并将其中部分代表性内容，诸如"战略性激励论"、"组织学习通论"、"股权激励论"及"组织制度激励论"等，撰写成文并公开发表。其次，沿袭传统"计划与市场"专业背景特别是先前出版的社科项目成果也是自己集成性著作《市场经济中的国家计划》（1997），以及基于"人力资本理论"文献功底在博士论文基础上修订撰写出版《人力资本论》（2009），直接回应中国转型期改革与发展方方面面的重大现实问题，诸如中国企业人力资本产权变革问题、中国教育改革与发展问题特别是全方位市场化改革战略及策略问题，展开了相关探索研究并获得了一些成果。此外，还特别注意将自己经济学传统学科背景及方法论植入管理学特别是人力资源管理学领域相关问题的研究中，并结合国内外学界"询证人力资源管理经济学"的前沿走势，撰写成文《人本管理经济学探索》在《财经问题研究》2013年第12期公开发表（《高等学校文科学术文摘》2014年第1期转摘）。未来笔者打算，再用若干年时间将之撰写成著，使《人本管理经济学》与《人本发展经济学》成为姊妹篇。从此文可以一眼看出，笔者在"人本管理"领域的学术耕耘脉络及学科建设思路，因此，也将此文放在"人本生涯路漫漫"篇中以便读者概览全貌。

鄙人天生愚钝，别人轻而易举就可以干得很漂亮的事情，我需要付出十二分的努力还不一定能够干好。当今学子求学，心可以二用，甚至可以"三心二意"，一口气从小学念到博士甚至博士后；但书匠当年，临大学毕业的时候才知晓还有什么"研究生"的事情，本科毕业做了五年助教才不得已去读硕士学位，硕士毕业又工作五年在万不得已的情况下才去读博士学位，这样用了两个类似"抗战"的八年艰难困苦岁月才算"熬到了头"。但是，在学术积累上似乎并没有耽搁什么事情，可谓"一步一个脚印"踏踏实实走过来，每个层次的学位论文都成为自己学术生涯提升的阶段性台阶或里程碑。学士学位论文《两种再生产理论探讨》，间隔六年后撰成《从"两种生产论"到"两种价值论"》处女作发表；硕士学位论文《计划与市场问题探究》，在次年也就是1992年初很快形成一个15万字左右的书稿《计划、市场与资源配置》，并以此为基础于1995年申报了当年在山东任职学校首个国家社科项目《现代各国市场经济模式中的计划问题全方位比较研究》，两年后成书《市场经济中的国家计划》（济南出版社，1997年7月版，与王乃静合作），此书是对自己国民经济计划管理学科的清理、总结、献礼、致敬及告别之作，后来作为国家发展计划委员会长期发展规划司系统干部规划方法培训教材使用，在学界、政界有一定影响；博士论文《人力资本与经济发展》，基于人力资本理论对跨世纪中国经济发展及其战略选择进行了系统考察，曾荣获中国人民大学优秀博士论文奖，随即于2000年7月作为王善迈教授主编的"教育经济研究"丛书之一由北京师范大学出版社正式出版，并与丛书一起获国家图书奖和第二届全国教育图书奖一等奖，九年后以《人力资本论》新名再版，得到经济参考报、中国人力资源开发等媒体关注和有关方面好评。

人力资本理论，虽然是20世纪中叶由舒尔茨、贝克尔等经济学家正式提出来的，但作为一种经济思想却很古老，尤其在现代经济学说史上可谓源远流长，对此很少有人做系统考证研究。为什么在其正式形成半个多世纪以来，人力资本理论在经济研究的各个领域得到广泛应用，其影响遍布经济增长理论、发展经济学、人口经济学、劳动经济学、教育经济学、医疗卫生经济学、企业（家）理论、制度经济学等多个学科，成为"今日经济学中经验应用最多的理论之一"？对此，不按照"历史的与逻辑的相统一"方法论做深入细致研究，是没有办法回答的，也是无法进一步直面现实问题做前瞻性深化的。因此，作为博士论文《人力资本与经济发展》的修订版，《人力资本论》除了立足中国改革与发展实践，以制度经济分析为方法论主线，直截了当地以"人力资本论"为题，按照投资论、生产论、积累论、流动论、实现论和决定论等"六论"理论逻辑框架，对于目前中国社会各界聚焦关注的热点问题，诸如"非均衡发展"问题、"应试教育"问题、"社会力量办学"问题、"人才外流"问题、"股权激励"问题以及"中国崛起"问题等，一一给出正面的理论回应而外，依然保留了当初做扎实文献综述案头工作而形成的附录"人力资本理论思想史考"。这个从经济学说史层面对人力资本理论所做的思想溯源性考察，不仅有重要史料价值，同时也是笔者"人本发展与管理"学术研究生涯的阶段性集成标志，以及后续相关研究的一个重要理论背景及学术思想基础，因此，也将此文稿编入本书呈现给读者。

总之，在第一编中，读者借助《经济地管理人生》、《人本发展经济学要义》、《人本管理经济学探索》和《人力资本理论史考》四篇文稿，可以总览展示笔者"人本生涯"究竟是怎样一种演化轨迹和心路历程，可以为阅读下面两部分专题论文做一个很好的铺垫。

人本发展面面观

一切关于经济发展的理论学说，归根到底，其实都是关于人类自身发展这个根本性问题，即：人们在稀缺的资源环境约束下，如何在技术上挣脱自然压迫并与之和谐共处，通过制度创新建立和谐社会以与他人友好相处，并最终于内在的心智追求中获得自我超越，从而完满达成生存自由、社会自由和精神自由的总福利目标。这是拙著《人本发展经济学》一书的题记，也概要表达了关于"人本发展"的核心理念、精要思想和基本内容。

针对处于转型期的中国现实情况，说到发展，包括经济、社会、政治及文化等方方面面的发展，其关键症结问题所在，与其说是怎么在总量规模上扩展增长以及区域、产业等多维结构上不断优化演进，不如说是如何真正树立和操守"以人为本"核心理念中制度创新变革上完成"市场化"历史使命及挑战性任务；社会转型，包括工业化、城镇化等转型，最根本的转型无疑是"市场化"，在此多重转型过程中，几乎所有"民生"问题聚集的领域，诸如教育领域的"上学难"、医疗卫生领域的"看病难"、房地产领域的"住房难"，等等，从根本症结上说，无不是由于市场化制度改革滞后而导致的。这可以说是笔者对中国人本发展问题的基本理论观点和判断。基于此，关于"人本发展"问题的学术研究，笔者主要依赖于自己长期形成并循序渐进积累的学术背景及路径，以及进一步凭借"京师学堂"大平台提供的机会和条件，主要围绕"国家发展规划转型与广域市场化改革战略"、"人力资本约束、人力资源能力建设与中国可持续发展"、"应试教育、教育（经济）发展与改革"三个方面渐次展开。

首先，在直面观察中国跨世纪巨变的十余年间，社会各界特别是学术界聚焦关注的一个热点问题还是"计划与市场关系"，对此，依托自己传统专业背景和学科优势展开学术研究并发表观点，自然是顺理成章的。

一方面，在1993~2003年间，依托"马克思社会再生产理论"传统功底及"国民经济计划与管理"专业背景，就"市场经济中的国家计划"以及"市场化转型新时期国民经济发展规划转型变革"展开相关研究，并在《经济问题》、《经济研究参考》、《价格理论与实践》、《当代财经》等刊物上陆续发表了一些成果;其中,刊载于《经济学家》2002年第5期的《国家发展规划的理论基础与战略视界:从马克思社会再生产原理重新审视国家发展战略规划体系》一文,可以看作是这个系列研究的代表作。

另一方面,基于马克思三域社会再生产图式逻辑框架,按照市场经济作为"人类自然扩展秩序"所具有的无限外延开放拓展特性,推演并提出"市场经济广域性"及"全方位反落差市场化改革战略"等学术观点及政策含义,并先后在《改革与战略》、《财经问题研究》、《改革与理论》、《人民日报(内部参阅)》、《湖南社会科学》、《学习与探索》、《经济研究参考》等刊物发表若干篇相关论文;其中,原载于《学习与探索》2006年第6期的《市场经济广域性与体制改革新突破》,可以看作是这一系列成果的代表作。此系列相关论文发表后,被教育部《高等学校文科学报文摘》、人民大学复印报刊资料中国人民大学书报资料中心月刊《国民经济管理》、《体制改革》和《理论经济学》等媒体转载,得到广泛传播,有一定影响力。本书仅收录了此系列上述两篇代表作。

此外,在市场化改革过程中,由于公权力利用双轨体制空间"两头通吃"寻租结果导致愈演愈烈的腐败问题,近年来更是成为举国上下的热门话题;针对此,笔者利用新制度经济学理论撰写的《简论腐败的制度性根源及其治理战略》(原载《湖南社会科学》2004年第1期),不仅有理论引申价值,更具有很强的现实针对性,但由于篇幅所限,就不收录了。

其次,基于人力资本理论,围绕"以人为本,全面协调可持续发展"这个重大现实问题,在中国宏观经济发展战略层面做出理论审慎和前瞻性研究,形成又一系列成果,也大致有两个方面。

一是围绕"人力资本约束与中国可持续发展"主题发表了一系列论文,包括《人力资本国际流动与中国人才外流危机》(载《财经问题研究》2009年第5期)、《人力资本约束与中国经济可持续发展》(载《北京师范大学学报》2001年第4期)、《现代化,国际竞争力与人本方略》(载《财经问题研究》2003年第12期）、《中国的宏观经济发展战略：跨世纪审视与前瞻》（载《天津行政学院学报》2001年第3期）、《人本方略：21世纪中国经济发展的战略选择》（载《中国人力资源开发》2001年第3期）、《比较优势、科教兴国与人本经济发展方略》（载《经济研究参考》2000年第37期）、《关于"十五"及未来一个时期我国文化产业发展的战略思考》（载《经济研究参考》1999年第101期）等，我们以前两篇作为代表作收入本集子。

二是围绕本人主持的国家社会科学基金项目（批号：08BRK002）"从人口大国走向人力资源强国战略：基于人本视角的整合研究"形成的一系列研究成果，包括《人力资源强国之路：中国人本发展战略研究报告》（经济科学出版社2011年版）和《中国人力资源强国建设的三大战略要点》等载于《经济研究参考》2010年第62期（专刊）六篇系列论文，以及《人本绿色发展论：人类文明与大国崛起的绿色化指向、经验及任务》（载《财经问题研究》2011年第8期）、《绿色经济背景下的人力资源能力建设》（载《财经问题研究》2010年第10期）、《走向人力资源强国：中国人力资源能力建设的历史路径、主要成就和战略思路》（载《经济研究参考》2008年第7P-2期）、《人力资源国际竞争力四维指数测算及比较研究》（载《经济理论与经济管理》2011年第4期）等。我们选辑其中最后一篇《人力资源国际竞争力四维指数测算及比较研究》收入本集子。

其三，关于"应试教育、教育（经济）发展与改革"方面的研究成果，不仅与笔者长期秉持的"人本发展与管理"主题主线有关，更与所供职的京师组织平台有千丝万缕的联系。

经济学家张维迎曾用"跑了和尚跑不了庙"来论证企业家最好同时也是个资本家的道理，因为（物质或财务）资本有抵押性而企业家（人力资本）没有。其实，"庙"对"和尚"来说，不仅具有"抵押性"意义，而且具有识别身份以及决定立场、角度和分量的重要意义。说到"京师"，从史到今，上至国总下到国民，都无不是以"师范"、"教师教育"、"教育"为最大学科特色、品牌优势和身份标记示人的。因此，作为"京师经管"人，虽然做的

"经管"事，但外界总是想当然地将你作为"教育专家"看待的，加上教育发展本来也确是"人本发展"的题中之义，而且是中国人本发展最大瓶颈、最大问题、最大困扰，作为在"京师经管"从事"人本发展"研究的教育书匠，对教育发表评论在所难免而且顺理成章。

关于教育评论，除了机缘巧合发表的两篇关于应试教育制度及高考制度改革的评论文章而外，主要还是从教育经济与管理的角度讨论教育的产业性质认定及人力资源开发功能界定，以及由此引申的教育改革与发展政策基本指向，展开相关研究。

多年来，教育产业已经成为人们的热门话题，引起社会各界普遍关注和广泛讨论。但对于教育的产业性质和教育产业化的真正含义，无论是赞同者还是反对者，在理论层面上少有严肃认真的正面论证。当年，主张教育产业化的多是经济界人士，他们大都是从扩大内需、拉动经济增长这个特殊的宏观经济形势和政策取向角度，论证扩大招生、全额收费、刺激教育需求对于解决教育经费不足、拉动经济增长的重要意义；而反对教育产业化的教育界人士居多，他们一般强调教育是"神圣的事业"，有其特殊规律，认为如果提倡教育产业化就会使"圣洁的教育殿堂弥漫浓烈的铜臭气"，教育与产业、市场风马牛不相及，有人甚至悲叹教育"多灾多难"——"文革"时期被作为"阶级斗争的主战场"，现在改革开放了又"牺牲"在"经济建设的主战场"上。看来，关于教育的产业性质及其在国民经济中的地位和作用，非用基本的经济学原理来"理论"一番不能解决这个至今困扰人们的"思想解放"问题。

笔者基于教育经济学视角对教育产业性质及定位的审视，以及中国教育发展困境、创新路径及改革方略的探索，其主要成果有：《制度创新是中国教育发展的根本出路》（载《经济研究参考》2008年第51G-4期）；《中国高等教育的成本分担与机会均等》（与杜屏合作，载《北京师范大学学报》2007年第1期，《新华文摘》2007年第10期观点摘编）；《教育危机与行政垄断》（载《经济研究参考》2004年第40P-4期）；《教育产业化的经济学诠释》（载《人民日报（内部参阅）》2002年第41期，《科学新闻》2003年第3期转载）；《投资经营教育产业得回报合乎经济学情理》（载《教育与经济》2002 年第 4 期）；《正面审视教育产业化运作的制度逻辑》（载《经济研究参考》2002 年第 36 期；《如何形成合理的教育收费机制》（载《前线》2000 年第 5 期）。2003 年，笔者在《人本方略：现代公共人力资源开发与管理通论》（经济科学出版社）一书中，将自己关于教育产业性质界定及发展趋势判断的观点做了一个总结性梳理，自以为其结论及观点至今具有很强的现实针对性及重要理论指引意义，故辑录成《关于教育产业的经济学意义》一文，以飨读者。另外，2008 年 3 月应经济研究参考杂志社"中国经济体制改革 30 年：进程·经验·展望"纪念活动之约，撰写了一篇历史回顾性文稿《制度创新是中国教育发展的根本出路》，也收录于此，作为史料存照。

这样，我们在第二编"人本发展面面观"中，共收录三组 7 篇文稿。第一组 2 篇，即《国家发展规划的理论基础与战略视界》及《市场经济广域性与体制改革新突破》；第二组 3 篇，即《人力资本约束与中国经济可持续发展》、《人力资本国际流动与中国人才外流危机》及《人力资源国际竞争力四维指数测算及比较研究》；第三组 2 篇，即《关于教育产业的经济学意义》及《制度创新是中国教育发展的根本出路》。

人本管理学无边

1999 年进入京师大学堂后，伴随着研究领域从宏观到微观、从国民经济学到工商管理学的转型，关于人力资源管理教学研究特别是人本管理学指向下的相关理论探索，大致有三条主要线索。

首先，从"人力资本理论"切入现代（契约的）"企业理论"，进而深入到中国（特别是国有）企业产权制度逻辑、困境及变革对策，以及现代股份公司制度下企业家市场激励约束机制、经营者股权激励机制及股份合作制度变革逻辑等重大现实问题展开一系列相关研究工作，并由此形成了一些成果。

在这方面成果中，我选择了《企业人力资本产权制度史论解析》（载《财经问题研究》2002 年第 10 期）、《人力资本产权安排与国有企业制度改革》（载《财经问题研究》2001 年第 8 期，教育部《高等学校文科学报文摘》

2001 年第 6 期以"国有企业人力资本产权安排构想"为题转摘,《新华文摘》2002 年第 1 期全文转载)、《企业经营者人力资本股权化：制度意义与实现途径》（载《管理现代化》2001 年第 5 期，中国人民大学复印报刊资料《工业企业管理》2002 年第 1 期转载）及《中国企业人力资本产权变革三次浪潮评析》（原载《财经问题研究》2007 年第 7 期，《高等学校文科学术文摘》2007 年第 5 期全文转载），共 4 篇代表作，辑录于本书。

其次，围绕"相对于传统劳动人事管理，现代人力资源管理的核心理念及精要意义究竟是什么"这样一个德鲁克式问题的追问，在"创造性转述"中累积形成了"战略性激励论"、"制度激励论"和"组织学习通论"三大代表性学术观点及成果。

2002 年推出"现代人力资源管理三部曲著作"第一部《战略性激励：现代企业人力资源管理精要》，提出"以人为本，战略性激励"正是所需寻找的答案，同时在《财经问题研究》、《北京师范大学学报》、《学习与探索》、《生产力研究》等刊物发表系列论文，这里选择《战略性激励论》（原载《财经问题研究》2003 年第 4 期，人民大学复印报刊资料《工业企业管理》2003 年第 6 期转载）编辑入册。同时，笔者还围绕"组织激励基本矛盾"、"组织激励两个层面"以及"组织学习与人力资源开发"等观点发表系列论文，这里还择选其中两篇代表作，即《论人力资源管理中的制度激励》（原载《学习与探索》2004 年第 1 期）和《组织学习论：组织行为在社会生态学意义上的一个解说》（原载《财经问题研究》2005 年第 1 期）。这三篇文稿在人力资源管理学上有非同小可的指引意义。

2002 年提出了的关于"以人为本，战略性激励乃现在人力资源管理的核心理念及精要意义"之观点，其实是若干年以后在国内才传播开来的所谓"战略性人力资源管理"（Strategic Human Resource Management, SHRM）。在笔者看来，"战略性（激励）"本来就是人力资源管理题中之义，因此，在"人力资源管理"（Human Resource Management）前面加"战略性"（Strategic）限定词，以至于构造"战略性人力资源管理"（SHRM），从用词简洁性要求来看纯属"赘语",但从突出强调用意上也无可厚非。事实上，人力资源战略管理也确实是当今全球化时代大背景下各种现代组织 HR 实践的大方向、大趋势；况且，在国际学术界，SHRM 作为"标识性术语"早已约定俗成，成为各路学者争相研讨的热门话题。但当时国内学者（包括那些不存在语言障碍的人力资源管理学者）并没有注意到此点，或特别地提出来，笔者主要是通过直面现实情境问题，同时查阅一些转译文献从其"片言只语"中感悟出来的，故能够超前若干年提出"战略性激励论"。这也可能是"李宝元现代人力资源管理三部曲著作"之第一部《战略性激励：现代企业人力资源管理精要》，之所以在当时国内学术界及实业界产生较大影响的一个重要原因吧。

多年来，在组织行为学与人力资源管理领域，西方经典激励理论，包括马斯洛需要层次论、赫茨伯格保健—激励双因素论、弗隆模型及波特—劳勒模型等，早已得到广泛传播。但管理学界很少注意到，这些理论隐含的前提条件，即组织制度不存在问题；也就是说，对于西方学者来说，无论是现代企业制度（公司治理）还是现代国家制度（公共治理），在制度结构和安排上都没有问题或自认为没有问题，因此，在探讨组织激励问题时大都将注意力聚焦于后一个层面，即怎样通过管理策略或激励手段调动人们的工作积极性？但是，此问题拿到我们这里，其情形却恰恰相反，特别是对于我们正处于转型期的中国各类企事业单位来说，其组织管理面临的关键且重大之问题，恰恰是在制度层面存在着诸多"激励不相容"困局。鉴于此，笔者在《人力资源管理中的制度激励》一文提出的观点，无论在理论思想方法上还是在现实针对性上，都具有无比深远的指引意义。

2000 年，彼德·圣吉（Peter M. Senge）《第五项修炼：学习型组织的艺术和实务》中译本在国内出版发行后，引起很大轰动。一时间，"学习型组织"一语，几乎妇孺皆知、街谈巷议，由此演绎开来，诸如"学习型社会"、"学习型企业"、"学习型社区"、"学习型城市"、"学习型政党"、"学习型军队"乃至"学习型学校"……一连串鹦鹉学舌般的词语，几近成为国人日常口头禅，但究竟什么是学习型组织？圣吉等西方学者为什么提出并研究学习型组织？其针对的现实时代背景和真实情景问题是什么？对于这些实质性的真问题，很少有人去认真追究考证并给予正面回答，在一些喜欢炒作概念的学者忽悠下，有的政府主管部门甚至出面，像传统"评选先进单位"一样，按照举办多少次培训班、刷过多少标语、喊过多少口号等评选出所谓"学习型企业"、"学习型单位"来，说来真是荒唐至极！面对这些莫名其妙的做法，作为一个书匠学者无比苦恼。真可谓"众里寻他千百度，蓦然回首，那人却在灯火阑珊处"，在千头万绪的文献资料中无意中发现"光点"：由加拿大西安大略大学的组织行为学家戴维·K·赫斯特写的一个不起眼小册子，名字叫《危机与振兴》，1998 年由中国对外翻译出版公司翻译成中译本，书匠看后真有豁然开朗、茅塞顿开之感。赫斯特基于自己的亲身管理经历，结合《美国科学》杂志关于南非卡哈拉里沙漠上布希曼人（Kalahari Bushmen）从游猎到定居放牧转变过程中社会组织结构的变迁，以及原始森林从产生到成长维持进而从创造性毁坏中获得再生的隐喻类比，构建了一个关于组织演变、变革与振兴的社会生态学模型（我称之为"赫斯特组织生态学循环模型"）。同时，再回过头来认真研读圣吉及野中郁次郎的相关著作，才算最终找到苦苦寻找的答案，《组织学习通论》一文就是在此背景下写成的。后来，又经过若干年，终于完成了三部曲系列著作之《战略性投资》，对于现代组织学习型变革背景下人力资源开发理论与方法进行了更加周延完善的"创造性转述"。

其三，深入到实操层面仔细探究人力资源管理各职能模块角色定位、职能分工及整合机制，细化研究人力资源管理基本理论与操作方法，并由工商企业组织拓展政府及非政府（机关事业单位）组织等不同组织情景中，由此形成了一系列成果，也大致有两个方面 3 篇文稿。

一个方面，基于"组织激励基本矛盾"聚焦绩效薪酬整合管理，并依托卡普莱、诺顿"平衡计分卡"（BSC）理论逻辑及实践线索，于 2009 年首次提出"平衡计分卡"（BCC），并在此后撰写成文发表，主要有两篇代表作拟入选文集：一是《关于"平衡计酬卡"的构想：基于战略性广义薪酬整合激励的综合平衡设计》（载《中国人力资源开发》2011 年 3 月号）；二是《从平衡计分卡到平衡计酬卡：现代企业人力资源战略性激励焦点整合管理框架》（载《中国人力资源开发》（理论研究版）2013年第17期）。

同时，还有两篇操作方法论文与一篇案例研究论文，即：《论三层四维战略性绩效评估》（载《经济研究参考》2004年第22P-2期）；《现代组织薪酬管理演化的历史脉络及前沿走势：基于历史与逻辑相统一的文献梳理机理论透视》（载《财经问题研究》2012年第7期，中国人民大学复印报刊资料《劳动经济与劳动关系》2012年第11期转载）；《中国企业如何打造"战略中心型组织"：基于青啤BSC导入实践的案例研究》（载《中国人力资源开发》（理论研究版）2013年第21期，中国人民大学书报资料中心《管理科学》2014年第2期转载）。考虑其代表性，拟与前两篇代表作一起录入本书。

另一方面，结合2011年本人主持的社科基金项目"绿色发展与多重转型背景下中国企业项目名称人力资源战略竞争优势动态提升转换问题研究"（项目批准号11BGL015）及赖德胜教授主持的社科重大项目"构建和谐劳动关系"（项目批准号12&ZD094）开展并取得的一些相关研究成果，这里仅收录两篇具有"补白"性质的代表性文稿：一篇是《人工低成本水平估算方法及国际比较的相关研究评述》（载《中国人力资源开发》2014年7月号第14期）；另一篇是《百年中国劳动关系演化的基本路径及走势》（载《经济理论与经济管理》2015年第6期）。此外，延伸到公共组织（机关事业单位）变革与管理领域所做的一些探索，主要有两篇文稿：一篇是《政府再造，公民社会浪潮与中国公共组织变革》（载《湖南社会科学》2004年第5期）；另一篇是《公共组织及其变革：一个制度经济学视角与解析》（《天津行政学院学报》2005年第1期）。由于篇幅所限，这方面的几篇论文都不收录了。

这样，我们在第三编"人本管理学无边"中，共收录三组10篇文稿。第一组4篇，即《企业人力资本产权制度史论解析》、《人力资本产权安排与国有企业制度变革》、《企业经营者人力资本股权化：制度意义与实现途径》及《中国企业人力资本产权变革三次浪潮评析》；第二组3篇，即《战略性激励论》、《论人力资源管理中的制度激励》及《组织学习通论》；第三组3篇，即《平衡计酬卡》、《从平衡计分卡到平衡计酬卡》、《中国企业如何打造"战略中心型组织"》。

回看漫漫人本生涯路，从 1989 年到 2015 年的 26 年间，围绕"人本发展与管理"主线，笔者共发表学术论文 143 篇、报刊随笔评论文章 103 篇，撰写并出版专著、主编教材及发展报告等 39 部。本书按照以上三编，共辑录其中 21 篇论文稿，都是笔者在"京师经管"平台上撰写的，篇幅上似有些分量，但文字质量水平不敢保证，放入"文库"可能露怯献丑，谨奉方家哂笑批正。对于这个自选集，总体自我认知、判断及评价是：

脚踏实地接地气，昂首看天够不着；

宏观战略游刃余，微观策略见襟肘；

理论思想有方法，经验实证缺技术。

如果按照百岁宏愿来乐观预期的话，这个文集不仅不是告别舞台性质的"回忆录"，很可能是人本生涯路中间歇息回看的"里程碑"。

也许是吧，谁知道呢?!

李宝元

2015 年 5 月 10 日于北京师范大学

人本发展与管理研究中心

第一篇
人本生涯路漫漫

- 经济地管理人生
- 人本发展经济学要义
- 人本管理经济学探索
- 人力资本理论史考

经济地管理人生：一个经济管理专业老师从"潘晓困惑"到"四十不惑"的人生感悟[*]

一、"潘晓困惑"：人生之路在哪里？怎么才能越走越宽？

1980年夏，"潘晓"在《中国青年》杂志上发出"人生的路呵，怎么越走越窄"的激情诉说，从而引发全国范围一场关于人生观的大讨论，那时，我正值18岁的"春季"，刚刚怀着莫名孤寂和无限憧憬，从偏僻的豫西山村来到空旷大气的太原城，步入"似真亦幻"的大学生活不到一年。这种境况，虽然不至于有潘晓那种"人生的路越走越窄"的极端感觉，但是由于改革开放初期剧烈变动的社会环境强加给我们这一代青年人内心深处的精神重压是相同的，因此正处于"农转非"人生转折点上所特有的沉重、幽怨、郁闷、迷茫、焦虑和激愤，从时代特点和社会性质来看，与自小就处于北京城市生活环境而生发出来的"潘晓困惑"，可以说是别无二致、灵犀相通的。

我是在豫西农村的"地穴"① 里长大的。按照从小成为孤儿的母亲的说

---

* 本文原收录于曹保印编《精神历程：36位中国当代学人自述》，当代中国出版社2006年版，四年后又进一步扩展成书《多元成功路》（北京师范大学出版社2010年版）出版发行，并作为国家"农家书屋"推荐书目数次重印，影响传播甚广。

① 家乡地处丘陵地带，因此与陕北山沟窑洞不同，我们的住宅属于一种"地下窑洞"，就是在地下挖四方形的深坑然后向四周打窑洞，由一个"门洞"从地面引入"地坑院"中。这种富有地方特色的民居，近年来也伴随着改革开放的"时代步伐"而成为"历史陈迹"，此注也权作一种民俗文化纪念。

法，我是家里四个"光棍和尚"（因为家贫有可能娶不起媳妇）中的老大，由于最早感应到生活的艰难、做人的艰辛，因而也是四个兄弟中最"争气"、最勤奋的一个。在我的幼小心灵中，对于四位长辈的印象是：父慈母严、爷厉奶祥，祖父母对我成长的影响要大于父母亲。祖父是虔诚的佛教徒，一辈子坚守信仰、我行我素，自学文化、熟读经典，吃斋修行、积德行善，但满脑子儒家伦理、三从四德，在外忍忍让让、修桥补路，而在家唯我独尊、搞独裁专制。祖母是深受旧社会"三座大山"压迫的劳动妇女，不识字、没文化，但在我这长孙眼里，她是最伟大的中国女性，勤劳、善良、通情、达理，对旧社会的黑暗、新社会的美好感应得最为真切，她老人家对着毛主席像热泪盈眶地念叨着感激话语的情景，时至今天我还历历在目。她一生几十年如一日就是默默无闻、无怨无悔、称职尽责地做她的家庭妇女，但往往能在儿孙成长的紧要关头做出些"大义凛然"、"力挽狂澜"的举动。由于我自小受爷爷宗教教化，一来二去也有意"吃斋忌口"、皈依佛祖，奶奶知道后坚决反对。实际上，也正是在奶奶的极力劝阻和全力扶助下，才有我后来上大学成为"人民教师"的人生历程。

在我记忆中最早的重大历史事件，应该是庆祝"九大"召开的夜晚游行盛况。各村中小学生各自排着长龙一样的游行队伍，敲锣打鼓，抬着天安门形状的大灯笼，扭着秧歌舞步，互串村巷，那情景真是叫人情绪昂扬、热血沸腾。后来，在整个小学初中阶段，就是一场运动接着一场运动，先是让我们小学生莫名的"批林批孔"，也看到过令人惊惧的"一打三反"、"批邓反击右倾翻案风"那样的批斗场面；像"农业学大寨"那样红旗飘飘的群众运动性劳动场面，我们这些农村孩子更是经常性地身临其境、深受其苦，特别是在天寒地冻、大雪纷纷、伸手不见五指的夜晚，这种场景在灯火和红旗点缀下更是"分外妖娆"，令人在"饥寒交迫"中产生些许莫名的狂乱激情。

现在回想起来，一个人在这种狂躁、虚假的社会环境中成长，该是多么不幸和痛苦的事情啊！实在地说，"人之初，性本善"不是空穴来风，我相信人天生都有一颗"向善"的心灵，所以"学雷锋"、"大公无私"的政治思想教育如果不是"假大空"而是实实在在的话，应该是能够被孩子们所接受的。①

　　爷爷因为信佛，吃斋行善，经常做出些"学习雷锋好榜样"的义举来。例如，经常义务修桥补路，打扫公共厕所，在公路上为赶集的人免费供应饮水，等等。起初公社干部以为他是学习雷锋，要树典型表彰他，一打听才知道他那是"搞迷信"反而要批判他。所以，在我的心目中，别的孩子一说"你爷爷是行善的"就觉得是骂人的话，爷爷要我们兄弟俩帮他往公路上抬水，做这样的"好事"就是觉得是很丢人的事情，往往是趁天黑没人看到的时候不得已而为之。由于这种"痛苦"的亲身生活体验，心中对雷锋生出无限的同情和敬仰了：一个人想做点好事有多难啊！而人家雷锋不是做一次两次好事，而竟能够"一辈子做好事"，那该是多难为情、多难能可贵啊?! 在这样的成长环境中，我们那一代青少年的烦恼不是一般的"少年维特之烦恼"，而是普遍患有"潘晓"那样精神分裂般的"苦恼"，于是在"忍无可忍"的情况下"爆发"或"喷发"，终于酿成全国范围的"人生大讨论"和"思想解放运动"，用"历史唯物主义"的观点看，这并不是"小题大做"或"超女作秀"，而是自然而然、"必然"发生的严肃历史事件。

　　当然，从"潘晓"那封似"电场"、像"惊雷"、令人"一阵震撼"的读者来信中也可以看出，在我们那时初涉之"人生路"上也存在明显的"城乡差别"。不是吗？他们那些城市孩子作为"知识青年上山下乡"，其生活条件可以说是从"天堂到地狱"，后来虽然落实政策又回到"天堂"但已经"今非昔比"，返城后没有了自己应得的"神位"，你说他们能不"感到"人生的路"越走越窄"吗？而我们这些本来就在山乡过活的农村孩子，给点"阳

005

第一篇 人本生涯路漫漫

经济地管理人生

---

　　① 记得在初中的时候，我们学校让学生成立"理论小组"，帮助贫下中农学文化，这事情后来闹得动静很大，成为县里树立的政治思想教育典型。就是这样的氛围下，我们这些青春初动的男女孩子们，也能够从每晚小组活动以及活动结束后互送回家的交往中，感觉到无比珍贵而朦胧的友爱。现在回想起来，小组活动的主题早已淡忘，但那"朦胧的友爱"却始终留在了心灵深处，像晶莹闪光的宝石是那么美好无比。我常想，如果能够把这种"美好的善"的潜能通过实实在在的教育方式有效"开发"出来，对于我们建设"和谐社会"该是多么大的动力啊！

光"就是"灿烂",再加上因为贫穷所以人与人的关系自然纯朴一些,因而没有明显"感觉"像潘晓那样人生的路"越走越窄",这也是很自然的事。由于这种"城乡差别",使得我后来"农转非"进城上大学期间所招致的"潘晓困惑"及苦恼又多了一层,这也许是20多年来作为"进了城的农民"始终感到没有原先在乡下"精神幸福"的一个重要社会背景和"历史局限性"吧?

二、大学之道:在青春困惑中找到"人本学术生涯"方向感

能够上大学,对于我这样的农村娃来说,确实是一个重大的"意外事件"。1976年,我被贫下中农推荐上高中的"农业班",总共两年的学业几乎没有学习过"数理化"课程,最后一个学期要分文理班,说是要准备参加1978年的高考。我在老师鼓励下,从自己的"实际"出发,坚守文科考试,尽了最大努力(只为了补偿"老师能看得起"这份恩情),最后考了247分,很自然地与大学无缘,于是无怨无悔地就卷铺盖回乡"自谋出路"去了。但是,自觉对书法美术有兴趣和"天分",所以就立志自学成一名"画画的",后来学校下通知"要求"回去参加复习班,实在是不太情愿啊!也只是因为"老师看得起"这份情感的内在激励,才在不辜负老师一片好意、抱着试试看的心态(内心深处根本没有把上大学列入自己的人生计划中),参加了1979年的高考,结果就"意外地"考取了。

在这种情况下,关于报考什么学校、专业,自然也是一个没有"思想准备"的问题。在我当时的知识范围内,只有"政治"、"语文"的概念,心目中最向往的自然是"中文"专业,哪里听说过"经济"、"财经"是怎么回事,所以想,就报一个省内最著名的师范院校中文专业吧;结果,我永远敬爱的、难忘的几位中学教师(如贾春生、薛昌池、贠乃元等,当年亲切的音容笑貌至今时常出现在眼前),凭借他们的"人生经验"力加劝诫,希望我报财经院校学经济,说这样将来有出路、有前途。对此,自然也是在很不情愿的情况下,接受老师的劝导,但采取的是一种有限"妥协"策略:报了名列简章目录倒数第一

名、据说粮食供应是"倒三七开"（70％粗粮）的山西财经学院为第一志愿，将自己希望的师范院校中文专业列为第二志愿，但心里祈祷着第一志愿千万别被录取，要录就录第二志愿。而且，在选择专业时，想当然地选择自以为只是拿个小本子"统统计计"什么的、不会太费脑子的计统专业。结果，又一次出乎意料，并从此奠定了自己的基本人生轨迹和总体职业生涯路向。

大学四年的生活是幸运、幸福的，但同时又是最为痛苦而困惑的。说"幸运"、"幸福"，主要是因为"农转非"而带来的身体生存基础改变、物质生活条件改善和社会阶层地位改观。从身体生理情况来说，由于贫寒苦难的童年生活条件，自己身体从小受到相当程度的"摧残"，上初中时又无知地参加学校组织的（向首都北京）象征性赛跑活动而招致双腿急性瘫痪，后来留下慢性风湿病疾患，如果不是上大学享受公费医疗制度，这种让人"死不死活不活"的疾患是绝不可能得到必要医治的，可能早就"没那人"了，更不要说有什么"潘晓困惑"云云了。就物质生活条件来说，在山西上大学，虽然是"倒三七"粮食供应，主要是啃黄面窝窝头，但毕竟是"大学生"的生活；原来在家乡时，啃窝窝头那该算"奢侈生活"了，想啃都啃不到的。而社会阶层地位的改观那就更不用说了，那时"时代宠儿"、"天之骄子"、"社会栋梁"是称呼当时像大熊猫一样稀缺的大学生的常用语。但是，就当时总的"精神状态"来说，确实没有什么"幸福感"可言，加上突然"农转非"带来的急剧不适应或青春焦虑期，当时感到远没有在乡下时"幸福"，实实在在地感到比"潘晓"还"潘晓"，很"痛苦"、很"困惑"，沉重、幽怨、郁闷、激愤之情无以复加。

上大学前，把大学想象得也太"风花雪月"了。第一步踏进校园是正午饭时分，看到"大学骄子"们蹲在土操场吃饭、在露天水龙头上洗碗的情景，恍如置身建筑工地，那种莫名的失望、失落感就在心底泛起。进入课堂后，那些"工农兵大学"出身的教员在课堂上照本宣科，将上课变成我们在小学时"生字听写"，时不时为应付"上面"卫生检查全校师生连这样的"课"都不上，见到此情此景，天真的童子心真有些"忍无可忍"了，于是操着大家都听不太懂的家乡话，"勇敢"地与班主任老师"辩论是非"，在小组讨论中"慷慨陈词"，结果得到的不是嘲笑就是耻笑，唯有更加深一层的幽怨、苦闷和激愤覆盖在幼嫩脆弱的灵魂上面，加上风湿病外加在肉体上的疼痛，真是"苦不堪言"啊！当时的精神状态简直是到了极度"变态"、几乎要"崩溃"的边缘：与人打交道，往往采取预防敌对的态度；见面别人跟自己打招呼，我觉得那是"虚伪"的表现；一说话同学发笑，我以为都是恶意嘲笑……一来二去变得更加孤僻、怪异、另类，觉得与整个社会格格不入，被整个社会所隔绝、所抛弃，所以读到潘晓"人生的路呵，怎么越走越窄？"真是吓了一跳，恍如另一个自己在远方发出的呐喊、悲叹！

像我这样的农村孩子，自然没有"潘晓"他们那样的"文化底蕴"，"为了寻求人生意义的答案"去读黑格尔、达尔文、巴尔扎克……这些大师们距离我太远了些。连我们从小受教育听说的马克思、恩格斯都没有弄懂，"革命导师"都救不了我，那还有谁能够救赎得了我的灵魂啊？我要发问的不是"人生的路呵，怎么越走越窄？"，而是"人生的路呵，你在哪里？"大学期间有几门课和几位老师对我以后的学业和职业生涯走向，有着相当大的影响。"马克思主义哲学"使我发现自己有理论思辨"天赋"，这极大地激发了（就当时心理状态来说属于极度缺乏的）自信心；而"政治经济学"、"马克思社会再生产理论"，则是我最感兴趣、收获最大且影响后来整个学术方向的两门专业基础课程；对李立老师讲授的"人口统计学"之兴趣，则与人口学老专家毕士林教授有关，我们后文再叙。我只能借助这几位老师所教授课程的学习，去寻找自己的人生道路和关于人生意义的答案。结果，虽然没有在"经邦济世"层面真正弄懂经济学的底蕴真理，也没能找到待人处世的现成秘方，但确实在世界观和方法论意义收获颇多，尤其被马克思《资本论》"从抽象到具体、从具体回复到抽象"的严谨逻辑以及犀利尖锐、优美生动的批判文字深深打动和吸引，并且平生第一次有种明显的"自我肯定"感觉：原来自己在抽象的"理论"思维方面还有这样令人兴奋的"天赋才能"？！这也为后来自己职业生涯的"能力定位"提供了重要参照。

或许是自己有如此"困顿"的人生境遇之缘故吧，当我读到潘晓在她的读者来信中那段著名的哲理性文字："我体会到这样一个道理：任何人，不管是生存还是创造，都是主观为自我，客观为别人。就像太阳发光，首先是自己生存运动的必然现象，照耀万物，不过是它派生的一种客观意义而已。所以我想，只要每一个人都尽量去提高自我存在的价值，那么整个人类社会的向前发展也就成为必然了。"虽然仍然觉得此说法还存在没有打通的许多"逻辑关节"，是对人生和人际关系的特解而不是通解，但在当时情景下能够读到这样直白朴素、直抒胸臆、坦诚真切的"掏心窝"语言文字，真是让人感动得"潸然泪下"，确有春晓般的融融暖意。

也正因如此，关于"人"的问题就自然成为我内心深处丢不开的沉重命题，也是进城以后20年来学术生涯所关注和探索的一个核心主题。所以，当我听到人口学专家毕士林老先生所主持的关于"两种再生产理论"的讲座（这是我记忆中在大学时代听到过的唯一一次学术报告）时，感觉又新奇又激动。毕先生是一位值得永远怀念和崇敬的老前辈，他老人家那谦谦风度和长者风范对我以后的人生路径、人生态度和学业职业生涯具有重大影响。当时，他已近70岁高龄，雪白银发、精神矍铄，教我们英文统计学和斯大林《苏联社会主义经济问题》（英文版），上课时讲话声如铜钟、富有感染力，真有我上学前所想象的"大学教授"那样的风采。在听完他的讲座后，作为无知学生多次向他请教，没想到老人家那么平易近人、非常和蔼，又拿出其他相关论文上题"李宝元同志批评指正！"字样送给我，自然受宠若惊，更加废寝忘食研读，读后也还真写出大段大段的"批评指正"心得拿给老人家看。后来，毕业时的学士论文就写的是关于"两种再生产理论问题探讨"，从此以后数十年间从事研究和发表论著，大都是关于"人"的问题，现在专门从事人力资本理论、人力资源开发与管理领域的学术研究工作，其初步基础和思想框架就是如此奠定的。用专业术语来说，人生就是一个不断进行人力资本投资和积累并由此获取收益的历史过程，而人力资本积累的一个重要且不可替代的途径就是"干中学"。一个人的人生意义都是各不相同的，都是在各自不同的人生经验中体验出来的，别人是无法替代你获得能够给你带来幸福人生的"人力资本"的。人生的路必须自己去走，无论是"越走越窄"还是"越走越宽"，你都得在"摸爬滚打"中坚定地往下走；如果你把握住了最基本的人生向标并坚定地走下去，即使一时间"越走越窄"，但最终会"绝处逢生"的，"山重水复疑无路，柳暗花明又一村"乃是人生路上的常有情景。

在临近大学毕业走向社会之时，更大的"恐惧感"萦绕在心头：将来的人生路向何方？对此自己一无所知、一片茫然，能够确信的就是脚踏实地凭着"感觉"往前走吧。于是，我个人的人生经历又一次验证"实事求是、从实际出发"思想路线的伟大魅力。根据自己当时的实际情况，我觉得：不管进机关对别人有多么美好的前景，或凭借财经专业的稀缺性资源如何能"经济"地成就别人多少"财富人生"，对于我自己来说，最现实、最理想的职业选择就是当一个"教书匠"。尽管我们那时的职业选择还是"一次分配定终身"的计划配置，我心里没有任何紧张感，因为到大学当老师几乎等于被"发配"或"流放"的一种职业去向，别的同学都唯恐躲之不及，而这却给了我一个绝好的选择机会，可以从容自得而获之。对于一个老实巴交的农民儿子来说，能当一个大学老师该是足够理想的了。因此，尽管当时同学感到我在毕业志愿书上填写"愿意从事教育工作"感到不可理喻，并且最后在老师宣布分配方案时讲到"李宝元，机械工业部——洛阳工学院"真的引来大家哄堂大笑，但我却在心里窃喜，很感荣幸，这次真可以说是平生第一次所进行的不自主的重大自愿选择了——从此走上了我20多年来"相濡以沫"、作为终生事业和人生使命的教育职业生涯。

三、"书匠生涯"：围绕"人本发展与管理"主题主线上下求索

我是从练习普通话开始自己的教师职业生涯的。正是做了大学老师以后，才真正"学会说话"，"学会做人"，学会作为一个正常人如何待人处世、与人打交道，也才学到了当大学生时就应该学习掌握的而没有真正学到掌握的

专业知识。可以说，正是由于教师职业要求的现实"压迫"，才使自己真正走上了正面体验生命价值的人生旅途。所以，我对教师职业是情有独钟的，对于教师的角色和使命有我自己的独特体悟。我感到，当老师实在是一个最经济、最有效的学习之道，一个好教师其实就是在学生"学"与"问"的压力下不断进取，能够积极主动地"好好学习，天天向上"的一个好学生。所以我常给我的学生说：你要真正有学问吗？那就当老师吧！可能是由于骨子里信仰这样一种教育观的缘故，在我20多年的教书生涯中始终没能树立起"师道尊严"来。特别是沿着教师这样的职业生涯越往上走，就越来越感到"山外有山、天外有天"的职业压力，以致到后来在还想当老师、必须当好老师的单一内在使命驱动下，不得不又在两度住大学、当学生，在老师—学生的两度双重角色转换中，"稀里糊涂"就走到了自己人生的不惑之年，忽然很惊讶地发现：自己什么时候竟也变成了一个在谆谆教导下一代年轻人的导师了。

在洛阳较封闭的环境五年，经历了初涉职业的焦虑和痛苦磨难，最后的主要成果就是铅印了一本60万字的《统计学教程》。后在还想继续当、必须当好大学老师的压力下，"自觉"考取中南财经大学攻读国民经济管理硕士研究生。在那里，我把多年对政治经济学基本问题和学士论文中的想法写成文章发表，后结合课程学习，基本围绕经济活动中有关"人"的问题，诸如人口问题、就业问题、教育问题、家庭问题等，做了一些理论思考和研讨。当时初涉学术，牛犊之气很盛，甚至写出《人本经济学导论》这样创设新体系的宏图构想类文章（日前因故委托学生查阅自己论文 CSSC 引用情况，吃惊地发现这篇发表在《中南财经大学研究生学报》1989年第4期上的习作竟有被人引用的），思谋将来能造出像马克思《资本论》那样经典性的名之为《人本论》的著作，现在看来是无以复加的幼稚之举，但这种冲动确实激发了我很大的学习思考热情，当时沿着马克思"两种生产理论"思路指引，撰写发表了一系列相关论文，如《从"两种生产论"到"两种价值论"》（1989）、《人口生产力论纲》（1989）以及本书中提到的《新三次产业分类法》和《论家务劳动的社会经济意义》（1990）等；后来随着西方经济学的学习并结合我国实际国民经济发展问题进行研究，理论思路有所扩展，从"两种生产"体系发展为"三种生产"框架。因此，在硕士论文写作时很想将精力集中在自己感兴趣的学术问题上来个"突破"，原打算就从"三种生产"、特别是人类自身生产角度对国民经济宏观结构给出一个较周全的分类解析，且一口气拟成一个2万字的论文初稿，后感到思考尚不成熟，且听取老师意见（如认为这样选题缺乏"现实意义"等），因此不得不暂且放弃，改做当时最具"现实意义"的计划与市场问题。初涉学术圈所取得的成绩，与中南财大良好、开放的学习研究环境密切相关，与导师汪廷忠、陈远敦及叶远胜等教授的指导帮助密不可分。

1990年硕士研究生毕业，到山东经济学院继续任教，依然沿着"以人为本"的思路探索相关经济问题，只是越来越"胆小"，不敢再想创设什么"新体系"、"××学"，治学慢慢走上平和、踏实、潜心的正道。但是，经过五年的教学研究生涯，危机感又袭上心头，于是重又在想继续当、必须当好大学老师的压力下，有幸进入中国人民大学攻读博士学位，使自己的学术和职业生涯进入一个崭新阶段。北京和人大具有别处无法比拟的学术氛围和学习环境，置身其间，不仅使人思想激荡、眼界大开，而且在名师大家云集、高才精英荟萃的环境中学习，也无法不谦虚谨慎、温良恭俭让。因此，在博士论文选题和构思阶段，虽然仍雄心勃勃，但更多的是平心静气、虚心学习，多方听取导师意见，最后在钟契夫教授指导下终于完成《人力资本与经济发展》的博士论文。论文后来得到有关方面好评，并有幸获得中国人民大学首届优秀博士论文奖，后于2000年在王善迈教授举荐下由北京师范大学出版社作为"教育经济研究丛书"之一出版。

1999年来到北京师范大学经济学院任教。当时院领导鉴于院工商管理教学力量薄弱的实际情况，以及我毕竟是"学管理"的（尽管专业是"国民经济计划与管理"，学科名称叫做"国民经济学"，偏重经济学多一点，与"工商管理"距离较大，该学科长期以来处于一种"两不认"的尴尬状况），我博士论文论题又与"人力资源管理"这门工商管理核心课程有关联，因此对我采取"教学与研究两分家"的职业生涯规划，即一上岗就给安排了三门本科新课程：《广告学》、《公共关系学》和《人力资源管理》，而学术研究方向定为"教育经济与管理"。后来《公共关系学》没有开出来，仅《广告学》一门课就吸食了我三年几乎所有的精力，令人感到窝囊的是教学效果却很差，弄得我当时彻夜失眠，无以复加的危机感重又袭上心头：教了近 20 年的书，来到北京师范大学突然不会教书了，是自己职业技能退化了，还是我们北师大"学为人师、行为世范"就是比别的地方高超好多。尽管后来经过超乎寻常的痛苦努力扭转了局面，并且编著出版了一部《广告学教程》被广大读者认可和接受，接连一版再版、一印再印，这多少令我有些欣慰，但这个经历也在我毕生追求的教育职业生涯上留下了值得检讨的一笔。后来在领导体谅下甩开《广告学》教学羁绊，一心投入"人力资源开发与管理"的教学和研究，才感觉到得心应手许多，从 2002 年开始连续出版《战略性激励》、《人本方略》和《战略性投资》三部曲著作，并主持数项重大科研项目、写作发表数十篇研究论文，同时也编译了大量教学材料，似有些许成就感。

后来，由于种种原因，在"教育经济与管理"方向上的职业发展路径受阻。2004 年，学校在理论经济学一级学科下申报"人口、资源与环境学"博士点，院领导考虑我在人力资本理论、人力资源开发与管理方面有所"建树"，而该点的"人口经济学"与之有关，于是让我牵头拟定博士点方案，最后我的博士招生和教学规划就自然而然、水到渠成地定在了这个方向上。目前，我在"人口、资源与环境"博士点招收"人力资本与经济发展"和"人力资源开发、配置与管理"两个研究方向的博士研究生。2006 年撰写并出版《人本发展经济学》专著，其直接动因，就是为我们博士研究生提供学术文献背景和基础性研究学习材料而准备的。

四、利己利人：基于经济学理性人假设给出的人际关系通解

现在，结合自己积累了 20 多年的人生经验以及经济学与管理学领域的专

业"学问",再来看看当年那搅动亿万中国青年心绪的"潘晓困惑"和最终以大批判而结束的"潘晓命题",似乎已经有了"不惑"的、"通解"意义上的答案。

要达观认识人际关系和深刻领悟人生意义,首先要充分认可和尊重人的自利基因及个人欲求。为什么要认定人的自利本性?其基本依据是:自然存在的个人是"性质最稳定的一种社会经济系统基本元件和微观实体,是一切社会组织和结构拓扑变形的生成元";在社会科学领域,自然存在的个人(追求自身利益的)本质"就是一个客观存在、性质已知却无法改变的原子核"。① 其实,关于人的自利本性,马克思主义经典作家也曾明确承认:对于每个人来说,出发点总是他们自己,个人总是并且也不可能不是从自己本身出发的。② 总之,追求自身利益是人的天然本性,这种自利本性最深刻地根源于任何开放系统(耗散结构)所具有的自组织功能和生物遗传基因的自控原理,是"最硬"的即性质最稳定的生成元素,因而具有普遍适用性。

可能有人会说,人是社会中存在的高级动物,怎么能完全服从哺乳动物的生物学限制而不去"反抗自利的复制基因的暴政"从而实现利他主义的真正人化呢?按照贝克尔的理论解析,"利他主义的真正人化"也必须建立在"人是自利的"这一"坚硬内核"的基础上才能得以说明。③ 实际上,在"个人自利内核"基础上衍生的人类利己或利他行为方式,用生物学基因遗传原理可以得到"统一"解释。任何有机体的个体行为从根本上取决于"自私的基因"复制自身的对策性方式,包括"殊死搏斗"、"互惠合作"或"自我牺牲",等等。其一般原理是:通过拥有相同基因的生命个体互相拯救,以少数具有生命力的基因复制来获得整体基因遗传和保持,这就是生物界利他行为之所以存在的生物学根源。同样,人类社会中的利他主义也具有深刻的生物

---

① 赵德志:《论人本主义经济学》(二),载《学习与探索》1988年第6期,第34页。
② 《马克思恩格斯全集》(第3卷),人民出版社,第86页,第274页。
③ 贝克尔:《人类行为的经济分析》,上海三联书店1993年中译本,第13章"利他主义、利己主义及遗传适应性:经济学和社会生物学",第333~350页。

进化根由，利用现实中存在的"利他主义"行为是无法否定人们客观存在的"自利"动机的。如果说"利他主义"是真正的"人化"特征，那么，人类正是在"自利人性"的基础上实现"利他主义的真正人化"的。

认可和尊重人的自利动因具有重要的"人生管理"意义。如果将自利人性及个人行为放在群体、组织和社会环境中来考察，那么所得出的一个自然推论就是：要给每一个人以充分的自主决定其行为的"自由"。就是说，承认个人"自利"的存在，也就必须承认每个人天然是他们的自身利益的判断者。我的利益在什么地方，这样行为对我有利还是那样行为对我有好处，谁最清楚？回答是：我自己！除了我之外的任何一个"外人"，不管这个外人是谁，是我的亲朋好友还是智者伟人，都没有我自己清楚！在这方面，正如亚当·斯密所言，"哲学家"和"街上的挑夫"没有太大差别；他们对自己想要什么、不想要什么最为清楚，把个人的选择权交给一个外人（不管他是政治家或是立法者），"是再危险没有了"。①

这实际上已经不是什么"实证"问题，而是一个关于管理理念的"规范"性价值判断问题。认可这个判断，就会选择开明的、人性化和法制化的民主管理；如果否定它，那么逻辑推演的结果自然就倒向精英政治、独裁体制和人治化管理。一个人有了自主性或自主权，不仅意味着选择的自由，更意味着责任、意味着自己要为自己的行为后果负责，意味着积极性和主观能动性，意味着创造性地工作。在群体、组织和社会中，互相承认自主，也就意味着互相理解和尊重，无论是"己所欲"还是"己所不欲"都不会轻易"施于人"，遇到矛盾冲突采取达观的态度和沟通、协商的办法化解。在社会组织中，认可自利人性，承认无论是被管理者还是管理者，作为"人"，概莫

---

① 见亚当·斯密：《国民财富的性质和原因的研究》，商务印书馆1981年版，第15页，第27~28页。反观历史和现实，亚当·斯密所说的这种"危险"经常变为"真实的悲剧"，小到家庭悲欢离合大到国家民族兴衰。在中国，传统家庭生活中，子女的婚姻之所以必须由父母包办，就是因为在父母眼里，子女永远都是"不懂事的孩子"，即使"成人"以后，决定关于娶谁嫁谁能够获得幸福这样的决策，他们自己也是"傻瓜"的，结果由此酿成了多少"人间悲剧"！

能外地都是具有自利本性和个人欲求的，个人利益以及追求个人利益是人与生俱来的天性，每个人天然都是他们的自身利益的判断者，每个人都是他自己行为的主人，这一点对于人力资源管理来说，尤其具有重要的现实意义。

在现实社会生活中，大量存在的利他行为其实都是有条件的，即都是在特定条件约束下为实现自利目标的利他行为，例如，面对危险或灾难等特殊变故的"同舟共济"性合作行为，遗产税、个人累进所得税等再分配政策条件下的慈善捐献行为，父母为自己防老或享受天伦之乐而对子女的养育行为，等等，都属于"投桃报李"或"助人为乐"的利他行为；所有这些行为其实都是千真万确的自利行为，都是一种出于自利动机为实现自身利益目标的"开明自利"（Enlightened Self-interest）行为。如果说这种行为是利他主义行为的话，那么人们在市场上的交换行为都是利他主义的，经济学所专注研究的就正是这种行为。

因此，我们应该将"自利"动机或目标与实现这种目标的行为方式区分开来。在实际生活当中，人们为了实现自己的自利目标，往往会理性地选择自己应该采取的实现途径和方式，或直接地"自私自利"或"损人利己"，更多的时候是"开明自利"或"利他主义"。即使表面上看来极端无条件的利他主义行为，归根结底，都基于文化遗传基因的亲缘选择和协同进化性质；从利己动机到利他行为之间，所不同的只是"迂回"程度有差异而已。"自私自利"的小人，其自利目标与实现目标的手段或途径之间"迂回"度太低，太"直截了当"；而"大公无私"者，并不是说他真的没有自己的"自利"动机，而是因为他看待他的"自利"目标时站的"境界"比较高，往往能够将自己的眼前利益与长远利益做"战略性"的权衡，所以在实现自己的自利目标时能够选择较"迂回"的途径或方式，能够"放长线钓大鱼"，从而在"根本"上真正实现自己的自利目标。在现实中，这种"迂回"性很具有"欺骗性"，不仅外人往往被蒙蔽，就是行为者本人也在主观意识或显意识层面，似乎是"不知道"或"不刻意"的。

就是说，在特定社会环境中，人们追求"自利"并非就只是"自私自利"，他人利益也可能进入其目标函数，人们追求自身利益并不意味着就"不管别人死活"。"自利"（Self‑interested）不应该与"自私"（Selfish）画等号，"自利"说的是基于人的理性，虽强调自己的利益，但却是从"理性"出发，遵循"己所不欲、勿施于人"的道德律，时刻准备为改善个人与他人的利益关系做某种妥协。① 总之，现实中存在的"利他"行为不是没有"利己动机"，而恰恰是为实现"利己"目标的一种"恰当"的甚至是"高级"的行为方式。

在现实生活中，一切人际关系都可以看作是两个自利人之间的关系。所谓"人际关系"，实质上是人们在交往过程中形成的心理反应机制和情感体验模式。例如，由管理、指导、教育等行为导致尊敬和顺从等心理反应或情感体验；由帮助、支持、同情、赞同、合作、友谊等行为导致归属、友好、信任、接受等心理反应或情感体验；由尊敬、赞扬、求助等行为导致积极、主动和帮助等心理反应或情感体验；由怯懦、礼貌、服从等行为导致骄傲、夸张、炫耀、控制等心理反应或情感体验；由反抗、攻击、责骂、怀疑、厌倦等行为导致仇恨、处罚、拒绝等心理反应或情感体验，等等。从经济学的观点来看，人际关系可以看作是两个各自追求自身利益的行为主体之间的交往关系，由此可以给出人际关系通解（见图1），并通透达观地看待人际利益矛盾和冲突。

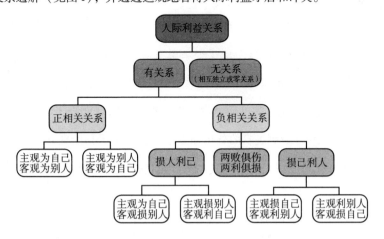

图1　基于经济学理性人假定给出的人际关系通解

①　汪丁丁：《经济发展与制度创新》，上海人民出版社1995年版，第129页。

人际相关关系无外乎正相关与负相关两种情况。①

先说正相关的情况，这种关系从动机来看可能无外乎两种情形：一种就是潘晓当年所说的"主观为自己，客观为别人"，这也就是我们上面所说的"有条件的利他主义行为"，用经济学的专门术语来说就是"外部正效应"，市场、工作或生活中大量存在的行为都是这种正相关关系；一种是"主观为别人，客观为自己"，这就说日常人们多加颂扬的"利他主义行为"，其实这种行为之所以受到大家赞赏，主要是因为人们将关注的焦点放在了"主观为别人"方面，而没有放在"客观为自己"上，或者是行为人自己将"客观为自己"这方面给"忘了"或无意识"蒙蔽"了，但之所以能够"淡忘"不是因为真的无自利在里面，而是因为"正相关"太强烈或太不成问题了，才可以达到"忘我"的程度。

至于负相关关系，从动机来看可能有三种情形：一种是"损人利己"行为，大多数场合可能是一种"主观为自己，客观损别人"的情形，用经济学的语言来说就是所谓"外部负效应"，当然日常也常有"损人（结果）不利己"或"宁可不利己也要损人"的行为发生（这种行为之所以发生，可能是当事人出于如嫉妒等某种心理上的"收益"），这是些平常人们最讨厌并在道德上大加谴责的一种行为；一种是"损己利人"行为，这是通常人们大加赞赏的高尚行为，但是这种行为往往不是绝对意义上的"毫不利己，专门利人"，大多是权衡选择的妥协行为；还有一种可能情况是在利益负相关的情况下，双方处于僵持状态，既可能因为都想"损己利人"而陷于"势均力敌"的僵局，也可能由于看到各自的处境而主动达成互不干预的独立状态，结果或者两者谁也别想占利，或者造成"两败俱伤"或"两利俱损"的结局。②

---

① 樊纲：《求解命运的方程》，北京出版社1993年版；此书二十年后又出修订版，更名为《经济人生》，东方出版社2013年版。

② 除为了别人利益而自我献身的特殊情况而外，说彻底一些，不将这种特殊情况做例外也没有什么不妥。因为很多"舍己救人"行为大都是关键时候出于"基因救助"境况不得已才舍弃自我的，这在动物界也是存在的，何况人性乎。

负相关关系及其极端情景或表现形态，往往就是人们日常感知到、遭遇到的各种利益矛盾和冲突。

一般的，这里所讨论的人际关系问题可以用数学形式加以描述。现实中的每个社会成员，作为一个自利的理性人，其目标函数都会由三种类型的子目标变量组成：（1）"独立自利变量"，这种变量的取值与其他人的利益没有关系（零相关），可用 $IX = (IX1, IX2, \cdots, IXn)$ 表示；（2）"利他收益变量"，这种变量取值与他人利益正相关，可用 $HX = (HX1, HX2, \cdots, HXn)$ 表示；（3）"损人利己变量"，这种变量的取值与他人利益负相关，可用 $DX = (DX1, DX2, \cdots, DXn)$ 表示。基于此，若用 U 表示经济人总利益，那么其目标函数可表示为：

$$Max\ U = U(IX, HX, DX)$$

三种类型变量的具体取值大小，其在总目标中的权重如何，不同偏好结构的人或同样的人在不同的时空场合或环境约束中会很不相同。一个人在实际当中，是采取"自私自利"行为还是采取"冷漠处之"的态度，是"关心自己"还是"可怜别人"，是"损人利己"还是"损己利人"，等等，都不是有没有"自利"动机的问题，而是自利目标的具体实现策略和方式问题。

总之，根据自己作为经济管理专业老师的职业体悟，我以为待人处世的最精髓要义，其实就是时刻准备通过平等协商去化解与别人可能有的任何利益冲突。我们要提倡人与人之间的"平等"，在看待他人时，要把别人看作是与自己"一样"的利益主体，与别人打交道的时候要互相"尊重"，不要把别人看作"弱智"或"傻瓜"，时时处处自以为是地替别人着想、做打算，结果却干出一系列干预别人生活、侵害别人利益、破坏别人幸福的"好心坏事"来；在面对利益冲突时，不要"与人过不去"，只强调自己利益而不顾别人"死活"，不要搞"阶级斗争"，而应该通过"民主互动"、"平等协商"和"妥协忍让"的办法去解决问题。这才是经济学真正的精神实质。人人有了这样达观的人际价值观修养，人们之间还有什么利益问题不能解决的呢？

五、问学悟道：学做人之道，问处事之理，求学术之真

所谓"学问"，人们常指人文社会科学知识，其实就是指"待人处事（世）"之道（理）。只要把最基本的"待人处事"之道弄明白了，无论什么东文西化、宗派主义或理论学说，其实都是"万变不离其宗"，即所有"学问"都无外乎是对最基本的"道"给出一个"理"，也就是某个"自以为是"的不同说法，如此而已。

"人事"自有"学问"在，真"学问"就在"人事"中，在老百姓的日常生活中。千学问，万学问，其实说的就是有关"人（情）事（理）"的那点基本道理，而且因为"妇孺皆知"而成日常习语，比如直接与"人事"有关的，就有："事在人为"，"谋事在人，成事在天"，"世上无难事，只怕有心人"，"留得青山（人）在，不怕没柴烧（事干）"，等等，不胜枚举。那么，为什么本来都是妇孺皆知的"生活道理"，还要专家们上升到"学术"层面并"制造"出种种理论或学说来，讲解给我们听？其原因无外有二：其一是老百姓自己无意"利令智昏"，其二学术专家有意"故弄玄虚"，更可能是二者"相得益彰"所致。

人们日常"待人处事"，本来个个都不"傻"，而且还都很"聪明"，只因天天忙于"事务"，陷于"杂七杂八"的"物是人非"之中不能自拔，没有空闲和条件"坐而论道"，以稍微"超脱"些的视角和姿态，对自己"所作所为"、所遇到的麻烦和问题，在最基本的"情理"层面进行观察、思考和分析，以便给出"合情合理"、"通情达理"的解说和解决办法。再加上高度专业化的社会分工网络外在的区隔约束，使人们在日常工作中往往陷于"只见树木不见林"的迷惘之中，一来二去"忘记"了生活的本真、工作的真义和最基本的"待人处事"之道，结果倒不知道自己所忙碌的事务本来是什么了。这样一种现实情况，客观上、无意中就给那些学术专家们留下了生存空间，使他们有机会在"细分市场"上有针对性地"制造"出各种各样的理论

学说，然后进一步通过各种"二级市场"传播流通渠道"贩卖"给广大民众去进行"文化消费"。

当然，学术市场也是有层次的。有大师级的，他们真正是"佛家才说家常话"，他们能够通过自己高超的学术技艺将蒙在专家头上的神秘面纱扒拉下来，把真知灼见赤裸裸地、语重心长地、通俗易懂地讲给老百姓听，使他们听后忽有恍然大悟之感，获得返璞归真的思想体验。而"小师"者们，则往往出于某种功利主义或商业利益考虑，炒作概念、玩弄学术，装模作样装深沉，最后搞得学术市场"乌烟瘴气"，真是所谓"巫师庸医卜卦者，秘方真传漫天飞"那样的一派混乱局面。此外，在学术市场上也有不大不小"中师"级的，他们往往都自我感觉良好，以"专家"身份自居，感到只有以大家似懂非懂、最好是听不懂的语言讲一些故弄玄虚的学说或理论，才能保住自己的学术职业领地。

实际上，正如没有大众文艺娱乐就没有所谓高雅艺术繁荣昌盛的群众基础，同样，没有老百姓的日常人生实践就不可能有学者们象牙塔中的经典学说，没有社会组织群落中的芸芸众生哪有什么专业研究。真可谓：大事小事人间事事事"人事"、家事国事天下事人人"管事"；大人小人事事见人，学者问者人人有事——所以，谁也都不必太"自以为是"。人文社会科学本质上是关于"人情事理"的普适性学问，而关于"人的问题"具有特殊复杂性、特别是"人人都参与其中感受其理"的特殊实践性，因此那种过分强调人文社会科学向经典"自然科学"范式靠拢，从而排斥人民大众于职业门外、以一小撮人奋斗的"科学事业"自居的做法，在很大程度上是一种退化。从个人好恶出发，我骨子反感那种"自以为是"的精英意识或专家做派。

总之，真正有生命力的学问，应该扎根本土、回归人本，"走群众路线"，"从群众中来、到群众中去"，将本属于大众的"人（情）事（理）"还给大众自己，将"人事"中被大众所忘记、被专家所蒙蔽了的"学问"还原普及于大众，套用苦难而伟大的林肯之语录来说，就是"人人的学问，应人人而

021

第一篇 人本生涯路漫漫

经济地管理人生

学问，为人人而学问"。这也就是我们每个"学者"不能忘记的"人事"之道。

参考文献

［1］亚当·斯密：《国民财富的性质和原因的研究》，商务印书馆 1981 年版。

［2］贝克尔：《人类行为的经济分析》，上海三联书店 1993 年版。

［3］樊纲：《求解命运的方程：一个青年经济学家对人生的看法》，北京出版社 1993 年版。

［4］汪丁丁：《经济发展与制度创新》，上海人民出版社 1995 年版。

［5］赵德志：《论人本主义经济学》，载《学习与探索》1988 年第 5、6 期。

［6］李宝元：《人际关系的经济学解析》，载《长沙水电师范学报》1996 年第 3 期。

［7］李宝元、刘岩：《人的经济本质及其实践意义》，载《决策探索》1996 年第 10 期。

［8］李宝元：《学做人之道，问处事之理》，载《湖南社会科学》2008 年第 3 期。

人本发展经济学要义：关于阿马蒂亚·森 "以自由看待发展" 思想的一个理论拓展[*]

一、自然秩序、理性追求与人类发展 "自然的自由观"

如果从大自然演进的宏观视野循序渐进地考察人类发展的全过程，我们就会清楚地看到：人类及其发展是大自然长期演进的结果，人类的理性追求是在自然秩序的框定下实现的。就是说，人类发展，并不是基于人类中心主义无限度、非理性地对自然进行掠夺和拓展，而是在自然秩序的框定下以及自然历史的演进中人类对自身 "自由" 进行持续不断 "理性" 追求的过程或结果。因此，要真正理解 "人本发展" 的实质意义，首先必须准确把握自然秩序与理性追求的含义及其辩证关系。

我们强调自然秩序的重要性，是要说明人类理性的有限性，防止人类理性在大自然面前失去必要的敬畏态度而陷于自负甚至狂妄。例如，亚当·斯密、哈耶克等经典作家对于市场作用的肯定和赞扬，就是出于这种自然秩序哲学观在理论逻辑上的自然延伸，因为在他们看来，市场实质上就是人类发展过程中自然扩展的一种规则或秩序，这种秩序是任何人为的理性行为所不能替代的。确实，在人类发展中，很多巨大的变化——不仅是人类社会活动

---

　　* 本文原载于《财经问题研究》2006 年第 9 期，后来拓展为一部集成性专著《人本发展经济学》（经济科学出版社 2006 年版）。

之外的自然灾变，也包括人类社会活动内部的发展变化——并非是人们有意变革的结果，而是人类所不能控制的自然秩序作用的结果。因此，人类发展不能理解为人类与自然做斗争的过程，将人类发展置于一种"与天斗、与地斗"的极端理性主义状态，将人类发展误导到"战胜自然"、"控制自然"的目标上去。这样造成的恶果日益凸显，并越来越为理性的人们所认识，人们也不断努力采取理性行动去避免之。

同时，我们也不能将自然秩序夸大到否定人类理性有所作为的地步，以致否定发展的可能性。有学者认为：一个物种在生命的演化中，它对外部环境的索取以及与同类、环境的交流就构成了其基本需要，在这里，"基本需要"的满足或更多的"需要满足"并不一定导致发展，发展是非基本需要层面、非物质的或精神上的，发展是一种"无意识的结果"而不是"人类某种价值或公共意志引导的结果"，因此，与其用发展来误导人类的行为去为生存进行残酷斗争，不如用适应或生存来引导人类"善意合作"。① 这种观点显然是偏颇的。不错，就物种进化的层面上说，人类是在自然界进行长期的"生存斗争"中自然而然演进的结果，正因如此，其发展无不打上"自然"的烙印。虽然与其他"非人类"比较，人类发展的重要标志是"非基本需要层面、非物质的或者精神层面上的"，但也不能由此而完全否定"满足基本需要"的生存问题就与"人类发展"无关。此其一。其二，人类发展需要遵循自然秩序，但"非基本需要层面、非物质的或精神层面上的"发展怎么就与"人类理性"无关呢？人类发展怎么就变成了一种纯粹"无意识的结果"呢？遵循"自然秩序"与发挥"人类理性"不是非此即彼而是相辅相成的。在人类社会发展过程中，有许多事物是人类无意造成的或人类有意也获得不了的，而必须由自然秩序来决定；但同时，也有许多事物是人类有意努力或预期的结果。对此，阿马蒂亚·森（Amartya Sen）曾有透彻的洞察和分析。

---

① 周海林、谢高地：《人类生存困境：发展的悖论》，社会科学文献出版社2003年版，第252~264页。

森指出，虽然成功故事的后面必定有失败或挫折，但人们可以在"干中学"去理性地获得成功。"十分常见的是，事物恰恰如其所显现的那样，而且确实当人们努力工作而达到目标时，或多或少就是它们所显现的那个样子。"所以，"试图运用理性去造成社会变化，在适当的情况下，应该能帮助我们得到更美好的结果"。"一个无意造成的后果并非一定是不可预期的"，"理性思考可以注意那些并非有意造成的但由于体制性安排而引发的后果，而且特定的体制安排可以因为注意到各种可能产生的、无意造成的后果而获得更准确的评价"。对于斯密和哈耶克等人注意到的自然秩序（实际上属于"人类无能为力改变的后果"），我们需要"老老实实"地遵循；对于那些"无意造成的有利后果"，如计划经济年代中国政府推行的医疗卫生保健计划和普及基础教育计划，其对于市场化改革开放时代经济发展所起的推动作用，我们应该能够很好地通过因果分析加以预期和利用；对于"无意造成的不利后果"，例如联产承包责任制的推行对于农村医疗保健和计划生育的冲击，我们可以借助理性预期并努力避免。"人们自己必须承担起发展和改善他们生活于其中的世界的责任"，"作为反思性的生灵，我们有能力去体察别人的生活。我们的责任感并非只适用于我们自己的行为所造成的痛苦（虽然那也是非常重要的），而且还可能一般地适用于我们所看到的、发生在我们周围的，并且我们有能力减轻的痛苦"。①

因此，把"自然秩序"与"人类理性"对立起来，无论是从哪方面看，都是有问题的。将理性抬到"至高无上"的地位，以致无视自然规律，走向人类理性的极端"自负"和"狂妄"，固然不对；但是，为了突出强调"自然秩序"（无意造成或无能为力改变的后果）的重要性，就否定了人类理性预期、评价和改变所有后果（包括无意和有意造成的），也是错误的。就人类发展来说，正确的观点应该是"自然的自由观"，即在达观承认大自

第一篇 人本生涯路漫漫

人本发展经济学要义

① 阿马蒂亚·森：《以自由看待发展》，中国人民大学出版社 2002 年版，第 255～260、284 页。

然演进秩序的基础上，将发展看作人类理性为"自由"目标而不断进取扩展的历史过程。

二、发展的目标：人类理性"自由"指向三个基本层次

关于发展的目标，显然是一个复杂的价值判断问题。在整个人类的价值尺度上，发展的目的或目标从根本上涉及人类究竟在理性地追求什么这样一个基本问题。关于人类的理性，在西方基督教文化的话语体系中就是所谓的"灵魂"，人类与其他物种的分别之处就在于他的躯体中被上帝造物时多添加了一样东西，这就是能够思考、尝试、创造的"智慧"以及根据自己意愿做选择的"自由意志"。可以说，后世流行于西方社会的自由主义价值观在很大程度上是基督教文化影响的结果，历代西方自由主义思想家大都是在接受人类自由为上帝所赐的基督教理念基础上形成、阐释和传播自由价值观的。①

自由意志是人之所以为人的本质规定。但是，这种本质规定性在现实中的表现形态却是复杂多样甚至是相互矛盾的，往往处在双性冲突和两难悖论之中。所以，自由虽然是人类追求的目标，但是自由在人类历史的大部分时间从来没有真正实现过，人类大部分时间是生活在受压榨和奴役的"不自由"状态中；这就是说，自由问题不仅是一个静态的"人性"哲学思辨问题，更是一个历史的、现实的"人生"价值实现问题，弄清追求自由的目的或目标固然重要，但研究如何实现自由的路径和手段更具有实质决定意义。从自由主义视点来看，所谓"发展"实质上就是人类在"不自由"的现实中理性地追求"自由"的历史过程。正如阿马蒂亚·森所说：扩展自由"既是发展的首要目的，又是发展的主要手段。消除使人们几乎不能有选择、而且几乎没有机会来发挥其理性主体的作用的各种类型的不自由，构成了发展。"② 完整

---

① 施密特：《基督教对文明的影响》，北京大学出版社2004年版。
② 阿马蒂亚·森：《以自由看待发展》，中国人民大学出版社2002年版，第24页。

地说，发展的实质意义和过程可以这样加以概括：人类在"必然"（不自由）的自然秩序框定下，凭借自己天然的"理性"（自由意志），经过艰辛曲折的努力（自由路径），在积极奋争中能够因应情势采取互动、妥协、调和、平衡等策略艺术（自由手段），从而不断逼近作为理想境界和终极目标的"自由王国"，这个过程就构成了我们所说的"发展"。

从自由的"建构性"（Constitutive）意义来看，自由本身就是发展的首要目标，人的自由价值之实现是判断发展的根本标准，人们自由主体地位在多大程度取得并得以维护从根本上决定着一个社会发展的质量和水平。但是，即使作为发展目标的自由也是有层次的，在单一抽象层面笼统地思辨解说"自由"是没有多大意义；同时，建构性意义上的自由也不能脱离工具性自由而存在，而且只有与工具或手段意义上的"实质性"（Substantive）自由联系起来，才能真正理解和正确把握自由在发展中的主体性价值目标意义。从自由的建构性角度同时联系其工具性意义，作为发展首要目标和主要手段的自由，可以从人的自然属性、社会属性和文化属性等三个角度来认识，从而可以划分生存自由、社会自由和精神自由三个基本层面。①

首先，从人的自然属性来看，自由意味着：人类在自然界生存竞争中逐步减轻自然资源及生态环境对人的绝对压迫、约束和限制，人们具有不断增强的物质生产力，也就是森所说的"可行能力"（Capability），即通过物质生产活动从自然界获取基本生存资料的能力，从而能够体面地过上衣食无忧、自由自在的"小康"生活。人既然是大自然中拥有自己自由意志的"造物"之一，其自由的最直接对立面当然是来自造他的"物主"即大自然。正如马克思所说，"人直接地是自然存在物"，与其他生物一样，是一种"受动的、受制约和受限制的存在物"，自然要面临生物界生存竞争的挑战，从自然力中获取生命力。② 所以，"人生是而自由的，但却无往不在枷锁之中"，这里的

① 启良：《西方自由主义传统》，广东人民出版社 2003 年版，第 5 页。
② 《马克思恩格斯全集》（第 42 卷），人民出版社 1986 年版，第 167 页。

"枷锁"首先是由大自然给人类套上的。人类为挣脱自然力天然地、外在地强加于其身上的枷锁,凭借自己的理性(首先是"知性")去认识自己在自然界中究竟处于何等的位置,然后还要思考和决定以什么样的状态去适应或利用自然力,在理性的"自由意志"发挥到一定程度,以致忘记自己理性的"有限性"而走向试图取代上帝位置的"非理性"状态,结果将自己与大自然的关系"搞僵"乃至到了"不可收拾"的地步,人类还要学会"理性"地重新调整自己同大自然的关系,以便在大自然的"允许"范围内获得自己"应该"获得的那份"自由"。所以,这里的"发展"问题主要涉及如何摆脱饥馑、疾病以及预防自然灾害给人们带来的生存(层面的不自由)危机等,而这些反贫困活动最直接地与人们的基本物质生活需要(生存自由权)有关,与作为社会物质基础的物质生产和再生产状态(保证生存自由权的物质条件)有关。

其次,从人的社会属性来看,自由意味着:人类在社会活动内部逐渐摆脱动物群居生存竞争的自然蒙昧状态,能够逐步借助不断完善的社会契约(特别是法律制度)来理性地界定、规范和协调人与人之间的交往关系,从而保证每个社会成员在平等公正的社会秩序下最大可能地获得真正的个人自由。人类是群居的动物,但是与一般群居动物不同,人类社会是由具有自由意志的个人组成的,社会秩序、制度规则是在这些追求"自由"的人之间经过长期复杂的相互斗争和妥协逐步形成和完善的;其基本指向和趋势是:从少数特权阶层奴役广大民众的人治社会(独裁制度),逐渐走向以每个人的自由平等为基础、在广泛的社会契约规范下进行公共选择的法制社会(民主制度)。这个层面的自由问题主要涉及两个方面:一是社会交往中的人际自由,即一个人在社会交往中实现自己自由的同时如何看待和对待他人的自由;二是国家政治中的公共自由,即社会公共活动中应该通过什么样的程序和规则保证个人理性选择与社会群体理性选择的一致性。在现实生活中,追求自由的过程往往充满矛盾、冲突、悖论、混乱和丑恶,特别令人难堪的是,往往一些无比热爱自由、崇尚自由的精英分子(不仅包括那些掌握国家权力的政治精英，也包括那些掌握思想话语权的知识分子），为自由而奋斗的结局往往与自由目标背道而驰，不是成为反自由力量的支持者，就是不自觉地被极权主义政治集团所利用。可见，这种自由的实现同样是复杂曲折、艰难困苦的。从发展角度看，这里涉及的问题如何通过制度创新和变革，使人们逐渐摆脱人身依附、奴役压迫、政府管制干预以及极权独裁统治，为每个社会成员获得个人自由提供必要的政治保障以及平等的社会机会；从社会分工和大生产体系来看，这最直接地与满足人们追求友爱、归属、自尊等社会需要有关，而以满足社会需要为直接目的的家庭、教育等人类自身生产和再生产活动在这里自然就处于最突出、最核心的地位，发挥着最为能动和关键的作用。

最后，从人的文化属性来看，自由意味着：人类逐渐从满足生命存在、社会存在的有限需要中超脱出来，进入不断追求无限精神需要、全面实现自我价值的真正自由境界。人是有思想的动物。正如 17 世纪法国思想家帕斯尔卡所说："人对于自己，就是自然界中最奇妙的对象；因为他不可思议什么是肉体，更不可思议什么是精神，而最为不能思议的则莫过于一个肉体居然能和一个精神结合在一块。这就是他那困难的极峰，然而这就正是他自身的存在。"[1] 因此，如何将自己的灵魂从与之"莫名其妙"连带在一起并时刻受肉体感性需要"管制"的不自由状态中"解救"出来，从而能够在精神上"随心所欲"地自由翱翔于无限的宇宙之中，乃是人类最大的自由理想，也是人们在现实生活中最难企及的自由梦想。但是，不能就此认为，精神自由是虚无缥缈、高不可及的，它的实现同样是人类发展中一个循序渐进的自然历史过程。从古代原始人的图腾崇拜、神话传说等文化娱乐活动，到近代宗教信仰和自然科学探索，再到现代一浪高过一浪的新科技革命和新文化运动，都能够辨识出人类在追求精神自由过程中的艰辛足迹和曲折路径。在这样的人本化发展过程中，人不仅要挣脱自然物质资源有限性的束缚，还要能够挣脱人自身肉体作为生命存在和社会存在的有限性限制，去追求永恒真理、完美

---

① 帕斯尔卡：《思想录》，商务印书馆 1985 年版。

正义和博爱大同的精神充实，从而在尽可能高的层次上实现自我人生价值，达成"全面自由"的发展目标。于是，如何通过精神生产和再生产的主导作用，使人们在有限的物质需要得到满足的基础上获得无限的文化享受和精神文明，就成为人本发展在这一自由层面上的核心议题。

总之，以上三个层面的"自由"，是人类理性追求的三种境界，也是发展的三个基本目标和实现手段。第一个层面的自由即"生存（物质）自由"，是人类作为自然存在物得以存续的基本要求和必要条件，它是其他层面自由得以拓展和顺利实现的基本物质技术基础；第二个层面的自由即"社会（政治）自由"，是人类作为社会存在物得以发展的基本目标，也是推进制度进步、建立和谐社会的前提条件、必要途径和重要手段；第三个层面的自由即"精神（文化）自由"，是人类作为精神存在物超越有限约束追求无限自由理想目标的基本表现形态，也是人类社会全面协调可持续发展的永恒动力和理性保障。我们以为，这样三个层次的自由目标与三个层次的人类需要和三种社会生产活动存在着一定的对应关系。当然，如此三三对应的关系不是简单线性的，而是非线性地构成"三位一体"的复杂耦合系统。

三、从三域耦合模型看人本经济发展的自由指向

恩格斯说得好：马克思主义是方法而不是教条。过去我们错在把马克思主义当作教条照搬，其实，马克思主义的科学性主要在于方法论。例如，马克思巨著《资本论》，由于所处时代的特殊性，其表达的命题和结论可能有很大局限性，但是作为方法论是值得我们推广应用的。为了贯通说明基于三层次需要的自由目标与以社会生产为核心的人类发展之间在动态趋势上的相互耦合关系，这里我们就给出一个推广了的马克思再生产图式，即将马克思分析物质生产和再生产实现过程的思路和方法推广应用到"三种生产、九大部类"，形成所谓"三域耦合的广义社会再生产模型"（见图1），以便在宏观动态上勾画出人本发展框架中的自由指向。

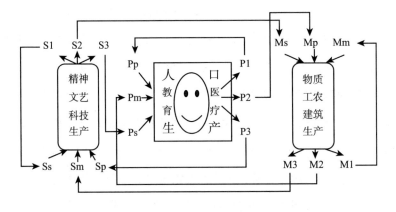

图 1　三域耦合的广义社会再生产模型

在现代社会生产分工体系中，社会再生产在宏观态上已明显现出"三域"耦合形态，即社会生产分化为以人类自身生产为中心、由物质生产和精神生产分别为基础和主导的投入产出循环流转图景。物质生产是人们改造自然、创造物质财富以满足人们物质生活需要的社会生产活动，包括农业、工业、建筑业、运输业、商品流通等活动；精神生产是创造精神财富旨在满足人们精神生活需要的社会生产活动，包括文化、科技、信息、邮电通信、文化和技术市场等活动；人类自身生产是以人类自身生存和发展为直接对象和目的的社会生产，包括家庭生育、教育培训、医疗卫生、公共交通、人才交流等活动。三种生产的投入要素都包括三种：物质资本、精神资本与人力资本；但经过不同性质的"生产函数"组合进行生产，形成的产出分别是物质财富、精神财富和人力财富，它们的去向都无外乎三种，即留在本生产领域"消费"和流入其他两种生产领域"消费"，从而形成九大部类，其"产品"各自经过相应的"流通"过程（涉及商务、金融、运输等），在价值上得到补偿和增值、在实体（使用价值）上得以替换和利用。三种生产、九大部类之间存在高度相关的投入产出关系，共同组成了有机统一的社会再生产整体。①

在社会再生产图式中，物质生产和精神生产对人类自身生产的关系，可

---

① 李宝元：《简论市场经济的广域性》，载《财经问题研究》1993 年第 2 期。

以看作人的物质层面（或自然属性）与精神层面（或社会属性）对人自身的关系在宏观上和经济上的体现。经济发展作为社会再生产在动态上不断扩张累积的历史过程，无外乎是人的物质层面和精神层面的不断丰富和张扬，是人的自然属性和社会属性的历史性演进，并且在这样的过程中使人本身得到全面发展；从三域社会再生产图式来看，经济发展就是人以自身的生产和再生产为中心（出发点和落脚点），不断把资本和财富从有限的物质生产领域移向无限的精神生产领域，从而使人类自身的经济福利得以加速度增进。经济发展，不论是资本的积累，还是财富的丰裕，说到底都是人的生产力的发展、人的自然和社会属性的全面化发展。关于"经济发展的实质是人的发展"这一命题，是与马克思主义关于人的全面发展的学说和经济历史观相吻合的，由于篇幅所限这里不能展开讨论。总之，按照马克思主义方法论指引，经济发展、尤其是现代市场经济条件下的经济发展，就是这样一种现实的辩证的历史演进过程，即：作为经济主体的人，通过发展资本、特别是发展自身的人力资本，来发展财富、发展自身的全面个性和生命意义。经济发展，既是财富的发展，又是资本的发展，归根结底是人的社会生产力的发展，是人的全面发展。其基本发展趋向就是：从人的物质层面和自然属性指向人的精神层面和社会属性；从物质生产的基础领域，通过人类自身生产这个中心、主导环节，逐渐移向有无限广阔发展空间的精神生产领域。

当然，应该特别指出的是，三域社会再生产图式只是关于社会经济活动的一种横截面静态解析，从动态上看发展，不能将三种生产作机械割裂理解，以为人类发展阶段绝对地是按照如下顺序进行的：先完成物质生产，再进行人类自身生产，最后才进行精神生产的。其实，在任何历史阶段上，作为一种高级物质运动形态，人类社会经济活动都是包括三种生产的有机统一体，例如原始社会的农业文明是与原始血缘家庭和文化娱乐活动有机统一的，近现代的工业文明是与学校教育和科学技术发展紧密联系的，后工业化社会肯定也是高度发达的三种社会生产活动耦合形成的一种社会经济形态。提出三域社会再生产图式，目的不是别的，而仅在于为人们提供一个全面而逻辑地看待人类发展问题的认识平台或理论框架。

四、超越传统发展经济学，构建人本发展经济学

在本文中，我们从人类"理性"追求角度引出基于三层次自由的发展含义，并以三域耦合模型为框架宏观描述了人类社会经济发展的人本自由指向。关于人类社会发展问题，各门社会科学有各自特殊的角度和方法。经济学研究发展的"经济"意义和"经济"问题，这就是所谓"经济发展"。但是，由于经济学起源于对于人类生存层面的关注，其研究视角有一个从狭到广、从"物本"到"人本"的历史转化过程，所以，所谓"经济发展"，即经济学关于发展意义和问题的解说也经历了一个类似的过程。

"经济发展"作为一般词语意义来使用可能出现得很早，但是作为一个专门问题和学术课题提出、研究，并成为普遍使用、甚至流行的术语，则是1929~1933年经济危机引发经济停滞之后，特别是第二次世界大战以后第三世界国家面临民族独立、现代化和工业化等紧迫任务时，才正式提出来的。这期间，以发达国家把经济增长作为主要政策目标为实践背景，西方经济学把凯恩斯静态理论长期化、动态化，从而形成了形式化解析经济增长因素的经济增长理论；与此同时，新独立的亚非拉欠发达国家也纷纷把以现代化、工业化为主要内容的经济发展作为主要政策目标来追求，于是以发展中国家的经济发展过程为研究对象的发展经济学应运而生。这二者历史性地巧合，就使得"经济发展"在最初赋义上受西方主流思维定势所迫，作为与"经济增长"的同义语使用。① 后来随着研究的深入，人们才逐渐认识到，经济发展乃是一个比经济增长含义更广的概念，它涉及结构优化和制度变迁，特别是与整个国民福利的改善紧密相联。② 综观有关文献，发展有四个基本维度：

---

① 阿恩特：《经济发展思想史》，商务印书馆1997年版，第52~53页。
② 金德尔伯格、赫里克：《经济发展》（第三版），上海译文出版社1986年版，第5、3页。

（1）总量增长；（2）结构演进；（3）制度变迁；（4）福利改善。如果结合起来说，就是：发展意味着人类福利在规模扩张、组织变革和制度创新的过程中得以持续改善。在这里，发展的主体是人，发展的基本途径和方式是结构演进和制度变迁，发展的结果和量度是总量增长，其最终目标或出发点则是改善人们福利。

但是，传统发展经济学所主导的发展观具有明显的物本偏狭性，其所谓的"经济增长"，主要偏重于生存自由赖以实现的物质财富和市场收入效用，而没有充分顾及社会和精神层面自由实现的条件；其所说的"经济结构"主要是从物质生产角度引申出来的所谓"三次产业"偏态演进，而没有在广域的社会再生产结构变化去正态审视发展的自由拓展指向；关于"制度变迁"对于发展的建构意义和推动作用，以及有关"社会福利"目标的价值判断问题，传统发展经济学也没有能够放在人本主体性自由的基点予以充分研究和阐释。在对于人类发展问题的关注和研究中，各界人士和专家的全方位参与，使得经济学家在思考、认识和探索经济发展问题的时候，其视角和眼界也越来越宽广，逐渐从过去偏狭的物本主义走向人本主义。例如，在1979年联合国教科文组织召开的一次关于"综合发展观"的讨论会上，专家们一致认为发展应该以社会—人的发展为中心，发展不仅应促进人的物质需要，而且应满足人的社会文化和精神需要。一些经济学家也认为，发展应该有三种基本要素或核心价值，即"生存"（Life-Sustenance）、"自尊"（Self-esteem）和"自由"（Freedom）；就是说：发展首先要满足人维持生命的基本需要，其次应该是人们获得"尊敬"这样的社会需要之重要或必由途径，更高层次地，发展要保证人们能够从奴役中解放出来而进行自由选择。①

值得关注的是，从1990年开始，联合国发展计划署每年发表一份不同主题的《人类发展报告》，提出发展必须将人置于所关心的一切问题的中心，人

---

① D. Goulet, *The Cruel Choice: A New Concept on the Theory of Development*, New York: Atheneum, 1971.

类发展就是扩大人的选择范围的过程，这既与通过对人的投资扩大人类能力有关，也与保障充分利用这些能力有关，并建立在生产力、公正性、持续性和权能授予的基础上。围绕这项工作，一些相关领域包括经济学领域的国际杰出专家，例如法国学者佩鲁、印裔经济学家阿马蒂亚·森等，对于推动发展问题的"人本化"研究做出了突出贡献。特别是森氏提出关于"以自由看发展"的观点，彻底突破了狭隘发展观的旧范式，围绕"人的实质自由是发展的根本目标和重要手段"这个核心思想，构建了自己全新的理论框架，对于我们进行人本发展经济学研究具有重要启迪意义。

基于上文论述，我们提出更具普适性和解释力的人本发展经济学研究框架思路，即：利用现代经济学的"人本主义"视角，以人本主体性自由为基点，从生存自由、社会自由和精神自由以及相对应的三种生产的广阔视界，对于发展在增长、结构、制度和福利四个基本维度上表现出来的矛盾和问题，进行全方位的分析和研究。其特点主要体现在如下三个方面。

——将关注的现实背景，从发展中国家由不发达状态到发达状态的特殊发展问题，拓展到全人类、全球范围内如何实现全面协调可持续发展的普适性发展问题，当然关于中国这个发展中大国的特殊发展问题仍是我们所要关注的重点；

——分析的理论框架将超越传统发展经济学所局限的"经济发展"，也涉及通常不属于"经济发展"的发展问题，如社会发展、教育发展、科技发展和文化发展，等等，当然如果接受现代经济学所谓"帝国主义"理念的话，这些发展问题自然也是"经济的"发展问题，也就是说，我们要用经济学方法研究的，将是大自然中人类社会整体（包括三个需要层次和自由含义）的"大发展"问题；

——研究的视角将完全转换到"以人为本"的价值理念上，一切问题都围绕着"人"的需要和自由之实现来展开，这样传统经济学可能认为是不同学科或"外学科"的问题，诸如人口与人力、资源与环境、劳动与工作、生产与生活、流通与分配、文化与科技、教育与卫生，等等，在我们这里都成了"人本发展经济学"框架体系下的一个有机组成部分。

参考文献

［1］金德尔伯格、赫里克：《经济发展》（第三版），上海译文出版社1986年版。

［2］阿恩特：《经济发展思想史》，商务印书馆1997年版。

［3］《马克思恩格斯全集》（第42卷），人民出版社1986年版。

［4］阿马蒂亚·森：《以自由看发展》，中国人民大学出版社2002年版。

［5］帕斯尔卡：《思想录》，商务印书馆1985年版。

［6］施密特：《基督教对文明的影响》，北京大学出版社2004年版。

［7］启良：《西方自由主义传统》，广东人民出版社2003年版。

［8］周海林、谢高地：《人类生存困境：发展的悖论》，社会科学文献出版社2003年版。

［9］李宝元：《简论市场经济的广域性》，载《财经问题研究》1993年第2期。

［10］D. Goulet, The Cruel Choice：A New Concept on the Theory of Development, New York：Atheneum, 1971.

人本管理经济学探索[*]

一、问题的提出：直面历史现实的理论演化脉络及跨学科整合走势

大而言之，主体欲求的无限性与环境资源的稀缺性，是人类社会经济发展面临的基本矛盾、共同困境和永恒主题。为此，人类在长期历史演化中自发形成两种基本应对机制，即市场交换与组织管理；相应的，在学术上分别直面聚焦回应这样两大实践的理论范式，就是经济学与管理学。

要缓解这个基本矛盾和困境，人力在主观"用力"上无外乎两个基本方向：一方面依托"情商"（人文伦理及宗教信仰）努力节制欲求或抑制需求，另一方面凭借"智商"（人类理性或科学技术）尽力有效利用既有资源并进一步开发利用新资源。其结果，以工业化为标志使人类历史发生了一种"非对称性突变"：工业化以前，人类"情感"在漫长演化的市场"自然扩展秩序"中占了上风；而市场运作和发展到一定"阈值"或"拐点"，引发了"工业化"革命性突变，结果使人类"理性"得到了前所未有的释放或解放，发展到后来甚至达到登峰造极的"无知之狂妄"的程度。

所谓"现代社会"，乃工业化及市场经济高度发展的产物；而正是这种

　* 本文原载于《财经问题研究》2013 年第 12 期。

"轰轰烈烈、声势浩大"的现代社会经济实践活动，才孕育出了真正"现代"意义上的经济学和管理学。正是基于大机器工业生产的需要，以及在此基础上由发达市场机制链接而形成的社会化大生产体系，才使人们集结在一个个具有开放系统性、内在合作性和外在竞争性的"命运（利益）共同体"中；所谓"组织"，就是这些命运（利益）共同体随着时间推移不断稳固化、巨型化发展的结果，并随着市场秩序不断向外"自然扩展"而在空间上广泛存在于社会各个领域。特别是进入20世纪，欧美等西方发达国家纷纷完成工业化，其市场经济进入高级发展阶段以后，每一个社会成员都被普遍地"扭结"在特定的社会组织中；同时，以工商企业组织、非营利性组织和政府公共组织多元鼎立为基本格局的现代组织网络体系，逐渐演变成为每一个现代人时时刻刻生存其间、必须直接面对和积极适应的基本生存情景或社会生态环境。结果，"市场"与"组织"并肩而行、互动发展，不仅促成了无比"繁荣昌盛"的现代社会经济实践，而且促成了现代经济学与管理学的大融合、大发展。

虽然从现代社会经济实践源泉来看，关注"市场"的经济学与聚焦"组织"的管理学可以算作"孪生兄弟"；但在启蒙与集大成发展的时序节奏上，经济学可以大致算作管理学的"兄长"。早在1776年，"现代经济学鼻祖"亚当·斯密就在其"开山大作"《国富论》中，富有远见地奠定了主导经济学理论研究基本发展方向和主流趋势的"学科信条"和"理论范式"，即：建立在每个人追求自利基础上的自由市场机制乃国民财富根本源泉及和谐社会赖以建立的基石。其后，经由马歇尔为代表的"新古典主义"之集大成诠释，以及"凯恩斯主义"的宏观拓展，到以萨缪尔森为代表的宏微观"新综合"，经济学基本上是围绕"市场资源配置基础功能"主题一路拓展开来的。

相对于经济学来说，管理学实现集大成并蓬勃发展步伐稍有滞后。虽然早在18世纪末英国"工业革命"所开创的工业化新时代，大规模、高密度、商业性和社会化的"工业组织"（企业）形成了对"管理"前所未有的特殊需要和要求，并激发了罗伯特·欧文等一大批工业管理专家及管理教育先驱相继辈出，但尚未形成一组逻辑清晰的"学科信条"和一套完整成型的"理论范式"。直到 19 世纪末 20 世纪初，发展到巅峰的欧美工业化社会经济、特别是企业制度化管理实践，才孕育出以亨利·法约尔、特别是弗里德里克·泰勒为代表的一代管理大师级人物，他们在其经典论著《工业管理与一般管理》（1916）和《科学管理原理》（1911）中正式提出并清晰阐释了现代组织管理学的基本信条和理论范式，从而使管理学以"科学"的面目正式登上学术大雅之堂，并在其后近百年的历史中衍生出葱郁茂盛、五花八门的管理学派丛林（雷恩，2000）。

无论是经济学还是管理学，最初的"元问题"都是属于或为了回应"人的问题"，即：如何有效开发、配置和利用稀缺资源才能满足个人、组织或社会等特定主体的目标和需要？但是，令人遗憾的是，在以市场机制为基础的现代工业化大生产体系中，本来是主体、目的和本源意义的人，却在自己所创造的器物工具中被"异化"，最终沦落为器物、工具和手段。好在大自然自有"自组织"平衡协调机制，两极轮回，物极必反，随着"后工业化"时代的来临，近百年来的经济学与管理学研究主题都明显呈现出一种"人本化"的回归趋势（见图 1）。

按照传统经济学范式，市场是由"厂商"、"居民户"、"政府"和"国外"四个主体之间进行"产品和劳务"及"劳动力"交换、实现资源有效配置的机制或方式，至于四个主体各自内部是什么状况及如何运作则不属于其研究的范围。在这个四个主体部门中，"厂商"是经济学最原本、最主要的聚焦点，其他三个则相对有些"辅助性"或"衍生性"；也就是说，回答"厂商"内部组织管理问题，相对来说显得更为迫切，更为重要，更可以纵深发掘，由此衍生出一门"管理经济学"分支学科。传统管理经济学，由私人厂商拓展到公共及非营利组织，其实就是将微观经济学特别是市场与厂商理论基本原理运用于组织资源配置及管理决策而形成的一整套具有现实操作性的程序、技术和方法，其总的理论基点、基调和着重点还是在强调"市场逻辑"及其对组织的技术经济约束（J. R. 麦圭根，R. C. 莫耶，F. H. 哈里斯，2000）。

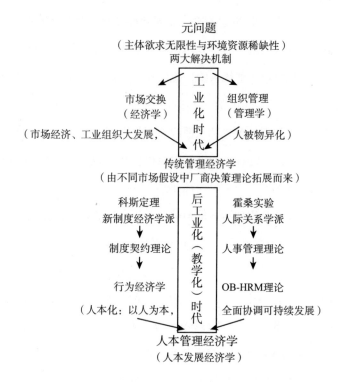

元问题
（主体欲求无限性与环境资源稀缺性）
两大解决机制

工业化时代

市场交换
（经济学）　　　　　组织管理
（管理学）

（市场经济、工业组织大发展，　　　　　人被物异化）

传统管理经济学
（由不同市场假设中厂商决策理论拓展而来）

后工业化（教学化）时代

科斯定理　　　　　　　霍桑实验
新制度经济学派　　　　人际关系学派
↓　　　　　　　　　　↓
制度契约理论　　　　　人事管理理论

行为经济学　　　　　　OB-HRM理论

（人本化：以人为本，　全面协调可持续发展）

人本管理经济学
（人本发展经济学）

图1　人本管理经济学的实践背景及学术源头

经济学真正从"市场"偏在视界走出将"企业"等科层组织正面纳入其研究视野，并将它看作与"市场"对等并在"交易成本大于零"的现实世界替代其发挥经济职能的一种特殊资源配置方式，在期间发挥了"转折点"或"里程碑"性关键作用的，是1937年罗纳德·科斯等人发动关于"交易费用的概念革命"以及由此引发的"新制度经济学"浪潮。由此开始，经济学理论研究逐渐回归"人本"轨道，一大批研究者越来越关注组织、组织中人的（契约与非契约）关系、组织制度架构及演化，特别是聚焦于组织中管理者（雇主）与员工（雇员）这个基本矛盾，借鉴心理学、社会学和政治性等学科研究新成果，将研究对象和重点逐渐指向组织（中人的）行为及其激励问题，拓展衍生出行为经济学、组织经济学、实验经济学、契约经济学和演化经济学等诸多新分支，进而与当代组织管理学中的"劳动关系学派"、"人事管理学派"和"人力资源管理学派"渐次对接起来，以致在理论发展和学科建设上提出了构建"人本管理经济学"的现实目标和任务。

　　近年来，作为传统管理经济学的理论变革和疆界延伸，英美等国一大批对"组织经济学"问题感兴趣的学院派学者开展了一系列探索性研究工作，他们试图在企业等组织层面以"人的行为及激励问题"为焦点构建一套逻辑自洽的理论范式和框架。这方面具有集大成代表性的最新标志性著作，大致可以举出如下几部：一是 2002 年英国白金汉大学组织经济学教授马丁·利科特的《企业经济学》，以"科斯定理"及"企业的契约理论"为立论基点，讨论了企业及非营利组织的制度结构，以及企业管理者等利益相关者的激励和环境约束问题；二是 1992 年美国斯坦福大学教授保罗·米尔格罗姆与约翰·罗伯茨所著《经济学、组织与管理》，对传统管理经济学范式进行了革命性变革，总结了半个世纪以来经济学在组织合约、协调、驱动、雇佣、激励管理及变革领域发展起来的新思想、新理论和新方法；三是 2003 年乔治·亨德里克斯所著《组织的经济学与管理学：协调，激励与策略》，基于博弈论、科斯定理及信息经济学最新研究成果，围绕"如何协调与激励组织中策略互动着的人们"这个核心主题，对组织中有关决策、匹配及商业策略问题进行了新的诠释。

　　与此同时，近百年来，随着后工业化社会的来临，特别是网络数字化新技术革命的推动，组织管理学越来越呈现一种不断"软化"和"人性化"趋势。在这样的背景下，关于组织行为与人力资源管理实践领域的相关研究课题，迫切需要依托一套以"组织中的人"为中心，既自成体系、自圆其说又逻辑严密、思路清晰的经济学理论框架做支撑，为组织管理者特别是人力资源管理工作者提供一整套既可以证伪，又易于操作的经济学思想方法、思维方式和分析工具。为此，中外学者在学科建设上也做出了一系列相关努力，其中最具代表性的是，美国斯坦福大学工商管理学院的爱德华·拉奇尔教授在 1998 年出版的《人事管理经济学》，该书围绕招募与雇佣、人员流动、精简、工作效率、团队、年功报酬、考核、福利、职权和任务分派等人力资源管理主题，系统地介绍了一系列相关经济分析技术和方法，其目的是为组织管理者及人力资源管理者权衡相关利益关系、提升决策水平和降低管理成本提供相应的经济学理论支撑。在该领域国内学者也做了有益探索，近年来国内图书市场上也陆续出现了若干部以"人力资源经济学"或"人力资源管理经济分析"为主题的教科书，探索性地将经济学、劳动经济相关的原理与方法依照人力资源管理工作模块串联成体系，试图形成一个独立学科。

但是，既有相关研究成果尚有不少缺憾及存疑之处，大致说来有三点：（1）没有在"人本主义"意义上给出具有"硬核"性质的学科概念和核心理念，使相关经济学分析方法缺乏坚实可靠而又逻辑自洽的理论根基；（2）对有关经济学概念、原理与方法的转述，没有从学科视角分歧、学术流派渊源及交叉整合脉络上给出应有的清算梳理，使相关内容虽然围绕组织管理或人力资源管理职能模块组合在了一起，但在经济学理论逻辑体系上显得十分零碎零散，不能形成逻辑清晰、前后连贯的统一体系，往往研读起来使人有些不得要领；（3）由于在理论逻辑上不能自洽成体，相关问题研究没有可支撑的对接点，因而在学科建设和发展上缺乏应有的成长性和可持续性。

笔者数十年来由宏观而微观、由经济学而管理学，游走于国民经济学、制度经济学与企业管理学等多门学科教学与科研活动之间，但在研究方向和主线上万变不离其宗，长期始终如一地聚焦"人本发展与管理"问题。2006年，笔者将自己多年累积的相关成果汇集成著，以《人本发展经济学》名字推出；经过又七年在人力资源管理领域的学术累积，并基于现实咨询管理和科研教学需要，特别是依托两个国家社科基金项目的资助，推出了其姊妹篇《人本管理经济学》（二者类似于宏微观经济学之关系）。本文乃该著之导论，现将自己初步构思和粗略观点先行公开发表，以求教于同行专家。

二、研究范式：人本管理经济学的理论视界、方法论及主题基线

人本管理经济学是立足于强调主体意义及价值理性的"人本主义"视界，严格遵循"个人自由主义"方法论的逻辑思维范式，借鉴利用现代经济学有

关人类行为的经典及最新理论和方法，以研究并回应组织管理中"人的问题"为基本宗旨和任务，特别聚焦"组织成员个人目标与组织目标的战略性激励相容问题"的研究主题和主线，并由此形成的一门应用经济学新分支。

（一）人本管理经济学视界：强调主体意义及价值理性的"人本主义"

关于"人本主义"（Humanism），源于"人如何实现自己的自由意志"这个最基本的元哲学命题。虽然人是有"自由意志"的特殊物种，但人类毕竟也是大自然的"造物"，人类文明自从诞生的那天起就面临着一个无法摆脱的现实困境，那就是 18 世纪法国思想家让 - 雅克·卢梭所说的两难悖论：自以为"自由"的人类"却无往不在枷锁之中"，自以为是"其他一切的主人"的人类到头来往往"反而比其他一切更是奴隶。"①

自然科学是人类理性超越自然束缚而"客观认识"外部世界的产物，西方科学主义最初正是源自古希腊的理性主义文化传统，那时的人们普遍崇尚用自己的智慧、勇敢和正义去观察思考大自然奥秘的精神意志。但是，进入"中世纪"（公元 500～1500 年），这种理性主义精神在大自然强大的力量压迫下被"扭曲"为基于宗教信仰的神学，一开始一些传教士还试图运用古希腊理性主义文化去解说基督教义，随后在经院哲学那里理性主义异化为论证基督教"永恒真理"的工具，这样，西方理性主义文化传统伴随着日益盛行的基督教经院哲学而得以保留和传承。后来，当传教士堕落行为被揭穿、经院哲学越来越走向玄虚而逐渐远离现实生活被人们所唾弃时，文艺复兴和宗教改革运动的启蒙者们，将科学理性主义从传统经院哲学中抽取出来，以"人本主义"面目出现而成为反对"神本主义"的有力武器，由此滥觞并迅速演化成为西方主流价值文化。

也就是说，"人本主义"作为一种西方价值观和哲学思想文化传统，是自欧洲文艺复兴和宗教改革以后，经历代思想家发展、完善逐步形成和传播开

---

① 让 - 雅克·卢梭：《社会契约论》，商务印书馆 2003 年版。

来的。最初，"人本主义"是特指16～17世纪的一种文化思潮，即对古希腊罗马文学、语言、科学及其他人文学科的热衷，对宗教、神权、经院哲学的扬弃和批判，对个人主义、世俗主义、理性至上和科学实证精神以及人权和人的自由价值之复兴或弘扬等；但是到了18～19世纪，以"人本主义"为表现形态的理性主义发展到极致，终于孕育出了工业革命和工业文明，在工业化的过程中理性主义逐渐走向现代科学理性主义极端，在这种理性主义思潮涌动下，导致德国哲学家尼采所说的"上帝死了"之象：科学技术开发出来的物质机器逐渐将人性异化，本来是生产目的和主体的人反而被异化为生产的工具和手段，物质享受几乎侵蚀人们所有的心灵空间，物质性的工具理性代替了终极关怀意义上的价值理性。

20世纪，可以说是人类在社会变革特别是科技革命中"涅槃重生"的世纪。随着大机器工业化的"登峰造极"和人类科学理性主义的"泛滥成灾"，人们逐渐看清并感同身受地体验到主体异化和工具理性带来的一系列不快乐、不幸福乃至痛苦或灾难，人们在大自然一场场惩罚性的灾害面前越来越感到一种无可奈何的"无力感"，不得不生发出一种来自灵魂深处的"敬畏感"。于是，以人为本，回归大自然、回归人本性、回归人的主体性和价值理性，成为从市场运作到组织管理、从经济学到管理学研究的共同取向。在这样的背景下，重提"人本主义"就具有对立于科学理性主义的新意义，而回归人性，反思科学价值、解构理性标准、呼唤终极关怀、重塑心灵美德，也就成为当代人本主义精神的基本内涵及主流倾向。这也是人本管理学应持有的认识论视野。

（二）人本管理经济学方法论：遵循现代经济学逻辑思维范式的"个人自由主义"

在方法论上，人文社会科学相对于自然科学研究的一个重要特征是：研究者本身就是参与其研究对象中的一分子，很难在"局外"用条件控制的试验方法对社会活动或人类行为作观察。尽管目前一些社会科学，例如经济学，在研究"技术"上已经发展到"很像自然科学"的状态，对个体微观行为也已开始用实验方法进行研究，但就整个人文社会科学研究总体状况来看，这也仅是作为一种辅助性的经验检验方法来使用，其主要研究方法还是以"理论实证"为基本特征的。

关于"理论实证"研究方法，其基本套路无外乎：从大量的客观社会现象或人类行为中分析、归纳、概括出一些基本的理论假定，也就是借助理论思维将客观对象抽象为马克斯·韦伯所说的"理想模型"，以此作为逻辑分析的起点；然后，在这些基本假定基础上进行逻辑演绎，推导出一系列理论结论，并通过逐步"放松"有关假定，把原来抽象掉的不同层次的"非本质"的东西追加进去，使"理论联系（契合）实际"，以达到理论"实证"社会经济现实的目的。这种社会科学方法，在马克思那里就叫做"抽象法"，其前一过程就是马克思所说的"从具体到抽象"或"研究方法"，而后一过程就是马克思所说的"从抽象到具体"和"叙述方法"；而奥地利经济学派代表人物路德维希·冯·米塞斯则称之为"假想结构法"，并认为"经济学的独特研究方法就是假想结构法"。①

经济学对于人类行为的研究同样或更需要依赖这样的"抽象法"，但从与其他社会科学的"分工协作"关系来看，经济学则有其独特的角度和方法。其独特之处就在于：任何人类个人的行为，在经济学看来都是一种"在稀缺资源环境约束下来追求个人自身预期收益最大化的理性选择行为"。其中包括三层基本含义：一是"自利"动机，即追求自身利益是人类经济行为的根本动机和基本目标；二是"环境"约束，即追求自利目标是在稀缺性资源条件和社会制度规则约束下进行的；三是"理性"选择，即人们总会"设身处地"地权衡自己的处境和所追求目标之间的矛盾和冲突，最终找到一条均衡的、"恰如其分"的最佳方式或路径，使自己所费成本最小而获得收益最大。

① L. V. 米塞斯：《人类行为的经济学分析（上）》，广东省出版集团/广东经济出版社2010年版，第210页。

也正是在这个意义上说，"人，无论在家里，还是在政府或私人的办公室里，无论在教堂里，还是在科学活动中，简言之，无论在哪里，永远是效用最大化者"。① 这就是所谓"理性人假定"，是经济学方法论的"硬核"，是任何经济学包括人本管理经济学必须操守的。

自斯密以来，经济学之所以成为"市场主义"的誓死捍卫者，按照米塞斯在《人类行为的经济学分析》中的论述，就是因为它认定："市场经济是在生产资料私有制的基础上进行劳动分工的社会系统。（在这个系统中），每个人都代表他自己的利益，但是每个人的行为都既是为了满足他人也是为了满足自己的需求，每个人在行为时都在为他人服务，另一方面每个人又都是在接受他人的服务，每个个体都既是手段又是目的——他自身的最终目的以及使他人获得满足的手段。"也就是说，"市场将个体活动引向能最好地服务他人的渠道"。② "市场不会直接阻止某一个体随意伤害其同伴，但市场会对这种行为进行处罚。""市场上，强迫每个人都尽力服务他人并克制自己的随意和恶意的，不是因为宪兵、刽子手和陪审团的高压统治和强制政策，而是因为个人利益。契约社会的成员之所以自由，就是因为他服务别人就是服务自己。限制成员的只有不可避免的自然资源稀缺现象，至于其他部分，所有成员在市场范围内都是完全自由的。"所以，"没有一种自由可以与市场经济所带来的自由相媲美。在极权的霸权主义社会中，个体所应有的唯一自由，也是无法剥夺的自由，那就是自杀"。③ 值得注意的是，虽然"经济学的任务主要是分析市场上交换的物品和服务的价格决定，"但现实中"人们总是同时面对'物质的'和'精神的'东西，他们要从不同的替代品中进行选择，不管这些东西是被归为物质的还是精神的。在价值的天平上，物质的和精神的东西是混合在一起的。即使我们能够在物质的与精神的考虑之间划出明确的界

---

① G. J. 斯蒂格勒：《经济学家和说教者》，上海三联书店1990年版，第90页。

② L. V. 米塞斯：《人类行为的经济学分析（上）》，广东省出版集团/广东经济出版社2010年版，第228页。

③ 同上，第246页。

限，我们也必须认识到，每一个实际的行为要么是为了同时实现物质的与精神的目的，要么是物质与精神的东西之间选择的结果"。因此，为了完成特定研究任务，经济学"必须从人类行为的综合理论开始研究"，其研究对象要超越有关利用货币进行交换的"市场现象"而涵盖所有人类行为。①，在米塞斯看来，市场中人与人的"竞争"是"想在合作的制度里取得更优秀、更杰出的成就。竞争的功能就是，给整个社会体系里的每一个成员都安排一个最适合他的位置，从而使他能够最好地服务于整个社会，服务于社会里的其他成员。从这个角度来看，它就成为一种把最称职的人安排在最适合的岗位上的有效方法。"② 因此，由市场链接起来的社会是"联合的行为和合作，其中的每一方看待对方的成功就像是自己的成就"。只有这样的社会才是真正"伟大的社会"。③

尊重并弘扬每个人的个性和自由，由他们各自为了自身利益而自主自由地做选择，整个组织或社会才能和谐发展。这是经济学在认识论上不可更变的核心理念和基本精神，也是无论什么经济学（流派或分支）都必须传承和操守的价值判断和学术信念。基于此认识论立场，将研究视野从市场运作拓展到组织管理层面而且特别强调主体意义及价值理性的人本管理经济学，在方法论上必然要严格坚持"个人自由主义"立场，即不承认一个超越个人之上的所谓公共利益或集体利益，一切选择和决策归根结底都是源于组织成员或利益相关者的个人理性行为。正如美国学者劳伦斯·博兰指出的："方法论的个人主义是这样一种观点，在社会现象的任何解释中，它认为只有个人才能成为决策者。"④ 从此观点出发，将个人（及其利益和行为）看作是任何社会活动的基本单元和基础，并且认为一切集体的行动、群体的互动、社会的

---

① L. V. 米塞斯：《人类行为的经济学分析（上）》，广东省出版集团/广东经济出版社 2010 年版，第 208 页。

② 同上，第 98 页。

③ 同上，第 146～147 页。

④ L. A. 博兰：《批判的经济学方法论》，经济科学出版社 2000 年版，第 290 页。

活动以及政治的程序或过程都是一种个人追求自身利益的总结果，而任何超越或凌驾于个人利益之上的所谓集体利益是不存在的，在此基础上进一步认定，分析人类行为或研究社会活动（包括我们所关注的"组织管理"问题）最好的办法，就是直接观察个人基于理性的选择行为表现来达成，这应该成为人本管理经济学"最恰当或最有效"的方法论。

基于方法论的个人自由主义原则，人本管理经济学在研究组织中"人的行为"及其管理问题，自然离不开"经济计算"、在约束条件下求极值以及基于"边际"的成本—收益分析等新古典经济学分析方法，但鉴于传统新古典主义"滥用数学"的恶劣倾向，而现实组织中的人不是物理原子式的无生命个体，而是有"自由意志"并由此支配其行为的主体人，而且随着社会进步人的自由意志及其表现行为越来越个性化、多元化和非线性变化，因而人本管理学研究不能沉溺于基于大数定律的统计学方法去寻找所谓规律，必须对传统经济学计量分析方法在扬弃中有所发展。

关于经济学分析"滥用数学"的倾向，正如米塞斯所批评的那样：由于数学家自觉不自觉的误导，"本可以用几句话和平凡的语言来表达的意思却用一种大多数人不熟悉的术语来表达，因此这种语言很快得到了人们的尊敬。人们甚至认为这些令人迷惑的公式有着某种未被传授以隐藏起来的很重要的启示，认为存在一种赌博的科学方法，而数学的神秘学习可以教会人们赢得胜利的钥匙"。① 应该清楚："无论用哪种定量的方法去分析经济学的问题，都存在一个基本的缺陷，那就是：我们忽视了一个事实，即在我们说的经济变量之间没有常数的关系。在各种商品交换比率的形成和评估中也没有任何的不变性和持续性可言，每一个新的数据都会导致整个价格体系的重新组合。相反，理解，通过力图抓住事件所涉及的人的头脑中的所思所想，可以很好地预测未来情况的变化。我们可以说这个方法不是令人满意的，而且实证主

---

① L. V. 米塞斯：《人类行为的经济学分析（上）》，广东省出版集团/广东经济出版社2010年版，第88页。

义者们也鄙视这种方法，但是这种武断的判断根本不会、也不可能会遮盖一个事实，即理解是唯一一种用以处理未来不确定因素的恰当的方法。"① 近年来，这种故弄玄虚、自娱自乐的研究倾向在管理学界也司空见惯，一些学者不直面回应现实问题，而是沉迷于数学的精细美妙，甚至喜欢"用玄妙深奥的理论辞藻来粉饰论文"，例如"一头会说话的猪"用晦涩的学术语言表达成"家畜与人这两类不同物种成员发出的听觉信号之异质同形性"，但这并不能解决"凭常识显而易见"的现实问题。② 对此，人本管理经济学研究必须力戒之。

（三）人本管理经济学主题：组织管理中"人"的战略性激励问题

百余年来，现代组织管理呈现出"人性渐凸显"的历史趋势，大致可以分为几大阶段：19世纪末20世纪初，基于古典管理（特别是泰勒科学管理）理论的劳工管理时代；20世纪中叶，基于组织行为与人际关系理论的人事管理时代；20世纪末21世纪初，基于人力资本和战略管理理论的人力资源管理时代。近年来，在技术网络数字化、市场经济全球化和社会发展人本化的新时代背景下，"以人为本，战略性激励"成为当今世界各类经济社会组织为获取并保持战略竞争优势、实现长期可持续发展的共同指向和必然选择。这也应该成为人本管理经济学研究并回应的核心问题。

关于"以人为本"，在"历史与逻辑相统一"的方法论意义上，大致有两个层级的提升：一是从把组织中的人看作"人力成本"，到把人看作能够创造价值的"人力资源"、"人力资产"或"人力资本"；二是在此基础上，将"人"的手段或工具意义上剥离开来，进一步提升到将组织中的人看作是具有生命终极价值目标意义的主体，即活生生的、有血有肉、有情有感的现实人。基于"以人为本"的核心理念，现代组织管理的基本目标和核心任务，就是"战略性激励"，即通过人力资源战略管理以获取和保持核心竞争力和比较优

---

① L. V. 米塞斯：《人类行为的经济学分析（上）》，广东省出版集团/广东经济出版社2010年版，第99页。

② Nicolaj Siggelkow：《案例研究的说服力》，载《管理世界》2008年第6期。

势。"以人为本，战略性激励"是组织管理特别是人力资源管理的基本任务，也是人本管理经济学关注和研究组织经济问题的基线。

简言之，以"人"为中心，紧紧围绕"以人为本"的两级提升，以及组织激励基本矛盾在理念、机制和方法上的互补辩证平衡关系，为组织获取可持续发展的比较战略优势为基本目标和任务，逐渐展开相关经济学理论和实际问题的研究，就构成人本管理经济学的主题主线。

三、初步构想：人本管理经济学的理论基点、 主体架构和内容体系

在组织管理问题的研究中，始终以"人"为中心，将人作为有血有肉、有情有感、活生生的主体在"价值理性"意义上来看待，而不是仅将之视作客体（劳动要素、劳工成本、人力资源、资产或资本）在"工具理性"层面打转转，此乃人本管理经济学独特的理论视野和基点。

价值论是经济学的理论基石。正如"劳动价值论"是马克思主义经济学的理论基石，"效用价值论"是新古典主义经济学的理论基石，"人本价值论"乃人本管理经济学的理论基石。沿着新古典主义聚焦于"市场"的学术传统，劳动经济学主要关注与"产品（或服务）市场"相对应的"要素市场"中不同于"（物质）资本市场"的"劳动（力）市场"运行及其结果，[①]其隐含的基本假定就是劳动（力）是一种生产要素、一种稀缺资源，它在由"雇主"作为需求者与"雇员"作为供给者构成的"劳动（力）市场"上借助"工资"这种价格信号引导实现有效配置，由此展开并形成整个学科主线、理论体系及政策含义。同样，传统组织管理学及管理经济学，包括与人事管理及人力资源管理问题直接相关的经济分析，往往也主要是将员工的劳动力

---

① R. G. 伊兰伯格、R. S. 史密斯：《现代劳动经济学：理论与公共政策（第八版）》，中国人民大学出版社 2007 年版，第 35 页。

或知识技能视作生产要素在成本管理、资源配置和价值增值层面打转转，而无意忽视或有意漠视组织成员（管理者及员工）的主体价值和工作本身的内在激励意义。与传统价值论有所不同，人本价值论不仅关注人作为"劳动力"、作为"人力资源"、"人力资产"或"人力资本"在"生产要素"意义上的外在价值，而且更加关注人作为组织成员在"主体"、"主人翁"意义上的主观能动性和内在驱动力，以及如何通过"工作"本身的内在价值激励去实现组织及其成员个人的成长和可持续发展目标。

人本管理经济学的理论框架和内容体系应该搭建在这样的"人本价值论"基石之上，沿着"人本价值论：从劳动价值论到工作价值论"—"组织人本激励管理基本矛盾：个人竞争目标与组织合作目标"—"组织人本激励相容两层面：制度契约激励与管理策略激励"的逻辑层次循序展开。

（一）人本价值论：从劳动价值论到工作价值论

如果说，"劳动"（labor）是描述前工业社会以及所有"不发达"或"发展中"状态下每日挣扎在生存死亡线上的劳苦大众群体生态的过时语；那么，"工作"（job）就是关于工业化乃至后工业化的现代社会组织中职场人士特别是精英群体生态状况的流行词。关于"劳动"的外在谋生手段意义，从普通百姓到学术精英，似乎都能感同身受。例如，古典经济学、特别是传统劳动经济学乃至泰勒的"科学管理原理"都想当然地认为，劳动对人来说意味着一种"外在的苦难"，因而假定劳动是一种给人带来负效用的东西，人们都是为了谋生而不得不劳动。应该承认，如果历史地看问题，这是有其合理性乃至科学性的；但逻辑地瞻前顾后辨析问题，可能会发现这是一种局限于特定历史条件和物本功利观点而形成的极其表象化、非常肤浅的偏见，即使用劳动价值论和历史唯物论的观点来看，也是一种很不实事求是的看法；如果从正在走向后工业化、已经步入网络数字化时代的当今社会经济实际情况出发来前瞻性地审视问题，那么，这种观点甚至可以说是一种极端不合时宜、不负责任的想当然假定。总之，基于人本主义观点，关于"劳动价值"或"工作意义"的一个精确表达就是："烦人的苦工是工作意义的结果而不是工作本身带来的结果。技术永远不能消除苦工，但正确的社会关系却能办到。"① 为此，人本管理经济学应该本着马克思"历史的与逻辑的相统一"的方法论，条分缕析地梳理经济学如何从工业化背景下的"劳动价值论"，逐渐摆脱人被异化为手段和工具意义上的"劳动要素"、"人工成本"或"人力资源"之理论局限，走到当今以"后工业化"为时代大背景的"工作价值论"，直面现实讨论关于作为主体的人在组织中通过工作实现自我价值和组织目标的内在激励意义，以及由此引致的现代组织学习型变革趋势及革命性意义。

（二）组织人本激励管理基本矛盾：个人竞争目标与组织合作目标

从组织角度来看，所谓"激励"意味着一个简单而复杂的问题，那就是如何最大限度地开发、调动、鼓励或强化与组织目标相契合的个人行为。任何组织都是由人组成的。一些各有目标和行为动机的个人，最初可能"来自五湖四海"，但都是"为了一个共同目标走到一起来了"。他们之所以要加入组织，成为组织一员去做事，就是因为想干那些他们自己单个做不了的事情，这种事情就构成了他们的"共同目标"，这也就从根本上决定了一个组织之所以存在并进一步发展下去的基本使命和战略目标。但是，加入组织的个人成员的最初动机和最终目标，可能并非就是为了达成"组织目标"，他们可能各有各的"打算"，各有各的特殊利益和目的，因而在实际工作中可能有种种行为表现。这些行为有些与组织目标相一致、相融合，有些可能与组织目标不一致、不协调，有的甚至相矛盾、相对立。针对组织合作目标与个人竞争行为这种错综复杂的关系，组织人本激励管理的核心意义和基本任务就是，要强化、鼓励、奖励那些与组织合作目标相契合的竞争行为，弱化、调和、协同那些与组织合作目标不一致的竞争行为，矫正、规制、惩戒那些与组织合作目标相矛盾、相对立的竞争行为，使每个组织成员的个人竞争行为与组织合作目标契合在一起。在实际中，这个基本矛盾的两个方面即组织合作目标

---

① M. A. 卢兹、K. 勒克斯：《人本主义经济学的挑战》，西南财经大学出版社 2003 年版，第 177 页。

与个人竞争目标具体体现为"绩效"与"薪酬"两个焦点职能之间的关联。绩效体现的是组织合作目标，薪酬体现的是组成成员的个人竞争目标，组织目标与个人行为的一致协同要求，就表现为绩效与薪酬在制度设计理念和具体制度安排上的相容性，以及二者在运作管理机制层面的契合性。这正是人本管理经济学所特别关注和着力研究的焦点问题，其他管理模块相关的经济学问题都可以由此向外展开并涵盖其中。

（三）组织人本激励相容两层面：制度契约激励与管理策略激励

组织人本激励机制的设计和运作，必须立足于这一基本事实，即：组织成员都是在既定的外在环境条件约束下追求自身利益最大化的。但是，面对这样一个基本事实，经济学和管理学各有其侧重的抽象视角、理论解说和政策含义。经济学看重环境条件对人们行为的限制和影响，因此侧重从"制度"层面研究激励机制设计问题，由此可以引申出相关的组织激励原理，我们称之为"制度契约激励"；而管理学则更加关注人们追求自身利益的特定动机和具体情景，因而注重从日常"管理"策略上研究有效激励实现问题，因此可以引申出相关的组织激励原理，我们称之为"管理策略激励"。制度形成及变革，更加强调基于组织成员自主选择权利的民主互动，一旦形成和确立，则要求所有成员必须严格操守；而制度的具体实施和执行，又往往需要组织管理者以某种科层性的、行政性的、非对等性的程序和方式，来策略性、变通性地体现进而实现制度所内含的民主性质及人本化要求。相对而言，制度契约激励就是"立规矩"，管理策略激励就是"寻变通"。制度契约激励是组织需要建立的一种长期稳定的根本性激励机制，它是管理策略激励的基础或前提；而管理策略激励则是一种动态权变的日常性管理策略，它是制度契约激励的具体实现形式。二者一体两面，合起来才能完整解说组织激励相容的基本原理及现实运作机制。这样，可以将博弈论与信息经济学、新制度及契约经济学理论、人力资本产权变革、公司治理及股权激励理论、经济激励机制设计理论、心理学、组织行为及行为经济学等领域有关研究的最新成果，一一经过适当改造纳入并有机整合在人本管理经济学之中，形成一种具有全新视野、逻辑自洽、问题聚焦且内容完整的学科体系（见图2）。

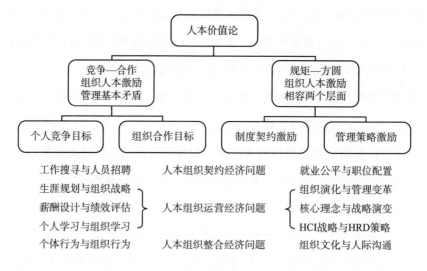

图2 人本管理经济学理论架构及内容体系

总之，人本管理经济学以人本价值论为理论基石，以"职场就业—战略规划—目标导向—投资开发—人际整合"人本管理为运作主线，分别沿着"竞争—合作"（人本组织激励管理基本矛盾）与"规矩—方圆"（组织人本激励相容两个层面）两大人本管理经济问题导向线索，形成自成体系的研究主题、内容、原理及方法。当然，人本管理经济学要真正屹立于管理学及经济学丛林，尚须国内外学界同仁合作协力做出一系列进一步的研究和探索。

参考文献

［1］D. A. 雷恩：《管理思想的演变》，中国社会科学出版社2000年版。

［2］J. R. 麦圭根、R. C. 莫耶、F. H. 哈里斯：《管理经济学：应用、战略与策略》，机械工业出版社2000年版。

［3］M. 利科特：《企业经济学》，人民出版社2006年版。

［4］P. 米尔格罗姆、J. 罗伯茨：《经济学、组织与管理》，经济科学出版社2004年版。

［5］J. 亨德里克斯：《组织的经济学与管理学：协调，激励与策略》，中国人民大学出版社2007年版。

［6］E. P. 拉奇尔：《人事管理经济学》，生活·读书·新知三联书店、北京大

学出版社 2000 年版。

　　[7]　颜爱民:《人力资源管理经济分析》,北京大学出版社 2010 年版。

　　[8]　李宝元:《人本发展经济学》,经济科学出版社 2006 年版。

　　[9]　让－雅克·卢梭:《社会契约论》,商务印书馆 2003 年版,第 2 页。

　　[10]　L. V. 米塞斯:《人类行为的经济学分析(上)》,广东省出版集团、广东经济出版社 2010 年版,第 210～211 页。

　　[11]　G. J. 斯蒂格勒:《经济学家和说教者》,上海三联书店 1990 年版,第90 页。

　　[12]　L. A. 博兰:《批判的经济学方法论》,经济科学出版社 2000 年版,第290 页。

　　[13]　Nicolaj Siggelkow:《案例研究的说服力》,载《管理世界》2008 年第 6 期。

　　[14]　R. G. 伊兰伯格、R. S. 史密斯:《现代劳动经济学:理论与公共政策(第八版)》,中国人民大学出版社 2007 年版,第 35 页。

　　[15]　M. A. 卢兹、K. 勒克斯:《人本主义经济学的挑战》,西南财经大学出版社 2003 年版,第 177 页。

　　[16]　张维迎:《产权、激励与公司治理》,经济科学出版社 2005 年版。

　　[17]　E. 布鲁索、J. M. 格拉尚(编):《契约经济学:理论与应用》,中国人民大学出版社 2011 年版。

　　[18]　C. F. 凯莫勒等(编):《行为经济学新进展》,中国人民大学出版社 2010 年版。

　　[19]　A. A. 斯密德:《制度与行为经济学》,中国人民大学出版社 2004 年版。

人本管理经济学探索

人力资本理论史考[*]

一、古典政治经济学：人力资本论的学术思想源头

古典政治经济学，从 17 世纪中叶开始到 19 世纪初结束，经历了约两百年的时间，其著名代表人物，在法国有皮埃尔·布阿吉尔贝尔（1646～1714）、弗朗斯瓦·魁奈（1694～1774）、杜尔哥（1727～1781）等，在英国有威廉·配第（1623～1687）、詹姆斯·斯图亚特（1712～1780）、亚当·斯密（1723～1790）和大卫·李嘉图（1772～1823）等。其中，以亚当·斯密最为集大成，成为后世公认的经济学开山鼻祖。关于人力资本的一些基本思想，斯密在其划时代巨著《国富论》（1776）中有较明确的表达，他的有关论述成为后来西方人力资本理论的学术源头。因此，关于古典政治经济学的人力资本思想，我们主要以亚当·斯密《国富论》中的有关论述为线索，进行梳理和考察。

（一）资本概念引申

在《国富论》中，亚当·斯密所使用的资本概念，是指蓄积起来不用于目前消费而能带来收入或利润的那部分资财。但在行文论述时却有两种不一致的用法：一是把资本与劳动、土地相提并论，认为资本利润、劳动工资和

---

　　* 本文原为笔者博士论文《人力资本与经济发展》（北京师范大学出版社 2000 年版）及其修订版《人力资本论》（北京师范大学出版社 2009 年版）的一部分，从经济学说史层面对人力资本理论做了溯源性考察。

土地地租是商品价格三个组成部分,是一切收入和一切可交换价值的三个根本源泉;二是把资本作为广义的生产资本来理解,似把劳动和土地费用又都包括在其中。但无论在前一场合还是在后一场合,都有把人力要素作为资本看待的论述。

在前种场合,斯密论道:"资本一经在个别人手中积聚起来,当然就有一些人,为了从劳动生产物的售卖或劳动对原材料增加的价值上得到一种利润,便把资本投在劳动人民身上,以原材料与生活资料供给他们,叫他们劳作。与货币、劳动或其他货物交换的完全制造品的价格,除了足够支付原材料代价和劳动工资外,还须剩有一部分,给予企业家,作为他把资本投在这企业而得的利润。所以,劳动者对原材料增加的价值,在这种情况下,就分为两个部分,其中一部分支付劳动者的工资,另一部分支付雇主的利润,来报酬他垫付原材料和工资的那全部资本。"① "在商品价格中,资本利润成为一个组成部分,它与劳动工资绝不相同,而且受完全不相同原则的支配。"② 从这段论述中可以看出,斯密所说的资本绝不就是指的物质资本(生产资料),而指垫付的"全部资本";后来西方经济学中形成的特指"资本品"(生产资料)的资本概念,可能出自对斯密这种把资本与劳动、土地相提并论叙述方式的"有意误解"。此其一。其二,我们还可以看出,斯密在这里对人的劳动因素在生产中的主体地位和价值创造作用是充分肯定的,他实际上承认"劳动是衡量一切商品交换价值的真实尺度",即所有价值(包括利润)都是由劳动创造的,虽然他以不恰当的例子说明"资本的利润同所谓监督指挥这种劳动的数量、强度与技巧不成比例",试图以此证明"利润与工资受着两个完全不同的原则的支配"。③

---

① 斯密:《国民财富的性质和原因的研究》(上卷),商务印书馆1972年中译本,第43页。

② 同上,第44页。

③ 同上,第43~44页。对斯密所举例子的失当,萨伊在其《政治经济学》(第400页的脚注)中给予过批评。

但是，正是在这种把劳动与资本相并列、且认为二者的报偿受不同原则支配的场合，斯密又把人的劳动技能看作资本，实际上是论证了人力资本投资及其收益问题。就在上述引文稍前的一段中，斯密说道："如果某种劳动需要非凡的技巧和智能，那么为尊重具有这种技能的人，对于他的生产物自然要给与较高的价值，即超过他劳动时间应得的价值。这种技能的获得，常须经过多年苦练，对有技能的人的生产物给予较高的价值，只不过是对获得技能所需费去的劳动与时间，给以合理的报酬。"① 在论述劳动工资的职业影响时，斯密更明确地论及："设置高价机器，必然期望这机器在磨毁以前所成就的特殊作业可以收回投下的资本，并至少获得普通的利润。一种费去许多功夫和时间才学会的、需要特殊技巧和熟练的职业，可以说等于一台高价机器。学会这种职业的人，在从事工作的时候，必然期望，除获得普通劳动工资外，还收回全部学费，并至少取得普通利润。而且，考虑到人的寿命长短极不确定，所以还必须在适当期间内做到这一点，正如考虑到机器的比较确定的寿命，必须于适当期间内收回成本和取得利润那样。熟练劳动工资和一般劳动工资之间的差异，就基于这个原则。"由于"精巧艺术和自由职业的学习需要更长时间和更大费用。所以，画家和雕刻家、律师和医生的货币报酬当然要大得多，而实际上也是如此"。②

在后种场合，斯密把资本按使用方法不同划分为流动资本（流通资本）和固定资本两部分。认为前者要靠流通、靠更换主人而提供收入，"用于维持工作与支付工资的资本"就属此类；而后者则是不必经过流通、不必更换主人即可提供收入或利润，其中"社会上一切人民学到的有用才能"就属固定资本的主要四项之一。斯密对这种固定资本的描述是："学习一种才能，须受教育，须进学校，须做学徒，所费不少。这样费去的资本，好像已经实现并且固定在学习者的身上。这些才能，对于他个人自然是财产的一部分，对于

---

① 斯密：《国民财富的性质和原因的研究》（上卷），商务印书馆 1972 年中译本，第 42 页。
② 同上，第 93～94 页。

他所属的社会，也是财产的一部分。工人增进的熟练程度，可和便利劳动、节省劳动的机器和工具同样看作是社会上的固定资本。学习的时候，固然要花一笔费用，但这种费用，可以得到偿还，兼取利润。"① 这种资本的划分，实质是把人力资本更全面地理解为两部分，一部分是一般劳动技能的"流动资本"，另一部分是特殊才能的"固定资本"；并对这两种人力资本的形成及投资收益报偿原则给予了经典论证。

（二）经典启迪要义

亚当·斯密在《国富论》中所阐发的一些人力资本思想，实际上已经成为现代西方人力资本理论思想的经典。归纳起来，主要有如下三个方面。

（1）关于分工对人力资本形成的决定性影响。关于分工的论述是《国富论》最精彩的篇章。在论述分工时，斯密注意到："人们天赋才能的差异，实际上并不像我们所感觉的那么大。人们壮年时在不同职业上表现出来的极不相同的才能，大多数场合，与期说是分工的原因，倒不如说是分工的结果。例如，两个性格极不相同的人，一个是哲学家，一个是街上的挑夫。他们间的差异，看来是起因于习惯、风俗与教育，而不是起因于天性。他们生下来，在七八岁以前，彼此的天性极相类似，他们的双亲和朋友，恐怕也不能在他们两者间看出任何显著的差别。大约在这个年龄，或者此后不久，他们就从事于极不相同的职业，于是他们才能的差异，渐渐可以看得出来，往后逐渐增大，结果，哲学家为虚荣心所驱使，简直不肯承认他们之间有一点类似的地方。"② 正是分工和交换的发展，才使各种人力资本形成极显著的差异，专业化的人力资本创造出越来越多的资财，于是人们才有可能通过"节俭"把一部分资财蓄积起来，作为提供收入或利润的资本投向（物质）生产性用途，从而使国民财富得以不断增加。这实质上就是后来西方经济增长理论中"资本积累决定论"的学术渊源。

---

① 斯密：《国民财富的性质和原因的研究》（上卷），商务印书馆 1972 年中译本，第二篇第一章"论资财的划分"。引文见第 257~258 页。

② 同上，第 15 页。

（2）关于人力资本产权及制度问题。斯密在考察"欧洲政策"对劳动与资本配置效率的影响时，抨击了长期学徒制、同业组合规则、公共资助基金以及教区户籍管理对人力资本形成、劳动力流动和特殊人才培养的不利影响。斯密极力推崇自由市场制度，提出人力资本产权应得到有效维持。他指出："劳动所有权是一切其他所有权的主要基础，所以，这种所有权是最神圣不可侵犯的。一个穷人所有的世袭财产，就是他的体力与技巧。不让他以他认为正当的方式，在不侵害他邻人的条件下，使用他们的体力与技巧，那明显地是侵犯这最神圣的财产。"① 这是一个具有重大理论意义的思想。

（3）斯密在考察各种职业劳动工资的影响因素时，实际还涉及了机会成本、风险因素在人力资本形成和投资中的作用。他认为，各种职业的劳动工资，随取得资格可能性的大小而不相同。因此，在进行人力资本投资时应考虑投资的机会成本和风险的大小，风险大、成功机会小的职业选择所得收益应包括风险损失费在内。有些职业所得实际报酬较少，但却有很高名誉收益；若要谋利而运用某种职业技能的人，所得金钱不但须补偿他学习这种技能所花费的时间、工夫和费用，且须补偿他由此而招致的名誉上的损失。② 所有这些观点和思想显然都是具有重要的经典启迪意义。

二、马克思主义学说：人力资本论的"人本"思想渊源

由于特殊的学术传统局限，西方学者对于马克思主义经济学有关人力资本的学术思想及其重要价值挖掘和重视的很不够，特别是对于马克思主义关于"人的全面发展"所蕴含的重要"人本思想"，以及这种思想对人力资本论形成和发展的启蒙和推动作用，更是罕有涉及。其实，在人力资本理论思想渊源上，以下两个基本事实使得马克思主义人力资本思想具有特殊重要意

---

① 斯密：《国民财富的性质和原因的研究》（上卷），商务印书馆1972年中译本，第一篇第十章第二节，引文见第115页。

② 同上，第97~101页。

义：其一，马克思主义是关于"人的全面发展"的学说，"以人为本"是马克思主义的基本哲学价值观，它在解释历史时是从人出发，又以人为归宿的，认为"整个所谓世界历史不外是人通过人的劳动而诞生的过程"①，发展的实质就是通过改善各种社会关系，以排除其对人的自由本质的异化，从而走向全面发展。其二，在经济学说史上，正是马克思主义经济学在"前无古人、后无来者"意义上，对资本的本质、构成、形态、运动规律及历史命运，进行了全面、系统、科学的理论实证研究，马克思的《资本论》已成为举世公认的经典学术成果。因此，联系马克思主义"人本"价值观，全面挖掘、考察其资本理论中有关人力资本的思想，作为我们赖以继承和发展的学术遗产，对于人力资本论题的研究无疑具有特殊指引意义。

（一）重要理论贡献

首先，马克思充分论证了人力资本在生产中的主体地位和价值创造作用。马克思认为，所谓资本，其实质就是能够带来剩余价值的价值。"资本在历史上起初到处是以货币形式，作为货币财产，作为商人资本和高利贷资本，与地产相对立"，但货币并非天然地就是资本，货币只有在特定的历史条件下在市场上找到"自由"劳动力，从而作为雇佣劳动的手段来进行剩余价值生产时，才转化为资本。② 而资本之所以能带来剩余价值，不在于它的"死劳动"形态，即以生产资料为其实物形态的"不变资本"，而在于它购买了"活劳动"，即以能创造价值的劳动力为其实体形态的"可变资本"。这里所讲的"可变资本"，其实就是指的人力资本。马克思指出："我们叙述了劳动过程的不同因素在产品价值的形成中所起的不同作用，事实上也就说明了资本的不同组成部分在资本本身的价值增殖过程中所执行的不同职能。产品的总价值超过产品的形成要素的价值总额而形成的余额，就是价值已经增殖的资本超过原预付资本价值而形成的余额。一方面是生产资料，另一方面是劳动力，

---

① 马克思：《1844年经济学哲学手稿》（1844年4~8月），《马克思恩格斯全集》（第42卷），人民出版社1986年版，第131页。

② 马克思：《资本论》（第一卷上）第四章，人民出版社1975年版，引文见第167页。

它们不过是原有资本价值在抛弃货币形式而转化为劳动过程的因素时所采取的不同的存在形式。""变为生产资料即原料、辅助材料、劳动资料的那部分资本，在生产过程中并不改变自己的价值量"，"相反，变为劳动力的那部分资本，在生产过程中改变自己的价值。它再生产自身的等价物和一个超过这个等价物而形成的余额，剩余价值。这个剩余价值本身是可以变化的，是可大可小的。这部分资本从不变量不断变为可变量"。① 这就清晰地描述了生产和价值增殖过程中人力资本与物质资本不同的主体地位和价值创造作用。这个思想和结论实际上被后来有关人力资本的各种经验和理论研究所印证，以致直至今日仍有其重要理论指导意义。

其次，马克思详细考察了人力资本的实体特性和价值构成。"我们把劳动力或劳动能力，理解为人的身体即活的人体中存在的、每当人生产某种使用价值时就运用的体力和智力的总和。""人本身单纯作为劳动力的存在来看，也是自然对象，是物，不过是活的有意识的物，而劳动本身则是这种力的物质表现。"马克思认为，人力资本的价值，同其他任何商品一样，也是由生产从而再生产它所必需的社会必要劳动时间决定的，只是它的价值规定包含着"一定历史和道德的因素"。从价值构成来说，不仅包括再生产或维持劳动力这个活的个体能力所需要的费用，而且包括这种特殊商品所有者的种族延续费用即其子女的生活费，以及一定的教育培训费用。他指出："要改变一般的人的本性，使它获得一定劳动力，就要有一定的教育或训练，而这就得花费或多或少的商品等价物。劳动力的教育费随着劳动力性质的复杂程度而不同。因此，这种教育费——对于普通劳动力来说是微乎其微的——包括在生产劳动力所耗费的价值总和中。"②

其三，对于人力资本的形成，马克思主义经典作家是提到"生产"和"再生产"的高度来认识的。在《资本论》中，马克思虽然没有专门考察劳

---

① 马克思：《资本论》（第一卷上），人民出版社1975年版，第235页。
② 同上，以上引文分别见第190页，第228～229页，第193～195页。

动力即人力资本的形成过程，但从上述引文中我们可以看出，马克思不是把劳动力看作是现成的"自然资源"，而是要通过人类自身的生产和再生产才能形成的。对于人类自身的生产，恩格斯在《家庭、私有制和国家的起源》第一版序言中明确指出："根据唯物主义观点，历史中的决定性因素，归根结蒂是直接生活的生产和再生产。但是，生产本身又有两种。一方面是生活资料即食物、衣服、住房以及为此所必需的工具的生产；另一方面是人类自身的生产，即种的繁衍。"① 若利用马克思《资本论》中研究物质生产和再生产过程的逻辑和方法，从人类自身生产角度考察人力资本的形成过程和特殊规律性，将会有新的深刻认识。这一点值得特别注意。

其四，马克思还注意从人与人的相互关系的角度，来认识市场经济条件下人作为人力资本的手段意义，与人作为主体的目的意义之间的辩证关系。在市场经济条件下，"每个人为另一个人服务，目的是为自己服务；每一个人都把另一个人当作自己的手段互相利用。这两种情况在两个个人的意识中是这样出现的：（1）每个人只有作为另一个人的手段才能达到自己的目的；（2）每个人只有作为自我目的（自为的存在）才能成为另一个人的手段（为他的存在）；（3）每个人是手段同时又是目的，而且只有成为手段才能达到自己的目的，只有把自己当作自我目的才能成为手段，也就是说，这个人只有为自己而存在才能把自己变成为那个人而存在，而那个人只有为自己而存在才把自己变成为这个人而存在"。② 马克思不无讽刺但却是严肃地承认，在雇佣劳动

---

① 《马克思恩格斯选集》第4卷，人民出版社1972年版，第2页。其实，还有第三种生产，即精神生产。马克思认为："宗教、家庭、国家、法、道德、科学、艺术等等，都不过是生产的一些特殊的方式，并且受生产的普遍规律的支配。"（见《马克思恩格斯全集》第42卷，人民出版社1986年版，第121页），他还提到："要研究精神生产和物质生产之间的联系，首先必须把这种物质生产本身不是当作一般范畴来考察，而是从一定的历史的形式来考察。……如果物质生产本身不是从它的特殊的历史的形式来看，那就不可能理解与它相适应的精神生产的特征以及这两种生产的相互作用。"（《马克思恩格斯全集》，第26卷，第1分册，人民出版社，第296页）这种广义生产观点对我们全面理解人力资本的形成过程具有重要的理论指导意义。

② 马克思：《经济学手稿（1857～1858年）》，《马克思恩格斯全集》第46卷（上），人民出版社1986年版，第194～196页。

制度下，使资本所有者与人力资本所有者"连在一起并发生关系的唯一力量，是他们的利己心，是他们的特殊利益，是他们的私人利益。正因为人人只顾自己，谁也不管别人，所以大家都是在事物的预定的和谐下，或者说，在全能的神的保佑下，完成着互惠互利、共同有益、全体有利的事业。"①

其五，马克思认为，使个人在更多的自由时间里得到充分发展，可以看作是生产"固定资本"。在他看来，"自由确实是人所固有的东西"，②而要使人能获得自由，关键是创造各种条件来节约时间，以增加自由时间。"真正的经济——节约——是劳动时间的节约（生产费用的最低限度——和降到最低限度）。而这种节约就等于发展生产力。""节约劳动时间等于增加自由时间，即增加使个人得到充分发展的时间，而个人的充分发展又作为最大的生产力反作用于劳动生产力。从直接生产过程的角度来看，节约劳动时间可以看作生产固定资本，这种固定资本就是人本身。""自由时间——无论是闲暇时间还是从事较高级活动的时间——自然要把占有它的人变为另一主体，于是他作为这另一主体又加入直接生产过程。对于正在成长的人来说，这个直接生产过程就是训练，而对于头脑里具有积累起来的社会知识的成年人来说，这个过程就是（知识的）运用，实验科学，有物质创造力的和物化中的科学。"③ 可见，马克思所说的自由时间，主要不是指闲暇时间，而是指人类自身的精神生产和进行创造性劳动的时间；而把增加自由时间说成是生产"固定资本"，实质上是认为人力资本的生产，关键在于增加人的精神存量，增加人的知识和创造技能。

（二）"人本"思想精髓

值得特别强调的是，马克思主义关于发展的实质是"人的全面发展"的

---

① 马克思：《资本论》（第 1 卷），人民出版社 1975 年版，第 199~200 页。

② 马克思：《第六届莱茵省议会的辩论》，《马克思恩格斯全集》第 1 卷，人民出版社 1986 年版，第 63 页。

③ 马克思：《经济学手稿（1857~1858 年）》，《马克思恩格斯全集》第 46 卷（下），人民出版社 1986 年版，第 225~226 页。

人本思想，对于后来人力资本论的形成和发展具有特殊重要意义。马克思认为，"人永远是一切社会组织的本质"①，而社会组织或社会关系往往对人作为自由自觉活动主体的类特性造成"异化"。人的本质是自由，但这个本质不是天然赋予人的，也就是说，人并非生而自由自主的；自由作为人的潜能要通过劳动来实现，而劳动是在既存的特定生产方式、社会关系中进行的；实践的或现实的人逐渐通过"互动"，从异化了的旧的社会关系中解放出来，不断发展自己的潜能、实现自己的自由，在获得自由的过程中会陷入新的不自由，然后又去争取更高层次的自由，这个漫长的、辩证的历史过程，就是发展的真义。② 在这个基本思想下，经典作家对于社会分工、商品货币、资本、私有制、专制制度、科学技术、工业化及宗教等对人的自由本质的异化作了各种批判性分析，同时又以严肃实证的科学态度对这些因素在人的全面发展中所起的历史作用进行了系统的辩证分析和高度评价。

例如关于分工问题，马克思主义经典作家看到："分工还给我们提供了第一个例证，说明只要人们还处在自发形成的社会中，也就是说，只要私人利益和公共利益之间还有分裂，也就是说，只要分工还不是出于自愿，而是自发的，那末人本身的活动对人说来就成为一种异己的、与他对立的力量，这种力量驱使着人，而不是人驾驭着这种力量。"但是"这种'异化'（用哲学家易懂的话来说）当然只有在具备了两个实际前提之后才会消灭。要使这种异化成为一种'不堪忍受的'力量，即成为革命要反对的力量，就必须让它

---

① 马克思：《黑格尔法哲学批判》，《马克思恩格斯全集》第 1 卷，人民出版社 1986 年版，第 293 页。

② 马克思说："发展不仅是在旧的基础上发生的，而且就是这个基础本身的发展。这个基础本身的最高发展……，是达到这样一点，这时基础本身取得的形式使它能和生产力的最高发展，因而也和个人（在这一基础的条件下）的最丰富的发展相一致。一旦达到这一点，进一步的发展就表现为衰落，而新的发展则在新的基础上开始。""生产力或一般财富从趋势和可能性来看的普遍发展成了基础，同样，交往的普遍性，从而世界市场成了基础。这种基础是个人全面发展的可能性，而个人从这个基础出发的实际发展是对这一发展的限制的不断消灭，这种限制被意识到是限制，而不是被当作某种神圣的界限。个人的全面性不是想象的或设想的全面性，而是他的现实关系和观念关系的全面性。"见马克思《经济学手稿》（1857～1858 年），《马克思恩格斯全集》第 46 卷（下），人民出版社 1986 年版，第 34～36 页。

把人类的大多数变成'没有财产的'人，同时这些人又和现存的有钱的有教养的世界相对立，而这两个条件都是以生产力的增长和高度发展为前提的"。①

对于工业化的影响，马克思分析说："如果说劳动的交换现在只是作为不可克服的自然规律，并且带来自然规律在任何地方遇到障碍时都有的那种盲目破坏作用而为自己开辟道路，那么，大工业又通过它的灾难本身使下面这一点成为生死攸关的问题：承认劳动的交换，从而承认工人尽可能多方面的发展是社会生产的普遍规律，并且使各种关系适应于这个规律的正常实现。"在工业化社会中，劳动力是"适应于不断变动的劳动需求而可以随意支配的人员"，一种"把不同社会职能当作互相交替的活动方式的全面发展的个人"，而把"生产劳动同智育和体育相结合"的工艺学校、农业学校及职业学校作为在工业基础上自然发展起来的要素，"不仅是提高社会生产的一种方法，而且是造就全面发展的人的唯一方法"。②

对于资本的历史作用，马克思也给予了充分的正面肯定。他说："资本和劳动的关系在这里就象货币和商品的关系一样；如果说资本是财富的一般形式，那么，劳动就只是以直接消费为目的的实体。但是，资本作为孜孜不倦地追求财富的一般形式的欲望，驱使劳动超过自己自然需要的界限，来为发展丰富的个性创造出物质要素，这种个性无论在生产上和消费上都是全面的，因而个性的劳动也不再表现为劳动，而表现为活动本身的充分发展，在那种情况下，直接形式的自然必然性消失了；这是因为一种历史的需要代替了自然的需要。由此可见，资本是生产的；也就是说，是发展社会生产力的重要的关系。"③ 在这里马克思实质上充分肯定了资本在市场经济条件下的积极作用，说明了非人力资本与人力资本的相互促进关系。他更明确地指出："如果

---

① 马克思、恩格斯：《德意志意识形态》，《马克思恩格斯选集》，第 1 卷，人民出版社 1972 年版，第 38～40 页。

② 马克思：《资本论》（第 1 卷），人民出版社 1975 年版，第 534～535 页，第 530 页。

③ 马克思：《经济学手稿》（1857～1858 年），《马克思恩格斯全集》第 46 卷（上），人民出版社 1986 年版，第 287 页。

说以资本为基础的生产，一方面创造出一个普遍的劳动体系——即剩余劳动，创造价值的劳动，——那么，另一方面也创造出一个普遍利用自然属性和人的属性的体系，创造出一个普遍有用性的体系，甚至科学也同人的一切物质的和精神的属性一样，表现为这个普遍有用性体系的体现者，而且再也没有什么东西在这个社会生产和交换的范围之外表现为自在的更高的东西，表现为自为的合理的东西。""资本按照自己的这种趋势，既要克服民族界限和民族偏见，又要克服把自然神化的现象，克服流传下来的、在一定界限内闭关自守地满足于现有需要和重复旧生活方式的状况。资本破坏这一切并使之不断革命化，摧毁一切阻碍发展生产力、扩大需要、使生产多样化、利用和交换自然力量和精神力量的限制。"① 因此，把人力看作资本并当作资本来运营，是与马克思主义人本价值观并行不悖的。

更值得一提的是，马克思社会三形态理论对人的全面发展从人的相互关系角度所做的精彩描述，他对人的市场经济关系在人的全面发展中的积极作用给予了极充分的肯定和评价。马克思描述道："人的依赖关系（起初完全是自然发生的），是最初的社会形态，在这种形态下，人的生产能力只是在狭窄的范围内和孤立的地点上发展着。以物的依赖性为基础的人的独立性，是第二大形态，在这种形态下，才形成普遍的社会物质交换，全面的关系，多方面的需求以及全面的能力的体系。建立在个人全面发展和他们共同的社会生产能力成为他们的社会财富这一基础上的自由个性，是第三个阶段。第二个阶段为第三个阶段创造条件。因此，家长制的、古代的（以及封建的）状态随着商业、奢侈、货币、交换价值的发展而没落下去，现代社会随着这些东西一道发展起来。"他进一步指出："全面发展的个人——他们的社会关系作为他们自己的共同的关系，也是服从于他们自己的共同的控制的——不是自然的产物，而是历史的产物。要使这种个性成为可能，能力的发展就要达到

---

① 马克思：《经济学手稿》（1857~1858年），《马克思恩格斯全集》第46卷（上），人民出版社1986年版，第392~393页。

一定的程度和全面性，这正是以建立在交换价值基础上的生产为前提的，这种生产才在产生出个人同自己和同别人的普遍异化的同时，也产生出个人关系和个人能力的普遍性和全面性。"① 不经过市场经济的发展，人的关系和能力只能停留在"空虚"的"原始的丰富"和停滞状态，因此，市场经济是人的全面发展不可逾越的、具有重大意义的历史阶段。

总之，马克思主义的人力资本思想具有开放的、深刻的人本价值观基础和极为丰富的内容，它是进一步研究和应用人力资本论不可多得的学术遗产和思想基石。

三、"庸见"真知：人力资本论的主流传统

法国的让·巴蒂斯特·萨伊（1767～1832）、英国的约翰·斯图亚特·穆勒（1806～1873）和德国的弗里德里希·李斯特（1789～1864）是古典经济学危机时期（19世纪初至19世纪60年代末）被马克思称作"庸俗"的三位经济学家。② 萨伊被认为是斯密学说的继承者和在西欧大陆的传播者，有人称他为实证经济学的创始人，其主要代表作是于1803年发表的《政治经济学概论》，在西方经济学说史上被尊为古典名著。穆勒于1848年发表的《政治经济学原理》，集19世纪上半期政治经济学"庸俗"成果之大成，是当时被广泛接受、长期被采用的正统教科书，其理论体系在经济学史上被看作是第一次折中性的大综合。李斯特是德国历史学派的先驱者之一，他于1841年发表的《政治经济学的国民体系》也是一部在经济学史上具有重要地位的经典著

---

① 马克思：《经济学手稿》（1857～1858年），《马克思恩格斯全集》第46卷（上），人民出版社1986年版，第104、109页。

② 被马克思称作"庸俗经济学家"的是一个很大阵营，这三位只是与马克思同时代的主要代表人物。马克思之所以用"庸俗"二字称之，是因为他们忽视人与人的生产关系和资本主义的社会矛盾，而主要专注于人与物的关系研究，甚至有明显的为资本主义制度"辩护"的倾向。实际上，若抛开特殊的意识形态分歧，这些经济学家的研究方法其实是西方经济学的主流传统（新古典主义），是现代经济学的学术遗产之一。因而，笔者以为对此遗产应以"利用全人类文明成果为我所用"的态度对待，才是可取之举。

作，作为其理论体系核心的生产力理论具有广泛持久的影响力。萨伊、穆勒和李斯特分别从"右"、"中"、"左"三个角度，将古典政治经济学进行"庸俗化"阐释的同时，各自都对人力资本有关的相关问题有所触及，并提出了一些具有经济学说史价值的闪光思想。萨伊突出探讨了专业技术人员的专业化人力资本和经营管理者（企业家）的创新性人力资本的基本问题。穆勒精彩论述了家庭、教育和医疗卫生在人力资本生产中的地位和作用。李斯特则在"精神资本"概念下强调了人力资本的精神存量及教育对国家生产力的决定作用。这些具有创新意义的思想，在人力资本理论发展史上的重要地位和作用，是不应忽视的。

（一）萨伊思想

萨伊的经济学说在继承斯密理论的"庸俗"精神的同时，批判扬弃了其劳动价值论的物本生产观。萨伊反对斯密把劳动看作是衡量一切商品交换价值的唯一真实尺度的观点，认为"所生产出来的价值，都是归因于劳动、资本和自然力这三者的作用和协力"，资本与土地也像劳动一样具有独立的生产力；利息、地租和工资分别是对这三种生产要素使用所付的代价，而绝非劳动创造价值的转化形态。[①] 萨伊还反对斯密把生产性劳动仅局限物质生产领域的观点，认为"人力所创造的不是物质而是效用"，"所谓生产，不是创造物质，而是创造效用"，"财富不在于物质，而在于物质的价值"；"凡使用在任何一个这种工作上的劳力都是生产性劳力，所以，科学家的劳力，无论是使用在试验上或著作上，都是生产性劳力。冒险家或厂商的劳力也是生产性劳力，尽管他们没从事实际的体力劳动。所有操作的工作，自农场的散工以至操纵船只的驾驶员，他们的劳力都是生产性劳力"。不仅"人的劳力"是生产性的，而且"自然的劳力"、"资本的劳力"都是生产性的，因为它们都提供了生产性服务；在此基础上，萨伊提出"无形产品"的概念，认为凡是创造效用的，无论其产品是具有实物形态的还是无实物形态的，都是国民财富的

---

① 萨伊：《政治经济学概论》，商务印书馆 1997 年版，第 75、77 页。

第一篇 人本生涯路漫漫 ｜ 人力资本理论史考

一部分。① 萨伊经济学说的这两种论点，前者有失偏颇或"庸俗"，后者则不无先见之明，但二者都成为后来西方经济学的祖传"训诫"。要理解萨伊的人力资本思想，我们不能离开他的这种具有"特定历史局限性"的经济学说背景。

萨伊所说的"生产资本"是指：(1)"各种技艺所使用的工具"的价值；(2)"劳动者在执行他的部分的生产任务时所必需的生活必需品"的价值；(3)"劳动者所使用的原料"的价值；(4)"用于促进产品交换的货币"。② 显然，萨伊将资本的实体形态和货币形态不适当地并列看待了。这点暂且不论。就他所列的第(2)项内容看，他实际是把一般劳动力的价值也看作资本了。伊萨在第二篇第七章《劳动的收入》用"劳工"一词指受雇于老板、经理或冒险家为他工作的人，以区别"那些支配自己劳动的人"，如摆摊皮匠、磨刀匠等，用我们今天的话说，就是称作"个体户"的那些人；后者兼有老板、经理或冒险家与"劳工"双重身份，而劳工一般"只需要很少的学习或锻炼，甚或不需要什么学习或锻炼"。但是，即使作这种"劳工"的劳动力，也可把他看作一项资本，因为"人不是一生下来就有足够的身长和足够的力气来搞甚至最简单的劳动。他要到大约十五岁或二十岁才取得这种能力，因此可把他看作一项资本，这项资本由每年用以教养他的款项累积形成"。在脚注中，萨伊注说："一个成人是一项累积资本。用以教养他的款项确是消费掉，但是按再生产方式消费，使它能够生产人这一产品。"这个思想是值得珍视的。接着，萨伊回答道："那么由谁来搞这累积呢？一般由劳工的父母亲来搞，或由同一职业的人来搞，或由和他的职业有关系的人来搞。所以，就这类的人说，工资比仅仅维持生存所需要的数目略多一些，因为工资必须足够维持劳工的子女的生存。"③ 这一点与马克思论劳动力的价值构成似有相通之处，不过他说的价值不是"劳动价值"。他把一般劳动力即"劳工"视作资

---

① 萨伊：《政治经济学概论》，商务印书馆1997年版，分别见第59页，第63页，第86~87页，第126~129页。

② 同上，第70页。

③ 同上，第375~376页。

本也完全不同于马克思的"可变资本",只是累积垫支款项,其报酬是以"工资"形式来支付的"劳工的利润"。

如果劳工获得特殊才能或技巧,那么其报酬除"工资"外还有一种相当于"资本的利息"的"剩余"。萨伊论道:"当任何职业(不管是高级职业或是低级职业)所需要的技巧,只通过长时间和代价很高的训练才能得到的时候,这种训练每年必须支付一定费用,而这些费用的总和构成累积资本。这样,它的报酬,不但包括劳动工资,而且包括在训练时所垫付的资本的利息。这个利息率高于通常利息率,因为这样垫付的资本实际上无法收回,而且人一死亡,资本就不存在。所以,这种利息必须照年金计算。""由于这个原因,所有需要长期教育和才能的工作即需要高等普通教育的工作,比不需要这么多教育的工作有更高的报酬。教育是资本,它应当产生和劳动的一般报酬没有关系的利息。"① 因为生产劳动不限于物质生产,在此,任何需要特殊教育和训练取得的技能,只要生产效用,都可视为资本。研究怎样支配自然规律的科学家、技术专家自不必说,医生的医学知识和技巧,律师、歌唱家的培训费,"就是做公务员的本领,也是一种积累的资本"。②

在这个推理基础上,萨伊把资本的收入或利润分为"使用资本所付的利息"和"使用资本的劳动的利润",从而把企业家才能作为人力资本的收益与作为资本所有者的资本家收益区分开来。这对后来人力资本论与企业理论相融合并形成对企业制度安排的全新解析,具有经典启迪意义。萨伊批评斯密和其他英国作家没有注意到"资本的利润与使用资本的劳动的利润"的区别,"把明显地属于劳动的利润的许多项目,放在资本或他们叫做本钱的利润这个总项目下"。他认为斯密为说明"利润是和资本成比例,而不是和劳动与督察及管理技能成比例"所举的例子完全没有说服力;因为,"我们可同样容易地假定,有两个制造商,在同一地方经营同一生意,资本同是一个英镑,前者

---

① 萨伊:《政治经济学概论》,商务印书馆1997年版,第368~369页。
② 同上,第130~131页,第369页。

由积极节省和有才智的经理指挥，而后者由懒惰、浪费和无知的经理指挥，前者每年得一百五十英镑利润，而后者仅得五十英镑利润。这个差异不是由于所使用资本大小不同，而是由于使用资本的技能与劳动优劣悬殊。技能与劳动在前者比在后者有更大的生产力。""通过比较总利润的平均与同行之间利润差额的平均——这项差额似乎是所使用的技能与劳动的差异的正确指标——也许可大体准确地估定总利润中属于资本的那部分利润和属于使用资本的劳动的那部分利润。"① 萨伊认为，作为企业家人力资本的企业家才能包括：（1）经营和偿付资本的"敏慎廉正名誉"；（2）具有"那些往往不可得兼的品质和技能，即判断力、坚毅、常识和专业知识"；（3）进行创新性投资组合的、敢于冒"局部损失或全部损失的风险"的精神。②

综上所述，萨伊实际上已经把人力资本具体划分为普通劳工的一般性人力资本、专业技术人员的专业化人力资本和经营管理者（企业家）的创新性人力资本等三种类型，并探索了它的各自不同的报偿规则，论及人力资本的特性、形成、投资及收益等基本问题。

（二）穆勒思想

穆勒认为，政治经济学的主题就是研究财富的性质及其生产和分配规律。因此，如果说穆勒有什么关于人力资本思想的话，那主要是他对"财富"及其相关的劳动性质的折中解说下涉及有关人在生产中的地位和作用的一些看法。穆勒同意萨伊关于"劳动并不创造物品，而是创造效用"的观点，但他不同意萨伊把生产无形产品的劳动也看作是生产性的，他说："生产和非生产性，当然是省略的表达方式，包含有生产出某种东西的意思。但我想，生产出来的东西，在一般人的理解中，并非效用而是财富。生产性劳动意味着生产财富。"③ 因为"可将财富定义为一切具有交换价值的有用的或合意的物

---

① 萨伊：《政治经济学概论》，商务印书馆 1997 年版，第 400～401 页。
② 同上，第 373 页，第 401 页。
③ 约翰·穆勒：《政治经济学原理及其在社会哲学上的若干应用》，商务印书馆 1991 年版，第 62 页。

品；换言之，所谓财富就是一切有用的或合意的物品，只是要刨除那些不付出劳动或作出牺牲便可随意得到的物品。"① 因此："生产要素有两种：劳动和适当的自然物品"，至于资本，则是"拨出来运用于再生产的财富"，它"本身是劳动的产物，因此它对于生产所起的作用，实际上就是劳动间接地对生产发生的作用"② ——这里穆勒又折衷了古典经济学的劳动价值论思想。而劳动产生的效用有三种：（1）"固定和体现在外界物体中的效用"；（2）"固定和体现在人身上的效用"；（3）"最后一种效用并未固定或体现在任何物体中，而只存在于所提供的服务中，即给予一种快乐，消除不便或痛苦，时间可长可短，但不会使人或物的性质得到永久性改善。"按照习惯用法，"讲到财富时，指的仅仅是物质财富，生产性劳动指的仅仅是这样的努力，这种努力产生了体现在物质对象中的效用"。③ 这样，穆勒又将萨伊的泛义生产性劳动概念与斯密的"物本"生产性劳动相折衷，其结果，使他的观点很似当年中国经济学界关于生产性劳动问题讨论中出现的"宽派"观点，认为不仅直接而且间接生产物质产品的劳动都是生产性的，其实是从"物本"的偏狭角度又回到广义生产性劳动观点上，结果造成"人为"的逻辑混乱，形成左右为难的理论僵局。

正是在这种折中的思维模式下，穆勒才涉及一些把人力作为资本看待的议论。虽然习惯上，财富仅指物质财富，"但是，把任何既是有用又是可积累的产品看作财富，却不会那么明显而绝对地违反习惯用法。手艺人的技能、精力和坚韧不拔精神，完全可以像他们使用的工具和器械那样，看作是国家财富的一部分"。接着，穆勒又进一步注释道："在我看来，例如手艺人的技能既是一种值得向往的财产，又有一定的耐久性（且不说还能生产出物质财富），如果只因为它附着在人身上便拒绝承认它是财富，那么也应该拒绝承认

第一篇 人本生涯路漫漫 人力资本理论史考

---

① 约翰·穆勒：《政治经济学原理及其在社会哲学上的若干应用》，商务印书馆 1991 年版，第 21 页。

② 同上，分别见第 36 页，第 72 页，第 123 页。

③ 同上，分别见第 62 页，第 65 页。

煤矿或制造厂是财富，因为它们是附着于某个地点的。而且，尽管技能本身不能与人分离而转移给买主，但技能的使用却可以转移给买主；尽管不能出售技能，却可以雇用技能，况且在所有法律允许买卖人口的国家内，技能是连同人一道出售的。技能在可转移方面的缺陷不是来自天然的障碍，而是来自法律和道德的障碍。""如前所述，我并未将人本身归于财富之列，财富是为人而存在的。但是人所学到的能力，只作为方法而存在，是靠劳动获得的，因而在我看来，当然应归于财富之列。"① 按照"资本是拨出来运用于再生产的财富"的定义，如果将"作为工资而支付的那部分资本，或作为劳动者的生活资料而消费掉的那部分资本"归入流动资本，那么这类作为"获取物质财富的手段"使用的"手艺人的技能"当属穆勒所说的固定资本之列。②

值得注意的是，穆勒在讨论"与人有关的劳动"时，实际涉及有关人力资本形成、生产和投资及其收益的问题。他说："还有另一种使用劳动的方式，同样有助于生产，只是更为间接而已，这就是将人作为对象的劳动。每个人从婴儿到被抚养成人，要花费某个人或数个人大量的劳动。不花费这种劳动或只花费其中一部分，孩子就不会长大成人，代替父母一代而成为劳动者。对于整个社会来说，抚育幼年人口的劳动和花费是支出的一部分，是生产的一个条件，是要从幼年人口未来的劳动产品中加倍偿还的。""社会的技术教育或工业教育，即用于学习或讲授生产技艺的劳动，用于获得和传授生产技能的劳动，却实际上而且一般说来仅仅是为了获得更多或更有价值的产品才付出的，为的是学习者可以获得与其劳动价值相等或超过其劳动价值的报酬，并使所雇佣的教师的劳动得到适当的报酬。""因为造就劳动力的劳动，

---

① 约翰·穆勒：《政治经济学原理及其在社会哲学上的若干应用》，商务印书馆 1991 年版，第 64 页。

② 同上，第 113 页。注意，穆勒的资本概念还有一个狭义定义："资本这个词指的是劳动创造的所有外界物质条"。（第 179 页）当然，能作为固定资本看待的不仅是"手艺人的技能"，而且是社会拥有的作为决定"社会劳动生产力"的要素的所有技能和知识，"不论是劳动者本人掌握的技能和知识，还是劳动管理者掌握的技能和知识"，甚至通过普通教育"在人民当中广泛传播"具有"经济价值"的各种知识，（见第 128 ~ 129 页，第 130 ~ 131 页），按照广义定义，都可作如是观。

不论是体力的还是脑力的，可以看作是社会完成其生产活动所用劳动的一部分，换言之，可以看作是社会付出的代价的一部分，所以用于维持生产力的劳动，防止它们因事故或疾病而毁坏或减弱的劳动也可以这样来看待。内科医生或外科医生的劳动，在被生产者利用时，应看作是社会经济作出的牺牲，用以保护固定在生产性社会成员的生命和体力脑力中那部分生产资源，使其不因死亡和生病而消失。"① 穆勒在此精辟论述了家庭、教育和医疗卫生在人力资本形成和生产中的重要作用，讨论到作为人力资本投资基本构成内容的家庭投资、教育投资及健康投资及其报偿规则，虽然其论述的角度有"物本"偏狭性，但基本精神和思想是清晰的和值得称道的。

（三）李斯特思想

李斯特关于"政治经济学的国民体系"，其核心是他的生产力理论。李斯特认为："财富的原因与财富本身完全不同。一个人可以据有财富，那就是交换价值；但是他如果没有那份生产力，可以产生大于他所消费的价值，他将越过越穷。一个人也许很穷，但是他如果据有那份生产力，可以产生大于他所消费的有价值产品，他就会富裕起来。""由此可见，财富的生产力比之财富本身，不晓得要重要到多少倍；它不但可以使已有的和已经增加的财富获得保障，而且可以使已经消失的财富获得补偿。个人如此，拿整个国家来说，更加是如此。"②

李斯特批评斯密由于过于重视"分工"而趋于歧途，把劳动本身看成国家财富的"泉源"，对于劳动生产力的本质极少认识，把单纯的体力劳动认作是唯一的生产力，不认为维持法律与秩序、培养和促进教育、宗教、科学、艺术的人的精神劳动具有生产性；为指出斯密在这一点上"陷入了多大的错

---

① 约翰·穆勒：《政治经济学原理及其在社会哲学上的若干应用》，商务印书馆1991年版，第54～55页。笔者在读到这段文字时，感到万分惊喜，因为它与我多年来构思有关社会再生产中人类自身的生产图景完全相吻合，与本文阐释的理论模型有相通的思路。我长期以来因自己的构思"离谱"而难以被人们接受而苦恼，其实前人早有精论。不禁感叹一些学者强调的"进入学术传统"之意义何其重大。

② 李斯特：《政治经济学的国民体系》，商务印书馆1961年版，第118页。

误和矛盾",他辛辣地反喻说:"按照这个学派的说法,一个养猪的是社会中具有生产能力的成员,一个教育家却反而不是生产者。"其实,"前者所生产的是交换价值,后者所生产的是生产力";"一个国家的发展程度,主要并不像萨伊所相信的那样决定于它所蓄积的财富(也就是交换价值)的多少,而是决定于它的生产力的发展程度。"① 李斯特进一步指出:"一个国家的整个社会状态,主要决定于工作种类与工作划分以及国家生产力协作的原则。"而"一国之中最重要的工作划分是精神工作与物质工作之间的划分。两者是相互依存的。精神的生产者的任务在于促进道德、宗教、文化和知识,在于扩大自由权,提高政治制度的完善程度,在于对内巩固人身和财产安全,对外巩固国家的独立主权;他在这方面的成就愈大,则物质财富的产量愈大。反过来也是一样的,物质生产者生产的物资愈多,精神生产就愈加能获得推进。"②

基此,李斯特指出与作为"生产中的物质工具"的物质资本相对应的"精神资本"概念。关于"精神资本",李斯特是在两种含义上使用的。一种是狭义的,指"个人所固有的或个人从社会环境和政治环境得来的精神力量和体力";显然这种意义的精神资本,其实指的是人力资本。另一种是广义的,即"非物质的"资本,他说,"各国现在的状况是在我们以前许多世代一切发现、发明、改进和努力等等累积的结果。这些就是现代人类的精神资本"。这里不仅包括作为"个人的身心力量"的人力资本,而且包括文化、艺术、政治状况和制度等所有"外化了"(即不是凝结在人身上)的精神存量。李斯特认为:"国家生产力的来源是个人的身心力量,是个人的社会状况、政治状况和制度,是国家所掌握的自然资源,或者是国家所拥有的作为个人以前身心努力的物质产品的工具。"③ 即国家生产力不仅是物质资本的生产力,而且是人力资本和精神资本的生产力。李斯特关于"精神资本"的提出和有关论述,在人力资本理论史上具有深远影响的学术意义。

---

① 李斯特:《政治经济学的国民体系》,商务印书馆 1961 年版,第 126 页,第 127 页。
② 同上,第 140 页。
③ 同上,分别见第 193 页,第 124 页,第 126 页,第 192~193 页。

此外，值得一提的是，李斯特在批评古典学派把资本分为固定资本和流动资本在方法上失当以及忽视这种区别的实际应用价值时，实际涉及到资本的资产专用性问题。他说："物质资本与精神资本大都是与农业、工业、商业或其中的某些部门——不仅如此，实际上还往往与某些地区——结合在一起的。"许多物质资本具有资产专用性，"同样的情况，个人所具有的生产力，包括经验、习惯和技术，在失去了本业以后，一般就会大部分不复存在"。①这恐怕是人力资本理论史上最早关于人力资本的资产专用性的正面论述。关于教育在人力资本及其生产形成中的地位和作用，李斯特也提到相当的高度，他说："所有关于下一代的教养、公道的促进、国家的保卫等等支出都是对于现有价值的消耗，而目的是在于生产力的增长。一国的最大部分消耗，是应该用于后一代的教育，应该用于国家未来生产力的促进和培养的。"②

四、新古典学派：对当代人力资本论有直接影响的三位宗师

这里所说的新古典学派，广义地指自 19 世纪 70 年代"边际革命"以后，到 20 世纪初叶的这个期间，在继承古典经济学传统的基础上，利用边际主义经济学说和分析方法解析经济运行机制的各种学派，包括以马歇尔为代表的（英国）剑桥学派（狭义新古典学派），以瓦尔拉斯为代表的（瑞士）洛桑学派，及以门格尔为代表的奥地利学派。19 世纪 70 年代，英国的斯坦利·杰文斯（1835～1882）、法国的莱昂·瓦尔拉斯（1834～1910）和奥地利的卡尔·门格尔（1840～1921）先后（几乎同时）发表各自具有经典意义的经济学著作——《政治经济学理论》（1871）、《纯粹经济学要义》（1874）和《国民经济学原理》（1871），其理论体系的共同基础都是边际效用价值论，所用方法都倾向于主观心理和边际数量分析法，标志着新古典主义理论体系的诞生，

① 李斯特：《政治经济学的国民体系》，商务印书馆 1961 年版，第 200～201 页。
② 同上，第 123 页。

史称"边际革命"。特别是瓦尔拉斯的著作《纯粹经济学要义》，已经较为完整地提出了新古典学派几乎全部的理论命题和基本分析方法，构建了新古典理论的基本框架，故被看作是新古典主义理论体系事实上的创始人。① 此后，新古典理论先在奥地利，被庞巴维克（1851～1914，于1888年发表《资本实证论》）等人扩充应用于资本理论和分配理论。在英国，阿弗里德·马歇尔（1842～1924）于1890年出版《经济学原理》，折中综合各家学说，形成继穆勒之后西方经济学的第二次综合，这部著作作为新古典主义理论体系的"经典"支配了其后40余年西方经济学发展的基本方向。20世纪初，洛桑学派的继承者维尔弗来多·帕累托（1848～1923）在1906年提出序数效用论，并以此论证了瓦尔拉斯的一般均衡体系，1920年英国的庇古用边际效用理论构建了新古典主义的福利经济学体系，加上其他人的工作，使新古典学派的理论得到完善和发展。关于新古典学派的人力资本思想，主要与瓦尔拉斯、庞巴维克和马歇尔的论著有关。瓦尔拉斯是目前笔者所见到的最早明确正式使用"人力资本"概念术语解说资本和生产等经济运行原理的经济学家②，庞巴维克则是最鲜明和坚决反对使用人力资本概念和方法的经济学家，而马歇尔则是为当代人力资本理论提出"格言"和"理论依据"的经典作家。

（一）瓦尔拉斯正说

在经济学说史上，瓦尔拉斯在他的一般均衡理论中首次明确提出"人力资本"概念并作了正面论述。瓦尔拉斯认为，经济学可分为纯粹经济学（社会财富论）、应用经济学（社会财富生产论）和社会经济学（社会财富分配论）。与后二者分别研究"分工制度下的工业组织理论"和以"把个人所应有的归还给个人"为目的和原则的财产理论不同，"纯粹经济学本质上是，在

---

① 樊纲：《现代三大经济理论体系的比较与综合》，上海三联书店1990年版，第7页。

② 瓦尔拉斯的经济理论见解，主要承自其父奥古斯特·瓦尔拉斯（1801～1866），关于资本划分与"人力资本"概念的正式使用，先见于老瓦尔拉斯的《社会财富的理论》（1849年），瓦尔拉斯只是转承和发挥其父的著述。

完全自由竞争制度假定下确定价格的理论。"① 这个理论成为西方经济学史上有名的"瓦尔拉斯一般均衡论"，其中心论题就是在有无穷多种商品的市场条件下确定各种商品均衡价格形成所应具备的条件。

瓦尔拉斯给"社会财富"下的定义是：稀少的（即既有用而又数量有限的）一切物质的和非物质的事物的总和。而构成财富的事物可分为两类：一类是可以多次使用的耐用品，或称"资本品"、"固定资本"或"一般资本"——简称"资本"；另一类是不能一次以上使用的非耐用品，或称"收入品"、"流通资本"——简称"收入"。"资本的本质在于能产生收入；而收入的本质在于能直接或间接地构成资本。这是怎样发生的呢？因为根据定义，资本在一次使用以后还可以继续使用，就是说，可以供作连续地多次使用，不断的使用就显然可以构成不断的收入。"② 而资本则分为"土地资本"、"人力资本"和"狭义资本"（即物质资本）。构成收入的不仅有物质的"消费品"和"原料"，还有非物质的"服务"即对资本品的连续使用；凡是具有直接效用的资本品服务叫做"消费服务"，应与消费品列入同类；凡是具有间接效用的资本品服务叫做"生产服务"，应与原料列入同类。瓦尔拉斯把这种关于资本与收入的区别和分类看作是"整个纯粹经济学的关键"，没有它"就不可能产生确定价格的科学理论"，有了它，就可通过"交换理论"确定消费品和消费服务的价格，通过"生产理论"确定原料和生产服务的价格，通过"资本形成理论"确定固定资本品的价格，通过"流通理论"确定流通资本品的价格，从而形成他的一般均衡理论完整体系。③

关于"人力资本"具体所指，瓦尔拉斯在该书的第四版序言中曾提到，是指"个人的能力"，但在第四篇（"论生产"）第十七章（"资本和收入：三种服务"）中的具体论述中，则系指"个人"。他在171节是这样描述的："构成我们社会财富的第三类是个人，其中包括：除了浪游和寻欢作乐之外一

第一篇 人本生涯路漫漫　人力资本理论史考

---

① 见瓦尔拉斯:《纯粹经济学要义》,"第四版序言",商务印书馆1989年版,第16～17页。
② 同上,第214页。
③ 同上,"第四版序言",第17页。

无所事的人；服侍别人的人，如车夫、厨子、男仆、女仆等等；国家的公务员，如行政官、法官、军人等等；农业、工业和商业的男女职工；自由职业者，如律师、医师、艺术家等等。所有这些人都实在是资本。那些懒汉们虚度了今天还要虚度明天；铁匠干完了这一天的活，还有以后许多天的活要干；律师离开了法庭以后还会再来进行辩护。这就表明，人们提供了一次服务以后依然存在，他们所提供的一系列服务就构成了他们的收入。懒汉所享受的快乐、劳动者所完成的工作和律师所作的抗辩就是这些人的收入。这就构成了我们的第二类资本，即人力资本或个人，所能产生的是个人收入或人力服务，我们也把它叫作劳动。"① 瓦尔拉斯认为，人力资本同土地资本一样是"自然"资本，"不是人工所产生的"。他说："人同土地一样是自然资本，但是可灭的，就是说，由于使用或不测事故是可以毁灭的。他们过去了，但是通过代代相传，他们又出生了。因此，人口的数目绝不是固定不变，而是在某些情况下可以无限制地增加的。"② 考察这些描述，我们可以看出，瓦尔拉斯把人力资本等同于人本身，在量上则等同于"人口的数目"，而且把它看作是一种无须人工所产生的"自然"资本，显然是不恰当的；这与他的整个关于资本与收入的区分一样在逻辑上有欠科学性，而且会引出一系列需要"特别说明"的混乱。

瓦尔拉斯提出："关于这部分的讨论要特别注意一点。我们谈到以人为自然资本并且可以通过生育而繁殖时，并没有忽视获得越来越广泛的认可的社会伦理学原则：不应当把人当作一件东西一样买来卖去，也不应当把他们当作牛马一样豢养在牛棚马厩里。因此，把人包括在确定价格理论的范围之内，也许要被人认为不合情理。但是人力资本虽然不能进行买卖，而劳动或人力服务在市场上是每天都有供给、都有需求的，因此人力资本至少是能够、而且往往应当予以评价。还有一层，我们应当坦率承认，至

① 瓦尔拉斯：《纯粹经济学要义》，"第四版序言"，商务印书馆 1989 年版，第 216 页。
② 同上，第 218 页。

少在纯粹经济学理论中，尽可以将公道观点和实际处理这些方面置之度外，同考察土地和狭义资本时的情形一样，专门从交换价值的观点来考察人力资本。因此，我们将继续谈到劳动的价格，甚至谈到人的价格，这和赞成奴隶制或反对奴隶制的任何论证全然无关。"① 其实，所有的"麻烦"就出在他"故意"称人力资本为"人"本身而宁不把它看作是"人的能力"，虽然他在"强白"时实际上是承认了这点。不过在这段论述中所讲的基本思想，即作为人力资本的工具性或手段性与人本身的伦理性或目的性不相矛盾，则是值得肯定的。

此外，瓦尔拉斯还在他的一般均衡理论体系中，特别突出了"企业家"的角色和职能。他指出，"英国经济学家把企业家和资本家说成是一样的；有些法国经济学家则把企业家看成是负有管理一个企业的特殊任务的一个工人——这两种错误我们都必须避免。"他所说的"企业家"与土地所有者的地主、个人能力持有者的工人和狭义资本所有者的资本家"全然不同"，"企业家是这样一种人（自然人或法人），他从其他企业家那里买进原料，然后向地主租入土地，付出地租，向工人雇佣个人能力，付出工资，向资本家借入资本，付出利息，最后将某些生产服务应用到未加工的原料上，将由此得来的产品出售，盈亏则由他自己负责。"② 瓦尔拉斯界定的企业家角色和职能对以后企业理论和企业家理论影响很大，四类市场主体的划分也就成为微观经济学市场主体行为界说和模型建立的基本定式——企业家即"厂商"，地主、工人和资本家即"居民户"，他们在最终产品市场和生产要素市场上以供给者或需求者角色出现，相互竞争使供求趋向均衡，并在微观局部均衡中实现各自的效用最大化或利润最大化，最终实现总体一般均衡。

（二）庞巴维克反论

在经济学说史上，庞巴维克可以说是一个"旗帜鲜明的人力资本论反对

---

① 瓦尔拉斯：《纯粹经济学要义》，"第四版序言"，商务印书馆 1989 年版，第 218 页。
② 同上，分别见第 225～226 页，第 230 页。

派"，他在其"资本实证论"中明确反对将人力看作资本的做法。

庞巴维克所谓"资本实证论"，其基本思路和内容可简述如下：人们总是为求得需要的最大满足而努力，为此，就不能不把自己的劳动作用于自然以生产能够满足自己需要的物品。而生产可以用各种不同的方法来进行，最重要的可分为两种：一种是"赤手空拳的生产"，即直接把劳动作用于自然取得消费品；另一种是"资本主义的生产"，即使用生产资料间接生产消费品。由此引出他的资本概念。他说："资本只是迂回行程中某些阶段里出现的中间产物的集合体罢了。"① 在考察了资本概念的历史发展以后，他又对"资本的真实概念"总结如下："一般说来，我们把那些用来作为获得财货的手段的产品叫作资本。在这个一般概念下，我们把社会资本这个概念作为狭义的概念。我们将把那些用来作为在社会经济方面获得财货的手段的产品叫作社会资本，或者由于只有通过生产才能有这种获得，因此，我们把那些被指定用于再生产的产品——简言之即中间产品——叫作社会资本。作为两个概念中较广义的一个同义语，我们可以适当地使用获利资本这个名词；或者虽不大适当，但更符合习惯，可用私人资本这个名称。另外，社会资本，两个概念中狭义的一个，可以被恰当地或简略地称作生产资本。"②

庞巴维克明确指出，资本，作为"社会资本"，是指"在自然、劳力、资本三组合中的第三个经济手段"；作为"个人资本"，则是指"在地租、劳动工资和资本利息三组合中的个人获得经济财货的第三个来源"。③ 他坚决反对将资本概念泛化，去指代土地和劳力。对于后者，他的理由是："在政治经济和实际生活中，通常我们久已习惯于把某些重大的社会问题当作资本问题来处理，并且在这样做的中间，我们已经在心目中有了一个资本和劳力相对应的概念，而不是一个包括劳力的概念。"这样，如果"把劳力包括在资本概念

---

① 庞巴维克：《资本实证论》，商务印书馆1997年版，第58页。
② 同上，第73页。
③ 同上，第93~94页。

之中，即使在最有利的情况下，也是不适当的，而在比较不利的情况下（不幸这却是实际情况）是有害的，它将使名词上的混乱维持下去，为不正确的类比打开门户，而在有关当今最重要和最难以解决的社会问题方面，模糊人们的思想。因之我慎重地决定，并希望大家一致地把人身的获利手段排斥在资本概念之外。"①

像庞巴维克那样严肃认真地维护资本概念的"纯洁性"的做法，从一定的意义上，特别是从经济学理论发展的一个特定历史时期，基于科学研究所要求的操作性和稳定性来看，是非常有道理的和必要的。这种做法实际也是历代经济学家在具体问题研究和著书立说时，对于各种歧义的、极易发生混乱的基本经济学概念，根据其操作性要求和具体实际研究目标所采取的普遍态度和处理方法。但是，如果从动态来看，从经济学理论的长期发展趋势来观察，经济学名词术语大都有一个从狭义到广义、从特指到一般的推广和泛化过程；我们可以对诸如财富、生产、价值、货币等所有这些基本经济范畴的历史演变过程进行一番考察，就会明确认识到这一点。这可能从一个侧面反映了任何科学进步和理论发展的一般规律，因为具有更广泛的适用性和解释力，是科学进步和理论发展的重要标志，或者说，科学进步和理论发展的基本轨迹，就是用更一般、更普遍适用的方法或体系，来替代和包容原先较特殊、只在特定范围内适用的方法或体系。因此，历代经济学家在严肃谨慎地维护基本经济范畴的特定内涵和操作性意义（针对当时经济实践和经济分析技术来说）的同时，大都指出它们更加一般的泛化意义。对于资本概念，也是这样的情况。

因此，虽然在资本"实证"研究方面，庞巴维克表现出大师级的"睿智"，发表了很多具有洞见的论点，但在关于"人力资本"概念及相关论点上，他在"思想方法"上却显得过于"刻板"，或者说有欠"宽容"和"开放"精神，从而使其理论表现出明显的"历史局限性"。

---

① 庞巴维克：《资本实证论》，商务印书馆1997年版，第85页，第88页。

（三）马歇尔精解

马歇尔认为，"经济学是一门研究财富的学问，同时也是一门研究人的学问"。也就是说，经济学"研究人类满足欲望的种种努力，然而只以这种努力和欲望能用财富或它的一般代表物——即货币——来衡量为限"。① 基于此，马歇尔"用大家所明了的语言"、很切近生活地对一些基本经济学概念作了界定。在马歇尔看来，"财富"是由一个人"外在的"（即相对于人身之内的"内在的"来说）财货中那些能用货币衡量的部分构成。而关于"资本"，作为"营业资本"，一般是指一个人的"财富中用于获得货币形态的收入的那一部分；或较为一般地说，就是以营业的方法获得收入的那一部分"；从私人观点来看，资本又分为"消费资本"（直接维持工人们生活的货物）和"辅助资本"（生产上帮助劳动的一切货物），"流动资本"和"固定资本"。"一般资本这个名词——即从社会观点来看的资本——的最重要的用途，是在于研究生产的三个要素：土地（即自然的要素）、劳动和资本怎样有助于产生国民收入（或以后称为国民总所得）；以及国民收入怎样分配于这三个要素。"这里，"资本是指为了生产物质货物，和为了获取通常被算作收入一部分的利益而储备的一切设备。"② 可见，关于资本的概念，马歇尔是在"物质资本"、"资本品"的意义上与劳动相并列来使用的。

但是，马歇尔同时认识到"人是生产的主要要素和唯一目标"，"不论从哪一个观点来看，人类是生产问题的中心，也是消费问题的中心；而且进一步又是生产与消费之间的关系的问题——也称分配与交换的问题——之中心。""人类在数目上，在健康和强壮上，在知识和能力上，以及在性质丰富上的发展，是我们一切研究的目的：但对这个目的，经济学所能研究的不外是贡献一些重要的因素而已"。"财富的生产不过是为了人类的生活，满足人类的欲望，和身体的、精神的及道德的活动之发展的一种手段。但是，人类

---

① 马歇尔《经济学原理》（上卷），商务印书馆 1964 年版，第 23 页，第 69 页。
② 同上，分别见第 76 页，第 91 页，第 94~96 页，第 157 页。

本身就是那种以人类为最终目的之财富生产的主要手段。"① 因此，马歇尔用了三章的篇幅对人本身"作为生产的主要手段""在数目上、体力上、知识上和性格上的发展"作了较详细的研究，其中很多论述实际上就是关于人力资本形成和投资问题的经典论述。后又在"劳动工资"的三章中全面论述了有关人力资本的基本特征，以及工人的教养和早期训练方面的人力资本投资受到社会各阶层中父母们的资产、他们的预见能力和牺牲自己以成全子女的意向等种种限制等问题。此外，在有关资本的章节中，马歇尔也论述了企业家人力资本的有关特殊问题。

马歇尔认为，身体的"健康和强壮"是人力资本的基础规定性。保证健康和强壮的身体所要具备的一般条件有"生活必需品"（首先是食物，其次是衣着、住屋和燃料，再就是休息）、"希望、自由和变化"、"职业的影响"、"城市生活的影响"以及家庭状况和医疗卫生条件的改善，等等。而要使人具有"工业效率"所要求的技能，就要进行相应的"工业训练"，包括"普通教育与工业教育"以及"美术教育"等。马歇尔认为，不熟练劳动者是一个相对名词，对于我们所熟悉的技能，我们往往不当作是"技能"；因此，他把人的技能又作了进一步的区分，对于"在不同程度上作为一切高级工业的共同特性的那种才能以及一般知识和智慧"，他称作"一般能力"；而把"为个别行业的特殊目的所需要的那种手工技能和对特殊精神及方法的熟悉"，则归入"专门技能"一类。他认为："真正高级的普通教育，使人能在业务上使用最好的才能，并能使用业务本身作为增进教育的一种手段。"而工业教育的目的在于："使人对两眼和手指能一般地运用自如"；"传授对特殊职业有用的、而在实际工作的过程中很少适当地学到的工艺技能和知识以及研究的方法"，其基本指导思想"应当是把科学训练加到敢为和顽强的精力与实践的本能中去"；为此，"一个良好的办法，就是在学校卒业后，把几年中的六个冬月花

---

① 马歇尔：《经济学原理》（上卷），商务印书馆 1964 年版，分别见第 103 页，第 158 页，第 193 页。

在大学中学习科学,而把六个夏月花在大工厂中当实习生。"马歇尔指出:"教育的高等学科,除了对雇主、工头以及比较少数的技术工人之外,没有什么直接用处。但是,优良的教育,即使对于普通工作也予以很大的间接利益。它刺激他的智力活动;使他养成善于研究的习惯;使他在日常工作上更为聪明、更为敏捷和更为可靠;在工作时间内和工作时间外提高他的生活的风格;因此,它是物质财富生产上的一个重要手段;同时,即使它被看作是为了本身的目的,它也不比物质财富的生产所能助成的任何事情为低劣。"因此,他得出结论说:"把公私资金用于教育之是否明智,不能单以它的直接结果来衡量。教育仅仅当作一种投资,使大多数人有比他们自己通常能利用的大得多的机会,也将是有利的。因为,依靠这个手段,许多原来会默默无闻而死的人就能获得发挥他们的潜在能力所需要的开端。而且,一个伟大的工业天才的经济价值,足以抵偿整个城市的教育费用;……在许多年中为大多数人举办高等教育所花的一切费用,如果能培养出像牛顿或达尔文、莎士比亚或贝多芬那样的人,就足以得到补偿了。"这里关键的经济问题是国家与父母应怎样分配负担教育费用,而父母负担教育费用的多少受其道德品质、情感、财力以及预料未来、长远打算的习惯等各种条件制约和影响。①

马歇尔在描述劳动的诸特点时,实质说的就是人力资本的基本特性。其一,"作为生产要素的人是和机器及其他物质生产资料的买卖不同的。工作所出卖的只是他的劳动,但他本身仍归他自己所有。负担培养和教育费的那些人,从对他后来的服务所支付的价格中所取得的实在是微乎其微"。因此,"工人的教育和早期训练方面的资本投资"受到诸如"社会各阶层中父母们的资产、他们的预见能力,和牺牲自己以成全子女的意向"等种种限制。在谈到妇女和家庭在人力资本形成中的特殊作用时,马歇尔明确指出:"一切资本中最有价值的莫过于投在人身上面的资本。而这种资本最宝贵的部分是来自

---

① 马歇尔:《经济学原理》(上卷),商务印书馆 1964 年版,见第四篇第四、五、六章。主要引文分别见第 222 页,第 225 页,第 226～227 页,第 229 页,第 233～234 页。

母亲的照顾和影响，如果她保持着她那和蔼和仁慈的天性，而这种天性并没有被非女性的工作的折磨所僵化。""在估计有效率的工作的生产成本时，我们必须以家庭为单位。总之，我们不能把有效率的人的生产成本当作一个孤立的问题来看；它必须被看成有效率的人和那些妇女的生产成本这一较大问题的一部分，这些妇女善于使她们的家庭生活过得愉快，善于把她们的子女养成身心健全、诚恳纯洁和文雅而勇敢的人。"其次，"当一个人出卖他的服务时，他必须亲自到服务现场。"因此，"工作场所是否有益于人的健康和令人愉快，他的同事是否如他的理想，这对他却有很大的关系。""既然一个人除非亲自到劳动市场就不能出卖他的劳动，由此可知：劳动的流动性和劳动者的流动性是可以互用的名词。""工人和他的劳动的不可分离性，大大阻碍了劳动的供给随着对它的需求而转移。"再次，"劳动力是可以毁坏的，它的卖主在议价中往往处于不利地位。"但"出卖劳动的人在议价方面一般所处的不利地位"并不绝对地取决于"他所必须出卖的特殊商品是劳动这一事实"，而在很大程度上"取决于他的境遇和本领"，也就是说，取决于他所处的劳动力市场状况和所拥有的人力资本水平。复次，"培养和训练有工作能力的劳动需要的时间是很长的，这种训练所产生的报酬也是很慢的"。"父母培养和教育子女的动机有别于引诱资本家购置新机器的动机，除此之外，取得赚钱能力所延续的时间，一般说来，人较机器为长；因此，决定报酬的种种情况比较难于逆料，供给和需求的适应也比较缓慢而有缺点。""从父母为子女选择职业到获得该业的充分报酬，其间至少需要一代的时间。而且在这个过程中间，该业的性质很可能发生根本变革，其中有些变化也许早有预兆，但另外一些变化即使是机敏的熟悉该业情况的人也是无法预见的。"最后，"稀有天赋才能的报酬提供一种超过培训费用的剩余，这种剩余在某些方面和地租相似"。但是"因为一个人在任何职业上的成功大半取决于他的才能的发挥和兴趣的增加，而这些除非在他选定职业之后是无法预见的"。因此，"由特殊天赋而来的额外收入，与其说近似于古老国家中的地租，不如说近似于拓荒者侥幸选中优等土地而来的生产者的剩余。"①

此外，马歇尔还用相当的篇幅述及人力资本与工业组织、制度之间的相互关系问题，以及企业家人力资本的有关特性等问题。例如，他在描述工业组织机制时指出，组织"机能的再分之增加，或称为'微分法'，在工业上表现为分工、专门技能、知识和机械的发展等形式；而'积分法'——就是工业有机体的各部分之间的关系的密切性和稳固性的增加——表现为商业信用的保障之增大，海上和陆路、铁道和电报、邮政和印刷机等交通工具和习惯的增加等形式"。"有效的工业组织的第一个条件，就是它应使每个被雇用的人担任他的能力和教育使他胜任的工业，并且应当为他备有最好的机械和他的工作上所需要的其他工具。""在低级工作上，极端专门化能增大效率，而在高级工作上，则不尽然"；"机械对人类生活的品质所发生的影响，一部分是好的，而一部分是坏的。"② 这些论述，都很值得我们重视。在谈及一个理想的企业家所需才能时，马歇尔认为，企业家须有双重才能："第一，以他作为商人和生产组织者的作用而论，他必须具有他自己行业中的物的透彻的知识"；"第二，以他作为雇主的作用而论，他必须是一个人的天生的领导者"。"成为一个理想的雇主所需的能力，是如此之大和如此之多，以致很少人能在很大程度上兼有这些能力。"股份公司等企业制度"对具有优秀的经营能力、但没有承袭任何巨大的经营机会的那些人，提供了具有吸引力的机会"。在谈及企业家定价机制时，他说，"一个能干的商人迅速增加他所掌握的资本；而对于无能的人，营业愈大，他通常损失资本就愈快。这两种力量会使资本适应善于运用资本所需的才能。运用资本的经营才能，在像英国这样的国家中，具有相当明确的供给价格"。③ 所有这些论述都对当代人力资本论的形成具有经典指引意义。

---

① 马歇尔：《经济学原理》（下卷），商务印书馆1964年版，见第六篇第五章。引文分别见第229~230页，第232~233页，第234~235页，第237页，第238~239页，第244~245页。
② 同上（上卷），分别见第257页，第265页，第267页，第269页。
③ 同上，见第309页，第310页，第321页。

五、"增长剩余"解析：当代人力资本论学术缘起

1929～1933 年资本主义国家爆发了世界性经济危机，新古典理论"无言以对"，从而使经济学陷入第二次理论危机。1936 年 J. M. 凯恩斯（1883～1946）发表《就业、利息和货币通论》，一反新古典学说的竞争均衡论、充分就业论、货币中性论等传统教条，提出有效需求不足、非充分就业均衡、不确定性和预期等新的理论概念，采用静态和比较静态的总量分析方法，提出一套"反危机"的理论和政策体系。从此，凯恩斯主义经济学就长期成为西方经济学主流学派，并不断被其追随者发展和完善。后来发展起来的所谓现代经济增长理论，就是把凯恩斯理论动态化的一个重要成果。其基本研究思路就是，把有关经济增长因素通过数理计量方法联系起来，建立数学模型，并据此推出结论。当代西方人力资本论在学术传统上就直接缘起于此。

（一）增长理论建模思路

所谓"经济增长"，其实是指的社会再生产的不断扩张过程或趋势。现代经济增长理论，就其实质而言，就是一种利用数学模型来描述有关经济增长过程及动因的经济理论，[①] 而其所用数学模型则是由社会总量生产函数集结和推导出来的。

社会生产函数是描述社会总产出与总投入之间相互关系的一种理论形式。按照我们的说法，社会生产总投入要素可以归结为物质资本、人力资本和知识资本等三种资本形态，分别用 M、P 和 S 表示，用 Y 表示社会总产出（国民产值或国民收入），则社会生产函数的一般形式可以表示为：

$$Y = F (M, P, S)$$

进一步，考虑到一个社会经济中决定总产出水平的不仅是各种资本存量

---

① 海韦尔·G·琼斯认为经济增长的现代理论是凯恩斯革命以后才形成的，其中心特点在于它"使用了比较少量的精确定义的经济变量来构造增长过程方面的正规模型。"（见海韦尔·G·琼斯著：《现代经济增长理论导引》，商务印书馆中译本 1994 年版，第 12 页）

（即"资源禀赋"条件），而且受各种技术经济和社会组织制度条件的限制以及这种限制下各种资本存量所实际发挥作用的程度大小所决定。设三种资本存量分别用 K、H 和 A 来表示，其利用程度、有效程度及创新程度分别用 α、β 和 γ 表示，则社会生产函数可写成如下形式：

$$Y = F (\alpha K, \beta H, \gamma A)$$

式中，物质资本利用程度 α、人力资本有效程度 β 和知识资本创新程度 γ 的取值范围在 [0，1] 之间，若不考虑各种实际经济技术关系和社会组织制度对资本功能实际效应的限制，在纯抽象的意义上这三个参数取值为 1，资本"实体量"等于其"功能量"，从而社会生产函数的一般形式可简写为：

$$Y = F (K, H, A)$$

现代经济增长理论就是在这种理论抽象的基础上，提出一定的公设性假定，并在假定条件约束下动态考察社会生产函数相关变量之间的数量关系，构造描述经济增长过程一般模式的数学模型，以作为人们思考问题的工具，或作为估算和预测的框架。其实质是用数学语言来描述有关经济增长过程、趋势及决定因素等而形成的理论成式，由于"描述者"的理论视角、所面临的特殊问题各不相同，他们都要自圆其说地来阐明自己认为哪些是决定经济增长的最重要因素的一套道理，因而最终所构造的增长模型会大相径庭。但无论如何，各种增长模型都是对社会生产函数动态化的某种抽象，因此虽然具体形式不同、焦点各有侧重，而总归"万变不离其宗"。

从人力资本在经济增长模型中所处地位的角度，大致可以将现代经济增长理论划分为两个阶段：20 世纪 80 年代之前将人力资本外生处理的传统增长理论与之后将人力资本内生化的新增长理论。先就前半段来说，现代经济增长理论曾经历了 40~50 年代的哈罗德—多马模型和 60~70 年代索罗及丹尼森模型的大发展时期。这个时期的增长理论对人力资本（及知识资本）的处理，要么如哈多氏那样将之"抽象掉"，形成所谓"（物质）资本决定论"的简化模型；要么如索罗那样，将之作笼统的外生化处理，通过"剩余"解析，为经济增长的"人力资本决定论"提供了一条通道。

（二）哈罗德—多马模型

英国经济学家哈罗德（Harrod，R. F.）和美国经济学家多马（Domar，E. D.）分别于1939年和1946年发表论著，提出一个反映储蓄率或资本积累率（s）与资本生产率（σ）或资本—产业比（i）两因素对经济增长（G）的理论模型，用公式表示即 G＝s·σ（多马模型）＝s/i（哈罗德模型），后人将之合称作"哈罗德—多马模型"。在此模型中，由于假定 i 或 σ 不变，因而资本积累 s 就成为唯一决定经济增长的因素。

哈罗德—多马模型基于的社会生产函数，抽象了知识资本投入要素（即假定"技术进步"不变），并把人力资本（II）仅看作劳动力的数量（L）；它将总体生产关系简要描述为一种固定系数形式，即产出量 Y 与（物质）资本量 K 和劳动量 L 呈正比关系，即在给定资本存量（或劳动存量）的条件下，能且只能产出一个产出流量。社会生产函数可写为：

$$Y = \min\ (K/v,\ L/u)$$

这里，v，u 分别表示资本—产出化和劳动—产出比，min 表示最小量，若 K/v 为最小量，则 Y 决定于 K/v，而所需劳动量则取决于 uY。换句话说，允许资本或劳动有多余不用的存量；也就是说，K 和 L 完全不具有替代性；若给定 K，则有且只有一种 Y 量可以生产出来，不管可用的劳动多到何种程度。这种社会生产函数可描绘成图1的形式。图中，生产总产量 Y 所使用的要素组合为（K，L），若有多余的资本量 KK′（或多余的劳动量 LL′）都将保持不用，产量的多少沿 OZ 射线扩张或收缩，而资本与劳动保持固定比例组合。

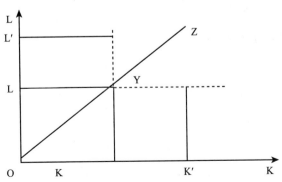

图1　固定系数社会生产函数

在这种固定系数社会生产函数基础上，哈罗德进一步假定，劳动量 L 以不变的外生比率 n 增长，只对国民收入和产出的最大增长率有约束；这样，总产出就唯一由资本存量 K 决定。再假定储蓄 S 同国民收入 Y 是一种简单的函数关系：

$$S = sY$$

这里 s 为平均的或边际的储蓄倾向。而在资本存量 K 不折旧的假定下，资本存量 K 的增量 ΔK 就等于总投资流量 I；同时，若资本—产出比 v 固定不变，即假定平均的和边际的 v 相等，则有：

$$I = \Delta K = v\Delta Y$$

这样，考虑到总量均衡条件 I = S，即意愿总投资恰好等于意愿总储蓄，则有：

$$v\Delta Y = sY$$

即：

$$\Delta Y/Y = s/v \ (或 = s \cdot \sigma)$$

这里，$\sigma = 1/v$，为每单位所投资本的产出水平。这就是哈罗德—多马模型的基本形式。此模型强调（物质）资本积累在经济增长中的决定作用。因为在模型中，资本—产出比是假定不变的，因而经济增长率的高低主要取决于储蓄率亦即资本积累率的大小。虽然这里的"资本积累"即"储蓄"可以作金融形态的广义资本理解，但此模型一般被看作是经济增长"物质资本决定论"的经典表达形式。

（三）索罗新古典模型

1956 年，美国经济学家索罗（Solow，R. M.）等人在批判和改进哈罗德—多马模型的基础上，构建了新古典经济增长模型。其基本思路和核心工作是，进一步放松哈—多氏模型的假定条件（资本—劳动比从而资本—产出比不变），并在模型中加入了一个独立的"技术进步"因子，以说明在不增加资本和劳动要素投入情况下经济增长何以能实现长期均衡。

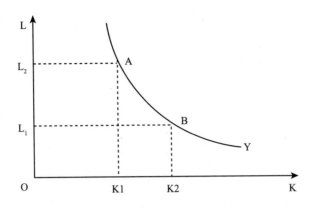

图2 某时点总量社会生产函数

新古典经济增长模型所基于的社会生产函数，同样是把人力资本仅简单地理解为劳动力数 L，而对知识资本要素的处理，则是通过一个随时间累积的外生变量，即其所称"技术进步"因子来反映的。这种生产函数是一种连续的总量生产函数，其一般表达式可写为：

$$Y = A(t)F(K, L)$$

这种形式的生产函数关系如图2所示。它允许总投入量 K 和 L 间的相互替代，任何产出流量 Y 可以用 K 和 L 的不同组合，如（K1，L2）或（K2，L1）来生产。对此生产函数求时间全微分，然后两边除以 Y，即可得到：

$$\hat{Y}/Y = \hat{A}/Y + A(\partial F/\partial K)(\hat{K}/Y) + A(\partial F/\partial L)(\hat{L}/Y)$$

这里字母上面的着重点^表示对时间求异。再定义 wK =（∂Y/∂K）·（K/Y），wL =（∂Y/∂L）·（L/Y），它们分别为资本与劳动的相对份额，并注意到 ∂Y/∂K = A∂F/∂K，∂Y/∂L = A∂F/∂L，即可将上式改写成：

$$\hat{Y}/Y = \hat{A}/Y + wK(\hat{K}/K) + wL(\hat{L}/L)$$

这就是所谓新古典经济增长模型的一般形式。如果把所有投入都按 K 或 L 归并，故有 wK + wL = 1，并假定要素以其边际产量报酬而边际递减，但规模报酬不变，即所有要素都以同样比例增加则总产出以同样比例增加，也就是说 F 是线性齐次函数，可写为：

$$Y/L = A(t)F(K/L, 1)$$

令 Y/L = y，K/L = k，注意到 wL = 1 − wK，$\hat{y}/y = \hat{Y}/Y − \hat{L}/L$，于是上述新古典增长模型可以简写为：

$$\hat{y}/y = \hat{A}/A + wK(\hat{k}/k)$$

其含义是：每人小时产出量增长率，等于"技术变化率"，加资本相对份额与每人小时资本增长率的乘积。

索罗将此模型应用于美国 1909～1949 年的时间数列数据，其计量的结果是：在全部经济增长中只有 1/8 来自于要素投入 K 和 L 的贡献，而其余的 7/8 则是外生变量 A（t）的变化值，索罗将之归结为"技术进步"的贡献。[1] 尔后，随着计量经济学的兴起和统计数据资料的丰富和完美，丹尼森（Denison，E. F.）等人又用美国等国家的时间数列资料对这个不能用资本或劳动投入量的增加来解释的"剩余"作了各自的实证计量。

其实，所谓"增长剩余"（Growth Residual），包含着影响要素生产率的复杂因素，如技术创新、管理效应、知识进步、规模经济、要素流动，等等，而并非是"技术进步"所能概括的。用本文的观点，这些因素都可归结为知识资本（A）和 L 所不能表达的人力资本（H）。对于这种"增长剩余"的解释与争论，就成为当代西方人力资本理论形成的一个基本背景和起因。

（四）人力资本论形成

其实，关于人力资本的专门计量研究，一些统计学家和经济学家在 20 世纪 30 年代就已开始进行。例如，1930 年，达布林（Dublin，L.）和洛特卡（Lotka，A.）合作进行了人力资本的计量研究，估算了人力资本的个人收益现值，以此作为人寿保险合理购买量的衡量指标。1935 年，沃尔什（Walsh，J. R.）首次对人力资本价值进行了成本估算。1944 年，奈特（Knight，F.）集中考察了经济增长中生产知识的社会存量的增进对克服收益递减的作用。[2]

---

[1] 参见 R. 索洛：《技术变化与总生产函数》，载《经济学与统计学评论》1957 年 8 月号，第 312～320 页。中译本《经济增长论文集》，北京经济学院出版社 1989 年版。

[2] 参见 Dublin, L. and Lotka, A. 1930. *The Monetary Value of a Man*. New york：Ronald Press. /Walsh, J. 1935. Capital concept applied to man. *Quarterly Journal of Economics* 49，February，255 − 85. /Knight, F. 1944. Diminishing returns from inverstment. *Journal of political Economy* 52，March，26 − 47.

但是，人力资本论作为一个完整的理论分支，其正宗学术源头是于50年代末60年代初在解释"增长剩余"的学术和实践背景下正式开始形成，并于其后数十年中在西方学界和社会中产生持续影响。舒尔茨（Schutz, T. W.）最初提出"人力资本论"，实质上就是把"增长剩余"归结为人力资本贡献，来解析经济增长的源泉问题。他认为，美国国民收入在1929～1959年间尚未得到说明的那部分余值大约是总增加额的3/5，其中得益于教育方面的人力资本投资约占到这部分增量的3/10～1/2。[①]

同时，一些发展经济学家以人口普查及有关统计资料为经验基础，对发展中国家收入的个人分配性质及收益增长的决定因素，特别是贫困问题及反贫困对策给予了极大关注和深入的考察研究，结果发现：教育和培训等人力资本方面的投资是发展中国家个人财富和收入及其分配的主要决定因素，教育和个人经济成功之间存在着某种紧密而有规则的联系。

不过，当时西方经济学家从人力资本论来对经济增长进行"剩余"解析时，关于人力资本变量尚未进行精确的形式化内生处理，而仅是作为外生变量 A（t）的一种原因加以说明，因而在相关的增长理论和发展经济学研究中，人力资本的具体作用机理未得到充分认识。

六、人力资本论经典学说：三位主要创始人的奠基性贡献

人力资本论的开创者和代表人物主要是西奥多·舒尔茨（T. W. Schutz）和加里·贝克尔（Garys. Becker），他们二人都部分地因为对人力资本理论的开拓性研究而分别获得1979年和1992年的诺贝尔经济学奖。此外，雅各布·明塞尔（Jacob Mincer）、米尔顿·弗里德曼（Milton Friedman）、舍温·罗琛（Sherwin Rosen）、约翰·肯德里克（John Kendrick）、赫尔曼·米勒（Herman

---

① 舒尔茨：《人力资本投资》，载《美国经济评论》1961年3月号，中译本见《论人力资本投资》，北京经济学院出版社1990年版，第13页。

Miller）等一大批经济学家也对人力资本理论从各个方面做出了各自的贡献。[1]这里着重介绍舒尔茨、贝克尔和明塞尔对人力资本理论的开创性和奠基性贡献。

（一）舒尔茨贡献

西奥多·W·舒尔茨，1902 年生于美国中部南达科他州阿灵顿郡的一个农民家庭。20 年代初入南达科他州立学院攻读农学，后攻读经济学，1930 年获威斯康星大学哲学博士学位。毕业后在农阿华州立学院经济社会学系任教并担任系主任，1943 年离职后到芝加哥大学任教并任该系主任十余年之久，1972 年退休被聘为荣誉教授。舒尔茨还在美国政府部门、联合国粮农组织、很多国际和国内学术机构及私人基金会中担任职务。1960 年任美国经济学会会长，1972 年荣获美国最高学术奖——沃尔克奖，1976 年获国际农业经济学会伦纳德·埃尔姆赫斯特奖，1979 年由于"在经济发展方面的开创性研究"而获得诺贝尔经济学奖。

舒尔茨著述颇丰，共有论文 200 余篇、著作 20 余部，主要研究领域是农业经济学和人力资本理论，关于人力资本理论方面的主要著作有：《教育的经济价值》（1963）、《人力资本投资：教育和研究的作用》（1971）和《人力投资：人口质量经济学》（1981）等。舒尔茨的经济学理论思想属于新自由主义经济学派，推崇自由市场制度、反对过多的政府干预，研究多采用经验实证方法，重点从动态角度考察经济发展中的人和社会行为问题。他对人力资本理论的开拓性研究同时出自传统经济增长理论和发展经济学两个背景，因此其思想形成过程对整个人力资本理论的形成和发展具有典型的代表性。

---

[1] Friedman, M. and Kuznets, S. 1954. *Income from Independent Professional Practice*. Princeton：Princeton University Press. /Mincer, J. 1958. Investment in human capital and personal imcome distribution. *Journal of political Economy* 66, August, 281 – 302. /Rosen, S. 1977. Human capital：a survey of empirical research. *Research in labour Economics*, Vol. 1, ed. R. Ehrenberg, Green wich, conn：JAJ Press. /Kendrick, J. 1976. *The Formation and Stocks of Total Capital*. New York：National Bureau of Economic Research. /Miller, H. 1960. Annual and lifetime income in relation to education, 1929 – 1959. *American Economic Revien* 50. December, 962 – 86.

舒尔茨最初对人力资本问题的探索就起源于对"增长剩余"问题的思考。他在《教育的经济价值》中这样回忆说："我自己在这方面的兴趣形成于1956～1957年。我对这种事实迷惑不解，我们经常衡量资本和劳动力的概念几乎无法解释一定时期发生的产量增长……我开始认识到，确定为资本和劳动力的生产要素不是不变的，而在一定时期可以改进，而且在作为资本和劳动力来衡量时，这些改进被忽视了。这也使我豁然明了，在美国许多人对自己进行大量投资，作为人的因素，这些人的投资对经济增长有一种渗透的影响，而人力资本的关键投资就是教育。"①

同时，作为发展经济学家，舒尔茨人力资本理论的学术思想也来自于对发展中国家经济社会发展问题的经验观察和实证研究。他认为，发展中国家要实现工业化和经济快速发展的关键因素不在于物质资本的形成，而在于人的生产技能的提高，在于对教育的投资、人口质量的提高，等等。由此展开他的整个理论体系。归纳起来，舒尔茨关于人力资本理论的主要观点和贡献②有以下几个方面。

（1）舒尔茨批判了传统经济学关于资本同质性的假定，认为研究经济发展的动力应引进包括物质资本和人力资本在内的总括性资本概念；

（2）批驳了传统价值观念阻碍人们正视人力资本问题的种种说教，认为人们通过向自己投资形成特定的人力资本，正是自由人可以得以增进其福利的一条正途；

（3）对人力资本的基本含义进行了多方面的界定，认为人力资本是对人的投资而形成的、体现在人身上的知识、技能、经历、经验和熟练程度等，在货币形态上表现为提高人口质量、提高劳动者时间价值的各项开支；

（4）把人力资本投资分为五大类，包括医疗保健、在职培训、正式教育、成人学习项目及就业迁移等，并对各项资本形成、特别是教育资本的构成、

---

① 转引自阿恩特：《经济发展思想史》，商务印书馆1997年版，第64页。
② 分别见舒尔茨：《人力资本投资》，商务印书馆1990年版；《人力投资》，华夏出版社1990年版；《论人力资本投资》，北京经济学院出版社1990年版。

计量方法和问题等进行了大量的理论和经验实证考察；

（5）论证了人力资本投资是经济增长的主要源泉，经济发展过程中人力资本投资收益率要高于物质资本收益率，以及人力资本较快地增长对于收入均等化的积极影响和国际经济关系改善的重大作用等发展经济学重大课题；

（6）研究了制度变迁与不断增长的人的经济价值之间的互动关系，从人力资本产权角度解释了有关制度变化的社会选择，注意到了利用包括人力资本在内的广义资本概念对分析研究企业制度安排的重要意义。

（二）贝克尔贡献

加里·S·贝克尔，1930 年生于美国宾夕法尼亚州的波兹维尔。早年就读于普林斯顿大学经济系，1955 年获芝加哥大学经济学博士学位，后长期任教于芝加哥大学并任经济系主任。

贝克尔奉行新自由主义经济学说，以微观经济分析方法构建理论体系，坚持用经济人假设逻辑一贯地解析全部人类经济行为，并取得举世公认的研究成就。1992 年，"因为他把微观经济分析的领域推广到包括非市场行为的人类行为和相互作用的广阔领域"而获得诺贝尔经济学奖。瑞典皇家科学院新闻公报是这样描述贝克尔的研究思路和方法的："各个经济主体——不论是家庭、企业，或其他组织——被假设为具有理性的，即有目标（例如效用或财富）的行为，并且可以这样描写其行为，似乎他们使一个特定的目标函数最大化。加里·贝克尔将理性、优化行为的原理应用到研究人员们以前假定行为是习惯性的并且常常是干脆非理性的领域。"[①]

正因为贝克尔把"经济是充分利用人生的艺术"（萧伯纳语）作为其"经济学精神"和方法论哲学，在诸多领域（尤其是人力资本理论方面）都有开拓性研究，故其著作甚多，其中具有代表性的论著有：《歧视经济学》(1957)、《生育率的经济分析》(1960)、《人力资本：特别是关于教育的理论

---

① 王宏昌编译：《诺贝尔经济学奖金获得者讲演集》（1987～1995），中国社会科学出版社 1997 年版，第 189～190 页。

与经济分析》（1964）、《时间配置论》（1965）、《分析人类行为的经济学方法》（1976）、《人力资本与个人收入分配：一种分析方法》（1967）、《婚姻理论》（1973、1974）、《家庭论》（1981）。其中的《人力资本》一书是贝克尔的成名之作，已成为西方人力资本理论的经典。

贝克尔是人力资本理论基本构架的建造者。他对人力资本理论的最大贡献就在于，为这项理论提供了坚实的微观经济分析基础，并使之数学化、精细化和一般化；贝克尔把人力资本观点发展为以人力资本收入函数确定劳动收入分配关系的一般理论，并使这个理论成为"今日经济学中经验应用最多的理论之一"。具体地说，贝克尔对人力资本理论的开拓性研究和主要贡献可以归纳为如下两个方面。

（1）对正规学校教育和在职培训在人力资本形成中的地位和作用，教育和培训投资的收入效应和收益率计量，以及人们在这方面的决策行为等，进行了深入的理论和经验分析。贝克尔认为："唯一决定人力资本投资量的最重要因素可能是这种投资的有利性或收益率。"因此，人们是否进行正规和在职培训方面的人力资本投资，是由这些投资的边际收益等于边际成本的均衡点决定的，换句话说，只有教育培训的预期收益的现值至少等于其支出的现值时，人们才愿望接受教育培训。基于此，贝克尔深入分析了教育培训的支出和收入、年龄—收入曲线、具体形式、收益率计算方法以及企业、职工、学生等主体的人力资本投资决策行为等问题，并得出一系列有经验支持的理论结论。[①]

（2）对家庭在人力资本形成中的地位和作用以及家庭人力资本投资问题进行了经典的理论实证和应用研究。贝克尔把人力资本理论从教育经济学领域拓广到人口和家庭经济学领域，把家庭视作一个人类自身的生产单位，把孩子视作"耐用消费品"，认为父母养育孩子、对孩子进行人力资本投资也是经过成本—效用分析的。从人力资本论出发，贝克尔提出了有关孩子数量、质量及其相互关系的理论解析，认为随着家庭收入水平的提高，在孩子身上

[①] 加里·S·贝克尔：《人力资本》，北京大学出版社 1987 年版。

增加人力资本投资，或在自己身上增加人力资本投资，其收益率会较高，以此可解释现代西方社会妇女生育率降低、家庭小型化的经济原因。[1]

此外，贝克尔还用人力资本论解说其他一些重要社会经济问题，并取得了一些引人注目的成果。

（三）明塞尔贡献

雅各布·明塞尔，1922 年出生于波兰的托马斯索，后随父母移居美国。1950 年毕业于亚特兰大的埃默里大学，获文学学士学位；7 年后，获得哥伦比亚大学博士学位，紧接着在该校做了两年博士后研究工作，并成为纽约"国民经济研究所"（NBER）的研究人员；1962 年被聘为哥伦比亚大学经济学教授，长期从事经济学教学和科研工作。明塞尔于 1967 年当选为美国统计协会会员，1973 年当选为经济计量学会会员，1972～1976 年任美国经济学会人口普查委员会成员。曾担任《经济学与统计学评论》、《教育经济学评论》副主编。2000 年当选为美国国家科学院（NAS）成员。

有经济学说史家认为，明塞尔对于人力资本理论做出了奠基性贡献，甚至认为他是在舒尔茨、贝克尔之前"发现"了人力资本理论，虽然通常人们都认为后者才是人力资本理论的创始人。[2] 1957 年，明塞尔完成博士论文《人力资本投资与个人收入分配》，首次突破传统要素收入分配理论的局限，从人力资本投资角度对美国个人收入分配状况和变化趋势给出有力说明和清晰阐释，他认为：在自由选择的条件下，每个人基于收入最大化而进行的不同人力资本投资决策，以及由此导致的受教育水平的差异，是决定个人收入分配差异的重要因素。[3] 此后，明塞尔进一步拓展了其最初的研究成果，围绕收入分配、劳动力市场和家庭决策等问题，对人力资本相关理论问题作了富

---

[1] 加里·S·贝克尔：《家庭经济分析》，华夏出版社 1987 年版。

[2] 马克·布劳格：《20 世纪百名经济学巨匠》，中国经济出版社 1992 年版，第 201 页。

[3] Mincer, J. Investment in Human Capital and Personal Income Distribution, *Jounal of Political Economy* 66 (1958)：281–302.

有建设性的探索。① 明塞尔对于人力资本理论的主要贡献可以概括为如下两个方面。

（1）首次建立了以受教育年限为量度指标的人力资本投资收益率模型，说明在均衡条件下人力资本投资量越大者，其个人年收入的贴现值越高。他明确将人力资本投资区分为学校教育（用"教育年限"表示）和在职培训（用"工作经验"表示）两个方面，在一系列假定条件下建立多元收入函数，并通过此函数分别估算和分析了个人的教育收益率、在职培训收益率以及二者在时序上的"追赶"（overtaking）关系等变量，从而为个人收入分配研究奠定了新的人力资本理论框架。

（2）将人力资本理论和方法用于劳动力市场行为以及家庭决策行为，研究了二者的替代关系以及对家庭劳动供给的影响，说明了妇女由于间断性职业生涯特点导致工作经验减少是其工资收入相对男性较低的重要原因，还以企业在职培训方面的人力资本投资差异性解释了美日两国劳动力流动差异性等一系列劳动经济问题，取得了很多理论创新成果。

七、人力资本论：经济学中经验应用最多的理论之一

经过舒尔茨、贝克尔等一大批经济学家的长期艰辛探索，人力资本论在经济研究的各个领域得到广泛应用，其影响遍布经济增长理论、发展经济学、人口经济学、劳动经济学、教育经济学、医疗卫生经济学、企业（家）理论、制度经济学等多个学科，成为"今日经济学中经验应用最多的理论之一"。

（一）新增长理论

首先，经济增长理论仍是人力资本理论的前沿研究和应用领域。特别是20世纪80年代以来，世界经济发展过程中出现一系列新的矛盾和问题，发达国家经济增长出现连年衰退现象，发展中国家也因过分强调收入分配等社会

---

① 雅各布·明塞尔：《人力资本研究》，中国经济出版社2001年版。

性因素的政策意义而出现经济增长速度减慢倾向，世界各国的经济增长和南北收入差距越来越大。在这种实践背景下，美国经济学家罗默（Romer，Paul M.）、卢卡斯（Lucas，Robert E.）、贝克尔（Becker，Gary S.）和英国经济学家斯科特（Scott，M.）等，从 80 年代中期开始纷纷发表系列研究论文①，运用新的数学工具，从各国经济增长的新情况、新问题出发，纷纷建立各种内生型经济增长模型，逐渐形成目前流行于西方国家的"新增长理论"（The New Growth Theory），这标志着人力资本论应用于分析经济增长进入到一个新阶段。

所谓"新增长理论"，其基本思想方法就是把人力资本变量置于经济增长模型的核心地位，用新的数理工具计量研究人力资本的特殊作用（即所谓"内在效应"）和一般意义（即所谓"外在效应"），论证了人力资本特别是"一般的"人力资本（即"知识"）的积累是一种"社会"的过程，可以像"家族遗传"那样呈收益递增的扩张态势，从而成为经济持续增长的永久源泉和根本推动力。其创新意义，概括地说，主要表现在两个方面：一是把知识和人力资本作为内生变量正式引入增长模型中，强调知识和专业化人力资本是经济长期增长的主要源泉和决定性因素；二是突破了传统经济增长理论中要素收益递减和规模收益不变的假定，认为专业化的知识和人力资本的积累可以产生递增收益并使其他投入要素的收益从而总的规模收益递增。② 在"新增长理论"文献中，卢卡斯模型和贝克尔模型很具代表性和影响力，这里我们集中对他们的理论模型构建思路和核心思想加以简要介绍。

卢卡斯的人力资本决定增长模型，是利用微观化的分析方法，将人力资

① Romer, P. M. 1986：Increasing returns and long – run growth. *Journal of political Economy*, vol. 94, pp. 1002 – 37. /Lucas, R. E. 1988：On the mechanics of economic development. *Journal of Monetary Economics*, Vol. 34, pp. 95 – 124. / Becker, Gary S. Murphy, Kevin M. and Tamura, Robert, 1990：Human Capi tal, Fertility, and Economic Growth. *J. P. E.* Vol 98 Number 5（Part 2, October）. /Scott, M. F. G, 1989. *A New View of Economic Growth*, Oxford：Oxford University Press.

② 国内关于"新增长理论"其他有代表性的介绍文章可参见：薛进军：《"新增长理论"述评》，载《经济研究》1993 年第 2 期；汪丁丁：《近年来经济发展理论的简述与思考》，载《经济研究》1994 年第 7 期。

本作为核心的内生变量,来解释有关经济增长现象。卢卡斯认为,人力资本可以通过两种途径而形成:一种是舒尔茨式的学校正规教育,另一种是阿罗式的"边干边学"(Learning by Doing)或在职培训。前者可以提高劳动者本人的生产技能和收入水平,产生"内在效应"(Internal Effect);后者可以为他人提供生产经验积累,从而产生"外在效应"(External Effect)。据此,卢卡斯分别构建了两个相应的增长模型,以说明人力资本对经济增长的决定作用。

卢卡斯假定,在时间 t 有 N(t) 人(或人时)从事生产,N(t) 的增长率外生给定;人均产量分解为人均消费 C(t) 和资本积累两部分,若令 K(t) 为资本总存量,$K^*(t)$ 表示其对时间 t 变化率,那么总产出就为 $N(t) \cdot C(t) + K^*(t)$(即国民净产值);假定生产依赖于资本 K(t) 和劳动 N(t) 的投入水平及"技术"A(t) 的水平。于是新古典主义生产函数可写成:

$$N(t) \cdot C(t) + K^*(t) = A(t)K(t)\beta N(t)1 - \beta$$

在此生产函数基础上,卢卡斯将"人力资本"引入。他所说的"人力资本"简单地是指个人所拥有的一般技能水平,故此拥有人力资本 h(t) 的一个工人与各自拥有 1/2h(t) 的两个工人有等价的生产性。这样,面临的一个基本问题就是:一个人在现期把他的时间配置于各种不同活动的方式,将会影响他在未来时期的生产水平或 h(t) 水平;而在模型中引入人力资本就要对人力资本水平影响现期生产的方式和现期时间配置影响人力资本积累的方式予以详细说明。为此,设想总共有 N 个工人,拥有 0~∞ 范围内各种技能水平 h。设一个拥有技能水平 h 的工人将他的非闲暇时间中的 u(h) 部分用于现期生产,而把剩余的 1 - u(h) 部分用于人力资本积累和生产。那么,相当于上述生产函数中的 N(t) 的有效劳动力就是从事现期生产的技能密集型人时总和。

$$Ne = \int \infty 0 \, u(h) \cdot N(h) \cdot h \, dh$$

这样,如果作为总资本 K 和有效劳动 Ne 的函数的产出为 F(K, Ne),那么,在技能 h 水平上,一个工人的小时工资就是 FN(K, Ne)h,而他的总报酬就是 FN（K，Ne）h·u（h）。这实质上就是一个人的人力资本体现在其生产率上的"内在效应"。关于人力资本的"外在效应"，卢卡斯定义为全社会劳动力平均的人力资本水平。

$$ha = \int_0^\infty h \cdot N(h) \cdot dh / \int_0^\infty N(h) \, dh$$

因为它对所有生产要素的生产率都有贡献，但没有哪个人的人力资本决策会对它产生可计量的影响，因而也没有谁在决定如何配置其时间时会把它考虑进去。至此，前述生产函数就可改写成：

$$N(t) \cdot C(t) + K^*(t) = A K(t)\beta[u(t) \cdot h(t) \cdot N(t)]1 - \beta ha(t)\gamma$$

式中，ha(t)γ代表人力资本的外在效应，而"技术"水平 A 在这里假定为不变。

进一步考察人力资本决定经济增长的动态机制，可将人力资本变动看作是已经取得人力资本积累的函数，即：

$$h^*(t) = h(t)\xi G(1 - u(t))$$

式中，G 为增函数，且 G(0) = 0。若 ξ < 1，那么人力资本积累存在递减收益。由于 u(t)≥0，故有：

$$h^*(t)/h(t) \leq h(t)\xi - 1G(1)$$

这意味着，当 h(t)增长时，无论用于它的积累效应有多大，h^* 最终必趋于零。这样，人力资本就无法作为 A(t)的替代机制成为经济增长的决定性因素。假如 ξ = 1 且函数 G 为线性函数，那么人力资本动态机制就可简单表示为：

$$h^*(t) = h(t) \cdot \delta \cdot [1 - u(t)]$$

据此，若没有人力资本积累的努力，即 u(t) = 1，自然就不会有任何积累；若把所有的努力都用于人力资本积累，即 u(t) = 0，那么 h(t)就以最大的产出弹性 δ 增长。在这两个极端值之间，存量 h(t)具有非递减收益，即无论 h(t)已达到何种水平，h(t)的一定比率增长都要求有相同的人力资本积累努力。这样，假如不存在外在效应，即前述生产函数中的 γ = 0，那么就会展示出一个从单独的内生人力资本积累而来的稳态的人均收入增长机制。然而，实际观察到的是个人人力资本积累收益递减的情形：人们在一生早期迅速积累人力资本，然后减缓积累速度，直到老年不再有任何积累为止——似乎每取得一个新增量比起前一增量更难获得；换句话说，一个人的生命有限，因而随时间推移时增量的收益不断下降。但卢卡斯认为，若考虑到人力资本积累是一种"社会"活动，涉及到一"群"以不同于物质资本积累行为方式行事的人们，如居民户或家庭，若每个新成员开始拥有的初始水平与家庭旧成员所已获得的水平成比例，那么，就这个家庭群体来说，还是可以获得上述人力资本那种动态机制的。卢卡斯在此分析的基础上分别描述了经济增长的最优路径和均衡路径，并对它们进行了比较研究。

为了反映在职培训或边干边学对人力资本形成及其对经济增长的重要作用，卢卡斯设计了一个两商品模型。他假定人力资本积累都来自边干边学，为简便起见，假设不存在物质资本，且人口不变。设有两种消费品 C1 和 C2，其按照如下生产函数组织生产：

$$C_i(t) = h_i(t) \cdot u_i(t) \cdot N(t), i = 1,2$$

式中，$h_i(t)$ 是生产消费品 i 的专业化人力资本，$u_i(t)$ 是用于生产 i 的劳动份额（$u_i \geq 0$ 且 $u_1 + u_2 = 1$）。为了赋予 $h_i(t)$ 作为边干边学结果的含义，假定 $h_i(t)$ 的增长随着致力于生产 i 的努力 $u_i(t)$ 而提高，即有：

$$h'_i(t) = h_i(t)\delta_i u_i(t)$$

特殊地，假定 $\delta_1 > \delta_2$，即消费品 1 取作"高技术"产品。为便于讨论，假定 $h_i(t)$ 只有外在效应，即每种消费品生产和技能积累只依赖于那个产业的平均技能水平。这里，与前面遇到的问题相类似，这个式子似乎违背了我们在研究特定产品生产率时所观察到的收益递减情形，任何特定活动的干中学一开始增加快，然后放慢直至全无。然而如前所讨论的，若简单地将递减收益加到前述生产函数中，人力资本将失去作为增长决定因素的作用。而卢卡斯实际上想表达的是这样一种现实情景，即新产品被不断地引进，分别对每个产品而言有递减收益，但专门生产旧产品的人力 $h_i(t)$ 会以某种方式被新产品"继承"下来，恰如"家族遗传"那样在产品"家族"中人力资本得以继承，这样，通过边干边学积累人力资本就会取得非递减的收益，从而推动经济长期增长。

贝克尔等人的人力资本决定增长模型，则是从"家庭"角度，运用有关时间价值及生育经济学方法，将父母对孩子的人力资本投资放在核心地位，来解释经济持续增长的原因。其关键假定是，人力资本投资收益率会随着经济中的人力资本存量增加而提高；其根据是，从事人力资本生产的教育及其他部门比消费品或物质资本生产部门使用更密集的教育性及其他技能性的投入，而其收益率也相对较高。在贝克尔的模型中，生育是内生决定的，但物质资本投资收益率随着其存量增长而下降，因而兼有马尔萨斯模型和新古典模型的因素。由生育的内生性导出多重稳态：具有高出生率和低人力资本水平的不发达状态，及具有低出生率但人力和物质资本丰裕的发达状态。这就意味着历史传统和机遇对一个国家经济增长起着关键作用。人力资本和技术及相应的生产率等的初始水平在很大程度上决定着一个国家是变得更富裕还是阻滞于低收入陷阱。

贝克尔的分析是建立在他的时间价值理论基础上的。他认为，当收入提高时劳动者的时间价值会随之提高，而时间价值的提高会使生育孩子的成本提高，因为生育孩子较之其他活动是时间密集型的，难以用机器或其他手段替代，这样，高工资就对生育产生一种替代效应。基于此，贝克尔假定，在引导消费及其他决策的时际效用函数中，当代对后代人均消费的贴现率取决于父母对每个孩子的利他主义程度。当代人的时间价值（效用）由其所享受的消费效用 u（t）和其愿意（利他主义地）留给后代的效用所决定。设父母对每个孩子的利他主义程度为 a（n_t），它与孩子数量 n_t 负相关，即孩子数量越多，家庭中每个孩子从父母那儿得到的"利他主义"就越少；再设每个孩子的效用为 $V_t + 1$，则父母的时间价值或效用 Vt 就可写为：

$$V_t = u(c_t) + a(n_t) \cdot nt \cdot V_t + 1$$

这里，u′>0，u″<0，且 a′<0。较低的利他主义程度意味着父母留给每个孩子较少的"遗产"，他们更加重视"现世"享受即有较高的时间贴现率，

故未来消费的贴现率可表示为$[a(n)]-1$。

基于以上分析，贝克尔利用分别以时间 t 和 t+1 的人力资本为横纵坐标的平面图描述了其内生生育及人力资本的增长模型所包含的基本含义：由于人力资本投资收益正向依赖于已有的人力资本存量，这就决定了人力资本在决定一个经济在较低还是较高的水平上达到稳态均衡具有比物质资本更为关键的作用，一个经济的人力资本存量非常低（接近 H=0），意味着用于养育孩子的时间较便宜从而促使人们多生孩子以致使 a（n）较低，这时父母对未来的贴现率 [a（n）]-1 则较高，而较高的时间贴现率使下一代父母更不愿意在孩子身上进行人力资本投资，于是社会总的人力资本最终会阻滞于很低的水平，使经济长期陷于一种"低水平均衡"状态，这就是不发达经济的情形；当一个经济的人力资本投资随着存量提高而增加时，因为养育孩子费用昂贵而对孩子数量的需求下降，当 H 足够大以致突破相对物质资本的某个阈值时，社会总的人力资本就会达到较高的稳态，经济增长沿一种"高水平均衡"路径持续进行，这就是发达经济的情形。至于一个经济增长的具体路径究竟如何，贝克尔认为"历史"（History）和"运气"（Luck）具有关键决定作用。

综上所述，新增长理论的创新意义主要表现在：把知识和人力资本作为内生变量正式引入增长模型中，强调知识和人力资本是经济长期增长的主要源泉和决定性因素；突破了传统经济增长理论中要素收益递减和规模收益不变的假定，认为专业化的知识和人力资本的积累可以产生递增收益并使其他投入要素的收益从而总的规模收益递增。这就从理论上说明了经济长期增长的根本性动因，并进一步实证性地解释了国际经济增长差异性普遍存在等新情况、新问题。这些研究成果，对于我们进一步将人力资本理论与经济增长理论相结合，特别是结合中国实际情况，探索人力资本投资在推动中国经济增长过程中的地位和作用，提供了基本的理论背景和方向性的研究思路。

但同时应该看到，经济增长理论，无论是传统增长理论还是所谓新增长理论，很大程度上是一种关于经济增长的抽象数学模拟，为了便于数学处理，对于人力资本及其对经济增长的作用的描述有人为"捏造"的迹象，例如，卢卡斯把人力资本的"外在效应"简单地看作是平均的人力资本水平，就有些使人难以释然。其次，对于人力资本的积累和形成过程的描述也过于简单化，只把人力资本主要看作学校教育和在职边干边学的知识和经验成果，而对人力资本的完整意义和投资运作机制缺乏系统描述，对包括家庭投资、教育投资和健康投资等在内的整个人力资本投资及其对经济增长的贡献问题没有给予宏观的把握和论证。尤其是"新增长理论"所用的一套微观化的方法，仅仅从单个的代表性商品的生产函数关系角度，对影响经济增长的因素（知识和人力资本）的可能作用作些"比喻"式的推猜，而对总量经济增长的人力资本作用机制则没有给予正面的、宏观的系统化描述。

其实，在宏观经济领域，人力资本论的应用不仅局限在发达国家有关经济增长问题领域，也被广泛应用于研究发展中国家的经济发展问题。人力资本论在有关发展问题研究中的早期应用，主要是在有关技术援助项目、人力计划及人才外流等问题方面的影响，后来逐渐运用到国家整体发展战略选择和决策方面，如今，人力资本论已成为发展中国家的战略选择和政府决策的重要依据。就发展经济学本身的理论建设来说，也正是由于人力资本论的启迪和引发，发展经济学才从传统物本发展观念中走出，将"以人为本，全面、协调、可持续发展"的人本科学发展观作为核心理念正式注入其研究视野，从而建立了新型的"人本发展经济学"理论框架体系。[①]

（二）企业（产权）理论

同样，人力资本论也被广泛延伸到微观经济问题的研究中。例如，现代企业（家）理论研究的深入和产权制度经济学分析的独到，都无不与人力资本论的推广应用紧密相关。关于这个问题，我们在第6章有专门讨论，为了保证经济学说史考察的完整性，我们在这里对之予以简要重述。

[①] 李宝元：《人本发展经济学》，经济科学出版社2006年版。

现代企业理论的基本，简单地说，就是：相对于市场完全契约关系而言，企业本质上是要素所有者（人与人之间）缔结的一种长期性"不完全契约"；所谓企业无非是一种特殊性质的市场契约，它不同于一般市场契约的特殊性质就在于，其长期合作关系具有"不完备性"，即企业利用要素所有者提供的人力与非人力要素进行生产经营活动时，要遇到各种市场不确定性风险，而这些风险在事前无论如何是"说不清楚"的，并且是无法预料和在保险市场上投保的。换句话说，拥有独立产权和契约自由的要素所有者，由于某种相通意识或共同目标，按照正式或非正式的规则形成特定的契约关系，共同分担责任、分配权力和分享利益，并把要素组合起来形成专业化生产经营，这样的交易方式或组织形态就是"企业"。总之，科斯通过"交易费用"的概念革命，以"契约论"为核心和主导，对企业的组织性质和结构问题，从各个角度和层面进行了严谨规范的理论界定与解析，形成了较完整的现代企业理论体系。其基本结论，简单地说，就是相对于市场完全契约关系而言，企业本质上是一种长期性的"不完全契约"。这就是所谓"企业的契约理论"。具体说来，各家各派对企业的组织性质又有不同的解说，诸如"间接定价论"、"资产专用性论"、"团队生产论"、"委托—代理论"、"企业家—契约论"等，而具有最普遍理论涵盖力的要数"利益相关者论"了。

按照目前最流行的"利益相关者论"的通解，企业是一种"关系契约"的网络。在这种网络中，拥有独立产权和契约自由以及某种相通意识或共同目标的要素所有者即"利益相关者"，他们按照正式或非正式的规则，形成特定的所有权结构来共同分担责任、分配权力和分享利益，并把要素组合起来形成专业化组织，在不确定的市场环境中进行生产经营，在动态成长和发展过程中根据约束条件的变化不断调整责权利关系。契约当事人作为企业"真实的利益相关者"，以独立平等的产权主体身份向企业投入某种"专用性"资产，其在企业所有权结构中的权能和权益，在市场原则和法律规范上是彼此平等的，他们都具有要求和分享企业所有权的平等地位与天然权利。至于他们在事实上和博弈结果上是发挥的委托人还是代理人、监督管理者还是生产劳动者职能，是获得固定收入还是获得剩余收益，抑或是双重职能和权益都要求以及按什么样的比例要求，那是在定价技术特性、资产专用性大小、非对称信息分布状况、监督难易程度等外部环境约束下当事人进行理性选择的结果。

如果将人力资本论置入企业利益相关者契约理论框架，那么，签订企业这种特殊契约的各方当事人，可以分为两大类：一类是人力资本要素所有者，包括工人、经理和企业家等，当然，他们也可以同时是非人力资本所有者；另一类是纯粹提供非人力资本要素且与非人力资本的具体支配使用权相对脱离开来的，主要指股东和企业债权人，也包括重要供应商和主体客户。这样，企业可以看作人力资本所有者与非人力资本所有者所订立的一种不完全契约。既然人力资本所有者和非人力资本所有者都是企业契约的当事人，那么对于具有"不完备性"的企业契约的执行所带来的风险，自然既要由非人力资本所有者又要由人力资本所有者来承担。因此，无论企业所有权安排的最终结果如何，从契约自由平等的根本原则和事前的应然权利要求来看，人力资本与非人力资本所有者都有平等的权利要求参与剩余索取权和控制权的分配。

在绝对的意义上，因为无论人力资本还是非人力资本的所有者，都要在契约形成以后的相当长时期，或多或少地承担不确定性带来的风险，因而对于每个人力资本或非人力资本的所有者来说，其契约收益都有一个除去固定收入的剩余收益部分，所不同的是不同成员之间收益的固定部分和剩余部分各自大小及其相互比例会有所差别，而不是绝对地谁拿固定收入谁拿剩余收益的区别；相应的，对于人力资本和非人力资本所有者来说，其为应变契约的"不完备性"而采取的对策，或者对于采取何种这样的对策所拥有的发言权或投票权，即企业控制权的拥有，也只有形式和大小的不同，而非绝对有无的问题。现代企业理论认为，企业实质上是一种由人力资本与非人力资本组成的"不完全和约"，人力资本产权在企业所有权安排中具有一种特殊决定性的地位和作用，非人力资本产权的权能和权益必须通过人力资本的直接参与和使用而间接发挥作用和实现。从动态角度和历史趋势来看，企业所有权制度安排随契约条件的改变而在企业利益相关者的互动博弈中实现变迁，随着经济发展水平的提升，人力资本及其所有权在企业契约中具有越来越大的竞争优势，并在与非人力资本进行竞争与合作的博弈过程中不断演化出多元优化的所有权安排及公司治理模式。这就对企业产权制度的历史变迁给出了有力而清晰的理论解析。

总之，人力资本论被广泛应用于企业产权和管理制度安排及变革问题的研究领域，并业已在理论上证明：人力资本运营乃现代企业生存与发展的战略层面，是企业在知识经济全球化的滚滚浪潮和日趋激烈的市场竞争环境中求生存、谋发展的制胜方略。

（三）"人本经济学"革命

从近半个世纪的整个经济学体系最新发展格局来看，正是由于人力资本论的形成和发展，给一些应用经济学科注入了新鲜思想和创新活力，或干脆就直接催生了一系列新兴应用经济学科。今天，在人口经济学和劳动经济学中，人力资本论已成为其一个重要组成部分。正是贝克尔等人将人力资本论运用于家庭婚姻等传统上认为是社会学研究的领域，从而构建和复兴了一门叫做"新家庭经济学"的崭新经济学科。至于教育经济学，正是由于人力资本理论才成为经济学的一个新分支；其他教育经济学理论，诸如筛选假说理论、劳动力市场划分理论、社会化理论等都是在反驳和发展这个主流理论的基础上形成的；因此，人力资本论几乎等同于教育经济学本身。[1] 而医疗卫生经济学的新兴，也主要是由人力资本论中有关键康投资等问题引发的。这些新兴经济学科，都是由于人力资本论的激发，使经济学研究思路从传统的物质生产领域转向人类自身生产领域而建立起来的。如果沿着此思路顺势走下去，文艺经济学、科技经济学、信息经济学等分支经济学科都将有全新的理论视野

---

① 在西方权威的《帕尔格雷夫经济学辞典》中，"人力资本"与"教育经济学"是同一个词条。由此，就可以略见一斑，看出人力资本论在教育经济学中的重要学术地位。

和更加广阔的研究空间，从而使整个经济学真正将重点从人的生存层面转移到人的社会和精神层面，构建起崭新的人本经济学理论基座和学科体系。

经济学树立和凸显"人本"精神和价值观，是经过迂回曲折的思想史进程的。经济学起源于对人类社会的生存层面和意义的关注。人类面临的第一个问题就是生存，"任何人类历史的第一个前提无疑是具有生命的个人的存在"。① 为了生存，首先必须谋取衣、食、住等生存所需的物质资料；于是，谋取物质资料的生产活动就成为"经济"的原始意义。中国古典文献中的"经济"一词，也主要是指具有保证生存意义的经邦济世或经国济民之事务。在"经济活动"中，本为主体和目的的"人"被隐没在作为手段的"物"的背后，满足"人"的需要这个最终目的的变为"不在话下"而退居次要地位，而关键是如何获取实现这个目的的手段——物质资料的问题。由此可见，经济学"见物不见人"是有其"先天基因"的。尽管如此，在经济学初创时期，古典经济学家在考察（物质）财富的性质和源泉时，还是对人的经济学本质进行了经典的正面把握，看到了人的劳动是价值和财富的源泉，认识到了劳动分工和专业化生产组织形式的巨大作用，而且对于人口及其相关的市场规模和范围对经济发展的决定和制约作用也给予了极大关注。

后来，经济学在 19 世纪末 20 世纪初的社会经济历史演进过程中一分两支——一支是马克思主义和传统社会主义经济学，一支是新古典主义和凯恩斯主义经济学，分而解之。前者继承了古典政治经济学的"政治"精神，注重从物质生产领域中"物"的关系中研究人与人之间的生产关系，从而突出了人的物质利益关系、制度在经济活动中的重要性，但却把研究视野长期固守在经典作家的特殊对象——物质生产领域之内，使"见物不见人"在极端扭曲的思维定势中成为主流价值观；后者继承了古典政治经济学的"经济"要义，注重从资源配置角度研究人与物的技术经济关系，从而在广泛的领域中对资源利用和配置效率及其复杂性、不确定性进行了相当精确的定量实证

---

① 《马克思恩格斯全集》第 3 卷，人民出版社 1986 年版，第 23 页。

分析，但对人与人之间的互动关系以及制度的重要性却很少关注，使"人本"价值观在另一个极端上长期缺失。① 其结果，使"人本"价值观和精神在经济学中变得模糊起来。直到20世纪后期，这种分而歧解、两头缺失的状况才在东方社会市场化和改革开放的大背景下得以改变，以"人本"价值观为其基本的"精神支柱"的现代经济学在"回到古典"的新复兴思潮下逐渐形成，并被人们广泛认可。

正是20世纪中叶"应运而生"的人力资本论，为从传统"物本经济学"走向新型"人本经济学"，提供了学术平台和历史契机。对于经济学这种历史性转向做出集大成贡献的，就是人力资本论的创始人加里·贝克尔。贝克尔将经济学历史发展划分为三个阶段："在第一阶段，人们认为经济学仅限于物质资源的生产和消费结构，仅此而已（即传统市场学）；到了第二阶段，经济理论的范围扩大到全面研究商品现象，即研究货币交换关系；今天，经济研究的领域业已囊括人类的全部行为及与之有关的全部规定。经济学的特点在于，它研究问题的本质，而不是该问题是否具有商业性或物质性。因此，凡是以多种用途为特征的资源稀缺情况下产生的资源分配与选择问题均可以纳入经济学的范围，均可以用经济分析加以研究。"贝克尔明确指出："经济学之所以有别于其他社会科学而成为一门独立科学，关键所在不是它的研究对象，而是它的分析方法。的确，许多行为同时为几门学科所研究；例如生育行为是社会学、人类学、经济学、历史学甚至政治学考察的一部分。但我认为经济分析是最有说服力的工具，这是因为，它能对各种各样的人类行为作出一种统一的解释。"也就是说，在现实中，"人类行为不能被条块分割，这种条块分割认为人类行为有时基于最大化，有时不然；有时受稳定的偏好驱使，有时随任意的动机摆布；有时需要最优的信息积累，有时则没有这种需要。相反，所有人类行为均可以视为某种关系错综复杂的参与者的行为，通

---

① 关于马克思主义、新古典主义和凯恩斯主义三大经济学体系的特色、优缺点，樊纲先生曾做过详尽清晰的比较研究，见其著《现代三大经济理论体系的比较与综合》，上海三联书店1990年版。

过积累适量信息和其他市场投入要素，他们使其源于一组稳定偏好的效用达至最大。"所以，就"客观对象"即现实人类行为或社会活动范围来看，经济学分析方法是没有限制的，作为一种统一的方法，它"适用于说明全部人类行为"，"经济分析提供了理解全部人类行为的可贵的统一方法"。①

关于"人本经济学"与"物本经济学"的提法，自20世纪80年代起国内一些学者也有所觉察和讨论。例如，巫继学曾于1987年撰文指出：迄今为止，经济学、政治经济学，都把物质财富的生产与分配作为自己的研究对象，面对刚刚从贫穷与饥饿中挣脱出来的人类来说，经济学的创始期有理由以物为中心、为元本、为主体、为基点。这种对象取向的经济学，实质上是以物为本的经济学；相反，作为一门成熟的经济学、特别是政治经济学，必然将经济生活中的人作为对象，必然以人为中心、为元本、为主体、为基点来展开理论体系。这种对象取向的经济学，实质上是以人为本的经济学。于是生造了两个词语"人本经济学"（Anthropocentrc Economics）与"物本经济学"（Materialcentric Economics）。② 1988年，赵德志发表长篇论文，基于人的经济科学抽象问题的讨论，对中国儒家思想体系中的"君子"（Gentleman）经济学模型、欧美功利主义、个人主义和自由主义"经济人"（Economicalman）历史理念模型和传统中央集权计划经济体制和现代东方经院经济学"异化人"（the Men of Alienation）理念模型等三个历史观念系统进行了详细的比较阐释，提出了关于"人本主义经济学"或所谓"人权经济学"断想。③ 1989年，笔者也曾发表论文，从马克思两种再生产理论角度演绎出与以研究物质生产和

---

① 加里·S·贝克尔：《人类行为的经济分析》，上海三联书店1993年中译本，第3、7、11、19页。引文中着重号为笔者所加。我国学术界和现实生活中普遍存在的误解则是，普通老百姓和农民、商人等的行为可以看作经济行为，一些高尚的人如领导、教师、军人、劳动模范的行为就不能说是经济行为；农业、工业、商业等是"经济部门"或"经济活动"，教育、文化、科技等就是"非经济部门"或"社会活动"，否则就觉得"不伦不类"、有悖"常识"。这是一个很困难的观念变革过程，完全澄清尚需时日。

② 巫继学：《经济学主体性：一个长期熟视无睹的论题》，载《新华文摘》1987年第6期。

③ 赵德志：《论人本主义经济学》，载《学习与探索》1988年第5、6期。

再生产活动为对象的"物本经济学"相对应的，以研究人类自身生产和再生产活动为对象的"人本经济学"。① 近年来，以上学者从多个角度和层面对有关"人本经济学"的基本理论问题作了进一步的拓展和深化。② 于是，有关"人本经济学"的理论思想逐渐得到学术界接受和重视。

简言之，我们可以毫不夸张地说，正是由于人力资本论的广泛传播，才使经济学从长期的物本思维陷阱中摆脱出来，而大步流星地走上"人本主义"康庄大道的，从而使经济学在"人性化"普照之光中获得了新生。

（四）概要总结

综上所述，人力资本思想源远流长，历代经济学家都对现代人力资本论的形成和发展，做出了自己各自的贡献。可以得出结论，经济学把关于"资本"的理论推广应用到人力方面，把人力作为资本的一个特殊的、重要的存在形态来认识和研究，进而将人本主义理念"完全彻底"地注入经济学的理论研究中，使经济学从物本经济学传统中走出去，进入人本经济学大发展的新时代，这乃是经济学理论深化和创新的基本要求和表现，也是经济学理论回应现实经济问题的必然结果和历史趋势。

在人力资本论的奠基和推动下，经济学的现代化指向和趋势，已经摆脱传统物本经济学束缚，走向人本经济学的新征途。概括地说，现代人本经济学的基本任务，就是在"既定约束环境下追求自身利益最大化"的基本人性假定下，以人为中心，利用成本—收益分析等基本经济学工具，探索个人以及由个人组成的经济社会如何选择适当的资源配置方式和社会经济制度，以缓解各种社会经济矛盾和利益冲突，从而达到经济持续增长、结构优化、生

---

① 李宝元：《从"两种生产论"到"两种价值论"》，载《中南财经大学学报》1989年第3期；《人本经济学导论》，载《中南财经大学研究生学报》（双月内刊）1989年第4期。

② 例如，巫继学又陆续发表了《人本经济学：以人为本理念的政治经济学诠释》（载《中州学刊》2004年第5期）、《人本经济学宣言》（载《南京社会科学》1995年第1期）等系列论文，还专门开办了以"人本经济学—自主劳动"为主题的个人网站，陈惠雄于1999年出版了《人本经济学》（上海财经大学出版社），笔者也于2006年推出了近70万字的"创造性转述"著作《人本发展经济学》（经济科学出版社）。

活福利改善等经济发展目标。如果分开来说，人本经济学的基本思想、精神内涵和逻辑思路可归纳为如下几个方面：

——经济学研究对象指向整个人类行为，以成本—收益分析作为基本工具对整个社会经济活动和人类的经济选择行为进行贯通分析和研究；

——以人为中心，研究人类行为的经济层面，不仅研究人的物质层面和生存意义，而且研究人的精神层面和发展意义，以全面揭示人类行为的经济学意义以及指导人们社会经济交往的政策含义；

——全面研究人类社会经济活动的双重属性，在关注生产效率、资源优化配置的同时，更加注重研究交易效率和制度变迁规律，把人与物的关系和人与人的关系有机统一起来说明经济规律；

——从宏观层面来看，经济发展的实质在于人的全面发展，以人的生存、享受和发展为依据，去审视以经济增长、结构优化、制度演进和福利改善为核心内容的经济发展意义，由此引申出经济学关于人类发展的基本政策含义。

经过近半个世纪的传播和发展，"人力资本"现已成为普遍使用的经济学术语和日常用语，人力资本论已被广泛应用于经济学各个相关研究领域，人力资本投资的重要意义也已被社会各界、包括政府决策部门广泛认识和普遍关注。在西方发达国家，如美国，人力资本无论在理论研究上还是社会影响和实际行动方面，都相当成熟和深入，走在前列；关于人力资本投资等问题已经成为总统竞选、政府决策、企业提高竞争力和国际经济事务中公开关注和讨论的焦点问题。同样，在包括中国在内的许多发展中国家，也有越来越多的官员和学者认识到人的因素是经济现代化的决定性因素，提高人力资本投资是经济发展的根本问题；并将人力资本理论作为战略选择和政府决策的重要依据，付诸实施于发展实践之中。

总之，人力资本论，作为"经济学中经验应用最多的理论之一"，在各国经济实践中正在发挥越来越显著的作用。以此为起点，紧密结合中国社会经济实践，进一步丰富、完善和深化人力资本理论体系，是摆在中国经济学者面前的一项富有挑战性的任务。

参考文献

[1] 亚当·斯密：《国民财富的性质和原因的研究》，商务印书馆 1972 年版。

[2] 马克思：《马克思恩格斯全集（第 42 卷）》，人民出版社 1986 年版。

[3] 马克思：《资本论》，人民出版社 1975 年版。

[4]《马克思恩格斯选集》，人民出版社 1972 年版。

[5] 萨伊：《政治经济学概论》，商务印书馆 1997 年版。

[6] 约翰·穆勒：《政治经济学原理及其在社会哲学上的若干应用》，商务印书馆 1991 年版。

[7] 李斯特：《政治经济学的国民体系》，商务印书馆 1961 年版。

[8] 莱昂·瓦尔拉斯：《纯粹经济学要义》，商务印书馆 1989 年版。

[9] 庞巴维克：《资本实证论》，商务印书馆 1997 年版。

[10] 马歇尔：《经济学原理》（上卷），商务印书馆 1964 年版。

[11] 海韦尔·G·琼斯：《现代经济增长理论导引》，商务印书馆 1994 年版。

[12] R. 索洛：《经济增长论文集》，北京经济学院出版社 1989 年版。

[13] 海因茨·沃尔夫冈·阿恩特：《经济发展思想史》，商务印书馆 1997 年版。

[14] 舒尔茨：《人力资本投资》，商务印书馆 1990 年版。

[15] 舒尔茨：《人力投资》，华夏出版社 1990 年版。

[16] 舒尔茨：《论人力资本投资》，北京经济学院出版社 1990 年版。

[17] 加里·贝克尔：《人力资本》，北京大学出版社 1987 年版。

[18] 加里·贝克尔：《家庭经济分析》，华夏出版社 1987 年版。

[19] 加里·贝克尔：《人类行为的经济分析》，上海三联书店 1993 年版。

[20] 马克·布劳格：《20 世纪百名经济学巨匠》，中国经济出版社 1992 年版。

[21] 雅各布·明塞尔：《人力资本研究》，中国经济出版社 2001 年版。

[22] 伊特韦尔等（主编）：《新帕尔格雷夫经济学词典》，经济科学出版社 1992 年版。

[23] 樊纲：《现代三大经济理论体系的比较与综合》，上海三联书店 1990 年版。

[24] 王宏昌（编译）：《诺贝尔经济学奖金获得者讲演集（1987～1995）》，中国社会科学出版社 1997 年版。

[25] 薛进军：《"新增长理论"述评》，载《经济研究》1993 年第 2 期.

[26] 汪丁丁：《近年来经济发展理论的简述与思考》，载《经济研究》1994 年第 7 期。

[27] 巫继学：《经济学主体性：一个长期熟视无睹的论题》，载《新华文摘》1987 年第 6 期。

［28］赵德志：《论人本主义经济学》，载《学习与探索》1988 年第 5、6 期。

［29］巫继学：《人本经济学：以人为本理念的政治经济学诠释》，载《中州学刊》2004 年第 5 期。

［30］巫继学：《人本经济学宣言》，载《南京社会科学》1995 年第 1 期。

［31］陈惠雄：《人本经济学》，上海财经大学出版社 1999 年版。

［32］李宝元：《从"两种生产论"到"两种价值论"》，载《中南财经大学学报》1989 年第 3 期。

［33］李宝元：《人本发展经济学》，经济科学出版社 2006 年版。

［34］李宝元：《人力资本论》，北京师范大学出版社 2009 年版。

［35］Becker, Gary S. Murphy, Kevin M. and Tamura, Robert, 1990: Human Capital, Fertility, and Economic Growth. *J. P. E.* Vol. 98 Number 5 (Part 2, October) .

［36］Dublin, L. and Lotka, A. 1930. *The Monetary Value of a Man.* New York: Ronald Press.

［37］Friedman, M. and Kuznets, S. 1954. *Income from Independent Professional Practice.* Princeton: Princeton University Press.

［38］Knight, F. 1944. Diminishing returns from investment. *Journal of political Economy* 52, March, 26 – 47.

［39］Kendrick, J. 1976. *The Formation and Stocks of Total Capital.* New york: National Bureau of Economic Research.

［40］Lucas, R. E. 1988: On the mechanics of economic development. *Journal of Monetary Economics*, Vol. 34, pp. 95 – 124.

［41］Mincer, J. 1958. Investment in human capital and personal income distribution. *Journal of political Economy* 66, August, 281 – 302.

［42］Mincer, J. Investment in Human Capital and Personal Income Distribution, *Journal of Political Economy* 66 (1958): 281 – 302.

［43］Miller, H. 1960. Annual and lifetime income in relation to education, 1929 – 1959. *American Economic Revien* 50. December, 962 – 86.

［44］Rosen, S. 1977. Human capital: a survey of empirical research. *Research in labour Economics*, Vol. 1, ed. R. Ehrenberg, Green wich, conn: JAJ Press.

［45］Romer, P. M. 1986: Increasing returns and long – run growth. *Journal of political Economy*, vol. 94, pp. 1002 – 37.

［46］Walsh, J. 1935. Capital concept applied to man. *Quarterly Journal of Economics* 49, February, 255 – 85.

［47］Scott, M. F. G, 1989. *A New View of Economic Growth*, Oxford: Oxford University Press.

第二篇
人本发展面面观

- 国家发展规划的理论基础与战略视界
- 市场经济广域性与体制改革新突破
- 人力资本约束与中国经济可持续发展
- 人力资本国际流动与中国人才外流危机
- 人力资源国际竞争力四维指数测算及比较研究
- 关于教育产业的经济学意义
- 制度创新是中国教育发展的根本出路

国家发展规划的理论基础与战略视界：从马克思社会再生产原理重新审视国家发展战略规划体系*

一、研究宏观发展问题马克思方法论依然具有指引意义

市场经济，从本质上说，是在长期的人类合作博弈中不断形成与扩展的一种自然秩序。它是属于全人类的大智慧和文明成果，是任何个人理性设计所不能及也不可替代的人类社会发展大规律、大趋势。作为局部的具有理性设计性质的国家发展规划自然也受摄于此，不可"人定胜天"。我们的国家发展战略，必须是在社会主义市场经济这个大前提、大背景下，在市场配置资源、调节经济运行的基础上，发挥政府主导国家发展作用所进行的一种理性设计和主观努力；显然，这种设计或努力要取得成功，在根本上取决于它在多大程度上与市场经济运行和发展的客观规律相吻合。经过数百年探索和积累的现代经济学，就是关于市场经济运行和发展规律的理论总结，是集全人类市场经济实践而形成的科学体系，因此也是国家发展规划所必须依托的理论基石。

---

* 本文原载于《经济学家》2002 年第 5 期，是已故恩师钟契夫教授主持的原国家计委《中长期规划理论与方法》的阶段性成果之一，在写作过程中曾得到许光建教授与陶春梅博士的帮助。

但是，说到现代经济学理论成就，笔者以为在广泛的意义上，不能仅看到古典经济学及此后的历代西方经济学家的学术贡献，更应看重马克思主义经典作家对现代经济学的历史贡献；特别是在市场经济背景下研究国家发展战略规划问题时，应更加重视马克思经济学、尤其是马克思的社会再生产原理的理论指导意义——正是马克思第一次把发展战略规划问题与整个社会再生产及宏观经济发展联系起来，并用严谨的科学逻辑论证了市场经济运行和发展的基本规律和大趋势，预见性地给出了建立在市场经济高度发展基础上的未来社会如何实现有计划协调发展的光辉前景。比较马克思主义经济学体系与西方经济学体系，虽然它们无论在微观还是在宏观层面（二者不能截然分开）都对现代经济学有重大贡献，但据笔者体会，相对来说，西方经济学理论的科学性和解释力在微观领域表现得比较突出，可是在宏观领域其现象描述性远大于其理论逻辑性；而马克思经济学体系、特别是马克思社会再生产理论和方法论，在解析宏观经济现象和发展规律方面则具有很强的理论逻辑优势。因此，对于社会主义市场经济条件下国家发展战略及中长期规划来说，马克思社会再生产原理仍然具有重要的指导意义。

在利用马克思社会再生产理论指导新时期国家发展战略规划实践时，关键是要分清哪些是马克思在当时特殊历史背景下阐释的特殊论题，而哪些才是具有普遍指导意义的方法论和思路。20世纪80年代初期，在面临西方经济学思潮及国民账户核算体系的引进和应用之挑战时，为了寻找关于三次产业划分和调整传统物本型经济结构的马克思主义理论依据，我国经济学界围绕如何利用马克思社会再生产理论研究国民经济结构和发展战略规划问题曾发生过"窄"、"中"、"宽"三派间的大讨论，虽然后来的实践取向是适应了所谓"宽派"（以于光远为代表）的主张，即对"第三产业"这样的"资产阶级名词"（窄派代表者孙冶方语）采取"宽容"的态度，国民经济核算也全盘采用SNA体系，但在理论上有关"马克思主义理论基础"问题始终没有得到解决，一般采取回避不提的办法敷衍过去，从而使这一问题成为"历史谜案"被搁置一边。然而，当我们在跨入21世纪去研究"十五"规划，制定新时期社会主义市场经济下国家发展战略问题时，我们又不得不重回到这个问题上。笔者认为，当年那场论争之所以在理论上没有结果，就在于无论"窄"、"宽"或"中"派都是把马克思主要侧重于物质生产活动领域（因为当时劳资矛盾等经济问题在此领域表现得最突出、最直观）的特殊论题当作一般原理，都是按照物本经济思路看问题，区别只在于窄派仅认定只有直接物质生产活动才是生产性的，才有经济问题，而宽派仅"宽"在把物质生产活动的"生产性劳动"属性扩展到分配、交换和消费各环节，从而使"经济问题覆盖了全社会"，因此对"三次产业"概念能够表现出"大度宽广"的理论视界；但"宽"派的视界仍然是偏狭的，仍然是从物本经济学视角去看国民经济宏观结构和发展战略规划问题，在方法论和理论上并没有把马克思社会再生产原理贯彻到底，后来实际上是放弃了这种努力，以致留下理论史的"谜案"。

其实，马克思社会再生产理论的一般指导意义恰恰不在于"宽窄"，而在于关于社会再生产实现的三种价值成分和两大部类划分的基本原理和思路。按照马克思社会再生产理论的指引，如果忽略他所研究问题的特殊背景，取其部类划分的一般思路和科学方法，并推广应用到包括物质生产、精神生产和人类自身生产等三种再生产领域在内的广义社会再生产体系，那么，我们就很容易对宏观经济问题作出远比西方经济学严谨科学的理论解析，从根本上找到能真正契合现代市场经济发展实际的国家发展战略规划视界和思路。

二、以广义社会再生产图式审视现代市场经济广域性

关于广义社会再生产体系，笔者把它定义为：由社会分工关系和商品货币关系联结起来的人们，在特定的社会经济制度下，基于产出大于投入法则，利用既定经济资源（包括物质资源、人力资源和精神资源）创造社会财富（包括物质财富、人力财富和精神财富）的社会经济活动总称。关于物质资源和物质财富大概不会有什么歧义，这里主要解释一下人力资源与精神资源的

含义和区别。所谓"人力资源",从生产经营过程来看也可以称作"人力资本"或"人力资产",它是指凝结在人身上的知识技能,这种知识或技能与人身须臾不可分离,其在生产活动中要发挥作用必须经由它的天然所有者个人"能动"才能实现,而这里所说的"精神资源",则是指已"外在化"的、可以借助某种载体传授和转让,从而作为独立要素进入生产过程的精神要素,如科技知识、工艺设计方案、技术发明、管理方法及社会人文方面的知识技能等。目前西方社会流行的知识经济或新经济话语体系中的"知识"、"知识资本",实际上是涵盖了我们这里所说的人力资源与精神资源的;笔者认为在生产职能性质和作用方式上,二者是分离并且是有显著差别的,应分为两类独立要素来研究。也就是说,广义社会生产是投入三种要素产出三种成果(三种使用价值的产品)的投入产出过程,由于"生产函数"的差异,三种生产要素组合获得三种不同的产出结果,从而形成三种生产相耦合的网络体系,即由物质生产、精神生产和人类自身生产相互联结而成的"三位一体"有机整体。

物质生产和再生产是人们改造自然、创造物质财富以满足人们物质生活需要的社会生产活动,包括农业、工业、建筑业、运输业、商品流通等活动;其投入要素包括物质要素（Mm）、人力要素（Mp）和精神要素（Ms），其产品按使用价值去向分为满足本领域需要的 MI、满足精神生产领域的 MⅡ和满足人类自身生产领域 MⅢ三大部类。人类自身生产和再生产是以人类自身生存和发展为直接对象和目的的社会生产活动,包括家庭生育、教育、医疗卫生、公共交通、人才交流等活动;其投入要素包括物质要素（Pm）、人力要素（Pp）和精神要素（Ps），产品按使用价值去向分为满足本领域需要的 PI、满足物质生产领域的 PⅡ和满足精神生产领域的 PⅢ三大部类。精神生产和再生产是创造精神财富旨在满足人们精神生活需要的社会生产活动,包括文化、科技、信息、邮电通信、文化和技术市场等活动;其投入要素包括物质要素（Sm）、人力要素（Sp）和精神要素（Ss），产品按使用价值去向分为满足本领域需要的 SI、满足物质生产领域的 SⅡ和满足人类自身生产领域的 SⅢ三大部类。三种生产的投入要素都包括三个方面，即物的因素、精神因素和人的因素；其产出也都无外乎三种去向，即本生产领域使用和其他两种生产领域使用，它们之间形成环环相扣的投入产出链，共同组成了有机统一的社会再生产整体。① 按照马克思社会再生产图式的实现条件，可以看出：整个社会再生产运行和发展要得以顺利进行，必须同时满足如下三个条件：（1）物质生产第 MI 部类要与人类自身生产的 PⅡ 部类及精神生产的 SⅡ 部类保持适当的比例关系，以保证物质生产正常进行；（2）人类自身生产的 PI 部类要与物质生产的 MⅢ 部类及精神生产的 SⅢ 部类保持适当的比例关系，以使人类自身生产正常进行；（3）精神生产的 SI 部类要与物质生产的 MⅡ 部类及人口生产的 PⅢ 部类保持适当的比例关系，以使精神生产得以正常进行。

市场经济作为在长期的人类合作博弈中不断扩展的自然秩序，其基本原则和运作规则不仅适用于物质生产领域，而且适用于精神生产领域和人类自身生产领域。只在物质生产领域内部发展市场经济，不可能是真正的市场经济；市场经济应该包括三种生产领域在内的整个社会再生产的市场化，包括物质资源、精神资源和人力资源的社会经济资源主要由市场来配置的经济体制或形态。道理很简单，如果精神生产和人类自身生产是非市场化配置的，那么按照三种生产投入产出关联链原理和社会生产实现的三个条件，物质生产投入要素中的人力资源（Mp）和精神要素如有关科技成果等（Ms）也不能真正实现市场化配置，其生产出来的物质产品的一部分（即 MⅡ、MⅢ）也不可能按照市场规则实现其价值，因为前者是由人类自身生产和精神生产提供的，而后者则是提供给人类自身生产和精神生产使用或消费的。这样，物质生产也不可能是真正的商品生产，限于物质生产领域的市场经济也就不可能是真正意义上的市场经济。只有在三种生产的广泛领域推行市场经济，才能真正实现社会经济资源的市场化配置。②

---

① 关于三种投入要素和产出、九大部类网络耦合的广义社会再生产图式，请参见本书《人本发展经济学要义》一文。

② 李宝元：《简论市场经济的广域性》，载《财经问题研究》1993 年第 2 期。

这个基本原理对于科学界定国家发展整理规划的内容体系具有重要的理论指导意义。它说明把物质生产活动之外的社会活动统一纳入国家发展战略规划，以保证经济（主要指物质生产活动）、科技（精神生产领域的主导部门）和社会（主要指人类自身生产活动）协调发展，这不需去西方经济学那里找根据，马克思主义经济学揭示的市场经济条件下社会再生产原理就是其科学的、有说服力的理论根据。同时，也在理论上提醒我们，国家发展战略规划应覆盖全社会，不能把社会主义市场经济歧解为在经济领域（物质生产领域）实行市场经济，而国家发展战略规划管的就是科技领域（精神生产领域）和社会领域（人类自身生产领域），这是大大的误解。"覆盖全社会"的意义就是覆盖三种再生产领域，但这种覆盖不是把这些领域中所有的活动都管起来，实际上三领域都同样有市场私人和政府公共两个层面，国家发展战略规划仅是要覆盖三领域的公共活动和事务。据此，我们就可以对国家发展战略规划的应有视界和内容体系作出既逻辑清晰又契合实际的界定和设计。

126

三、基于广域市场经济视界构建新型国家发展战略规划体系

国家发展战略规划的视界和内容体系首先反映在概念术语上。从历史演变过程来看，国家发展战略规划的视界和意义，最初确实是物本经济性的，即所谓"经济发展战略"关注的焦点问题就是关于发展中国家如何推进工业化、现代化以实现强国富民目标。在我国，"五五"之前的经济发展战略视界和中长期规划内容也确是如此。后来，随着人们对发展战略规划问题理论认识的深化，以及非物质生产活动在整个社会经济活动中的地位和作用日益重要，各国发展战略规划的视界和意义经历了一个由狭到宽、由浅入深的演变过程，其视野实际上扩及一个国家和地区的经济、科技、文化、教育、政治及各个社会层面，不仅发展中国家而且发达国家即所有国家都面临一个在"战略"意义上部署其社会经济发展的问题。在我国国家发展计划实践中，原来定格于人们头脑中的主要指物质生产活动的"国民经济"概念似乎难以表

达国家发展战略应有的视界和广延的规划内容体系；于是，从"六五"开始改称"国民经济和社会发展计划"，意思是国家发展战略规划不仅包括国民经济（物质生产活动），而且涵盖社会发展（非物质生产活动）。

这里的问题与我国学术界的特殊话语背景直接相关。在我国学术界和国家计划决策层，长期沿袭的传统术语是"国民经济"，国民经济在语义上源自古汉语所讲的"经国济民"、"经邦济世"之义，基本意思就是实现国家强大、民族兴旺、共同富裕的治理之道，因此，把发展战略规划与之联用形成"国民经济发展战略规划"的术语，按理说是自然而贴切的。但是，由于特殊学术传统方面的原因，经济即物质生产活动的物本经济观成为国人、特别是经济学人的思维定式，以致把本来语意清楚的"国民经济"定义得似是而非、难以了然，尽管权威定义承认国民经济是"一个国家范围内物质生产部门和非物质生产部门的总体"，但还是强调"科学、文化、教育和卫生保健事业本身不是国民经济部门"，只是由于它的"存在和发展同国民经济有密切关系"，才不得不将其"列入"罢了。这实际上是把国民经济等同于物质生产部门，因此，为了全面反映发展战略规划，仅说"国民经济"显然就不确切了。鉴于此，我国经济学家主张使用"经济、社会发展战略"这一术语，认为这样既可以克服"经济发展战略"不能表达经济以外的社会问题的弊端，又可避免"经济发展战略"不能突出经济发展的重要地位，"经济、社会"作为"经济"与"经济以外其他社会生活、社会关系"的简称，是一个能充分表达、确切反映发展战略社会意义和经济内容的术语。①

但是，由于"社会"一词的歧义性又生出新的麻烦。关于"社会发展"的含义，一般有广狭两种理解。广义即一般所说的"社会进步"，是指人类社会的各个领域，包括经济增长在内的社会结构、人民生活、科技教育、社会保障、医疗卫生、社会秩序等各个方面的发展内容，其规划目标涉及消除贫困、公平分配、民主参与、政治稳定、生态保护及可持续发展等多元社会福

---

① 于光远：《经济、社会发展战略》，中国社会科学出版社1984年版。

利。狭义近似国外所说的"人文发展",往往与经济发展相对应,是指除经济发展以外的其他社会领域的进步和各项社会事业的发展;具体究竟包括哪些内容,众说纷纭,一般说来其包括的内容均是不直接反映物质生产领域的活动,并主要侧重体现人类自身的生存与发展状况。我国政府部门将社会发展一般理解为:重视教育、科技、文化等事业,逐步缩小贫富差距,推进政治民主,促进社会全面进步;具体包括"各项社会事业的发展和社会工程的建设",特别是那些需要政府资金投入的部门和领域,如义务教育、基本医疗、卫生防疫、公共文化、历史文化遗产保护、公共安全、社会福利、社会救济以及对孤老残幼等社会脆弱群体的救助等。改革开放以来,随着"三次产业"概念和国际通行的国民经济核算体系(SNA)的引入和推广使用,国家中长期发展规划体系也以此思路展开,往往以三次产业的口径制定和实施有关发展规划,形成第一次产业发展规划、第二次产业发展规划和第三次产业发展规划的中长期规划系列;第一次产业发展规划和第二次产业发展规划的内容相当于前者的经济发展规划,第三次产业发展规划相对于包括科技发展规划和社会发展规划的内容。

笔者认为,关于国家发展战略规划的视界和内容体系,无论是将之划分为经济发展、科技发展和社会发展三大类,还是按三次产业次序来归类,都是有欠理论准确性和实际可操作性的。经济发展、科技发展和社会发展,在逻辑关系上不清楚,虽然我们可以一般地说,经济发展是基础、科技发展是关键、社会发展是条件,但由于它们三者没有明确的划分标志,在逻辑上不是在一个层次展开的,特别是所谓"社会发展",如同"第三产业"一样,是一个除前二者以外无所不包的大杂烩,实际操作中很难把握和界定,此其一。其二,发展到今天的经济学、社会学、科学学等社会科学相互渗透重叠的结果,都把各自的研究对象指向整个人类行为或所有社会活动,其学科界限和区别主要是研究问题的角度和所用方法、技术的不同,因此"经济"、"社会"这些词语作为学科概念也越来越有特殊的学术含义,而在客观对象上却具有极其宽泛的涵盖;在这样的情况下,使用"经济发展"、"社会发展"

来描述国家发展规划的内容范围，就会出现如前所述在理解上取其狭义、广义都不是，既左右为难又混淆不清的尴尬局面。其三，三次产业分类法的思路虽然在对象范围上具有广域性，但在理论视角上仍然具有物本偏狭性，在方法论上远不是科学的，以此构架得出的宏观研究结论（三次产业比重的所谓变化"规律"）须审慎对待（关于此问题笔者有另文论述）。

实际上，在以整个人类行为为研究对象的现代经济学话语体系内，上述术语歧义问题是不存在的。综观有关研究文献，现代经济发展一般涵盖三层基本含义：（1）经济总量增长，即一个国家或地区经济的总量规模扩张趋势或水平变动形态，一般是指一个经济社会所有涉及市场活动（自然包括三种生产）的总产出或人均产出（GDP或人均GDP）随时间推移而不断增加的趋势。（2）经济结构演进，即包括三种生产的广义社会再生产体系通过微观组织层次上的创新活动得到不断调整和改善，集聚到一定程度，产业（涵盖我们所说的九大部类）及其区域之间的投入产出联系和比例关系相应发生规律性的有序变化状态和趋势。（3）经济制度变迁，即通过一系列制度创新活动使新的更有效的制度安排替代旧的无效的制度安排，从而使整个社会（广义再生产体系）人与人之间的生产关系和交往规则不断朝有利于增加总产出的方向改进。经济发展的结果是整个社会经济总福利水平不断得到提升，社会成员的生存权益和人生价值得到尽可能全面的保障和实现。因此，如果要内涵清楚、外延周到地定义"经济发展"，那么它应该是这样一种"自然历史"过程，即追求自身利益最大化的人们——这可以是一个国家或地区的全体社会成员，通过不断地进行技术经济组织和社会经济制度的创新，使其总福利在经济总规模持续扩张的过程中得到不断改善。这里，人是经济发展的主体，技术和制度创新是经济发展的根本动因和过程，而经济发展的结果和量度则是总量增长，其最终目标或出发点乃是社会成员福利状况的改善。

因此，从理论合理性和实际操作性考虑，国家中长期发展规划的战略视界和内容范围体系应基于马克思再生产原理，在现代三域社会再生产体系框架按全新的思路重新整合归类划分。关于社会主义市场经济下国家经济发展战略规划的内容体系，我们认为划分为如下几项是既合乎逻辑又具有现实可操作性的：（1）宏观经济发展战略规划，主要反映国民经济活动总量规模和总体实力长期持续扩张趋势和波动因素的战略内容；（2）结构协调演进战略规划，主要反映产业及其区域分布状况、产业结构演进态势及区域协调发展关系方面的战略内容，这里涉及的都是站在全国这个总局看的广义理解的产业（包括所有行业、部门）和区域（包括城乡、地带、省区、综合开发区等）的动态演进关系；（3）制度变迁战略规划，包括正式制度和非正式制度（习俗、道德、价值观、意识形态、生态文明）在内的所有约束人们行为的社会规范和制度安排，作为国家发展战略的重要组成部分，对这些社会规范和制度安排也主要是从全国和宏观结构关系及总体变迁态势的角度予以把握；（4）基础建设发展战略规划，广义的不仅包括物质资本基础部门，还包括知识资本基础部门（如电视广播、出版业、图书馆、科学研究、电讯系统等）和人力资本基础部门（如家庭生育、义务教育、卫生保健系统等），其中最具主导性和关键性的基础部门就是基础交通和邮电网络、基础科学研究和基础义务教育的中长期规划；（5）国际环境维护战略规划，主要包括对外经济贸易的战略选择，国际经济合作及政治交往关系的战略部署，对外开放政策的战略调整，以及国家在国际分工和国际社会中的战略地位、战略角色的维持和加强等方面的内容。这五项子战略规划相互耦合构成整个国家发展战略规划体系。

参考文献

［1］李成勋：《经济发展战略学》，北京出版社 1999 年版。

［2］郑立新：《发展计划学》，中国计划出版社 1999 年版。

［3］于光远：《经济、社会发展战略》，中国社会科学出版社 1984 年版。

［4］中央文献研究室：《建国以来重要文献选编》，中央文献出版社 1997 年版。

［5］国家计委社会发展研究所课题组：《"十五"社会发展计划内涵研究》，载《宏观经济研究》2000 年第 11 期。

［6］盛洪（主编）：《中国的过渡经济学》，上海三联书店、上海人民出版社

1994 年版。

［7］尼夫（Neef，D.）：《知识经济》，珠海出版社中译本 1998 年版。

［8］赖特（Reich，R. B.）：《国家的作用：21 世纪的资本主义前景》，上海译文出版社 1994 年版。

［9］李宝元：《简论市场经济的广域性》，载《财经问题研究》1993 年第 2 期。

［10］李宝元：《人力资本与经济发展》，北京师范大学出版社 2000 年版。

［11］张小斐、李宝元（主编）：《宏观经济分析》，中国经济出版社 1994 年版。

［12］王乃静、李宝元：《市场经济中国国家计划》，济南出版社 1997 年版。

第二篇　人本发展面面观

国家发展规划的理论基础与战略视界

市场经济广域性与体制改革新突破[*]

一、坚定市场化改革与制度转型的基本方向不动摇

改革意味着制度创新，首先是思想解放驱动下的理论创新，其次是利益博弈中的制度规则创新。中国市场化改革就是在不断交锋的理论争议过程中实现渐进制度转型的历史演进过程，其一般路径模式大致是：当改革被当时社会大众在思想意识上所认同且属于帕累托改进性质时，市场化改革往往呈现一种"大刀阔斧"的情势，改革的具有实质性进展也给广大群众带来了显著的经济实惠和好处，从而赢得了社会大众的广泛支持；但是，改革既然是制度创新、是一种利益关系调整，进一步深化的市场化改革必然触动原有意识形态思想方法和旧体制既得社会集团利益，改革推进到一定阶段必然招致矛盾激化、问题丛生，这时往往就引发"市场化争议"风波，受触动者就会质疑，一般是将所有"不好的"或"坏的"的现象都归结到市场化改革的头上，一些学界代言人甚至从意识形态、姓资姓社的高度挑起学术争论，结果往往导致市场化改革一时间陷于徘徊停止状态。20 世纪 70 年代末以来，这种大的周期性"市场化争议"风波已经经历了三次。

---

* 本文原载于《学习与探索》2006 年第 6 期，是笔者基于马克思三域社会再生产图式逻辑框架，按照市场经济作为"人类自然扩展秩序"所具有的无限外延开放拓展特性，推演并提出"市场经济广域性"及"全方位反落差市场化改革战略"之代表作。

在改革之初，无论是在人民大众还是政府决策者的心目中，传统集中型计划经济体制的主要弊端是它对市场机制的排斥，是它太强调集中统一、太强调计划特别是指令性计划的作用，而排斥甚至完全否定"市场机制的调节作用或补充调节作用"。因此，改革的初始目的就是要在原有计划经济的体制框架中引入市场机制，充分利用商品交换和经济规律发挥必要的补充作用。这是当时人们普遍的制度认知水平或称"制度理性"，这时由于传统的思维定式约束，人们、特别是经济学家和政府决策者仍然是在意识形态层面来界定"计划经济"，尚没有在理论上把社会主义经济"制度"与计划经济"体制"区分开来，认为社会主义经济制度的根本特征就是"计划经济"，只要将作为"必要的补充作用"的市场机制引入其中，原有体制所存在的弊端就会消除，社会主义优越性就会显现出来。建立在这种理论认识基础上的政府改革导向在此后整个改革过程中时隐时现地起着相当大的支配作用。直到十二届三中全会通过《关于经济体制改革的决定》提出建立有计划的商品经济目标模式，才统一了思想认识，暂时平息了这场争议，为 80 年代中期具有扎实群众基础、属于帕累托改进性质的市场化改革奠定了思想理论基础。

然而，中国市场化改革进行到 1988 年前后，由于国内外政治经济诸因素耦合作用的结果，遇到了前所未有的重重阻力和困难。通货膨胀加剧，收入分配关系扭曲，市场秩序混乱，经济环境不断恶化，特别是 1989 年风波后在意识形态领域展开的反资产阶级自由化斗争，以及 90 年代初苏东巨变后对和平演变的恐惧情势下，改革的市场化取向遭到怀疑和反对。于是，在治理整顿和加强宏观调控的名义下，一些行政性集权方法又被重新运用，双轨制中的"市场轨"被渐渐地并入"计划轨"，旧体制在一定程度上得到复归。但中国的市场化改革和制度转型毕竟已走过了临界点，到 80 年代中期非国有经济全部国民生产总值中所占比值已达到一半左右，而非国有部门的生产和流通大都是市场导向的，市场因素已在城乡经济中蓬勃地生长起来了，因此通过行政再集权回归旧体制来解决经济矛盾已经是不可能了；而且，现实中的各种矛盾和问题，并不是"市场搞多了、计划搞少了"，恰恰相反，正是市场化改革不系统、不彻底和一些根本性的改革迟滞造成的，是渐进式改革和制度转型所特有的双重体制摩擦所致。因此，在改革停滞数年，各项"治理整顿"目标实现后，于1992年春在中国大地上又轰轰烈烈地开始了更大规模的市场化浪潮，明确提出改革的最终目标就是要建立"社会主义市场经济"体制，中国的制度转型步入了建立市场经济性体制框架的新时期。

2004年以来，新的矛盾和问题又日益凸显。由于市场化改革在国民经济各领域推进的非均衡性，导致了超前市场化发展的领域与一些市场化严重滞后的领域之间的摩擦越来越大，一些超前市场化领域被改革滞后领域"渗出"的权力寻租行为严重干扰，而改革滞后的领域却在外部市场环境压力下发生严重的行为扭曲或职能变异，两方面相激，造成权钱交易泛滥、国有资产流失、贫富差距拉大、民生问题严峻、社会矛盾突出及各种利益冲突频发等一系列严重问题。在这种情势下，学界出现了否定改革方向、动摇改革决心的思潮。由于政府权威具有强大的扩张性和不可逆性，政府职能就如同被"坚硬的稀粥"缠绕粘连一般长期转而不换，行政机构错置其正当的公共服务职能，随意干预干扰市场经济活动，"用计划经济办法搞市场经济"，成为市场化改革和体制转型中最根深蒂固的死结。对此，如果我们再不奋起扼制和整顿治理，加快政府机构本身改革和职能转换步伐，改革必将中途夭折，社会主义现代化建设事业和中华民族复兴大业也将无从谈起。

历史实践证明：中国经济的市场化改革和制度转型之所以能在"和平演变"的强大攻势下稳住阵脚、一枝独秀而显出强大的生命力，不是固守传统计划经济的结果，而恰恰相反，正是自觉顺应历史发展潮流、坚持市场化制度变迁大方向的结果，是巧妙地根据中国国情适时运用改革策略的结果；对于社会主义中国来说，任何真正的改革都必须是市场取向的，市场化的制度转型在中国既是必要的也是完全行得通的。鉴于此，政府部门明确指出：要在新的历史起点上继续社会主义现代化建设，说到底要靠深化改革、扩大开放；要毫不动摇地坚持改革方向，进一步坚定改革的决心和信心，不断完善社会主义市场经济体制，同时要加强和改善宏观调控，保证经济社会又快又好发展；要不失时机地推进改革，在一些重要环节实现改革的新突破，同时注重提高改革决策的科学性，增强改革措施的协调性，使改革兼顾各方面、照顾各方面关切，真正得到广大人民群众拥护和支持。

二、市场经济本质上是一种广域联动的开放系统

所谓市场经济，从本质上说，实际是在长期的人类合作博弈中不断扩展的自然秩序，是一种广域联动的开放系统。1993年，我曾专门撰文提出"市场经济的广域性"问题以及实行"反落差"配套改革的战略思路（载《财经问题研究》1993年第2期）："从社会经济活动的广泛性来看，市场经济的实质是国民经济的全面市场化"，只有在物质生产、精神生产和人类自身生产三个领域中，都实现了经营主体真正独立自主化、经济关系完全市场化和宏观调控彻底间接化、法制化等"三个方面真正体现市场经济的广域性"的情况下，"市场经济体制才能真正建立起来"。"但是，由于历史原因、物本经济理论和物本经济发展战略的误导，以及现实经济矛盾和问题表现的物本直观性、紧迫性等原因，致使我们的改革从开始就具有明显的物本偏狭性"，因此，"为了使三种生产领域之间在改革进程上相互适应，以便全面推进深层次的市场经济体制为目标的改革"，应该"把重点放在非物质生产领域有关改革滞后性部门，如教育体制、医疗卫生体制、科技体制及与此相关的劳动人事体制、社会保障保险制度改革等，使这些领域的市场化改革进程有一个实质性突破，以此带动整个经济体制改革在速度上加快、在层次上深化"。时至今日，其基本观点看来仍然适用。

现代市场经济条件下的广义社会再生产体系，是由社会分工关系和商品货币关系联结起来的人们，在特定的社会经济制度下，依据产出大于投入法则，利用既定经济资源创造社会财富（包括物质财富、人力财富和精神财富）的社会经济活动总称。具体地说，它是由物质生产、精神生产和人类自身生产相互联结而成的"三位一体"有机整体，三种生产的投入要素都包括三个

方面，即物的因素、精神因素和人的因素；其生产的产品也都无外乎三种去向，即本生产领域使用和其他两种生产领域使用，它们之间存在高度相关的投入产出关系，共同组成了有机统一的社会再生产整体。市场经济作为在长期的人类合作博弈中不断扩展的自然秩序，其基本原则和运作规则不仅适用于物质生产领域，而且适用于精神生产领域和人类自身生产领域。只在物质生产领域内部发展市场经济，不可能是真正的市场经济；市场经济应该包括三种生产领域在内的整个社会再生产的市场化，包括物质资源、精神资源和人力资源的社会经济资源主要由市场来配置的经济体制或形态。道理很简单，如果精神生产和人类自身生产是非市场化配置的，那么按照三种生产投入产出关联链原理和社会生产实现的三个条件，物质生产投入要素中的人的因素及劳动力和精神要素如有关科技成果也不能真正实现市场化配置，其生产出来的物质产品的一部分也不可能按照市场规则实现其价值，因为前者是由人类自身和精神生产提供的，而后者则是提供给人类自身生产使用或消费的；这样，物质生产也不可能是真正的商品生产，限于物质生产领域的市场经济也就不可能是真正意义上的市场经济。只有在三种生产的广泛领域推行市场经济，才能真正实现社会经济资源的市场化配置。

市场化改革，并非如字面意义上可能产生的误解那样，是从完全的计划、无所不为的政府管理和控制转变为完全的市场、一切资源都经由市场来调节。所谓市场化改革，其实质意义就在于：把一些本该由市场配置的大量社会经济资源从政府手中转归市场来进行，使市场在社会经济资源配置中起基础性的作用，同时使政府真正承担起公共服务的"本职工作"。这种市场化的制度逻辑是覆盖全社会的，适用于"各行各业"。实际上，市场化和产业化并不是农业、工业等物质生产领域的"专利"，对于教育、文化、科技等非物质生产领域也没有那么"可怕"。任何领域或行业都有各自"特殊的事业"，同时又都必须面对"市场"考验和洗礼的"产业"。从整个体制框架安排和制度创新思路来看，市场化改革和产业化发展说的无非是要把过去计划体制下搞颠倒了的智能重新颠倒过来，把错位了的分工关系重新理顺：政府做自己的

（公共领域的）事，非公共领域的事要"走群众路线"，由"市场"竞争机制和互动博弈来调节。

教育、文化、科技等领域的管理错位，一个主要原因是想当然地把自己笼而统之地归入主要由政府管的"公共领域"。教育、电信、邮政、铁路、航空这些传统认为是"自然垄断"的公共服务行业，不是铁板一块天然排斥市场竞争的，而且一旦进入市场竞争往往立马可以"扭亏为盈"、改善服务质量，取得经济效益与社会效益双丰收，例如媒体报道武汉中山公园不收门票、市场化"开放"后所获得的"奇特"效果就是一个典型例证。无数事实说明，这些行业的人们面对市场化改革浪潮冲击，往往拼命强调其"特殊性"，不是出于偏见，就是出于垄断利益的考虑。

三、市场化改革滞后导致"民生"（非物质生产）领域矛盾凸显

回顾改革开放历程，20余年来的改革和发展成就是令人惊叹的，但若从横向领域比较的角度来看，我们的改革和发展在各个领域之间是很不平衡的。一些领域，如农工商贸等物质生产领域，在市场化改革方面确实有开拓创新之势，因而取得了令世人瞩目的成就；但在其他一些领域，如教育、医疗等人类自身生产领域以及科技、文化等精神生产领域，虽然在市场化改革的外部压力下也做了不得不为之的调整和改革，但从整体来看没有"动筋动骨"，有的领域十几年几乎"纹丝未动"而成为阻碍市场化改革和国民经济健康发展的"制度瓶颈"。

20年的改革与发展走的是一条渐进式的道路，其基本特征就是：通过非均衡的制度创新推动各领域的不平衡发展。中国经济具有多元结构性质，旧体制并非铁板一块，经济中的不同部分如农村经济，城市国有经济及非国有经济，其改革得以发生的条件、阻力大小等都存在明显差异，这就在客观上为中国经济转型提供了分散改革风险、降低改革成本以实行渐进改革的有利

条件。这样，在改革与发展的空间演进上，就表现为先农村而后城市，先沿海而后内地，先非国有、中小型企业而后国有、大中型企业，先农业、服务业、加工工业而后工业、基础设施和基础产业，等等，实行局部调整、各个击破的策略。结果，市场化制度创新的不均衡导致了发展的不平衡。从事后观察，一个明显的规律是：凡是发展较迅速、经济状况较好、矛盾问题较少的领域，大都是市场化改革为核心的制度创新较深入、较超前的领域；凡是发展速度较缓慢、经济状况较差、矛盾问题多多、困难重重、步履维艰的领域、地区、部门、行业，其阻碍无不来自市场化改革滞后这个根本性的制度根源。

目前被诟病最多的是教育、医疗卫生和住房等"民生"领域，这些领域恰是政府行政性垄断尚未打破的领域，其问题恰是市场化改革最滞后所造成的。但这些领域的"既得利益者"群体却往往顾左右而言他，把由于市场化改革滞后造成的矛盾、冲突和问题说成是市场化改革的错，试图通过否定改革、强化其既得垄断利益来解决问题。如具体到教育问题，近年来看到一些教育界的官员学者，没有或不愿意从整个宏观制度层面上去审视在"市场化改革"以及建立"社会主义市场经济"目标体制这样的大背景下"教育究竟向何处去？"这样的战略性挑战问题，而是采取"哪里有火哪里灭"、就事论事的心态，将诸如教育乱收费、买文凭等"钱学交易"以及择校、高考移民等扭曲行为统统打上一顶大而不当的"教育产业化"的大帽子，由于教育本身的市场化改革滞后、固守计划经济体制残垣壁垒而造成的一系列矛盾激化、利益冲突，说成为有可能是代表市场化改革大背景下教育体制改革正确方向的"教育产业化"的错。

滞后的市场化改革，其危害不仅在于对本领域发展的严重阻碍，更是阻碍整个国民经济整体健康协调快速发展的制度瓶颈，它可能是目前很多无处求解的发展难题的"角边解"。就教育方面来说，"大学教育中央管、中学教育省市管、小学教育县乡管"的教育体制是大大违背市场经济原则的政府职能错位，基础义务教育这样的全国性公共品供给，本来应该由中央政府通过财政拨款、转移支付等制度安排来负责，长期以来反而依靠农民集资、摊派收费和县乡财政来支撑，但基础义务教育的供给还是"史无前例"地短缺，而中央政府将大量的钱不是支助基础教育而是办大学，既造成资源浪费，又人为加剧了分配不公。因此，要真正减轻农民负担、解决"三农"问题，顺应市场化制度创新思路的教育改革就势在必行。

四、采取反落差重点突破策略加快推动中国改革进程

要根本解决"民生"问题，"要在新的历史起点上继续社会主义现代化建设"，采取反落差重点突破策略，在全社会范围内实行"全方位市场化制度创新"的配套改革战略具有决定性意义。

首先，"要毫不动摇地坚持改革方向，进一步坚定改革的决心和信心"，"要不失时机地推进改革，在一些重要环节实现改革的新突破"，在操作策略上应该首先集中力量突破滞后领域的制度创新瓶颈，采取"反倾斜推进"，重点加大如教育、科技、文化等领域的市场化改革力度，以取得国民经济全面协调快速发展的制度契机。

其次，要在所有领域按照市场化的制度逻辑全面彻底转换政府职能，全方位反行政性垄断。由于政府行为本身具有权威性，而这种权威性具有扩张和不可逆的特性，政府在放开和培育市场的过程中会因此产生"用计划经济的办法搞市场经济"的悖论，即哪些领域、哪些活动、哪些行为可以放开或放松控制，谁先进入市场、谁不许或后进入市场等问题，要由政府权威部门说了算，于是就会产生一系列"寻租"行为，扰乱了市场化的正常秩序，造成很大的社会不公和不安定问题。因此，在放开和培育市场的过程中，有法可依、依法行使权威，即依据一定的法规程序对市场化过程进行"规制"就显得特别重要。

此外，在坚定改革基本方向的同时，注意改革决策的科学性、改革举措的协同性和改革利益的普惠性，重点放在公共领域基于民主制衡参与及公民

社会互动的新型公共治理制度体系建设，加强社会公共品供给，强化公共服务功能，着重解决教育、医疗和住房等领域的"民生"问题。进一步加强法制建设，建立健全与社会主义市场经济体制相适应的宏观调控体系，避免贫富两极分化，为社会主义现代化建设提供和谐稳定、安康健全的社会条件及环境。

京师经管文库

人本发展与管理——李宝元文集

人力资本约束与中国经济可持续发展*

一、以人为本：社会经济可持续发展的实质意义

经济发展的实质是人的全面发展，其基本指向就是以人为中心，随着人的社会生产力的不断提高，从满足人的有限的物质自然性需求到满足人的无限广阔和全面发展的精神社会性需要。经济发展的根本出发点和最终目的是人类自身的发展，是作为社会主体的人自身生产能力的持续提高，是全体社会成员福利状况的不断改善。经济发展的真正含义在于，通过不断的技术经济组织结构和社会经济制度安排的调整及变革，使每个社会成员都能通过最大限度地发挥自己的聪明才智和技能（人力资本），平等自主地选择和享有经济增长所带来的物质和精神文明成果，以使自己个人特性得到自由、全面的发展。因此，关注人类自身的发展、促进人的全面发展是人类社会经济发展的永恒主题和大趋势，特别是在依托自然资源和物质投入推动的物本型经济已走到尽头的今天，大力开发人类自身的智能资源，走以人力资本为依托的人本型经济发展之路，已成为当代世界经济发展的大趋势、新潮流。在这个意义上说，21 世纪中国经济发展选择和实施以人力资本为依托的战略，乃是

---

* 本文原为 2000 年 11 月 26～29 日在广州天河举办的"中国可持续发展能力建设国际研讨会"递交的会议论文，其内容曾在会议期间出版的《人民日报（华南版）》刊载报道，后正式发表于《北京师范大学学报》2001 年第 4 期。

顺应人类经济发展大趋势、符合人的全面发展历史潮流的基本战略举措，也是根本解决人口就业、资源环境、社会保障等改革与发展过程中存在的尖锐矛盾和问题，实现社会经济可持续发展的现实战略对策。

所谓"可持续发展"（Sustainable Development），概括地说，就是以维持全球生态文明的永久延续为最高宗旨和价值判断，以促进以人为主体的生命存在和全面发展与其自然生态和社会文化环境的良性循环和协调发展为主轴线，谋求自然、经济与社会三层次复合系统在动态演进中的生态公平、人际公平和代际公平，使人类发展既能满足个人、本民族、当代人及人类自身的需要，又能照应到他人、他民族、后代人及整个地球生态系统的生存和需要。可持续发展战略的价值尺度和理论体系是在集结全人类的战略智慧和发展经验的基础上而形成的全新发展观和发展原理。其基本理念就是认为发展的实质是人的全面发展，发展的可持续性关系到全人类的共同命运和未来前景。而人的发展，正如马克思所言，不是在某种既有规定性上再生产自己，不是力求停留在某种既有的东西上，而是处在变异的绝对运动之中，不断地生产出他的全面性；因此，人的全面发展能否实现完全取决于他所处身其间的大社会、大自然环境所提供给他的机会或机遇，如果他能与大自然和谐相处，保证社会系统与自然生态系统的良性循环，那么人类就可以世代相继地走向不断完善，最终实现其全面性发展。可持续发展战略的基本目标是追求资源永续利用、经济持续增长、制度合理公平、社会和谐安定、自然环境良性维系及其相互耦合的人本生态文明系统。

那么，人类可持续全面发展与人力资本是一种什么样的关系？按照世界银行副行长伊斯梅尔·萨拉格丁（Ismail Sarageldiu）的看法，社会经济发展的可持续性就是"留给后代人不少于当代人所拥有的机会"，而"机会"在经济学中可用"资本"（Capital）来表示，从经济学角度讲，保持人均资本拥有量不变或使其更多，就意味着为后代人提供了不少于我们所拥有的机会；而资本广义地包括自然资本（Natural Capital）、人造资本（Man – made Capital）、人力资本（Human Capital）和社会资本（Social Capital），因而可持续发展就意味着"我们留给后代人的以上四种资本的总和不少于我们这一代人所拥有的资本总和",其中人力资本的生产和形成对于各类资本的互补和动态性转换具有主导决定性作用(张坤民,1997)。可见,以人力资本为依托的人本经济发展战略实质上与可持续发展思路和要求是完全一致的。中国在经济发展过程中面临着由于人力资源数量多和人力资本水平低所造成的人口就业压力大、人均资源短缺、生态环境恶化、部分地区人口贫困化等一系列矛盾和问题,要根本解决这些现实矛盾和问题、实现经济的可持续发展,推行以人力资本为依托的人本经济发展方略具有关键意义。

二、人力资本约束:中国经济可持续发展的基本矛盾和问题

中国是世界上最大的发展中国家,经济发展中的诸多矛盾和问题,说到底就是一个"人"的问题。所谓"人的问题",简言之,主要表现在两个方面:一是主要侧重从个体形态和数量角度看的"人口问题";一是从价值形态和侧重质量角度看的人力资本问题。人力资源丰富(人口数量多)而人力资本稀缺(人口素质差)是中国经济发展的根本性矛盾。解决经济发展中的"人口问题",需要坚持计划生育、控制人口增长这个基本国策,但这只是应急的、短期见效的治末之策;而增加人力资本投资,促进专业化、高水平人力资本形成,以及改善人力资本产权关系,才是推动经济可持续发展之战略性的、长远的治本方略。选择和实施人本经济发展战略,既符合人类社会经济发展大趋势,又符合中国基本国情和社会主义市场经济发展的客观要求,对跨世纪中国经济发展的未来前景具有重要的战略意义。

中国经济所面临的资源禀赋条件的最突出特点就是:人力资源数量丰富,物质资源相对有限,文化资源传统保守。这也就是人们通常所说的:"人口多"、"底子薄"、"水平低"。这里的主要矛盾和问题是"人口多",社会劳动力在数量上是近乎"无限供给"的,这也是所谓"人力资源丰富"的真实含义;因为人口多、基数大,本来"地大物博"的物质资源变成"相对有限"

了，本来具有"悠久历史"和"优良传统"的文化资源在封闭保守的氛围中积重难返、失去创新活力。从经济增长和社会生产所直接依存的资源——资本优势转换机制来看，中国人力资源丰富与人力资本稀缺的矛盾及其现实解决，从根本上决定和影响着整个经济增长的物质基础和科技含量，决定和影响着物质资本和知识资本的形成过程和积累水平。人力资源丰富对推动生产和经济增长来说，既是优势又是劣势。人力资源丰富意味着劳动要素价格相对低廉，因此大力发展劳动密集型产业推动经济增长，就会取得比较优势；但人力资源丰富同时意味着较大的就业压力，特别是在劳动力近乎无限供给的条件下，为缓解就业压力就必然要放慢物质资本积累和重工业化进程，否则就会像中国经济发展实际过程曾出现过的"大跃退"现象那样欲速则不达；同时，由于国力和时间所限，数量无限供给的劳动力队伍往往伴随着质量上的低素质，丰富的人力资源往往难以"深度开发"成高水平的人力资本，致使传统保守的文化资源在低素质的劳动大军中代代滞存，即使从外来引进现成的知识资本如市场文化管理方法、高新技术等也很难真正实现"本土化"从而转化为现实生产力。因此，丰富的人力资源赋存条件要变劣势为优势，从而主导物质和文化资源向物质资本和知识资本转化和积累，最终推动整个经济快速增长，关键在于通过适当的途径和机制把丰富的处于自然状态的人力资源开发转换为具有现实生产能力和知识技能的雄厚人力资本。这是中国经济实现持续快速增长在资源禀赋层面所应解决的一个根本性问题。

从结构层面来看，中国经济发展的基本矛盾和问题突出表现为少量现代经济与大量传统经济并存而形成明显非均衡的"二元经济"格局，这是造成中国经济发展过程中诸多利益冲突、两难困境和问题的结构性根源。这种非均衡的二元经济结构之形成是由复杂原因相互耦合并经长期演化的结果，但人力资源赋存特别是人力资本生产和形成在结构上的二元性和非均衡性是根本性的原因。例如，在产业结构上，传统农业基础不稳固及其对工业化进程的阻滞所造成的三次产业结构不合理和高度化受阻的问题，尽管可以寻找各种技术经济方面的原因，但这些原因说到底都可以归结为大量的低素质或低人力资本水平的劳动力在传统农业中长期滞存与有限的高素质劳动力即高度专业化的人力资本集中于工业、特别是重工业部门难以充分发挥作用这样一个基本矛盾，正是由于这个基本矛盾长期没有解决，才使传统农业劳动生产率低下、无法为工业化提供"剩余"支持，从而发生其他一系列结构性矛盾和问题。再从区域经济结构上来看，农村地区与城市地区、沿海地区与内陆地区以及省级或综合经济区域之间在经济发展中存在的不平衡性、贫富差距或利益冲突，有自然地理环境、物质基础及社会文化差异等各种复杂因素，但区域经济发展非均衡性的根本原因仍然在于人力资源赋存特别是人力资本生产和形成方面的区域差异，发达地区之所以发达根本原因就是在人力资本方面有优势，落后和贫困地区之所以贫困落后肯定与其不能有效开发利用人力资源、积累经济发展所需高水平的人力资本有关。

制度层面的矛盾和问题也是复杂多样的，但归结起来，都与产权、特别是人力资本产权关系根本相联。经济制度的实质就是调节人们经济关系的一套公认规则，而任何经济关系归根结底都是一种产权关系，都是关于经济行为主体之间关于人力资本与非人力资本的所有权、支配权和使用权的权能及利益关系，由于人力资本产权的个人决定性或个人自主性特征，使得人力资本产权在制度安排和制度变迁中具有比非人力资本更为重要和主导的决定作用。二十年来，中国经济体制市场化改革的实质和主题，就是承认和尊重人力资本产权的个人决定性或个体自主性，明晰人力资本产权关系，实现人力资本的自由流动和市场化配置，强化人力资本使用的市场激励和约束。在目前改革处于攻坚的关键时期，人力资本产权安排的制度创新是以国有企业改革为核心的整个经济体制配套改革顺利推进的突破口，是整个体制转轨、社会转型的决定性环节。

总之，人力资本约束是中国社会经济可持续发展的基本矛盾和问题。经济增长的资源禀赋和资本约束困境主要在于如何克服人力资源丰富与人力资本稀缺的矛盾，经济结构合理化和高度化的阻滞因素也主要来自于人力资本生产和形成的非均衡性，经济制度变革的矛盾和问题亦突出体现在人力资本产权关系安排方面。

三、知识经济：21世纪中国经济发展面临的机遇和挑战

从内在契机和国际背景来看，跨世纪的中国经济发展具有极其难得的有利条件，遇到最有利于发展和赶超的历史时机。从国内情况来看，跨世纪中国经济发展正处在一个经济增长持续快速、经济结构趋于优化、市场制度基本建立、人民生活不断改善、综合国力迅速提高的大好时机；从国际政治经济环境来看，跨世纪中国经济发展也碰上了极其难得的历史机遇，这就是空前有利的国际政治环境，在全球一体化体系中具有良好的区位优势，世纪之交知识经济的兴起给中国经济发展带来压力和挑战的同时也带来了动力和机遇。在这样的背景下，中国若能从战略高度审视和把握经济发展过程中存在的基本矛盾和焦点问题，制定和实施符合本国国情、巧妙利用自己的"比较优势"或"后发优势"的发展战略，在21世纪不太长的时期内赶上和超过发达国家而成为世界经济强国是完全有可能的。

在多极化和一体化的世界政治经济格局中，经济的社会形态将普遍走向知识化，"知识经济"将成为21世纪世界经济的大趋势和基本特征。所谓知识经济，其实质是人类社会生产力发展到一定历史阶段上自然形成和出现的一种新型社会经济形态，这种经济形态的基本特征就是：在数字网络化的通信系统的基础上，依托高智能的人力资本主导知识（包括组织制度）创新，以高新科技和社会化教育为主导和支柱带动整个社会再生产运行和产业经济发展。简言之，相对于传统物本经济而言，知识经济是高度人本化的经济，是智能化的人力资本依托型经济；高素质人力资本的大规模投资、专业化生产和社会化形成是知识经济社会赖以依托的重要基础或支柱。

世界经济发展在国家和地区间是不平衡的。对于大多数落后的发展中国家来说知识经济似乎还是遥远的将来的事情，而在美国等发达市场经济国家知识经济已是经济现实。随着知识产业和知识经济在美国等发达国家的兴起，

这些国家在世界经济和国际分工格局中将以其在知识创新、特别是培养训练知识创新型人力资本方面的独特优势，主导和支配着尚未进入知识经济而主要从事常规物质生产的大多数发展中国家（尼夫，1998）这种背景下，曾在20世纪由于"技术堡垒"而长期处于不利的依附地位的发展中国家在21世纪将处于更加不利的地位，这也是中国这样的发展中的社会主义大国目前同样面临的紧迫问题与严峻挑战。面对知识经济的冲击，中国采取何种应对战略，以避免国际竞争劣势，发挥比较优势，推动其经济长期持续稳定快速发展，这是跨世纪中国经济发展战略选择需要解决的最基本、最重要、最紧迫严峻的问题。

在知识经济时代背景下选择中国经济发展战略，首先要明确在这种国际分工和国际市场竞争格局中我们的"比较优势"和"比较劣势"究竟是什么，然后在长期动态的结构演进和制度变迁过程中通过政府宏观政策调控，促进"比较优势"的动态更替，最终消除相对于发达知识经济国家的"比较劣势"，实现经济持续快速健康发展。如上文所述，从资源—资本转换条件来看，中国社会生产和经济增长过程中存在的根本性矛盾和问题突出表现为人力资源丰富与人力资本稀缺的矛盾，表现在数量众多的人力资源没能得到充分开发并形成作为现实生产要素和增长因素的高素质人力资本，正是由于这个矛盾和问题的存在，才从根本上制约和影响着物质资本特别是知识资本的正常形成。换句话说，人力资源数量丰富是中国经济发展的（静态）比较优势，而人力资本素质低乃是其（动态）比较劣势。发挥目前阶段上的静态比较优势，充分利用廉价劳动力发展劳动密集型产业，大力推广应用劳动密集型的适用技术（Proper Technology），普及义务教育和开展初中级的职业技术教育及在职、再就业培训，积极利用国际分工和市场空间扩大劳动密集型产品的出口及劳务输出；这样在扩大就业、充分利用劳动力数量比较优势的前提下，通过"干中学"积累和提高生产技能、管理知识及市场经验来不断提升劳动密集型产业的"科技含量"和现代化水平，同时依靠不断高度化的劳动密集型产业发展支撑收入水平提高和经济持续增长，这样就为大力发展高新科技和中高等教育等知识密集型产业提供了坚实的基础。这时，如果抓住时机，利用"后发优势"（Advantage of Backwardness），快速积累和形成雄厚的高水平人力资本基础，就会顺利实现比较优势的动态转换，避免在国际分工和竞争格局中的被动地位。这里关键是发展教育大规模生产积累高素质人力资本。

四、人本方略：21世纪中国经济可持续发展的战略选择

立足人力资本约束这个中国经济发展的基本矛盾和问题，在世纪之交全球政治经济形势、国际分工和市场环境、特别是正在兴起的知识经济浪潮所带来的良好历史机遇和严峻挑战大背景下，中国经济发展应紧紧围绕"以人为本"这个基本战略指导思想，依托加大人力资本投资积累、调整优化人力资本生产和形成结构以及加快人力资本产权制度变革，在充分利用人力资源比较优势的同时促进和发挥科技教育产业化及其主导作用，从而推动整个经济的增长、结构优化和制度变迁，以保证在21世纪中叶实现经济发展的第三步战略目标：人民生活水平达到中等发达国家水平，基本实现现代化。选择和实施这样的经济发展战略，既符合人类社会经济发展大趋势，又符合中国基本国情和社会主义市场经济发展的客观要求，故可简称为中国经济可持续发展的"人本方略"。

首先，要把增长支撑点切实放到人力资本投资上。现代经济增长理论和各国经济增长实践都证明，人力资本投资是经济持续增长的主动因。根据笔者利用中国1978~1996年的历史数据所进行的回归计量结果显示，当年每增加1亿元的人力资本总投资（教育投资与健康投资之和）可带来GDP近6亿元的增加额，而当年每增加1亿元的物质资本投资仅能带来次年2亿多元的GDP增加额。可见，在中国近年来经济增长中，人力资本投资的贡献大大高于物质资本投资的贡献，用于教育和健康方面的人力资本投资是推动国民经济总量增长的一个主要动因。但是，由于人力资本投资效应的长期滞后性和作用间接性，以及传统物本经济发展战略的误导等复杂原因，长期以来中国经济增长主要靠物质资本投入来推动，物质资本投资是人力资本投资的3倍

以上，固定资产投资是教育投资的 5～10 倍、是公共教育投资支出的 10 倍以上，结果造成人力资本投资长期严重不足，更使其边际收益大大高于物质资本收益。在这种情况下，若适当减少物质资本投资、增加人力资本投资，就会使经济增长更加迅速；若长期加强人力资本投资力度，就会对经济持续稳定高速增长产生决定性影响。人力资本投资包括教育投资、健康投资和生育投资等内容，其中教育方面的人力资本投资是最为重要的，也是人力资本投资长期滞后和不足的主要领域。因此，加大教育人力资本投资以推动经济长期持续增长就成为中国经济发展的人本方略所关注的战略焦点和重点。

在结构调整的宏观策略上，首要的是把大力开发农村人力资源作为突破口和基点，通过加强农村基本和基础教育、调整农村教育结构、摆正和开拓农村教育服务方向和办学思路等，大幅度提高农村人力资本水平，真正建立起雄厚的农业和农村经济赖以长期稳定发展的人力资本基础。其次，应预期适应社会需求超前调控人力资本生产与形式，结构调整的人本策略大致包括以下几个方面：（1）在层级结构上，基础教育、特别是义务教育要通过强化政府职责求发展，中等职业技术教育要面向社会实际需求大发展，高等教育要靠放开政府管制多元化发展；（2）在专业结构上，要彻底转变计划体制下条块对口的专才教育思路，在进行以培养和训练学生掌握宽厚基础知识、具备应变市场的创新能力为主旨的通才教育基础上，把贴近农业和农村经济、与第三产业紧密相关的专业，如农林、财经、信息、服务、管理等，作为战略重点，通过适当的政策诱导其超前发展；（3）在区域结构上，政府应通过适当的财政转移支付机制缩小和平衡发达地区与不发达地区的基础教育差距，同时鼓励各省区、综合经济区或三大经济地带根据区域情况发展各具特色的中等职业技术教育和高等教育；（4）在类型结构上，要把人力资本的专业化生产和社会化再生产有机结合，逐步改变学校普通教育为主体的封闭型单一教育模式，大力发展新职业技术教育、在职培训、社区教育训练、现代远程通信教育等社会化教育类型，并使之相互沟通、协调发展，形成开放型、多元化教育发展新格局。总之，为主导经济结构实现合理化和高度化演进，人力资本生产和形成应在政府宏观调控下实现层级优化、专业拓广、区域协调和类型多元化。

在改革战略上，首先要紧紧抓住非义务教育产业化这个关键环节，在政府主导下分步骤、有先后、先试点后推广、从增量到存量逐步加大改革力度和提高产业化水平，并注意与整个经济体制改革如劳动工资、社会保障等方面的改革相配套，就会大大促进教育领域的产权安排效率和人力资本生产效率迅速提高，使教育的人力资本生产结构不断优化并与社会需求结构很好衔接，从而真正发挥教育在国民经济中的战略主导作用。其次，要彻底革除传统劳动人事制度对人力资本市场化流动的阻滞，建立城乡统一、机制完善的包括一般人力资本市场和各个层次的专业化人力资本市场在内的完整市场体系。其三，弘扬人力资本产权，既符合企业制度变迁的一般趋势，又符合社会主义市场经济的本质要求，因此在企业改革战略指导思想上，应把人力资本产权放在企业所有权安排的核心位置，突出人力资本产权的主导能动性质和作用，让各地群众在一个相当宽松的制度创新环境中大胆创新，大胆尝试，积极探索符合各地实际情况、各具特色、多样化的企业制度模式。

参考文献

[1] 尼夫（Neef，D.）：《知识经济》，珠海出版社 1998 年版。

[2] 经济合作与发展组织（OECD）：《以知识为基础的经济》，机械工业出版社 1997 年版。

[3] 胡汉辉、沈群红：《西方知识资本理论及其应用》，载《经济学动态》1998年第 7 期。

[4] 赖特（Reich，R. B.）：《国家的作用：21 世纪的资本主义前景》，上海译文出版社 1994 年版。

[5] 樊纲：《论竞争力：关于科技进步与经济效益关系的思考》，载《管理世界》1998 年第 3 期。

[6] 张坤民：《可持续发展论》，中国环境科学出版社 1997 年版。

[7] 沈利生、朱运法：《人力资本与经济增长分析》，社会科学文献出版社1998 年版。

人力资本国际流动与中国人才外流危机[*]

一、人力资本国际流动态势及基本规律

人力资本国际流动与中国人才外流危机 [*]

人力资本国际流动与中国人才外流危机 [*]

人力资本国际流动与中国人才外流危机 [*]

一、人力资本国际流动态势及基本规律

人力资本流动，就一般意义上来说，是指人力资本在组织内部以及组织间、部门间、产业间、地区甚至国家之间的位移以及劳动岗位或工作职位上的变换。在市场经济条件下，人力资本流动就其本质意义而言，是指经过市场中介，进行形态变换和时空转移，以达到最优配置——实现预期收益最大化。人力资本流动，是人力资本价值实现和市场经济运作的必要条件，也是推动工业化、城镇化、现代化和经济发展的基本动因。宏观地看，人力资本流动与一定社会历史背景下的"人口迁移"即"移民"（Migration）问题有关。而在大的社会组织形式层面上，人口迁移有原始迁徙型、强制驱使型、计划指令型和市场自主型等不同类型，而人力资本流动主要与市场自主性人口迁移有关；在大的区域层面上，有城—乡迁移与乡—城迁移流向上的分别，也有国内迁移与国际迁移性质上的差异，有殖民拓荒型、城乡流动型、城市间迁移型、区域流动型或国际移民型，等等，本文主要涉及国际人力资本流动问题。

---

* 本文系教育部哲学社会科学研究重大课题攻关项目《马克思主义与以人为本的科学发展观研究》（项目批准号：07JZD0001）、国家社会科学基金《从人口大国走向人力资源强国战略：基于人本视角的整合研究》（项目批准号：08BRK002）的阶段性成果。原载于《财经问题研究》2009 年第 5 期。

关于"人力资本流动",可以特别地指"国际移民流动"（International Migration）中伴随雇用和商务活动的"基于技能的移民"（Skill-based Migration），尤其是基于"高技能"（Highly Skilled）的国际移民流动。从工业革命开始，直到 20 世纪初期，国际性的人力资本流动可以说是伴随着以资本殖民掠夺为基本特征的大规模"国际移民流动"而实现的。据有关人口学文献记载，数百年来国际移民流动的基本流向有五：一是从欧洲向北美的人口迁移，17 世纪初期每年约有 20 万～30 万人的迁徙量，后增加到 60 万～70 万人，个别年份上百万人，从 19 世纪初以来的百年时间里大约迁徙总数达 4500 万人；二是从欧洲和日本向拉丁美洲的迁移，16 世纪以来约有 2000 万人的规模；三是从欧洲向南非、澳大利亚及其他南太平洋地区的迁移，19 世纪以来迁移人数约有 1700 万人；四是从非洲向美洲的贩奴型人口迁移，从 16 世纪开始长达 300 年时间里，欧洲殖民主义者贩奴人数有 3000 万～3500 万人，约 4000 万人死于运往美洲的途中；五是从中国和印度向其他国家地区的迁移，从 17 世纪开始约有 1000 万～2000 万人。①

"二战"结束以来，国际人力资本流动的基本特征为：基本流向是从发展中国家向发达国家、从贫穷国家向富裕国家、从人口稠密国家向人口稀少国家迁移，如从拉丁美洲、亚洲和非洲向北美迁移，从亚洲向澳大利亚迁移等；典型形式是"客籍劳工"（Guest Worker）型迁移，也就是通常所说的"劳务输出"，即迁移者不是携眷属定居，而是作为一种"国际劳动合同临时工"身份在客国干活挣钱；在当代国际人口迁移中，交换战俘、疆界调整、民族独立、国家解体或合并等政治因素，占据主流或具有重要影响作用；从迁移人口构成情况来看，难民和非法移民人口比重较大，女性移民人口有增加趋势，再就是发展中国家高素质移民人口居高不下，即本章将要重点讨论的"人才外流"（Brain Drain）问题日趋严重。总之，当代国际人口迁移与世界政治经济格局变化直接相联，呈现出复杂多元化的发

---

① 魏津生：《现代人口学》，重庆出版社 1997 年版。

展趋势和时代特征。从世界工业现代化背景下的人力资本国际流动态势来看，可以清晰地看出"人往高处走"这个人力资本流动的基本态势。换句话说，人力资本一般倾向于流往那些经济发达、文化自由和社会进步的国度或地区，流向那些具有更自主、更自由、更充分地发挥精神创造力的行业或组织，在这些具有较"高"平台的国家、地区、行业或组织中，他们的所有者主体可以获得更大的货币性和非货币性收益。当然，这里的微观选择行为与特定的宏观环境条件约束，始终是非线性地、复杂耦合性地联系在一起的。

关于国际人力资本流动现象的理论解说，大致有如下几种：一是"新古典经济学"（Neoclassical, Economics）理论，强调国家间的市场收入差距是国际人力资本流动的主要动因，认为人力资本（劳动力）的国际流动是由于国际人力资本（劳动力）市场非均衡状态下供求机制作用的必然结果，只要存在人力资本要素价格水平的绝对或相对差异，人力资本所有者主体就必然从供给丰裕国流向匮乏国；二是"新制度经济学"（The New Institutional Economics）理论，认为仅以工资收益差异不能有力说明国际人力资本流动现象，应该联系与人力资本（劳动力）市场和收入有关的制度环境才能很好解释，资本、证券、房地产和保险等非人力资本（劳动力）市场状况以及财产制度、法律规范和政治文化因素等的国际差异，才是很多国际人力资本流动的关键原因；三是"劳动力市场分割"（Segmental Labor Market）理论，认为发达国家人力资本（劳动力）市场存在本族高工资人力资本（劳动力）市场与外族低工资人力资本（劳动力）市场的制度性分割，所以使得外来移民能够有机会填充本族居民拒绝的工作职位，从而形成发展中国家向发达国家的国际性人力资本流动；四是"世界体系"（World Systems）理论，认为国际人力资本流动是市场经济全球化的衍生物，全球一体化经济发展、要素和商品的国际流动、国际市场和文化联系日趋紧密以及国际政治军事干预加强等，是当代国际人力资本流动的主要驱动力量。这些理论体系是我们分析中国"人才外流"危机问题的重要理论参照系。

二、中国改革开放以来经历三次"人才外流"潮冲击

在人力资本流动中，流动最频繁、也最易流失的是那些高素质、专业化、更具稀缺性的人力资本，即所谓"人才外流"或"人才流失"。中国"人才外流"问题一直是社会各界聚焦的热门话题。改革开放以来，我国大致经历了三个"阶梯式"的人才外流潮。第一次是在20世纪70年代末80年代初，"文革"刚结束，当时有一大批在新中国成立初期归国投身新中国建设、后受"文革"运动冲击的华侨或爱国人士，以及有"海外关系"的年轻人，在"落实政策"或"政策放宽"后有机会出国探亲，结果一去不回，在当时亟须用人之际，这样一种状况自然就造成了很大的冲击，这是第一次人才外流危机；第二次是在1989年以后，西方国家给予中国留学生一些特殊"优惠"政策，促使一批青年人以留学的方式外流，这形成第二次人才外流冲击波；第三次是在2000年、特别2001年11月中国正式加入WTO后，更加广泛深入的国际交流促成了中国新一轮人才外流高潮。

从历年出国留学人员的统计数据，也可以明显看出中国人才外流变动的这样一种三阶梯趋势来。根据《中国统计年鉴》（实际上是不完全的统计）公布的统计数据（见图1）：从1978年到2005年（中间缺1979年、1981年、1982年、1983年、1984年数据），共派出留学生770227人，学成回国人员累计181962人，归国比例为23.6%；其间，人才外流的第二、第三个波起峰分别在1992年和2000年，1992年出国留学人员从上年的2900人猛增到6540人，与当年归国人员3611人明显拉开距离，归出国比例是55.2%，累计归出国人数分别是16853人与36756人，其比例为45.9%；2000年出国留学人员增加到38989人，与当年归国人员9121人的比例为23.4%，累计归出国人数分别是71909人与210571人，其比例为34.1%；2002年，归出国人员比例达到最低点，下降到14.3%，累计归出国人数分别是102097人与419723人，其比例为24.3%。中国留学人员主要集中在美国、日本、加拿大、英国、德

国、法国、澳大利亚等发达国家，到海外求学的中国学生大部分流向了美国，毕业后在海外谋求发展的也多数选择美国。据不完全统计，1978~2001年出国留学人员46万人中，美国就有20万人，占总数的53.3%。①

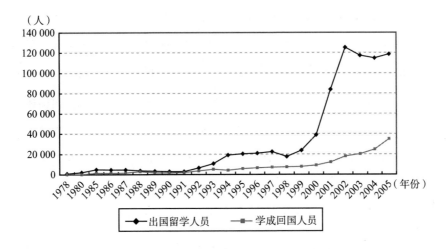

图1　中国历年出国留学人员及其回归情况

资料来源：国家统计局：《中国统计年鉴》，中国统计出版社2006年版。

改革开放30年以来，中国有100多万学生到世界各地学习，其中近30万已回国工作，还有50万左右正在国外继续学习。根据国际经验，发展中国家在经济起飞时期，仅外流与回流比例来看，一般是1：2，而中国恰好相反，留外与回流的人数是2：1。中国社会科学院发表《2007年全球政治与安全报告》显示：超过70%的中国留学生选择了移民海外。② 另外，分期来看，与前两次人才流失高峰不同的是，第三次人才外流的最大特点是"在职流失"，即大批国有企事业单位的管理和专业技术人才外流到在华拓展业务的跨国公司或外资企业。近年来，有越来越多的留学人员和科技专业人才虽然归国或没有流向国外，但却流向在华外企或跨国公司的研发机构。

---

① 相关数据来源：国家统计局：《中国统计年鉴》，中国统计出版社2006年版。

② 参见中国社会科学院：《2007年全球政治与安全报告》，社会科学文献出版社2007年版。

三、针对"人才流失"问题要有理性认识和客观分析

在"人才流失"问题上，要注意避免一个严重的认识误区，那就是不"具体问题具体分析"，而是简单地作道义是非判断，甚至"上纲上线"将一个具体选择行为如"回国还是不回国"上升到"爱国还是不爱国"等"民族大义"高度来简单地下结论。其实，按照经济学的观点，人们选择出国还是不出国，出国回归还是留在海外，都是一种"有限理性"行为，即在特定约束条件或时空情境下进行理性选择的结果。在大多数情况下，中国大量人才外流都是在改革开放和全球化这样大的时代背景或国际竞争环境下，以及"人往高处走"这个人力资本流动规律客观作用下，人们自主理性选择行为的必然结果。这里，我们面临的关键不在于如何作简单的伦理是非判断，而是如何理性评估问题在具体情境下的正面效应和负面影响，以及负面影响究竟"严重"到了什么程度，如何进一步在战略和操作层面上制定正确的方针政策和有效的对策措施去应对解决之。

关于人才外流的得失究竟怎么看？如果采取短期的、直接的成本—收益分析方法去衡量，我们看到的自然是"大量的国民财富流失"——中国老百姓、社会和政府在基础教育、中等教育甚至高等教育阶段投入了大量的人力资本投资，结果这些"高才生"到了快"收获"的时候却被人家通过简单的托福考试"收割机"喳喳地收割了去，出国留学一去不归，这样在中国"播种"到西方"收获"的人才培养机制，从中国角度来看，显然是一种"劳民伤财"、"得不偿失"的事情。但是，如果同时考虑到中国人留学居留海外后长期的、间接的效应，例如，居留海外的学子，日后成了中国对外开放和国际交流的社会桥梁或信息中介；移居海外华人形成的社会网络，将中国传统文化"播撒"到全世界，并成为中国经济发展不可或缺的"国际社会资本"；身在异国但情系祖国的海外才子，在西方发达的市场经济环境中"茁壮成长"

起来后，成就了一番大事业，在日后总有一天会以自己的聪明才智，通过这样或那样的途径直接或间接地回报祖国……假若如此来看问题，那么，我们就会更多地看到人才外流的正面效应，或者不一定就把那些暂时不归的海外人才看作是一种完全流失，更不会以简单粗暴的态度一概斥之为"可耻"行为。

关于"人才外流"的严重程度，也有两种完全不同的判断。有人认为：中国十几亿的人口基数，流出个几十万人算不了什么，基于这样的参照系，当然就很容易把问题"淡化"；而大呼"人才流失"危机者选择的参照系显然与此不同，他们主要看到的是高层次、专业化人力资本中70%居留海外不归这样"严重"的问题。折中的、辩证的看法应该是：一方面应该看到，包括一般无专业技能劳动力流动（所谓"对外劳务输出"）内在的人力资本国际流动，在相对（巨大的人口基数）规模上的"非严重性"局势；另一方面也要同时看到，当前国际人才竞争、人力资本流动的严峻格局中，高层次、专业化人力资本外流，确实给中国经济发展带来了严重不利后果。换句话说，我们一方面要顺应国际人力资本流动的大趋势，在战略上看好问题的长期演化前景；同时，要在战术上重视现实人才外流问题的严重性，积极应对国际人力资本流动给中国发展带来的严峻挑战。

总之，我们应该用全面的、长远的、动态的、辩证的和开放的观点，来看待评估所谓"人才流失"问题。在全球化的市场经济扩展秩序中，高素质、专业化的人力资本从落后地区或发展中国家向更有利于其价值实现的发达国家或地区流动，这种"人往高处走"的流动情况就像"水往低处流"一样，有其自身不可逆转的客观规律。面对它所带来的现实困境和问题，理性的、正确的态度只能是顺应它、因势利导地运用它，实事求是地去面对它、积极地去应对它；如果不能正视它、不明就里地逆它而行，其结果只能是自取其辱、得不偿失，把问题越搞越糟、矛盾越搞越激化，最后使自己陷于越来越被动的困境不能自拔。

四、慎用"优惠政策"，营造公平竞争环境

改革开放以来，各个地区、各级政府运用频率最高的政策词语之一就是所谓"优惠政策"。为了吸引外资、"特区特办"、"特事特办"，在开放政策上对外网开一面，实行特殊"优惠政策"，使我们的特区、沿海开放城市"先走一步"，"一部分人先富起来"，由此带动"新生力量"从原来被旧体制"锁定"的僵化局面走出，从而找到改革开放的突破口，开创了"社会主义现代化建设的新局面"。可以说，这种所谓"优惠政策"，在改革开放初期当时特殊的历史背景下，确实发挥了很好的积极作用。但是，随着改革开放在广度和深度上的推进，被普遍推广应用的"优惠政策"越来越多，到了后来逐渐有"泛滥成灾"的倾向，这样其原本有正面作用的所谓"优惠政策"，到后来就越来越显现出非常严重的负面效应来。在吸引人才，解决"人才外流"等人力资本流动问题方面，这种偏向尤其普遍而严重。

特别是 2001 年加入 WTO 以来，中国被卷入经济全球化的惊涛骇浪之中，面对全球范围内的人才争夺战，中国各级政府和企业有了前所未有的紧迫感、危机感。面对国际竞争挑战，人才竞争成为大家关注的焦点，但国人的第一反应就是眼睛向外，争先恐后地利用各种"优惠政策"吸引网罗所谓优秀人才。面对"人才流失"危机，近年来中国有关政府部门也纷纷出台了一系列"优惠政策"，吸引海外留学人员回国创业和就业。这方面最新出台的"优惠政策"，就是 2007 年 4 月 24 日人事部、教育部等 16 部委共同制定下发的《关于建立海外高层次留学人才回国工作绿色通道的意见》（以下简称《意见》），这是中国吸引海外高层次留学人才回国工作的又一重要举措。《意见》规定：海外高层次留学人才回国工作，经有关主管部门批准，可不受编制数额、增人指标、工资总额和出国前户口所在地的限制；回国工作的高层次留学人才的子女入托及义务教育阶段入学，由其居住地教育行政部门按照就近入学的原则优先办理入、转学手续，不收取国家规定以外费用，参加高中升学考试

和高考的同等条件下可优先录取。应该承认，这样的"优惠政策"通过界定和制定"高层次留学人才"的特殊标准，对于符合条件的、国内经济社会发展和科技创新亟须的紧缺人才给予各方面的特殊照顾，以便吸引他们回国做贡献，是相当必要的。

但是，需要特别注意的是，所谓"政策"其实就是一种制度规则。所谓"制度"，就是一定社会群体共同认可并遵循的通行游戏规则，既然如此，所有制度规则，包括所谓"政策"，就应该在其所及的特定社会群体范围内体现一视同仁的原则。而一项政策要对其中的某群体优惠，就意味着对其他群体的"不优惠"即"歧视"，对外资、外商"优惠"就是对内资、内商的"歧视"，对"海龟"们的"优惠"也就意味着对"土鳖"们的"歧视"。这样，针对特殊身份者的"优惠政策"，如果推广应用到泛滥的程度，自然就会人为制造不公平，结果适得其反，造成竞争行为扭曲，各群体利益矛盾激化，导致寻租腐败行为，最终会损害效率和经济发展的动力基础。

应当承认，"公平"与"效率"原则是相对的，这是一个需要权衡利弊作取舍的事情。为了"效率"在很多情况下需要牺牲公平，为了吸引和留住国家亟须的"高层次留学人才"，有必要在公平方面作些让步，给予他们"特别照顾"，这样出台一些"优惠政策"无可厚非。但是，这种"特殊照顾"或"优惠政策"的制定和执行，一定要注意淡化"身份色彩"，要针对其"特殊贡献"给予特殊激励，而不能因为某种特殊"身份"资格（如是否"海归"）来制定本应该"一视同仁"的规则。其次，这种"优惠政策"损害公平的程度一定要限制在帕累托最优的限度内，即对一部分人的优惠所造成的不公平后果，不应该直接损害另一部分人在原规则下的既得利益；也就是说，对于回国高层次人才的"特别"待遇，不能直接造成其他人才本来在原有制度规则下赢得的机会和待遇的丧失，如果造成损害，规则应该给予一定补偿。此外，优惠政策的制定和实施，还应该尽量避免在代际之间形成机会得失的"马太效应"，即不至于导致优惠政策在非当事人之间的"基因"传递，使得享有优惠政策的与不享有优惠政策的当事人子女"坐享其成"或

"无辜受害"，由此带来"不公平性"不断强化的动态传递。例如，规定海外高层次留学人才回国工作，经有关主管部门批准，"可不受编制数额、增人指标、工资总额和出国前户口所在地的限制"，这一政策虽然"不平等"但并不会损害其他群体原有的正当权益，符合帕累托最优原则；但是，有关在同等条件下对归国留学人员子女高考优先录取等规定，显然就违背了这样的原则，并且会造成非公平性在代际之间不合理的基因传递，因此，是不妥当的。

此外，在以往实行的一些优惠政策中，往往在物质待遇、生活条件等外在"保健因素"方面考虑得多，而在知识产权保护、创业创新和工作条件等内在"激励因素"方面考虑得则较少。要知道，吸引和留住高素质人才方面，后者比前者更根本、更重要。只注重前一方面，忽视后一方面的所谓"优惠政策"，是不可能真正吸引和留住人才的，或者由此吸引来的很可能大都不是真正的人才；因为真正的人才是要回来干事业的，如果为了生活方面的享乐那可能留在国外更安逸，在这方面再"优惠"也是赶不上西方发达国家拥有的"优厚"条件的。而且，如果所谓优惠政策将重心主要放在外在的"保健因素"或特定"身份资格"方面，有可能吸引来的不是真正想"干事"的人才，而是那些在国外"镀了金"的、甚至混个假文凭而没有真才实学、一心想回国享受"优厚待遇"的庸才。

总之，在应对"人才流失"的问题上，一定慎用所谓"优惠政策"。从大方向来看，我们要走法治道路，首先要懂得法理，制度规则本身一定要"合法理"——那就是"制度面前人人平等"，制度本身必须对制度规则约束下的人们一视同仁，绝对不能搞"身份制"，"看人下菜碟"，否则非乱套不行——像有学者评论说，不当的"优惠政策"可能导致的尴尬结局是：吸引了"钱学森"们回国的同时，却埋没了千千万万有创造性潜力和贡献的"袁隆平"们。如果这样的话，不仅在效率上得不偿失，而且在公平上也失去了道义，最后的结果只能自取其辱。针对"特殊人才"制定所谓"优惠政策"或提供所谓"绿色通道"，只能是短期的权宜之计，要长期、根本解决中国"人才外流"问题，必须靠把基点放在"发展"上，关键是在宏观上营造一个有利于一切人才脱颖而出、有利于所有人才创新和发展的公平竞争环境。

首先，按照人力资本流动规律，中国之所以面临"人才外流"的困扰，从根本上说来，就是因为自己是落后的发展中国家，因为发展不到位，不能够为高素质、专业化的人力资本提供实现其价值的高平台。因此，在目前处于低水平发展阶段、只能为人才提供低平台的特殊时期，有一部分没有用武之地的高水平人才外流出去，无论从微观层面看还是从宏观大局看，都是合情合理、自然而然的事情。由此看来，这些人才的暂时或永久不归，对于中国发展来说并不一定完全是坏事。例如，由于发展的初级阶段特征，使得一些前沿专业或职业，在目前中国"发展中"的经济结构或市场体系中，难以或根本找不到合适位置、无法发挥应有作用，将这样的"高精尖"人才暂时储存在国外发达的"人力资本融资机构"或"人才银库"中，让他们在那里不断"保值增值"，等到将来中国高度发展起来以后，有了相应的使用能力再拿来为我所用，这种人力资本发展战略和使用策略应该说恰是一种明智之举。与其逆规律而行，明知不可为而为之，将不能很好利用的"高精尖"人才不自量力地揽在自己手中不能才尽其用，倒不如顺势而行，为自己可为之事，将主要精力放在适合自己发展阶段的发展事情上，以量力而行的发展积极应对因不发展而带来的人才外流问题，显然属于大智若愚的"上策中的上策"。

其次，需要在此强调，在人力资本流动政策上，一定要合情即注意人性化，但更要注意合理，即要固守一视同仁原则、开放平等的理念。绝对避免"看人下菜碟"，以特殊身份或资格论人才，如认定只要是外来的、洋的就是人才而内部的或土的就是庸才。即使在特定的情况下处于特殊的需要不得不出台一些"优惠政策"，那也应该尽量淡化政策的优惠色彩，尽量按照帕累托原则避免对非优惠群体的直接或绝对伤害，并且随着时间的推移逐渐放弃直到根本不用所谓"优惠政策"或"绿色通道"之类去招揽吸引特殊人才。人力资本流动政策所营造的环境应该是开放的、平等的、一视同仁的，只要是稀缺的、高水平、专业化的人力资本，不分出身、来源、种族、国籍等，都一律平等按"国民（人才）待遇"对待；无论是留学回来的中国人才，还是来华工作的外国人才，抑或是土生土长的本土人才，都应该在同一平台上按照同一规则平等竞争，都应该有同等发挥才能的机会和条件；而且，人力资本流动政策环境也应该是一种开放的系统，所有人才都应该有根据自己的自主选择自由流进、流出的权利，不仅在国内不同行业、组织、区域之间流动没有"路障"，而且能够随时随意地回国出国。这当然是一种理想化的状态，但它确实是我们的政策制定者现在就应该明白的、并需要长期循序渐进努力的方向和目标。

最后，要注意在政策执行层面把握"平衡"策略。在应对和解决"人才外流"问题上，在总体上应该注意把握好如下几个方面的关系：一是处理好国内本土人才与国外留学人才的关系，国内投资、开发和培养人才与吸引、引进和利用国外人才的关系，要立足本土人才，以主动投资、自主开发和培育国内人才为主，同时高度重视吸引海外留学人才，积极引进和留用外部人才；二是处理好"高精尖"人才与普通人才的关系，为特殊时期亟须的高层次、专业化人才提供"优惠政策"或"绿色通道"与为广大普通人才提供机会均等、公平竞争的宽松大环境之间的关系，要以所有人力资本的自由流动和有效使用为"本"，将政策的基点放在营造平等竞争的大环境方面，同时因应情势，策略性地适度运用特殊优惠政策手段，为特需"高精尖"人才"开快车"提供相应的"绿色通道"；三是处理好人才"为我所有"与"为我所用"的关系，不求"所有"但求"所用"，以开放的、富有弹性的、人性化的用才策略积极吸引海外高层次人才参加中国现代化建设，鼓励海外留学人才回国工作、回国创业的同时，对一切对中国友好、无论何时何地都愿意为中国现代化建设以不同方式作贡献者，都一视同仁，同样人性化对待并给予平等的物质或精神待遇；四是处理好人才使用的外在"保健因素"与内在"激励因素"的关系，对稀缺的高层次、专业化人才既要注意提供必要的物质福利条件，在其家庭生活条件方面尽量提供便利条件，更要注意搭建内在的事业平台，为他们营造在专业和职业方面创新发展的良好宽松环境，建立公开、公正、公平的竞争机制，使他们能够在完善的市场经济条件下自主创业、自由择业、自立创新，真正发挥创新性人才的开拓创新性作用。

概言之，在经济全球化、人力资本流动国际化和信息通信技术高度现代化的今天，我们应该彻底摒弃"武大郎开店"的狭隘人才观，克服"唯我所有才为我所用"的传统观念局限，树立开放的、达观的、辩证的、动态的人力资本市场化流动观点，立足中国国情、放眼全球趋势，以百川归海的气魄广纳全球人才为我所用，真正变中国的规模大、成本低的人力资源优势为高精尖、专业化的人力资本优势，从初级阶段发展中的"物质资本流进、人力资本流出"竞争劣势状态走出，循序渐进地朝新时代高度发展阶段的"人力资本流进、物质资本流出"竞争优势状态转变，进而在21世纪国际竞争中最终实现和平崛起的战略目标。

参考文献

［1］魏津生：《现代人口学》，重庆出版社1997年版。

［2］国家统计局：《中国统计年鉴》，中国统计出版社2006年版。

［3］中国社会科学院：《2007年全球政治与安全报告》，社会科学文献出版社2007年版。

人力资源国际竞争力四维指数测算及比较研究*

一、引　言

近年来，随着市场化改革深度推进，人口老龄化来临、企业劳工成本攀升和应试教育危机加剧，从"人口大国"走向"人力资源强国"，已是大势所趋，成为中国未来社会经济发展的既定方针、基本指向和战略任务。

但应该明确的是，人力资源强国是一个关于国家综合实力及其在国际竞争格局中是否处于核心地位的复合概念，它不仅与一个国家"教育与人力资源开发"能力有关，还涉及其所拥有的人力资源存量和流量之现实经济支撑力、人力资源市场化流动配置状况和效率，以及人力资源社会保障环境和条件等一系列广泛内容。基此视界，中国目前人力资源能力究竟处于何种水平，其在国际竞争格局中的相对位置及未来走势如何？这是本文想予以正面回答的。

为此，我们构建了一套测算人力资源国际竞争力水平的四维度指标体系，并基于这套指标体系，收集了世界银行、世界卫生组织、世界经济论坛等国际组织的相关统计调查数据，利用因子分析和聚类分析方法测算综合指数，

　　* 本文是国家社会科学基金"从人口大国走向人力资源强国战略：基于人本视角的整合研究"（08BRL002）阶段性成果。与蒯鹏州、李晓婷合作，原载于《经济理论与经济管理》2011年第4期。

对 34 个主要发达国家和发展中国家的人力资源国际竞争力水平进行评估和分类，力图前瞻性地审视和把握世界各国人力资源竞争力总体分布状态，以及中国在人力资源国际竞争格局中的基本方位及动态走势，并给出相关政策建议。

二、文献回顾

关于"人力资源"（Human Resources）的概念，最初是由管理学家德鲁克（Drucker，1954）在其名著《管理实践》中首先正式提出来并明确加以界定的。德鲁克之所以提出"人力资源"，是想表达传统"人事"概念所不能表达的意思，即企业员工所天然拥有并自主支配使用的"协调力、融合力、判断力和想象力"。德鲁克认为，与其他资源比较，人力资源的特殊性在于，它必须通过有效的激励机制才能开发利用，并为企业带来可见的经济价值。与此同时，经济学家也开始关注非物质资本因素及其对经济增长的重要推动作用。舒尔茨（Schultz，1961）提出，经济增长不仅与人力资源（劳动力）数量有关，更与人力资源质量（知识、技能等教育素质）密切相关，于是提出"人力资本"（Human Capital）的概念，并形成一套系统的（主要是教育经济学）理论体系。此外，明瑟尔（Mincer，1958）和卢卡斯（Lucas，1988）等都强调了人力资本形成过程"干中学"的重要作用，这隐含了劳动力市场流动和配置的体制背景。库兹尼茨等（Kuznets & Thomas，1964）认为，在市场经济体制环境下，人力资源（劳动力）从边际生产率低的部门向边际生产率高的部门流动，将实现市场化有效配置，有利于提高经济效率、推进经济发展。

需要说明的是，在术语使用上，鉴于"人力资源"已作为日常习语被人们普遍接受，而"人力资本"多作为专业术语仅限于学术圈内，本文选择前者作为统一表达术语，下面凡是有关文献数据中"两可"之处都统一转换成为"人力资源"来表达。

索罗（Solow，1956）、罗默（Roomer，1989）等学者的研究均表明，人力资源的数量和质量对一个国家或地区经济增长具有巨大推动作用。为此，各相关学科研究者逐渐聚焦于人力资源国际竞争力的测度问题，归纳起来大致有两个角度：一是利用产出法或成本法进行存量的估算；二是利用指标法进行存量的评分和排序。由于数据可得性的问题，前者主要侧重于理论学术层面的讨论，而后者与本文的工作具有更密切的关系。

关于国别人力资源评分和排序的最初尝试，可以追溯到 1990 年联合国开发计划署（UNDP）发布的"人类发展指数"（HDI），它包括人口预期寿命、成人识字率和综合毛入学率及人均 GDP 三个维度指标，在利用阈值法进行无量纲处理上，对指标得分采用算术平均得到人类发展指数。UNDP 在计算 HDI 数值时，是将发达国家贫困线人口的平均收入作为计算人均 GDP 指标差率的最大值，显然是着眼于为发展中国家作为"反贫困指针"这个特定目标的，毕竟不能算作一个全面衡量不同国家或地区人力资源能力水平的综合性指数。近年来，一些国际组织和学者专门致力于构建国家或地区人力资源能力综合指数的研究工作，并取得了一系列研究成果。例如，里斯本议事会构建的"欧洲人力资本指数"中包括了人力资本禀赋、人力资本利用率、人力资本生产率以及人口和就业等四个维度。[①] 邹应齐等（Ying-Chyi Chou，Ying-Ying Hsu & Hsin-Yi Yen，2008）从基础设施建设（包括教育、价值和劳动市场）、投入（包括科研支出和人力资本）、产出（分为中间产品和直接产出）三个维度出发，构建了人力资源竞争力指标体系，以测度科学技术方面的人力资源状况，并在标准化的基础上利用层次分析法确定指标的权重。

在国内，一些学者也做过相关探索和努力。例如，杨林等（2009）构建了包括数量指数、质量指数、配置指数和教育指数的人力资源评价指标

---

① Peer Ederer. Innovation at Work：the European Human Capital Index ［R］. Lisbon Council Policy Brief，2006，1（2）.

体系，并采用因子分析的方法对西部少数民族地区人力资源状况进行了评价。倪鹏飞、潘晨光等（2010）按照人才本体、人才环境、人才创富和人才创新四个维度框架构建了"人才国际竞争力"（TGC）指标体系，来反映"与其他国家相比，一个国家中拥有较多人力资本的群体在一定的生活环境、创业环境、创新环境和宏观环境条件下的创富和创新能力"。这些研究成果都为后续研究提供了有益启迪，但相关研究也都有诸多不完善的地方，有些指标体系所设置的维度存在概念不周延、理论逻辑层次含糊不清的问题，有些研究存在对象范围不周全、不能全及人力资源国际竞争力的完整内涵和外延的问题，而主要侧重于人力资源国际竞争力某些对象群体或某个层面的测度。

　　综上所述，我们可以看到，人力资源国际竞争力是衡量一个国家或地区经济发展实力的主导要素，它不仅在存量和增量上对经济增长具有基础性的支撑作用，而且通过教育开发、市场配置和社会保障功能，对于一个国家或地区的经济结构提升、经济制度变迁和经济福利改善具有战略决定性的影响。因此，我们认为，衡量人力资源国际竞争力，不仅要关注人力资源数量规模，还要看人力资源素质水平；不能仅关注教育开发能力，还要关注市场配置能力和健康保障能力；不仅要关注"发展"状态，更要看重"制度变革"潜力，特别是对于中国这样正处于多重制度转型状态的发展中大国来说，更是如此。

三、测评指标体系构建和样本数据选取

　　我们认为，人力资源国际竞争力是指在国际竞争总格局中，一个国家或地区人力资源存量及增量对其经济发展的可持续支撑力，以及人力资源教育开发力度、市场化流动配置效率和社会保障状态对于其产业结构高级化、制度变革市场化和福利改善人本化的推动力之综合体现。为此，我们构建了一个四维度"人力资源国际竞争力测评指标体系"（见表1）。

表 1 人力资源国际竞争力四维测评指标体系

维度	指标	指标解释	指标性质
A 人力资源经济支撑力	A1 劳动年龄人口规模（千人）	15~64 岁人口数	正向
	A2 劳动年龄人口比重（%）	15~64 岁人口数/总人口数	正向
	A3 青少年抚养比（%）	15 岁以下人口数/15~64 岁人口数	正向
	A4 人口自然增长率（%）	（出生人口数－死亡人口）/年平均总人口	正向
	A5 劳工成本比较优势	GDP/工资总额	正向
B 人力资源教育开发力	B1 公共教育支出占 GDP 比重（%）	公共教育支出/GDP	正向
	B2 企业员工培训开发投资力度	1＝很少有投资，7＝有大量投资	正向
	B3 平均受教育年限（年）	以 15 岁以上人口计	正向
	B4 高等教育毛入学率（%）	大学教育在校生数/适龄人口数量	正向
	B5 25 岁以上大学受教育程度人口比（%）	25 岁以上大学受教育程度人口/总人口数	正向
	B6 教育满足竞争性经济需要程度	1＝不能满足，7＝能满足	正向
C 人力资源市场配置力	C1 雇佣劳动力难易程度	0＝很容易，100＝很困难	逆向
	C2 失业率（%）	失业人口为非自愿失业人口	逆向
	C3 工效挂钩程度	1＝工资与绩效无关，7＝工资与绩效高度相关	正向
	C4 解雇员工所需成本	解雇成本以周薪的倍数计	逆向
	C5 劳动法规严格程度	1＝很宽松，100＝很严格	逆向
	C6 工资决定机制	1＝由集体谈判决定，7＝由每个企业自行决定	正向
D 人力资源健康保障力	D1 健康支出占 GDP 比重（%）	健康总支出/GDP	正向
	D2 公共健康支出比重（%）	公共健康支出/卫生总支出	正向
	D3 5 岁以下儿童死亡率（‰）	新生儿在达到 5 岁前死亡的概率	逆向
	D4 营养不良人口比重（%）	低于最低饮食标准的人口数/总人口数	逆向
	D5 预期寿命（年）	假定各年龄段死亡率不变出生时的预期寿命	正向
	D6 伤残折算年限率（年/10 万人）	以按年龄标准化后的 100 000 人伤残折算年数计	逆向

维度 A：人力资源经济支撑力 是指一个国家所拥有的人力资源数量（包括存量和增量）、构成和素质对其特定时期经济增长及产业发展的匹配支

撑强度。在这个维度，我们选用了五个指标，即：（A1）劳动年龄人口规模；（A2）劳动年龄人口比重；（A3）青少年抚养比；（A4）人口自然增长率；（A5）劳工成本比较优势。其中，A1、A2 和 A3 与人口红利和负债有关，反映一国人力资源存量及潜在增量状况；A4 反映一国人力资源供给动态趋势及潜在走势；A5 指单位劳工成本（以劳动报酬即工资总额计）所创造的 GDP，反映一国经济增长和产业发展中的人工成本含量大小。上述指标均为正向指标。

维度 B：人力资源教育开发力　是指一个国家满足特定时期国民经济各行业、各领域对各级各类专业技术人才的需要，依托学校正规教育体系和社会非正规培训系统对其拥有的潜在人力资源进行开发和再开发的能力。在这个维度，我们选择了六个指标，即：（B1）公共教育支出占 GDP 比重；（B2）企业员工培训开发投资力度；（B3）15 岁以上人口平均受教育年限；（B4）高等教育毛入学率；（B5）25 岁以上大学受教育程度人口比重；（B6）教育满足竞争性经济需要程度构成。其中，B1 和 B2 反映了政府和企业教育开发方面的投资强度；B3、B4 和 B5 反映了一个国家人力资源教育开发的主要成就；B6 反映了一国教育系统满足市场和社会需要的程度。上述指标均为正向指标。

维度 C：人力资源市场配置力　是指一个国家人力资源基于市场机制实现流动和配置的规范化有效程度。在这个维度，我们选择了六个指标，即：（C1）雇佣劳动力难易程度；（C2）失业率；（C3）工效挂钩程度；（C4）解雇员工所需成本；（C5）劳动法规严格程度；（C6）工资决定机制。C1 和 C2 反映的是一国劳动力市场的活跃程度，C1 反映了劳动力市场机制的发达及调节灵敏程度，C2 在一定程度上反映一个国家市场机制配置人力资源的效果，失业率越高说明配置效率越差；C3 和 C4 反映的是一国劳动力市场的市场化程度，C3 反映了人力资源价格机制的经济效应及调控灵敏程度，C4 说明人力资源流动的难易程度或交易成本高低；C5 和 C6 反映一个国家非市场因素（政府和工会等）对劳动力市场的干预程度。在人力资源配置市场化导向下，C1、C2、C4、C5 为逆向指标，C3、C6 为正向指标。

维度 D：人力资源健康保障力　是指一个国家维持其人力资源存量和增量实现可持续健康发展所拥有的社会保障能力。在这个维度，我们选择了六个指标，即：（D1）健康支出占 GDP 比重；（D2）公共健康支出比重；（D3）5 岁以下儿童死亡率；（D4）营养不良人口比重；（D5）预期寿命；（D6）平均伤残折算年限。其中，D1 和 D2 反映了一个国家政府和社会在医疗卫生健康保障方面的投入力度；D3、D4、D5 和 D6 反映了一个国家在人力资源健康保障方面所取得的总体成就，以及人力资源存量和增量的基本健康水平。上述指标中，D3、D4 和 D6 为逆向指标，D1、D2 和 D5 为正向指标。

基于四维人力资源国际竞争力测评指标体系，同时考虑到数据可获得性和可比性，我们选择了 34 个国家作为比较参照样本，基于 2004～2007 年度的数据进行各国人力资源能力指数比较测算。样本国家包括除德国和冰岛①外的其他 25 个 OECD 国家，以及中国、巴西、印度、俄罗斯、菲律宾、墨西哥、印度尼西亚、马来西亚和巴基斯坦等 9 个中等或中低收入国家；前者经济发展水平一般较高、人力资源能力相对较强；后者经济发展水平和人力资源状况与中国有一定可比性。

各指标数据中，有七个指标数据属于针对商务人士的调查数据。其中，雇佣劳动力难易程度、劳动法规严格程度和解雇员工所需成本三个指标的数据，来自世界银行历年的《全球营商环境报告》（Doing Business），企业培训开发投资力度、教育满足市场需求程度、工效挂钩度和工资决定机制四个指标的数据，来自 WEF 历年的《世界竞争力报告》（The Global Competitiveness Report）。其余 22 项指标均为统计数据，除伤残折算年限率来自世界卫生组织 GHO 数据库外，指标数据均来自世界银行 WDI 数据库。另外，中国的公共教育支出占 GDP 比重，以国家财政性经费占 GDP 比重计，来自《中国统计年鉴》。其中，国家财政性经费的统计口径包括国家财政预算内教育经费、各级

①　未选择德国和冰岛是由于其高等教育毛入学率、25 岁以上大学受教育程度人口比等指标存在数据缺失。

政府征收用于教育的税费、企业办学校教育经费以及校办产业、勤工俭学和社会服务收入用于教育的经费，与 WDI 公共教育经费统计口径较为一致。

此外，需要说明的是，由于受数据可得性和可比性局限，有些维度的指标选取可能存在一定偏在性。比如维度 D，只反映了医疗卫生健康方面的情况，而对于养老、工伤社会保险和职业安全方面的情况，由于数据采集方面的困难而没能反映出来。

四、指数测算与数据处理方法

由于上述指标体系中存在多个逆向指标，量纲也不一致，且部分指标存在数据缺失的问题，需要对数据进行预处理。数据缺失值主要出现在平均伤残折算年限、15 岁以上人口平均受教育年限及 25 岁以上大学受教育程度人口比等三个指标上。世界卫生组织公布的伤残折算最新数据是 2004 年的数据，因此，2005 ~ 2007 年各国的指标值仍以 2004 年的数据计。而世界银行发布的 15 岁以上人口平均受教育年限及 25 岁以上大学受教育程度人口比重的数据，均为 5 年发布一次，故 2004 年数据以 2000 年数据计，2006 ~ 2007 年数据以 2005 年数据计。

关于指标正向化方法，目前最常见的有倒数法和线性变换法，但利用倒数法进行正向化处理存在两个问题：一是倒数处理往往会改变指标原始值的分布规律；二是当存在 0 值时倒数法并不适用，因此，我们拟采用线性变换法对数据进行正向化处理。其计算公式为：

$$x'_{ij} = \max x_j - x_{ij}$$

其中，x_{ij} 和 x'_{ij} 分别代表第 i 个样本在第 j 项指标上的原始值和正向化后的值；$\max x_j$ 代表样本集在第 j 项指标上的最大值。

关于无量纲化方法，目前大部分研究都采用线性无量纲化处理方法，以标准化法、阀值法、线性比例法等为主（郭亚军、易平涛，2008）。选择无量纲化方法时，需要考虑到标准化结果的稳定性问题，亦即标准化数据对原始数据变化的敏感性问题。以面板数据为例，同一样本在不同年份间往往存在一定的波动性，敏感性过高则有可能导致标准化结果不稳定，这就对无量纲化方法的结构提出了要求（郭亚军，2008）。由于标准化法中采用了样本均值、样本标准差等全样本统计指标，所以稳定性相对较好；而阀值法和线性比例法则只采用了样本的最大值和最小值等极端数据，对指标数据增减的敏感性较高，稳定性相对较差。故本文选择了标准化法进行无量纲化处理。其计算公式为：

$$x'_{ij} = (x_{ij} - \overline{x_j})/S_j$$

其中，x_{ij} 和 x'_{ij} 分别代表第 i 个样本在第 j 项指标上的原始值（或逆向指标的正向化后值）和标准化后的值；$\overline{x_j}$ 和 S_j 分别代表样本集在第 j 项指标的均值和标准差。

此外，考虑到各维度指标和综合评价指数要同时具有时间维度和截面维度的可比性，我们在数据的预处理方法上进行了一些调整。正向化和无量纲化公式中的参照值 $\max x_j$、$\overline{x_j}$ 和 S_j 分别以 2004～2007 年 j 项指标的最大值、均值和标准差计。

在正向化和标准化的基础上，本文采用主观赋权法来确定各指标的权重。我们认为各维度的下属指标均在不同层面反映了各维度的主要信息，重要性相同；考虑到人力资源经济支撑能力主要侧重反映在人力资源数量（存量和增量）规模方面的基础性作用，而人力资源市场配置能力也主要反映了灵活流动性导向，相对而言，人力资源的教育开发能力建设以及人力资源健康保障能力建设对于一个国家人力资源能力建设来说，具有最为直接而重要的主导性和支柱性意义。我们分别赋予人力资源经济支撑能力、教育开发能力、市场配置能力和健康保障能力四个维度20%、30%、20%和30%的主观权重。根据定义的各指标权重，我们测算了各国在人力资源能力四个维度上的得分及人力资源能力总指数。为了便于比较，我们将各维度得分和总指数均换算为百分制，换算公式为：

$$x'_{ij} = (x_{ij} - \min x_j)/(\max x_j - \min x_j) \times 100$$

其中，x_{ij} 和 x'_{ij} 分别代表第 i 个国家在第 j 个维度上得分（或总指数）的原始值和换算值，$\mathrm{min}x_j$ 和 $\mathrm{max}x_j$ 分别代表样本集在第 j 个维度上得分（或总指数）的最小值及最大值。

五、测算结果及政策含义

根据以上方法进行指数测算，其总体结果见表 2。可以看出，在世界 34 个国家人力资源竞争格局中，中国人力资源国力大致处于第 24 ~ 26 位。

表 2　　　　2004 ~ 2007 年世界 34 个国家人力资源国际竞争力总指数及排名

国家	2004 年		2005 年		2006 年		2007 年	
	得分	排序	得分	排序	得分	排序	得分	排序
中国	55.75	26	54.23	25	57.56	25	60.09	24
爱尔兰	81.22	10	84.32	9	82.95	12	87.23	9
奥地利	74.14	15	73.80	17	74.78	16	73.89	17
澳大利亚	86.78	8	89.42	7	91.70	5	94.47	4
巴基斯坦	0.00	34	6.98	34	6.62	34	6.50	34
巴西	29.27	32	32.04	31	40.78	30	41.35	30
比利时	77.02	13	78.72	13	77.00	15	81.86	13
丹麦	90.13	4	91.95	3	94.57	3	95.13	2
俄罗斯	50.45	27	51.19	29	51.52	29	55.31	28
法国	71.10	18	70.85	19	72.85	18	72.94	18
菲律宾	31.36	30	35.02	30	38.41	31	39.69	31
芬兰	75.71	14	79.67	12	80.62	13	81.24	14
韩国	80.22	12	77.20	14	86.14	8	83.23	11
荷兰	72.63	16	74.53	16	78.80	14	80.10	15
加拿大	91.49	3	89.98	6	91.83	4	93.82	5
捷克	69.98	19	73.61	18	74.17	17	78.07	16
卢森堡	63.90	21	68.38	20	66.74	20	66.04	20
马来西亚	71.80	17	76.62	15	71.01	19	69.66	19
美国	100.00	1	97.75	1	98.56	1	99.43	1
墨西哥	43.99	29	52.15	28	53.57	28	51.79	29

国家	2004 年		2005 年		2006 年		2007 年	
	得分	排序	得分	排序	得分	排序	得分	排序
挪威	87.74	6	87.46	8	85.96	9	88.07	8
葡萄牙	55.96	25	56.62	24	57.24	26	57.87	27
日本	87.55	7	90.77	5	87.36	7	88.58	7
瑞典	80.39	11	80.93	11	83.44	10	84.63	10
瑞士	88.66	5	91.50	4	89.82	6	91.12	6
斯洛伐克	60.97	22	59.71	22	62.40	22	64.33	21
西班牙	59.13	23	59.14	23	61.29	23	61.60	22
希腊	47.82	28	53.06	27	58.32	24	59.71	25
新西兰	95.90	2	94.65	2	95.74	2	94.48	3
匈牙利	65.51	20	65.14	21	63.07	21	61.11	23
意大利	56.31	24	54.16	26	56.99	27	57.88	26
印度	30.22	31	29.07	32	32.27	32	33.89	32
印度尼西亚	11.98	33	24.78	33	31.45	33	29.35	33
英国	82.12	9	82.95	10	83.11	11	82.42	12

就四个维度的具体情况来看，中国的人力资源国际竞争力水平存在差异。其大致情况是：人力资源经济支撑力比较优势明显，在 34 个国家中排在前列，处于第 1、2 位；人力资源教育开发力处于显著弱势，在 34 个国家排名倒数第 2、3 位；人力资源市场配置力提升相对较快，在 34 个国家排名第 11、12 位；人力资源健康保障能力建设相对滞后，在 34 个国家排名第 29、30 位，属于后列位置（见表 3）。

表 3　　　2004～2007 年中国人力资源国际竞争力各维度指数得分及排名

各维度及因子	2004 年		2005 年		2006 年		2007 年	
	得分	排序	得分	排序	得分	排序	得分	排序
A	97.00	2	97.08	1	91.71	1	86.33	1
B	24.13	32	21.07	33	26.61	33	33.41	32
C	67.99	12	66.82	12	71.96	11	72.58	11
D	53.17	29	53.59	29	54.67	29	55.43	30
总评价	55.75	26	54.23	25	57.56	25	60.09	24

为了进一步把握中国在人力资源国际竞争格局中的相对位置和赶超目标，我们根据各国 2007 年四个维度上的指数值，采取层次聚类分析法对各国人力资源能力水平进行了归类。在聚类分析中，我们分别采用"欧式平方距离法"和"离差平方和法"（Ward's method）来测量样本间距离和各类别间距离，并得出聚类分析谱系图（如图 1 所示）。图中，数字轴代表类别间相对距离（类别间最大距离的相对值被定义为 25），左侧图形代表聚类的对象，线条代表类别的合并过程。

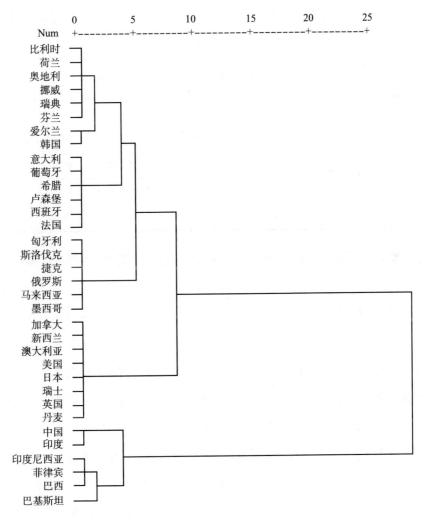

图 1　世界 34 个国家人力资源能力聚类分析谱系图

根据谱系图分析结果，各国按照类别间相对距离可以划分为 2～7 个类别不等。为了保证分类的意义，我们从类别间距离尽可能大的角度，选择了三类别方案。据此，34 个样本国家的具体分类情况为：第 1 类国家：爱尔兰、韩国、日本、瑞士、英国、捷克、加拿大、新西兰、澳大利亚、美国、丹麦；第 2 类国家：比利时、荷兰、奥地利、法国、挪威、瑞典、芬兰、卢森堡、西班牙、葡萄牙、意大利、希腊、斯洛伐克、匈牙利、俄罗斯、马来西亚；第 3 类国家：菲律宾、印度尼西亚、巴西、墨西哥、中国、印度、巴基斯坦。为了解释不同类别所代表的含义，我们在表 4 中列举了各类国家在人力资源国际竞争力四个维度指标上得分的基本情况。

表 4　　　2007 年各类国家在四维度指标得分情况（均值和标准误）

类别	数量	A	B	C	D
第 1 类	11	18.37（10.83）	83.94（8.91）	84.32（11.25）	93.00（4.74）
第 2 类	16	10.25（10.04）	67.53（18.49）	51.64（15.54）	88.97（12.72）
第 3 类	7	52.73（23.51）	32.55（11.46）	49.86（16.86）	36.39（25.86）
总体	34	21.62（21.29）	65.64（23.43）	61.84（21.19）	79.45（26.46）

结合分类结果和表 4，各类别国家人力资源国际竞争力各维度主要特征如下：

第 1 类国家　人力资源教育开发力、市场配置能力和健康保障力都处于较高水平，人力资源经济支撑力处于中等偏下水平。这些国家大多存在劳动年龄人口结构和规模相对有限、劳工成本相对较高的问题，但教育培训和医疗保健事业发达、劳动力市场发育程度较好。此类国家主要依靠高素质、专业化的人力资本来支撑经济发展，大体可归为人力资源发达国家。

第 2 类国家　人力资源教育开发力和健康保障力处于中等偏上水平，市场配置力处于中等偏下水平，经济支撑力处于极低水平。这些国家医疗卫生和国民教育事业较为发达，但劳动年龄人口规模和水平极为有限，也存在着劳工成本相对较高的问题。同时，由于这些国家大多属于老牌资本主义国家或前社会主义计划经济国家，强大的工会势力或计划经济惯性使得其人力资源市场配置力明显落后于第 1 类国家。此类国家也主要依靠高素质、专业化人力资本来支撑和推动经济发展，大体可归为人力资源中等发达国家。

第 3 类国家　人力资源经济支撑力处于较高水平，市场配置力相对落后，教育开发力和健康保障力处于极低水平。这些国家的人口变动大多处于"人口红利"期，具有劳动力资源丰富、劳工成本低的比较优势。此类国家多属新兴发展中国家，劳动力市场发育时间相对较短，但由于存在较大规模的劳动力流动，劳动力市场比较活跃，其人力资源市场配置力与第 2 类国家的差距较小。但这些国家的教育培训和医疗卫生事业发展状况相对较差，经济可持续发展的长期人力资源动能不足，且劳动力市场的发育程度也相对落后，大体可归为人力资源欠发达国家。

应该注意的是，各类别国家在各维度指标上得分的均值，可以作为判断其人力资源强弱的基本标志；由于每项指标都有特定含义，一个国家在某指标上得分较低不能完全通过在其他指标上得分较高来弥补。例如，中国在人力资源经济支撑力和市场配置力上的得分优势，并不能说明中国已经进入人力资源发达或中等发达国家水平；根据上述分类结果，中国人力资源国际竞争力水平处于落后国家行列，在 34 个样本国家中的排名至少处于 27 名以外。而且，由于各国在人力资源国际竞争力提升速度上的差异，这种划分及标准是随时间变动的。

为了把握中国人力资源国际竞争力水平的相对位置和未来走势，我们在表 5 中列举了中国人力资源经济支撑力、教育开发力、市场配置力和健康保健力四个维度上的得分，以及上述三个类别及样本集内各国的最大值、最小值和均值，以便进行直观比较。结果显示：中国人力资源经济支撑力在短期内处于绝对优势地位，人力资源市场配置力强于大部分第 2 类国家，但在人力资源教育开发力和医疗保障力上的得分十分靠后。即便是在第 3 类国家内部，中国在教育开发能力上的得分也仅于该类国家均值水平持平。

表5　　　　　**2007 年中国在 34 国人力资源国际竞争力**
总体格局中的相对位置

维度	比较值	中国	第1类	第2类	第3类	样本集
A	均　值	86.33	18.37	10.25	52.73	21.62
A	最小值	86.33	3.01	0.28	32.20	0.28
A	最大值	86.33	35.16	36.14	86.33	86.33
B	均　值	33.41	83.94	67.53	32.55	65.64
B	最小值	33.41	68.50	43.34	9.90	9.90
B	最大值	33.41	99.39	97.49	47.41	99.39
C	均　值	72.58	84.32	51.64	49.86	61.84
C	最小值	72.58	62.17	28.37	33.40	28.37
C	最大值	72.58	100.00	86.86	72.58	100.00
D	均　值	55.43	93.00	88.97	36.39	79.45
D	最小值	55.43	81.01	55.95	1.09	1.09
D	最大值	55.43	98.96	100.00	66.99	100.00

另外，我们还计算了 2004～2007 年中国人力资源国际竞争力在各维度指数上的平均增加值，其平均增加值①分别为 -3.56、3.09、1.53 和 0.75。按照此速度增长，假定其他国家各维度水平保持不变，中国的人力资源经济支撑力将在 2027 年和 2029 年下降到第 1 类国家和第 2 类国家均值水平以下；人力资源教育开发力将在 2019 年和 2024 年分别达到第 2 类国家和第 1 类国家的均值水平；人力资源市场配置力将在 2015 年达到第 1 类国家的均值水平；人力资源健康保障力则至少要在 2050 年之后才能达到第 2 类国家的均值水平。通盘考虑，如果在未来 40 年能够重点强化人力资源健康保障力，大力加强人力资源教育开发力，同时，兼顾人力资源市场配置力的不断提高，维持人力资源经济支撑力不至于大幅度下滑，那么可以说，中国到 21 世纪中叶最终走入世界人力资源强国行列，是具有战略可能性和可行性的。

综上所述，中国人力资源国际竞争力总体状况和发展前景不容乐观，人力资源强国建设任重而道远，需要有"打持久战"的思想准备，有脚踏实地、

———————

①　平均增加值的计算公式为（2007 年各维度得分 -2004 年各维度得分）/3。

持之以恒、循序渐进的坚定毅力，在战略指导思想上要力戒急躁冒进、好大喜功、急功近利的冲动，应以韬光养晦、审时度势、高瞻远瞩的谋略，立足中国实际、顺应世界趋势，循序渐进地提升在人力资源国际竞争格局中的相对位置和绝对水平。

参考文献

［1］杨林等：《西部少数民族地区人力资源评价及开发研究》，载《经济研究》2009 年第 10 期。

［2］倪鹏飞等：《人才国际竞争力：探寻中国的方位》，社会科学文献出版社 2010 年版。

［3］国家统计局：《中国统计年鉴（2008）》，中国统计出版社 2008 年版。

［4］郭亚军、易平涛：《线性无量纲化方法的性质分析》，载《统计研究》2008 年第 2 期。

［5］郭亚军：《综合评价理论、方法和应用》，科学出版社 2008 年版。

［6］Peter F. Drucker. The Practice of Management ［M］. New York：Harper & Brothers，1964.

［7］Shultz，T. W.. Investment in Human Capital ［J］. American Economic Review，1961，51（1）.

［8］Jacob Mincer. Investment in Human Capital and Personal Income Distribution ［J］. The Journal of Political Economy，1958，66（4）.

［9］Robert E. Lucas，Jr.. On the Mechanics of Economic Development ［J］. Journal of Monetary Economics，1988（22）.

［10］Kuznets，S. and Thomas，D. S.. Population Redistribution and Economic Growth：United States，1870 – 1950 ［J］. American Philosophical Society，1964（3）.

［11］Solow，Robert M.. A Contribution to the Theory of Economic Growth ［J］. Quarterly Journal of Economics，1946（70）.

［12］Paul M. Romer. Human capital and Growth：Theory and Evidence ［R］. NBER Working Paper #3173，1989.

［13］United Nation Development Program，1990 Human Development Report ［M］. New York：Oxford University Press，1990.

［14］Peer Ederer. Innovation at Work：the European Human Capital Index ［R］. Lisbon Council Policy Brief，2006，1（2）.

［15］Ying-Chyi Chou，Ying-Ying Hsu，Hsin-Yi Yen. Human Resources for Science and Technology：Analyzing Competitiveness Using the Analytic Hierarchy Process ［J］.

第二篇　人本发展面面观

人力资源国际竞争力四维指数测算及比较研究

Technology in Society, 2008 (30).

[16] World Bank. Doing Business in 2005: Removing Obstacles to Growth [M]. Washington, DC: Word Bank, 2005.

[17] World Bank. Doing Business in 2006: Creating Jobs [M]. Washington, DC: Word Bank, 2006.

[18] World Bank. Doing Business in 2007: How to Reform [M]. Washington, DC: Word Bank, 2007.

[19] World Bank. Doing Business 2008 [M]. Washington, DC: Word Bank, 2008.

[20] World Economic Forum. The Global Competitiveness Report 2005-2006 [M]. Geneva: the World EconomicForum, 2006. http://www.weforum.org/reports-results? fq = report%5Ereport_type%3A%22Annual%20Reports%22.

[21] World Economic Forum. The Global Competitiveness Report 2006-2007 [M]. Geneva: the World EconomicForum, 2007. http://www.weforum.org/reports-results? fq = report%5Ereport_type%3A%22Annual%20Reports%22.

[22] World Economic Forum. The Global Competitiveness Report 2007-2008 [M]. Geneva: the World EconomicForum, 2008. http://www.weforum.org/reports-results? fq = report%5Ereport_type%3A%22Annual%20Reports%22.

[23] World Economic Forum. The Global Competitiveness Report 2008-2009 [M]. Geneva: the World EconomicForum, 2009. http://www.weforum.org/reports-results? fq = report%5Ereport_type%3A%22Annual%20Reports%22.

关于教育产业的经济学意义 [*]

一、热门话题：人说教"业"好困惑！

经过二十多年的改革开放，教育在中国老百姓的生活中处于越来越突出的位置，教育作为社会大众投资的主要领域和消费的重要选择也已成为人们街谈巷议的热门话题，教育市场化改革与产业化发展看来已是大势所趋，也成为新千年伊始社会各界普遍关注和广泛讨论的焦点问题。但对于教育业在国民经济中的性质和地位，由于传统思维定势的作用，无论是赞同者也好，反对者也罢，都没有或少有严肃认真地从正面对长期笼罩在教育头上虚幻扭曲的金色光环和意识形态予以剥离或判正。长期以来，认定教育是产业、主张教育产业化的，多是经济界人士。他们大都回避"教育是崇高神圣的事业为什么就不能是实实在在的产业"这个话题，直接从扩大内需、拉动经济增长这个特殊的宏观经济形势和政策取向角度，论证扩大招生、全额收费、刺激教育需求，对于解决教育经费不足、拉动经济增长具有如何如何的重要意义。否定教育产业性质或反对教育产业化者，教育界人士居多。他们一般强调教育是"神圣的事业"，有其特殊规律，认为如果承认教育是产业或提倡教育产业化，就会使"圣洁的教育殿堂弥漫浓烈的铜臭气"，教育与产业、市场

---

* 本文收录于拙作《人本方略：现代公共人力资源开发与管理通论》，经济科学出版社 2003 年版。

风马牛不相及。有人甚至悲叹教育"多灾多难"——"文化大革命"时期被作为"阶级斗争的主战场",现在改革开放了却又"牺牲"在"经济建设的主战场"上。

其实,教育的性质究竟如何认识?神圣的教育究竟能不能在现代市场经济大潮中只讲"义"而不言"利","独善其身"存在于世外?这并非现在才提出来的新问题,早在20世纪80年代末就已提出并得到广泛关注。之所以又作为"问题"提出并形成社会热点,与扩张性的宏观政策取向有关,但这只是个契机,更关键的还在于市场化改革和发展的大背景,即教育产业化发展是市场化制度变革的必然结果和国民经济产业化发展的基本趋势。如果更深层地探究,关于教育在市场经济条件下的产业性质及在国民经济中所处的基础战略地位,之所以有这么多是是非非、这么多争论和疑问,与长期形成的计划经济思维定势、特别是十年"文化大革命"所留下的历史情结也不无关系。

二、教育神圣:人类"致命的自负"

若再把焦距拉广远些,我们会发现,将教育作为形而上的"崇高神圣的事业"与市场经济中的商品货币、商业资本等"形而下"的东西相对立,这并非中国文化传统所特有的,也并非中国改革开放才遇到的麻烦,西方发达市场经济国家的教育"意识形态"同样存在这样"难解的结"。

众所周知,现代教育经济学是由20世纪中叶两位经济学大师舒尔茨(Schultz, T. W.)和贝克尔(Becker, G. S)创立人力资本理论之后才发展起来的。他们两位开拓者在论证人力资本投资、特别是教育投资的经济意义时,就遇到来自西方传统"意识形态"的种种非议和压力。

1960年,舒尔茨在美国经济学会年会上发表的一篇题为《人力资本投资》的著名演说中就提到:"只要一提起人力投资,就会使我们中间的某些人感到不快。除非在奴隶社会,我们的价值观和信念便总不允许把人类看作资本物品和我们所憎恶的东西。……因此，把人类看作是通过投资便可得以增加的财富，是与根深蒂固的价值观念相违背的。这样做似乎是再一次把人贬为一种纯粹的物质要素，贬为类似财产的某种东西。而且，对于人来说，将自己看作是一种资本物，即便不会妨碍一个人的自由，也似乎是贬低他的人格。"①

在同年发表的另一篇论文中，舒尔茨又指出："在许多人看来，把自己所受的教育当成是一种创造资本的手段，简直就是对人类的鄙视，是不道德的行为。持这种观念的人对'人力资本'这个概念十分反感。他们认为教育的目的基本上是文化性的，而不是经济性的，因为所谓接受教育，就是给这些男人和女人们一种机会，使其能够懂得自己应持有的各种价值观念，以及这些观念在人类生活中的意义，从而将他们造就成为具备了合格的能力和责任感的社会公民。"②

贝克尔在其1964年出版的《人力资本：特别是关于教育的理论与经验分析》导言中也提及："这个问题很容易使人感情冲动，甚至那些总是支持教育、医疗以及其他事业的人也往往不喜欢'人力资本'这个词，还有更多的人很少强调它的经济影响。他们往往是最激烈地攻击人力资本研究的人，这部分是因为这些人担心强调人力资本的'物质'影响会贬低它的'文化'影响。而在他们看来'文化'影响应该更加重要。"③

看来，崇高神圣的教育在市场经济大潮涌动的现实中所遇到的困惑虽有华夏文明和民族性方面的原因，但更根本性地来自于人类天性中所固有的、如哈耶克所说的"致命的自负"。由于这种自负，本来来自于并生存于大自然的人类往往自视"理性"很高，往往超越"人性"而干些莫名其妙的事情来；这种自负也直接影响到客观地"认识自我"，从根本上影响到人们对人类自身的生产和发展，特别是"教书育人"这样本来是人间老百姓日常身边事

① 舒尔茨：《论人力资本投资》，北京经济学院出版社1990年版，第2页。

② 同上，第70页。

③ 贝克尔：《人力资本》，北京大学出版社1987年版，第2页。

183

第二篇 人本发展面面观

关于教育产业的经济学意义

教育，显然是人类社会经济活动中最富"理性"的活动，它实际上是人类自身生产领域中专门从事传授文化科技知识、提升普通劳动者素质及训练专业技术技能的特殊部门或行业，从事教育工作的自然都是代表人类"理性"说话的"知识精英"或者叫"知识分子"，是"人类灵魂的工程师"，而这些"人"——无论是"精英"也好，"分子"也好抑或是"工程师"也罢，都是食人间烟火的人——他们最大的"职业病"就是"理性主义"、"理想主义"，一来二去使教师、教育逐渐脱离"火热"的现实生活，越来越走向哈耶克所说的人类"致命的自负"。

在这种不断走向理性主义、理想主义的人类文化传统和思维定势下，本来"只有分工不同而无贵贱之分"的教育之于其他职业的关系，自然就很难被人们（这里的"人们"自然也是一代代由"崇高的"教育培养出来的）置于一种"正态"的视界去认识。这种"人类学"解析虽然带有很大的猜想成分，但我们觉得它可以从一种"一般理论"的层面很有力地说明——为什么即使在市场经济发达的西方社会也存在与古老的东方文化传统相似的"教育神圣观"，为什么教育是"事业"还是"产业"的困惑也使一向"达观"的西洋人觉得"是个问题"。

三、非市场化与市场化：西方教育发展的制度困惑

从一般经济学道理上讲，任何国家、任何历史文化背景下的社会经济活动，都可大致可分为公共领域和非公共领域两大块。在公共经济领域，人们经济行为存在外部性，有关经济活动须在两个以上的"公众"一致同意的情况下才能进行，实际中一般通过"政府"，根据少数服从多数原则，利用政府权威的强制力进行决策，通过纳税的办法保证公共品和公共服务的供给；在非公共经济领域，人们经济行为后果只涉及两两当事人而不影响两人之外的其他当事人，有关经济活动无须第三人或更多人同意即可在两两人之间平等

互利地进行，通过"市场"平等竞争以双方都认可的均衡价格实现各自互利目标。当然，在实际经济活动中政府公共经济与市场私人经济不是截然分开的，在一定的限度内政府和市场这两种制度安排是可以相互替代的，若超过"限度"发生替代，必然会加大制度运行成本，造成制度低效或失效。

同样，在教育经济活动中，也有公共教育活动和具有明显私人性质的非公共教育活动之分，政府权威强制性的命令—服从规则适合于基础教育，特别是国民义务教育这些具有外部性、非排他性（法律上而非技术上）的公共教育活动，而市场自主竞争平等互利规则适合于职业技术教育、高等教育和在职培训等具有一定排他性、竞争性的教育活动。一个社会或特定时期的政府公共教育规模可能大些，而另一个社会或另一些时期市场性非公共教育规模和比例可能较大；但同样要有一个适度界限，超过一定界限，政府与市场的错位替代就会使教育制度或因人力资本投资与收益对等原则遭破坏，或因人力资本个体自主特性受损而发生低效或失效；到一定程度就会导致教育制度逆向变迁，或因政府过度而发生"市场化"变革，或因市场过度而发生"非市场化"变革。这两种趋势在世界教育制度发展史上都是存在的。

教育活动的特殊复杂性在于，它往往直接受制于具有绝对权威的政治上层建筑，与一个国家的文化意识形态紧密相关，同时它有直接迫于最具革命性、能动性的科技生产力不断变化和发展的需要；而政治上层建筑和文化意识形态相对于科技生产力来说，在性质上更趋于封闭性、不讲对等性，在动态上有更多的保守性和滞后惰性，这与科学技术和生产力的发展状态及趋势往往是不合拍的。[①] 由于教育这种与文化意识形态及政治上层建筑直接相关同时又是科学技术"第一生产力"驱动器的复杂特殊性，使得教育发展在西方历史上、特别是近三四百年市场经济发展过程中，不断面临政府权威与市场

[①] 马克思在《政治经济学批判导言》中关于生产力与生产关系、经济基础和上层建筑历史辩证的著名语录，描述的就是这种情形。

民主、精英化与大众化、政治文化意识形态阻滞与科学技术迅猛发展驱动的两难选择和双重制度困扰。

由于资产阶级革命的不彻底性，英国等老牌资本主义国家的封建君主政治上层建筑和传统宗教文化意识形态虽然没有对物质生产领域的产业革命和经济发展设置多大障碍，但对于教育的世俗化、市场化改革和产业化发展却给予了种种阻挠和约束。这样，在整个社会经济处于政府放任自由竞争状态的长时期里，教育却在强化宗教和政府干预的过程中困难重重地运作，教育的产业化发展长期遭到来自宗教意识形态和政治上层建筑的干扰、阻滞。教育制度非市场化曾被认为是"19世纪意义最为重大的趋势"，直到20世纪下半叶仍然影响到所有西方国家的教育事业，就连崇尚自由放任主义、市场行为渗透到社会生活的几乎各个领域的英美国家最终都建立起政府干预、公立办学、强制义务教育的制度体系。① 在20世纪80年代以前，几乎所有国家都将教育当作政府的职责，直接由财政拨款办教育被认为是天经地义的公共投资活动和最佳的、公平的公共投资方式。其"共识"的理由是：教育、特别是国民普及性教育具有很强的外部效应，"如果大多数公民不具备最低限度的文化和知识水平，一个稳定和民主的社会是不可能存在的"。② 对此人们长期深信无疑。

自20世纪五六十年代以来，在哈耶克、弗里德曼等的自由主义经济理论影响下，人们发现上述说法并不能构成采取强迫入学法、以税收方式间接付费受教育、政府垄断办学等非市场性的公共教育制度安排的充分理由，这是因为：就政府强制义务教育的必要性来看，英美国家历史上都是教育普及在先而政府接管办学在后；就教育的公共性质而言，教育（包括初等教育）消

---

① 米尔顿·弗里德曼、罗斯·弗里德曼著：《自由选择：个人声明》，商务印书馆1982年版，第157页。

② 同上，第166页。弗里德曼也很相信这一点，而且直言承认，"为所有人提供的、广泛的普及教育，以及为同化我们社会的新成员的公立教育，在防止分裂活动和使不同文化和宗教背景的人能够和睦相处方面起了很大作用。对此，我们一直，而且确有理由引为自豪"。（见第153页）。

费并非不能排他，以家长及其他经济行为主体直接交学费的方式①可以把市场竞争机制引入教育领域，提高资源配置效率，扩大消费者选择自主权，更好地保证教育机会的公平；而就政府垄断办学的历史实践来看，"福利病"在公共教育领域也表现突出，政府教育投资比重呈逐年下降趋势，公立学校办学成本越来越高而教育质量越来越差，由政府垄断而来的一系列教育资源低效配置问题愈益凸显。

在这样的背景下，西方各国自80年代以来对教育制度、包括中小学教育制度进行了一系列市场化改革，如对公立办学体制和模式进行改造，扩大家长及学生自主选择权利，大力发展私立学校，等等，在实际运作中虽尚存诸多问题，但确实取得了明显的成效。②

四、教育辩证法：既是"神圣的"又是"人间的"

由上所述可见，讨论中国教育在市场化改革大背景下面临"产业革命"以及21世纪中国教育业的制度框架和发展前景，首先必须进行关于教育的"产业思想革命"，花大力气弄清楚作为"神圣事业"的教育为什么在现代市场经济社会中可以而且也不能不同时遵守"产业"运行法则。进行教育的"产业思想革命"，对国人来说，最有力的"武器"恐怕就是马克思主义历史价值观和辩证方法论了。

马克思主义是关于人的全面发展的学说，其历史价值观可以说就是辩证的科学的人本价值观。马克思认为，"人永远是一切社会组织的本质"，而人的本质是自由，但这个本质不是天然赋予人的，自由作为人的潜能要通过劳

---

① 如弗氏提出对初中等教育实行教育凭单计划，其基本做法是：家长从政府那里领取"教育凭单"（voucher），自主选择经政府认可的公立或私立学校就读。这样，公立学校与私立学校处于平等的市场竞争环境，只有在满足"消费者"需求的条件下才能维持和发展，政府又能借此对维持最低限的教育水准给予资助。

② 许明、胡晓莺：《当前西方教育市场化改革述评》，载《教育研究》1998年第3期。

动来实现；实践的或现实的人是逐渐通过追求自由自主的劳动而从"异化"了的、旧的社会关系中解放出来，不断发展自己的潜能、实现自己的自由，然后又去争取更高层次的自由，这个漫长的、辩证的历史过程就是进步和发展的真义。

马克思指出："全面发展的个人……不是自然的产物，而是历史的产物。要使这种个性成为可能，能力的发展就要达到一定的程度和全面性，这正是以建立在交换价值基础上的生产为前提的，这种生产在产生出个人同自己和同别人的普遍异化的同时，也产生出个人关系和个人能力的普遍性和全面性。"① 主要由教育投资和生产而来的人力资本正是个人获得"全面发展"这种个性的"前提"和手段，人们通过向自身投资，扩大了他们的选择空间，获得更大的生存和发展能力，这正是自由人可以得以增进其福利、实现全面发展的正途。

关于教育的"神圣性"与它的"经济性"相矛盾的观点，实质上是经济学传统中的"物本观"在教育价值观念上的扭曲反映。教育作为社会文化过程具有"神圣性"，和它作为投入产出过程具有"经济性"，是两个不同层面的问题，这二重属性之间是内在统一的。这就如同工农业生产活动的生物、工艺属性与其经济属性不相矛盾是一个道理。

正如舒尔茨答复说："虽然我们的分析将教育看作一种可能增加人力资本的活动，但是这决不是要否认他们的见解之正确性，我也不想说教育不应当、或者是根本没有为发展文化做出了贡献，我想阐明的只是教育的目标除了发展文化以外，还可能会提高一个民族的工作能力以及管理各种事务的能力，而人的能力得以发展，又会增加国民收入。因此，教育所能带来的，应当说是文化上和经济上的双重收益。这样评价教育的作用，绝不是想贬低或者损毁它在文化方面的巨大贡献，而是把这些看成是理所当然的，并且再深一步

① 马克思《经济学手稿（1857～1858年）》，《马克思恩格斯全集》第46卷（上），第109页。

探索它是否还会带给我们一些经济效益，这些效益是否可以当作能够确认并进行具体结算的资本（收益）。"①

教育既是"事业"也是"产业"，事业性与产业性都是教育的内在属性，这就如同人既是"经济人"又是"社会人"，经济属性和社会属性都是人类多重规定性之一，在现代市场经济条件下国民经济各行各业都有自己的"事业"（自己的社会政治责任和特殊职能）同时又作为"产业"遵循经济法则运行和发展，是一个道理。

——农民、工人从事工农业生产经营活动，要按照经济法则生产销售适销对路的农副产品、工业品，在这个过程中他们要按照农艺工艺规律精耕细作，以满足社会需要为目的，换句话说，要追求他们的"事业"；

——商人、企业家要在市场竞争中生存和发展、追求"利润最大化"，他们就要讲究商业信誉、职业道德，以客户为"上帝"孜孜以求地追求自己的"事业"；

——同样，科技工作者在搞科研"事业"的过程中，也只有面向经济、面向市场，把自己的科研成果转化为"生产力"，特别是直接创办"高科技企业"，按照"产业"生产经营科技产品。

教育领域的情形也一样，教师既是"人类灵魂的工程师"也是产业经济中的普通从业人员，教育既具有社会文化功能也具有政治经济功能，它"与整个社会及其各个领域相关联"、"造就社会包括经济领域前进、进步、创新和变革的能力"，从一些反对教育产业化者所引用联合国教科文组织1998年世界教育大会文件的如此表述，我们得不出其所声称的"教育不是经济的一分支"的判断，恰恰相反，逻辑的推论应该是"教育不能不是经济的一分支"，换句话说，教育既是伟大的、崇高的"事业"，又是实实在在的、需要精明的企业家市场创新的"产业"。

所以，任何以教育的事业性质否定其产业性质，如同以人的社会特殊性

---

① 舒尔茨：《论人力资本投资》，北京经济学院出版社 1990 年版，第 70 页。

否定其自然的一般属性、以工业的工艺性否定其产业性一样，是不合逻辑的、荒谬的，也是不符合实际的，不"实事求是"的。

五、教育的经济性质：人类自身生产领域的主导产业

教育在现代社会经济体系中具有多重的角色定位，从社会再生产和国民经济运行角度来看，它同样是一个有投入、有产出的"产业"部门。

如同其他产业一样，它投入精神的、物质的及人力的要素，如图书资料、教学设施以及教职员工和学生的人力（主要是"脑力"）等，这些投入要素在市场经济条件下都是按照市场"等价交换"原则从国民经济其他产业部门"买"来的，当然它也"自产自用"一些"生产资料"，如师范院校培养的教师、升学学生、高校科研成果（这其实不是教育的"主产品"只能算作"副产品"）等。

教育产出的成果或产品可有两种理解：一种是把教育成果看作是"劳务"，即传授知识、训练技能、提高素质能力这种"教育活动"本身，因而把教育归入"服务业"或"第三产业"，这种理解较通"常理"，也是大部分人认同的，但不同于马克思经济学（劳动价值论）的严谨逻辑，也难以用以清晰解析教育业在国民经济中的本来地位和应有作用；另一种理解是把教育成果看作是它所培养的"人才"，即"毕业生"，这种理解在马克思劳动价值论逻辑上能说得通，由于这涉及作为主体的人本身（尽管马克思早就说过，在社会中人既是主体也是客体），特别是将人才、人力与人本身混为一谈时，往往莫须有地给人以贬低人格、侵犯人权之嫌。

在现代社会再生产体系中，教育生产活动要得以顺利进行，就要从物质生产部门购进物质资料（Pm），诸如教学设施、设备、工具等；从精神生产部门或教育系统自身获取文化科技知识等精神投入要素（Ps）；从人类自身生产系统引进人力要素（Pp），如高等学校从高中学校吸引生源，从其他学校引进师资等。同样，教育产出的成果即毕业生也无外乎三种去向：一部分（P1）

留在人口生产领域从事家务、教育和医疗卫生工作；一部分（P2）进入物质生产领域从事工农建筑等物质生产活动；一部分（P3）进入精神生产领域从事文化艺术、科学技术和情报信息等活动。正如工业为国民经济各部门提供物质技术设备，科技业为国民经济各部门提供科学技术知识一样，教育业为国民经济各部门提供高素质劳动力和各种专业技术人才。①

其实，用经济学的观点来看，人既是从事经济活动、创造财富的主体，又是最稀缺、最宝贵的资源或资本，一个人作为主体的人格、人权或尊严只有通过其作为客体的人力资本的增值积累才能真正实现，换句话说，通过教育培训等提高人力资本及其收益水平是实现马克思所说"人的全面发展"的主要手段或正途，否则，一切都是空谈。因此，在现代市场经济条件下，教育作为社会再生产体系中从事人类自身生产的主导部门，它通过对作为"初级产品"或"半成品"的入校学生进行"再加工"或"深加工"，把更多的科学文化知识、更熟练的职业技能、更高的创新能力"附加"其上，培养出"附加价值"更大的人才或毕业生，从市场需求者（用人单位）那里讨回"成本"及相应的"剩余价值"，是顺乎产业运作规律和市场法则的事情。

至于说教育具有意识形态规定性、政治宣传功能和社会公益性，因而否认教育具有产业性质，如上所述，这又是把不同层次的问题混为一谈了。在整个社会经济活动中，无论是物质生产领域，还是精神生产领域，抑或是人类自身生产领域，都既有公共性或公共性较强的活动，又有私人或私人性较强的活动。公益性不是教育的特殊属性。

就前一种活动而言，其后果在社会成员间具有"外部性"，在消费上难以排他，在生产经营上具有"自然垄断性"或非竞争性；例如，物质生产领域中的农田水利、城市基础设施、公共设施建设等，精神生产领域中的大型庆典文艺演出、基础科学研究、信息高速公路等，人类自身生产领域中的计划生育、国民义务教育、公共环境卫生等，以及与三种生产都相关的公交通信、

---

① 关于三域耦合的广义社会再生产图式，请参见本书《人本发展经济学要义》一文。

公共秩序、产权保护、政治经济稳定、国防安全，等等，一般采取政府财政拨款、国家投资建设比较有效，或由民间私人生产、政府供给以及政府宏观调控和微观规制的方式来配置。除了上述公共领域外，大量存在的是具有"私人品"性质的资源或活动，即消费具有排他性、生产经营具有竞争性，这些资源或活动采取两两平等交换的市场方式配置或调节最为有效；就教育领域而言，大多数非义务教育、技能培训活动，甚至包括一些基础义务教育活动，都可以由教育机构依据市场需求情况自主决策和经营，按照产业运作机制来开展教学活动。因此，教育领域的公益性活动与私益性活动是并行不悖的。

最具基础性的国民义务教育、政治宣传类教育、关系国计民生的重点专业人才的培养等，可采取国立的办学形式，由政府财政投资和供给；对此，政府教育主管部门的主要职责是，对教育产业发展进行战略规划、制定教育产业发展政策，协同财政、金融部门对教育产业进行宏观调控，与财税、工商部门一起对教育市场进行微观规制和管理；除此之外，大量的教育培训活动都应放开，由市场机制配置或调节，实行企业化经营、产业化运作。在这一点上，教育产业与其他产业没有什么不同，以教育的公益性为借口否定教育的产业性质，也是不合逻辑、说不通的。

关于教育业在国民经济中的地位和作用，目前国家决策层已认定教育是具有战略性的基础产业，这是主要从教育向国民经济其他部门（包括物质生产部门和精神生产部门）提供一般或专业化人力资本的意义上来说的，无疑是有道理的。而我们把教育业看作是国民经济的"主导产业"，是在广域社会再生产体系基础上，对三种生产领域内各主要产业的地位和作用做进一步分类界定得出的看法。

在物质生产领域中，有农业、工业和建筑业及货物运输、商业等，其中，"农业为基础、工业为主导"，这是大家普遍认同的；在精神生产领域中，有文艺业、科技业和情报信息业及图书发行、邮电通信业等，其中，文艺业与物质生产领域中的农业地位和作用相当，是基础性的，而"第一生产力"的科学技术乃是主导性的精神生产部门；在人类自身生产领域中，有家庭生育、教育业和医疗卫生业及客运、人才交流等，其中，家庭生育是人类自身生产的基础，教育业是主导性的部门。社会经济现代化是工业现代化、科学技术现代化和教育现代化的统一体，现代工业、现代科技与现代教育是紧密相关的，工业主导的物质生产活动与科学技术主导的精神生产活动是由教育主导的人类自身生产活动连接或贯通的。因此，现代化的教育业和工业、科技业一起，在国民经济中处于主导地位、发挥着战略性的主导作用。

我们认为，这样来分析和界定教育的产业性质及其在国民经济中的地位和作用，比把教育笼统地归于大杂烩似的"第三产业"，更有科学性、更能清晰地说明问题。

从经济学和人力资本理论的观点来看，现代（学校）教育像现代工业一样是国民经济中专门从事人力资本投资和生产的一个主导性部门，它是由专业化的教职员工（教育工作者）把经过分类、筛选、加工的文化科技知识成果（知识要素或知识资本），借助现代化的教学仪器设备及其他教学手段（物质要素或物质资本），传授给教育对象即学生，这样一种大批量训练劳动力、标准化培养专门人才的国民经济部门。教育过程同样是一种投入经济要素、产出有用成果的现实"生产"过程。国民经济各部门所需专业化的人力资本要由教育部门来提供，即使大量的"非专业化"的普通人力资本也主要经由现代教育体系的基础教育过程才能形成；因此，教育是人力资本形成的主要途径，教育投资是人力资本投资的基本形式。宏而观之，教育业，如同工业是国民经济在物质资本形成和物质产品生产方面的主导产业一样，它是国民经济在人力资本形成和人类自身生产方面的主导产业。

首先，正如我们在前文中已描绘的，在现代社会化大生产体系中，国民经济各个部门所需专业化人力资本是由教育产业生产和供给的。现代社会再生产体系首先可以简单地看作是由物质生产和人类自身生产耦合而成的。教育业如同物质生产领域中的工业一样，它是国民经济体系中人类自身生产领域的一个主导性产业；现代工业化和现代教育化是经济发展和现代化过程中两个不可分离的层面。正如工业为整个国民经济提供物质技术装备和资本物品一样，教育承担着为国民经济各个部门提供专业化人力资本的重要任务；经济发展现代化的实质，从"人物化"（物质生产）的层面上讲，是一个如何实现工业现代化的问题，而从"物人化"（人类自身生产）的层面上看，则是一个如何实现教育现代化、建立人力资本专业化大生产体系的问题。由此可见，教育作为人力资本专业化生产部门，在国民经济中处于与工业相当的决定地位。

进一步来看，教育在国民经济的主导决定地位还体现在，它是现代科学技术创新及其成果转化为现实生产力的主通道。现代社会再生产体系或国民经济运行系统，完整地看，乃是由物质生产、人类自身生产和精神生产三大子生产系统，以及相互之间有网络效应的九大部类，进而在九大部类下又细分的若干产业部门耦合而成的；在这样的国民经济分类图景中，如同工业是物质生产领域的主导产业，教育是人类自身生产领域的主导产业，科学技术乃是国民经济在精神生产领域的一个主导产业部门。所谓"科学技术是第一生产力"，就是说，在整个社会生产力系统中，科学技术的革命性、能动性具有越来越强的趋势，它以愈来愈大的威力通过主导工业生产力从而推动着整个物质生产力的发展，以递增的扩张优势通过主导教育生产力推动着社会劳动生产力的不断提高。现代化的工业体系、现代化的教育体系是与现代化的科学技术体系紧密耦合在一起的。

教育业的基本经济功能，就是通过传授和训练现代科学技术知识及技能，把科学技术这种强大的精神力量凝结在一代又一代的人身上，使之转化为各类种、各层级的专业化人力资本，从而在工业和整个国民经济活动中发挥创造性的能动作用。因此，承认科学技术是第一生产力，承认科学技术在现代经济发展中的主导作用，那么自然的逻辑推论就是，充分认可教育的人力资本生产性质，充分认识教育在国民经济中的主导地位和作用。这就是所谓"科教兴国"战略的理论认识基础。

此外，教育作为专业化人力资本的生产部门在国民经济中的主导战略地位，显然还与它所具有的生产长周期性和收益非直接性紧密相关。在短期内，教育投资的多少、教育运行的状况似乎是经济发展水平和收入状况的函数，后者决定着前者；在实际生活中，人们对教育的需求和投资意愿也往往在"硬"的物质生活需求和欲望压迫下显得"很软"，甚至"可有可无"，以致老是发生"投入不足"的问题。这正是由于教育的生产长周期性和收益非直接性特征所致。俗语说，"十年树木、百年树人"，教育是"百年大计"的根本，教育在国民经济中的地位和决定作用只有在一个较长的时界上用战略性的眼光观察才能看得清楚。国民经济各部门所拥有的专业化人力资本是由教育部门在过去十余年的长周期生产过程中逐渐形成的，国民经济结构的现状不仅决定于各部门固定资产存量构成情况，而且直接取决于各部门所拥有的人力资本构成情况，而这又是由教育部门过去十余年的人力资本专业化生产状况所决定的。因此，从长期来看，国民经济结构的调整，产业结构的合理化和高度化，在根本上取决于教育部门专业化人力资本生产结构的调整，取决于人力资本专业结构的合理化和高度化。

六、教育投资：成本与收益以及报偿问题

教育投资，作为一种主要的人力资本投资活动，是指一定时期投入各级正规学校教育的费用支出。从投资内容来看，它包括投入学校教育过程的人力（教职员工及学生）、物质资料（各种教学仪器设备、文具等）及知识资源（文化科技知识成果等）所花费的支出。从投资对象来看，包括初等、中等、高等三级教育投资，或划分为针对普通劳动力一般文化科技知识传授的基础教育投资、针对专业化科技人才培养的专业技术教育投资这两大类投资活动。从投资主体来看，教育投资由于既具有为投资者带来直接利益的内在效应，又具有为整个社会带来间接利益的外在效应，因而相应的，教育投资既有直接利益驱动下的家庭个人和企业组织投资，也有作为间接投资者的纳税人通过政府部门"代理"进行的社会性投资。

在现代市场经济条件下，由于基础教育为一个社会提供着国民经济体系得以形成和正常运转所必需的一般人力资本，基础教育水平的高低与整个国民素质、精神文明即人力资本的总体水平紧密相关，其投资收益具有很强的外在效应，故而一般采用义务的、普及的、由税收支持的公共教育投资为主体的多元化投资方式；至于专业技术教育投资，一般具有较直接的内在效应，所以作为受益者的家庭个人与企业组织的投资占有较大比重，教育投资结构亦呈多元化格局。总之，教育投资的主体包括政府、企业、受教育者个人或家庭，其投资支出在教育投资总量中的比重在不同国家、不同时期及不同等级的教育中各不相同，也就是说教育投资负担结构呈多元化、多样化且经常处于变化之中。

教育的效果，可以从政治的、社会的、文化的、伦理的多个角度进行评价，但比较容易测定的、也是最重要的是教育的经济评价。评价教育的经济效益，就是要回答这样一个基本问题：从经济的观点来看对教育（更多地）投资是值得的吗？这就涉及对教育投资的成本核算、收益率的计算以及对教育经济贡献的计量等技术性操作问题。

教育的成本，用宏观的观点来看，它包括一定时期各投资主体直接或间接用于整个教育体系的全部费用。就直接成本看，由受教育者个人及家庭直接支付的教育费用有：学杂费、文具书籍费、文体费以及因上学而额外支出的各项生活费等；由社会直接支付的教育费用有：政府教育经费、企业、社会团体和个人集资、捐赠或有偿委托培训所支付的教育费用，以及学校自办产业、有偿服务等自筹收入中用于教育的费用。

教育间接成本即投资于教育的机会成本，包括社会因放弃把学校的土地、建筑物、教学设备出租给非教育机构使用的机会，或因达到法定劳动年龄的学生因受教育而未就业使政府税收减少，或因法定教育机构免税优惠，而支付的社会性间接成本；也包括个人因受教育而放弃在劳动力市场上获得收入，以及父母因子女受教育在时间、就业收入和其他方面牺牲而支付的个人间接成本。由于社会间接成本在统计计量方面的技术困难，在计算教育投资的成本时一般只涉及直接成本和个人间接成本。值得强调的是，个人因受教育而支付的机会成本，无论从横向比较还是从动态权衡角度，都是决定其教育方面人力资本投资选择行为的重要因素，因而是人力资本投资成本核算应考虑的必要项目。

教育的收益，就受教育者个人来说，其直接收益就是由教育带来的货币收入的增加，其间接收益一般指货币工资收入之外由教育带来的健康保护能力、理财能力、消费能力、家庭生活能力、闲暇活动能力等的提高而增加的收益。教育投资的社会总收益可能用教育引起的国民收入增加额来反映，其中包括因教育而增加的个人所得收入以及由教育引起所得增加而增加的纳税额。

教育投资从成本支付到收益取得，期间有一个相当长的时滞，一个人往往在青年时期用十几年时间集中进行教育投资，而后大约有四五十年的时间取得较大的货币收益（甚至终生"受益"），投资期与收益期往往滞差较大；就整个社会而言，教育投资收益的长周期时滞性和潜在长效性特征同样明显。因此，在事前进行教育投资决策时，须计算教育投资的预期收益值，一般要依据各级受教育者终生收益资料，将教育投资成本与收益按一定的贴现率折成现值，然后加以比较而得。利用现值法考察教育投资的收益情况，西方教育经济学已有大量的研究成果，这里不再赘述。

关于教育投资应不应有回报以及如何获得报偿的问题很有争议，有必要在理论上予以澄清，并联系现实情况给出一个合情合理的说法。我们认为：一般而言，在有市场机制发挥作用的领域，投资经营教育取得回报合乎经济学情理。

如上所述，教育作为一种产业，而且作为从事传播知识、训练技能、培养人才的人类自身生产部门，它与工业在物质生产领域、科技在精神生产领域一样在国民经济中处于主导地位、发挥主导作用。按理（马克思劳动价值论之"理"），教育劳动也是创造价值的生产性劳动，它不仅把物化劳动价值"转移"到学生身上，而且能在教学过程中创造"新价值"，不仅创造必要劳动价值，而且创造高于必要价值的"剩余价值"，这剩余价值是什么？就是人们所说的"盈利"，或按照马克思的规范说法是"利润"的转化形式。事实上，叫"盈利"也好，叫"结余"也罢，实质都是一个东西。

不断追逐利润、在运营过程中不仅要"保值"而且要"增值"，是任何产业资本的本性，是任何产业资本运营的一般规律或运行法则，整个社会再生产体系和国民经济网络正是依靠这一法则才得以维持、并正常运转的。尽管教育产业有自己的特殊性，即其人类自身生产特性决定了它与"人权"、"社会公平"及"精神文明"等有更为直接、更为重要的关系，但这与工农业生产也有自己的特殊性一样，在产业资本这个"一般属性"上教育产业不能搞"特殊"，除非它是"非产业"，除非它甘愿"沦为"社会慈善事业"施舍"的对象，陷入靠资助过活的境地；但实践证明，这样教育"没法活"，把教育当作"事业"办，不仅不能进行"扩大再生产"、不能有"发展"，而且连"简单再生产"也难以维持，"饥一顿、饱一顿"的，有时或更多的时候是"挨饿"。

其实，财务上的营利目的和经营上的"满足社会需要"目标是内在统一的。在规范的市场经济条件下，要"以营利为目的"，就要提供适销对路、物美价廉的、能"满足人民需要"的产品或服务，否则"营利目的"也是无从实现的；同样道理，一个学校可以"唯利是图"，不顾教育公德和信誉粗制滥造假冒文凭、伪劣毕业生，即使可"图利"于一时、一地，但终究会被市场淘汰出局。结果一样无法营利，况且实际中还有市场法规和工商管理的规制约束呢！

因此，教育法律规定上大可不必怕学校"以营利为目的"会毁了神圣的教育事业。实际上，说得绝对点，正是这样的规定才有可能葬送了教育事业。这是因为任何资本都是追逐利润的，天底下没有不"以营利为目的"的资本；要"鼓励社会力量办学"，这社会力量由什么构成？说到底是"资本力量"，既是资本就要追求利润。企业家捐资教育为的什么？"企业形象"和信誉不能说不在其考虑之列，而这些恰恰是巨大的"无形资产"，就是资本所要追求的

"回报"。再者，这样有违产业规律的规定，实际上是人为增大了投资教育的风险和不确定性，使本来看好和意欲投资教育的很多企业家、投资者踌躇不前，打击了其投资教育领域的积极性，使教育白白丧失良好的发展动力和机遇。

最后，从加强教学管理、提高办学效率和教育经济效益的角度来看，也应该允许教育机构有一定盈利。教育机构非营利限制的直接后果是，学校失去了核算成本、提高经济效益的必要性和动力，在政府计划控制下确定的收费标准也形同虚设。由于把教育机构定位于非营利的"事业单位"，学校占用资财无须取得经济回报，因此直至目前，教育成本核算仍停留在有关教育经济学的教科书上，学校实际财务会计上所谓"教育成本"仍然是本"糊涂账"；在这样的情况下，即使政府实行"限价"，教育收费也很难有什么"标准"，在实际操作中名义上不超收，但学校可以通过其他途径收取"杂费"补上，尤其在信息不对称、财务不公开、学校处于卖方垄断的情况下，所谓价格管理和监督实际上形同虚设，学校不讲组织管理效率而通过乱收费来"创收"、"增效"的现象就在所难免。

七、结论：学习社会化、教育产业化乃世界潮流大势所趋

教育，在一般的词语意义上，是泛指改善人的思想品性、增进人们知识技能的一切社会行为或活动。在现代社会经济中，作为独立部门的学校正规教育（Formal Education）已成为教育活动的主要组织形式。从事正规教育的学校一般有政府教育主管部门的资格认可，有固定的教学设施、设备及手段，一定的图书资料条件，明确的教学目标和系统的课程结构，明确规定的入学条件和毕业标准，以及对学生进行施教、考核和评价的一整套科学方法；其教育对象具有普遍性，教育过程具有连续性，教育运作是标准化和制度化的。现代教育如同现代工业、现代高科技产业一样，已形成多层次、多专业、多功能、多系统的社会化大生产体系，在整个经济组织结构及其演进中发挥着

先导作用。

现代学校教育体系包括初等教育、中等教育和高等教育三个基本层级，形成包括基础义务教育、中等专业技术教育和高等教育在内的完整教育体系。初等教育一般指小学、初中阶段的教育，主要是为学龄期的儿童和青少年掌握基本的文化科学技术知识，为他们以后进一步接受职业技术教育或高等教育奠定基础，故又称基础教育；由于初等教育直接决定着一国公民的基本素质、社会劳动者的基本道德和知识技能水平，从而关系到一个民族生存和国家强盛这样带根本性的问题，因此全世界大多数国家都根据本国情况制定了义务教育法，规定全民普及性、强迫性的最低国民教育年限（一般 4 ~ 12 年不等），初等教育一般属于义务教育阶段。中等教育一般包括普通高中教育、中等专业教育和职业技术教育，其主要任务是为高等教育输送后备人才，同时为社会培养各类初、中级专业技术人员和职业劳动者。高等教育主要指大学专科、本科和研究生教育，其受教育者是在受完中等教育的基础上进入国家认可的高等院校接受具有高度概括性、理论性和前瞻性的专业训练，最终成为能够从事某种专业领域的高级研究者或专家。现代高等教育形成细密的专业化分工，包括工、农、林、医、师、文、理、财、政、体、艺、管等很多种类及专业，有全日、广电、夜大、业余、函授及自考等不同的形式。

在正规教育体系之外，以失去正规教育机会的特殊人群为对象组织实施的教育目的和内容更具实用性、教学形式和方法更具灵活性的教育活动，称作"非正规教育"（Non – formal Education）。在发展中国家，非正规教育主要是指在贫困落后地区为处境不利的人群提供的补偿性教育。此外，家庭的言传身教，企业提供的在职培训，大众传媒提供的意识形态宣传、语言学习和社会生活知识技能教育等非正式教育（Informal Education）活动，在现代知识经济及终身"学习化"的社会中，具有越来越重要的地位和作用。

在现代专业化分工网络中，人力资本不仅可以通过干中学或在职培训得以加速积累，而且其本身也成为专业化分工网络中的不可或缺的网点，通过分工细密的专业化大生产的形式得以大规模形成。现代学校教育体系就是专业化从事人力资本生产的一种具有主导作用的社会分工体系，它与现代工业体系、现代科学技术体系一起构成了现代社会化大生产体系的主体网络。用人力资本的发展观来看，技术经济组织结构，包括产业及区域结构的动态演进过程，主要地可以看作是这样一种迂回再生产过程，即伴随工业化的推进，现代学校教育体系把在专业化分工条件下飞速积累的科学技术知识，传授并凝结到每个社会成员身上，以专业化人力资本水平的不断提高来推动整个社会分工水平的不断提高，从而带动产业结构高级化和区域分工协作关系合理化。

人力资本生产与形成过程的一个重要特征，表现在它与附着于其上的生命过程伴随始终。一个人要获得和维持其从业所必备的人力资本，不仅需十余年长时间学校教育和职前训练，而且要在其一生各个阶段连续不断地进行各种再教育、再训练，不断更新旧知识、改造旧技能，通过各种途径和形式维持、增进其人力资本水平。特别是在当今科学技术飞速发展、社会职业结构不断变更的社会经济环境中，一个已形成"一定人力资本"的成人，即使已经被社会认可、进入实际使用其人力资本的从业阶段，经常面临"扫盲"（包括扫"功能性文盲"）、"补偿型教育"、"回归教育"或"继续教育"以及在职训练、岗位培训、再就业培训等各种人力资本"再生产"任务,[1] 应该说是大量的、自然的、每日每时都经常发生的事情。

首先，人力资本的生产和形成过程，既是一种自然过程，又是一种社会过程，是二者既统一又矛盾地综合作用的结果。由于人口增长压力、经济条件约束，在一定时期社会能维持的普通教育体系不能满足所有学龄者享有最基本的国民教育，而与此同时在自然的过程中"年龄不等人"，从而使相当数

---

[1] "功能性文盲"是1965年联合国教科文组织在伊朗德黑兰召开的各国教育部长会议上首次提出的，最初含义是指那些上过学并获得过文凭但未能获得读、写及计算能力的人，现在是泛指不能适应现代社会生活、缺乏基本生存技能的人。"回归教育"是瑞典人帕尔梅于1969年在巴黎召开的欧洲教育部长会议上首次提出的，主张人的一生应成为学习与工作不断交替、反复回归的过程，以保持知识得到及时更新。

量的"成人"只有自然生理人力而缺乏应有的社会智能人力。因此，对这些成人进行扫盲教育，并使之具备基本的读写算术能力以及其他日常生活所必需的生存技能，就成为世界各国、特别是发展中国家和贫困落后地区人力资本社会化"再生产"的一项主要任务和内容。当然，扫盲基础补偿型教育或基本教育训练是一种相对不同社会背景、经济发展阶段和历史条件而言的人力资本"再生产"，例如对于一个处在已经进入所谓"知识经济"时代的美国社会中的"成人"来说，操作电脑、驾驶汽车这样的技能就要在"扫盲"、补偿教育之列了。

其次，科学技术的飞速发展，不仅造成物质资本超常的无形磨损，而且使已经受过专门教育训练的合格人力资本随着时间推移加速贬损。由于知识在技术经济特点上具有很强的扩散效应和共享性，加之现代通信手段的数字化、网络化，使得科学技术文化知识呈几何级数地迅速膨胀，且更新速度越来越快（现在每3～5年大约就是一个更新周期）；因此，在课程设置相对稳定、学制年限一定、教学内容难以即时更新的普通学校体系中受完教育、毕业合格而走上社会就业的成人，为了克服知识老化所造成的种种生存和发展困境，利用各种机会"继续"学习、通过各种形式接受"回归"教育，就成为人力资本社会化"再生产"的又一重要内容。

最后，科学技术的快速更新，体现在经济结构演进上，就是主导产业的迅速更替，以及由此更替所导致的产业结构在高级化过程中更为多元的变化。产业从成长、成熟到衰落客观上有其自身的生命周期，同时，处于生命周期不同阶段的产业相互间又存在着各种错综复杂的技术经济联系；所谓产业结构演进就是通过产业间技术经济联动和优势地位的更迭来实现的，其基本方向就是"高度化"，即不断更迭的主导产业或主导产业综合体，通过科技进步、组织创新不断改善自身的要素质量及要素组合方式，形成持续扩张增长势头，并通过产业间技术经济联系产生回顾、旁侧及前向关联和扩散效应，从而带动整个产业群不断由传统技术产业向现代高新技术产业转变，由劳动、资金密集型向技术、知识密集型转变，由低附加值产业向高附加值产业转变，由封闭、内向型产业向开放、外向型产业转变。产业结构这种高度化演进过程中，主导产业更迭不断加速，社会职业结构变化日趋加快，从而使从业者对其人力资本存量的更新和调整更为迫切、频繁。这样，在职培训、再就业培训等就成为经常发生的人力资本"再生产"活动。

此外，"现代性"对社会经济的渗透和影响是全方位的，它迅速而猛烈地改变着人们的生活方式、心理状态、价值观念以及社会生活的各个方面，社会需求越来越多元化、多样化，生活质量、生存意义和自我价值实现的标准也越来越高。在这种情况下，"学会生存"、"学会做事"、"学会共同生活"就成为人一生伴其始末的生命内容。人们在社会交往中要随时随地承担和变换不同的社会角色，不仅要具备这些社会角色的"任职资格"，而且要会"恰到好处"地随时空转换。父母要通过再学习取得其做父母的"任职资格"，具备教育培训子女的科学文化知识；老年人也须继续受教育以获取知识技能"发挥余热"；成人更是要不断地培养和提高自己的生活技能，如学习和掌握汽车驾驶和维修技能、了解旅游文化知识、参加音乐、舞蹈等训练，以使自己的生活更加"丰富多彩"；特别是随着生产力提高，闲暇时间增加，如何有效、高质量地度过闲暇，所有这些都成为社会化教育训练的目标任务和重要内容。总之，"现代性"带来的各种变革、矛盾、问题和困境，给人们维持、更新和改造自己已取得的人力资本提出了越来越多、越来越快、越来越高的要求，如何形成健全的人格、良好的心态、正确的价值观、和谐的社会人际关系，以便在不断变化的环境中自如地生存是当代终身教育之题中义。[1]

我们已经看到，通过教育实现人力资本的"再生产"是伴随一个人终生

---

[1]　终身教育思想最早由法国学者保罗·朗格让于1965年在联合国教科文组织国际成人教育促进委员会曼谷会议上提出。他认为教育的现实责任是："第一，确定能够帮助一个人在其一生中不断学习和得到训练的结构和方法；第二，通过多种自我教育的形式，向每一个人提供在最高、最真实程度上完成自我发展的目标和工具"（参见保罗·朗格让著：《终身教育导论》，华夏出版社1988年版，第45页）。1970年"国际教育年"联合国教科文组织在对23个国家教育状况为时一年多的调查基础上，作了题为《学会生存》的著名报告，揭示了教育所面临的种种"现代性"挑战和危机，提出实行终身教育的新思维和政策，由此在世界范围形成被称作当代教育发展"哥白尼革命"的终身教育浪潮。

的社会化过程。在任何特定的历史时期内,一个国家和地区所拥有的人力资本总量及结构状况,是错综复杂的。社会从业人员组成情况复杂,社会成员年龄、性别、种族、信仰、职业、文化程度等千差万别,因而成人再教育、再培训的需要是多种多样的。这就要求人力资本社会再生产的形式在渠道、层次、学科、规格等各个方位上呈现多样化,以适应成人对教育训练的多种需要。大致归纳,世界各国社会化再教育的形式可以概括为正规学校教育型、社会开放普及型、社区综合服务型和企业在职培训型等四大类型①。

在当今多极化和一体化的世界政治经济格局中,经济的社会形态将普遍走向知识化,"知识经济"将成为 21 世纪世界经济的大趋势和基本特征。在知识经济社会中,教育发挥着更加重要的作用。

首先,知识经济社会的生产和增长是依托高智能人力资本推动智能工具进行知识创新来完成的,人力资本是知识经济的主体要素和增长基础。那么,很显然,作为专业化生产、社会化再生产和大规模提供智能型人力资本的教育业,在知识经济社会中处于核心地位、发挥着支柱作用。它不仅直接参与科学技术文化知识即编码化知识的创新,而且更重要的是,它通过培养人、塑造人的特定教学程序,把编码化的知识凝结到具体的个人身上,形成在知识经济中发挥主动力作用的人力资本;因此,教育生产率的高低,教育质量优劣,教育网络是否完善,对于整个知识经济的增长、运行和发展具有举足轻重的决定性影响。

其次,从产业经济发展和结构高度化来看,在知识经济中,以知识的生产和传播为主线、以高科技和教育为主导产业而形成的知识产业群体,带动着整个产业经济群按照知识化的基本指向,不断实现结构优化和高度化。

知识的生产部门包括文化艺术、科学技术、情报信息等,其中起主导和支柱作用的核心部门是科技,特别是处于前沿的"高新科技"。所谓"高新科

---

① 参见中央教育科学研究所比较教育研究室编:《世界成人教育概述》,《世界职业技术教育》,贵州人民出版社 1989 年版。

技"，又称"高技术"、"新技术"，"高科技"等，是 20 世纪 80 年代形成、现已规范化的特定术语，其含义既不同于以探索系统知识为目标的传统"科学"，也不同于向自然掠夺"利润"、需要大量物质投入的传统"技术"，而是指科学与技术相融合、自然环境效益和社会人文效益相兼顾相统一的现代科学技术群，包括生命科技，新能源与再生能源及新材料科技，信息科技，空间、海洋及环境优化科技，以及包括管理、社会和人文学科在内的所谓"软科技"等。

知识的传播主要由教育部门、特别是高等教育机构来承担，知识经济社会的生产和增长所依托的高智能人力资本是由教育部门提供的，因此，"教育将是知识经济的中心，而学习将成为个人或组织发展的有效工具"；但"学习过程并不仅依靠正规教育，在知识经济中边干边学（通过实践学习）是最重要的。知识经济是一种教育社会化、学习终身化的经济社会，教育不仅包括正规学校教育，而且更重要的是多元化、开放性的非正规或非正式教育；学习的一个基本方面是将隐含经验类知识转化为编码化的知识并应用于实践，进而又发展出新的隐含经验类知识。由于信息技术的发展，非正规环境下学习和培训是更普遍的形式"。在知识经济社会中，大学也不同程度地参与新知识的生产，但其主要使命是"教育、再造和扩充使不同的人员群体掌握现代社会所需大量知识和解决问题的技能"。总之，在知识经济社会中，由于人们学习掌握和应用新技能的能力是吸收和使用新技术进行知识创新的关键，因而科技及其教育、学习和培训便突出到"可以决定个人、企业乃至国家经济的命运"的重要地位。①

以科技、教育产业的发展为主导，带动其他知识密集型产业从而推动整个知识产业规模迅速扩张，进而又以知识的共享和收益递增效应提升传统产业，使整个产业结构实现优化和高度化。这是知识经济在结构演进层面所展

第二篇 人本发展面面观

关于教育产业的经济学意义

---

① 经济合作与发展组织（OECD）：《以知识为基础的经济》，机械工业出版社 1997 年版，第 9 ~ 22 页。

示的基本图景和特征，从中可以看出从事高智能人力资本专业化和社会化生产教育业发挥着极为突出的主导和支柱作用。

其三，从产权安排和制度体系形成及变迁来看，明确界定和保护以人力资本产权为基础的整个知识产权关系，从而建立和健全完备的知识创新激励机制和制度体系是知识经济的基本制度保证和突出特征。

知识经济的技术经济组织基础是"知识传播网络"和"国家创新系统"。所谓"知识传播网络"是指以数字网络化的通信系统和教育网络为主渠道，实现了产销直接相互联动的知识社会再生产过程和流通体系，这里所说的"数字网络化"，是指普遍采用以电脑二进制的"0"、"1"数字编码为数理技术基础的互联网络系统和教育网络系统来表达、传输、交流和共享知识产品；在这种情况下，社会再生产的中间环节会逐渐消失，生产者和消费者之间形成直接的互联互动关系，真正有可能"平等互利"地提供以"比特"（Bits）为基本单元的知识产品；整个社会再生产的流转由于可以实现光速传递，通过一种超物理空间的"媒体空间"（Cyberspace）来进行，使整个经济活动的节奏急剧加速，使经济真正实现区域、全国乃至全球一体化发展。

所谓"国家创新体系"（National Innovation Systems）的一般含义是指以上述知识传播网络为技术基础，由与知识技术创新（包括传播、转让和使用）相关的机构和组织，主要是企业、科研机构和高等院校等，也包括政府部门、其他教育培训机构、中介机构及相关基础设施等，构成的组织有机整体；国家创新体系的制度前提是在产权安排上要充分体现人力资本产权的个人自主性特征，设计有效的激励机制最大限度地诱导人力资本天然所有者（知识工作者）将个人未编码知识（人力资本）转化为组织的编码知识（"结构性资本"或无形资产）进行知识创新，从而实现组织知识资本收益最大化。

可见，为了充分发挥知识传播网络和知识创新体系的总体功能，政府就需要建立一套有效的法律和政策保障体系，明晰界定和公正调节知识产权、特别是人力资本产权关系，推行"科教兴国"战略，创造尊重知识、尊重人才、尊重教育、尊重知识产权和人力资本产权的宏观环境，创造一种既能充分发挥知识的外溢正效应又能充分调动人们的创新积极性，既能规范知识生产、传播和消费关系，又给人们进行个性化、多元化的创新留下充分的自由空间，包括留给人们在互动中进行制度创新的充分空间。

简言之，相对于传统物本经济而言，知识经济是高度人本化的经济，是教育业和科技业为主导和支柱的经济；通过教育业及科技业的大发展，推动和实现高素质人力资本的大规模投资、专业化生产和社会化形成，是知识经济持续快速增长的基本动力，是知识经济结构不断演进和组织制度优化变迁的战略基础或攀升路径。

参考文献

[1] 米尔顿·弗里德曼、罗斯·弗里德曼：《自由选择：个人声明》，商务印书馆 1998 年版。

[2] 舒尔茨：《人力资本投资》，商务印书馆 1990 年版。

[3] 加里·贝克尔：《人力资本》，北京大学出版社 1987 年版。

[4] 马克思：《马克思恩格斯全集（第 46 卷上）》，人民出版社 1986 年版。

[5] 许明、胡晓莺：《当前西方教育市场化改革述评》，载《教育研究》1998 年第 3 期。

[6] 盛洪：《市场化的条件、限度和形式》，载《经济研究》1992 年第 11 期。

[7] 经济合作与发展组织（OECD）：《以知识为基础的经济》，机械工业出版社 1997 年版。

第二篇 人本发展面面观

关于教育产业的经济学意义

制度创新是中国教育发展的根本出路*

一、市场化大背景下中国教育改革和发展 30 年历史进程

（一） 1978～1984 年："拨乱反正、整顿秩序、恢复发展" 时期

"文革" 结束后，百业待兴，教育领域面临严峻挑战。邓小平认为国家要
赶超世界先进水平，首先要从科学和教育着手，因此 "自告奋勇管科教方面
的工作"。1977 年 5 月 24 日，邓小平发表《尊重知识，尊重人才》讲话，针
对十一大提出的 "四个现代化" 目标，明确提出："我们要实现现代化，关键
是科学技术要能上去。发展科学技术，不抓教育不行。靠空讲不能实现现代
化，必须有知识，有人才。" 并强调指出："抓科技必须抓教育。从小学抓起，
一直抓到中学、大学。""科技和教育，各行各业都要抓"。① 同年 7 月，邓小
平第三次复出分管科技和教育工作，直接推动了教育领域的思想解放和拨乱
反正，使教育工作迅速恢复秩序、走上正常发展的路子。

在此期间，迅速恢复高考成为整个教育领域拨乱反正、调整发展的关键
环节。1977 年 8 月 4 日，邓小平主持召开科学和教育工作座谈会，接受当年
就恢复高考的建议。根据邓小平指示，教育部从 8 月 12 日起召开第二次全国

---

* 本文原载于《经济研究参考》2008 年第 51G－4 期。

① 邓小平：《尊重知识，尊重人才》，载《邓小平文选》，人民出版社 1983 年版，第 40～
41 页。

高等学校招生工作会议，但是由于种种错综复杂的政治意识形态分歧，这次具有历史性的会议开成了史上最漫长的一次教育工作会议，会期竟长达44天！直到9月9日邓小平约请教育部负责人谈话，明确表态：要准确地理解毛泽东同志"七二一"指示，完整地理解毛泽东思想的体系。邓小平语重心长地对他们说："你们管教育的不为广大知识分子说话，还背着'两个估计'的包袱，将来要摔筋斗的。""教育部要争取主动。你们还没有取得主动，至少说明你们胆子小，怕又跟着我犯'错误'"。"你们要放手去抓，要大胆去抓，要独立思考，不要东看看、西看看。把问题弄清楚，该怎么办就怎么办。……教育方面的问题成堆，必须理出个头绪来。现在群众劲头起来了，教育部不要成为阻力。教育部首要的问题是要思想一致。赞成中央方针的，就干；不赞成的，就改行！"① 最后，教育部终于制定出《关于1977年高等学校招生工作的意见》，经中央政治局常委讨论后通过，于10月12日，国务院向全国批转，正式决定于1977年恢复高考。

恢复高考的消息一出，全国上下群情激昂，人们奔走相告，激动得热泪盈眶。一代中国人，千百万"生在新中国，长在红旗下"的热血青年，他们的人生坐标和命运由此改变。由于十年的历史性"积压"，1977年末和1978年夏，中国迎来了史无前例、规模最大的集中考试，报考总人数达到1160万人。成千上万处于人生迷途中的知识青年从田间地头、工厂车间、四面八方一起涌进久别了的考场。邓小平，这位引领中国人民走进改革开放新时代的"总设计师"，在关键时期以其英明果断决策直接推动着中国教育事业快速恢复和发展。恢复高考是一个重大政治决策，有着深远的历史价值和制度变革意义。在一定意义上，改革开放之初的思想解放运动，就是以恢复高考这个教育科技文化领域的"实践杠杆"操作启动的。可以说，没有高考的恢复，在很多程度上就没有后来政治修明、社会稳定、经济发展的改革开放新局面。

---

① 邓小平：《教育战线的拨乱反正问题》，载《邓小平文选》，人民出版社1983年版，第66~68页。

高考恢复，牵一发而动全身，整个教育秩序迅速得到恢复。十一届三中全会以后，中央及教育主管部门迅速着手机构调整、整顿秩序的工作，基础教育按照"充实加强小学，整顿提高初中，调整改革高中，大力发展职业教育"的思路走上正常轨道，高等教育围绕全国统一招生考试制度恢复并初步建立起多层次、多规格、多种形式的专业人才培养体系，扫盲教育、广播电视教育和少数民族教育等其他各类教育也迅速得到恢复和初步发展。

（二）1985～1991年："初始启动、探索进取、停滞调整"时期

1985年5月《中共中央关于教育体制改革的决定》（以下简称《决定》）的颁布，标志着教育体制改革开始进入初步尝试和探索阶段。这是一个具有里程碑意义的重要文献，它首次以正式文本形式明确了中央对教育体制改革的大政方针，其特别值得称颂之处就是，按照市场化改革的基本制度逻辑明确规定了政府、社会与学校的职能分工，提出中央管大政方针、宏观规划，要广泛调动各级政府社会力量办学的积极性，扩大和落实学校办学自主权；并根据基础教育的强公共性以及中等和高等教育的弱公共性特点，提出有步骤地实行九年义务教育，调整中等教育结构，大力发展职业技术教育，使高等教育具有适应社会需要的自我调节能力。

《决定》指出，"当前高等教育体制改革的关键，就是改革政府对高等教育统得过多的管理体制，在国家统一的教育方针和计划的指导下，扩大高等学校的办学自主权，加强高等学校同生产、科研和社会其他各方面的联系，使高等学校具有主动适应经济和社会发展需要的积极性和能力"；同时，"国家及其教育行政部门要加强对高等教育的宏观指导和管理"。这就为市场化大背景下中国教育体制改革制定了基本方向和战略方针。在《决定》精神的指导下，1986年成立国家教育委员会，负责制定教育大政方针，统筹协调教育发展，统一部署和指导教育体制改革工作。1986年3月，国务院正式颁布了《高等教育管理职责暂行规定》，对国家最高教育行政主管部门（即当时的国家教育委员会）、国务院有关部门和省级人民政府对高等教育的管理职责和权限作了进一步明确规定；同年4月，第六届全国人民代表大会第四次会议通过《中华人民共和国义务教育法》，使普及九年义务教育的工作走上法制化轨道。同时，教育主管部门确定中等职业教育改革试点，引进德国"双元制"模式，促进"产教结合、工学结合"的就业前职业技术教育发展，并着手进行成人教育和高等职业技术教育体制改革。

这个时期，高等教育体制改革是一个重点指向，其主要围绕下面三个方面展开：第一，在中央主管部门与国务院各部委之间、地方主管部门之间的关系上，中央主管部门向国务院各部委、地方主管部门下放权力，扩大了国务院各部委和地方的自主权；第二，在政府与学校的关系上，政府主管部门开始向高校下放权力，扩大高等学校的办学自主权；第三，在管理的方式和手段上，开始由主要依靠行政手段转向使用多种手段进行管理。尽管教育改革的基本方向和目标已经确定，但在实践中改革进程步履维艰，尤其在"治理整顿"期间处于停滞状态，很多行政管理方式和做法甚至是在向旧体制回归。

（三）1992～1997 年："统筹规划、综合配套、分步推进"时期

以 1992 年春天邓小平南方讲话的发表和党的十四大召开为标志，改革进入建立社会主义市场经济体制的新阶段；新时期政治、经济和科技体制的深刻变革为教育体制改革提出了新的要求，也带来了巨大压力和动力，由此全面启动了教育体制改革进程。这一阶段，党中央、国务院出台了一系列重要文件，对教育改革实践给予宏观指导。

1992 年 2 月，国务院批准《中华人民共和国义务教育法实施细则》。1993 年 1 月国务院批转《国家教委关于加快改革和积极发展普通高等教育的意见》，对 90 年代普通高等教育的改革和发展提出全面要求，提出改革方向是"逐步实行中央与省（自治区、直辖市）两级管理、两级负责为主的管理体制"。同年 2 月中共中央、国务院颁发《中国教育改革和发展纲要》（1994 年印发了《纲要》实施意见），规划了 90 年代乃至 21 世纪初教育改革和发展的蓝图，提出实行以政府办学为主体、社会各方面共同办学的体制，这是建设有中国特色社会主义教育体系的纲领性文件。1995 年 3 月，第八届全国人民

代表大会第三次会议通过《中华人民共和国教育法》，并陆续印发城乡教育综合改革意见、中等专业教育改革与发展意见。1996 年 5 月颁布《全国教育事业"九五"计划和 2010 年远景目标》，并确立"科教兴国"战略。1997 年，国务院发布《社会力量办学条例》，第一次以行政法规的形式明确规定了社会力量办学的重要地位、经营运作和管理规范。

这一时期，教育体制改革采取的是"统筹规划、综合配套、分步推进"的方针，改革政府包揽办学的格局，逐步建立"以政府办学为主体，社会各界共同办学"的体制。基础、中等教育体制改革，继续完善"分级办学、分级管理"，基础教育以普及"两基"（基本普及九年义务教育，基本扫除青壮年文盲）为基本任务，中等教育以大力发展职业技术教育和成人教育为重点，高等教育走内涵发展为主的路子。在深化高教管理体制改革方面，逐步改变了学校单一的隶属关系，扩大学校的横向服务面，不断加强了省级政府统筹权，充分发挥高校在地区经济建设和社会发展中的作用，从而初步打破了条块分割的旧格局；同时，在改革实践中也找到了诸如共建、合作、合并、划转、协作等一系列优化高教资源的有效机制和途径。到 1997 年底，全国已有 30 个省市、48 个部委参与了相关改革，涉及高校 400 余所。通过一系列改革和调整，全国高校数量减少但规模却得到了扩展，教育质量和效益得到了明显提高，取得了明显成效。

（四）1998～2008 年："全面推进、矛盾激化、开拓创新"时期

1998 年 3 月，全国人大通过国务院机构改革方案，国家教育委员会更名为教育部。教育部抓住这一机构改革契机，以"共建、调整、合作、合并"为基本方针和主要形式，撤并了 9 个中央部委所属的 91 所普通高校、72 所成人高校和全部中专和技校，大规模进行了中央业务部门办学和管理体制改革，扩大了省级政府办学管理权限，进一步明确基础教育实行"地方负责、分级管理"的体制。这标志着教育体制改革进入了加大力度快速全面推进的新时期。

1999 年 6 月，党中央、国务院召开全国教育工作会议，并印发了《中共中央国务院关于深化教育改革，全面推进素质教育的决定》。这是改革开放以来继 1985 年全国教育工作会议之后第二次具有重要里程碑意义的会议，会议对跨世纪中国实施科教兴国战略、深化教育体制改革和全面推进素质教育做了总体部署，指出要切实把教育作为先导性、全局性、基础性的知识产业摆在优先发展的战略地位，各级各类教育都要把全面推进素质教育、提高受教育者的全面素质作为战略重点，并重申了高等教育管理体制改革要"进一步简政放权，加大省级人民政府发展和管理本地区教育的权利以及统筹力度，促进教育与当地经济社会发展紧密结合"的基本指导思想。随后，中央制定了一系列政策予以支持和保障。按照教育主管部门领导人的权威归纳和总结，这一时期教育改革与发展的阶段性特征可以归纳为如下几点：（1）重点加强和发展农村教育，义务教育进入到全面普及和巩固提高的新阶段；（2）坚持以服务为宗旨、以就业为导向，职业教育在改革创新中加快发展；（3）切实把重点放在提高质量上，高等教育为现代化建设服务能力不断增强；（4）切实加强和改进德育，素质教育进入到国家推进、重点突破、全面展开的新阶段。①

经过多年的艰苦努力和不懈奋斗，到 20 世纪末，中国完成了基本普及九年义务教育、基本扫除青壮年文盲的历史性任务，国民人均受教育年限达到 8 年，超过世界平均水平，取得了举世瞩目的伟大成就。2003 年，国务院作出了进一步加强农村教育工作的决定，召开了新中国成立以来第一次全国农村教育工作会议，部署实施西部地区"两基"攻坚计划，巩固和发展普及义务教育的成果。2005 年首先在 592 个国家重点贫困县、2006 年在西部农村和部分中部农村地区、2007 年春在全国农村全面实施免除义务教育阶段学杂费，对贫困家庭学生免费提供教科书并补助寄宿生生活费。2005 年底，国务院决定按照"明确各级责任、中央地方共担、加大财政投入、提高保障水平、分

第二篇 人本发展面面观

制度创新是中国教育发展的根本出路

---

① 中新网：2007 年 10 月 16 日，中国教育部部长周济在教育部官方网站发表文章《坚持教育优先发展 努力办好让人民满意的教育》，对十六大以来中国教育事业改革发展作了回顾。这里的四点阶段性特征即引自于此文献。

步组织实施"的原则，建立中央和地方分项目、按比例分担的农村义务教育经费保障新机制，将农村义务教育全面纳入国家财政保障范围。2006年，新修订的《义务教育法》进一步以法律形式明确了各级政府举办义务教育的责任以及所需经费的财政保障范围，使多年来影响和制约农村义务教育发展的一些突出问题得到解决，基础义务教育进入前所未有的快速发展时期。

进入21世纪以来，国务院先后两次召开会议、两次作出决定，进一步明确了职业教育改革发展的指导思想、目标任务和政策措施，要求把职业教育放在更加突出、更加重要的战略位置，大力发展职业教育、特别是中等职业教育。教育主管部门坚持以就业为导向，通过组织落实职业教育"四大工程"（国家技能型人才培养培训工程、国家农村劳动力转移培训工程、农村实用人才培训工程和成人继续教育和再就业培训工程），加快职业教育发展，深化职业教育办学、培养和管理体制改革，使中等职业教育招生规模迅速扩大，整个事业蓬勃发展，职业教育基础能力建设取得了重要的阶段性成果，职业教育管理体制和运行机制更加适应建立社会主义市场经济体制的要求。

自1999年大幅度扩大高等教育招生规模以来，中国高等教育发展快速实现了历史性跨越，进入到大众化发展阶段。至2006年，全国普通高校招生540万人，是1998年108万的5倍；高等学校在学人数2 500万人，毛入学率为22%。中国高等教育规模已经先后超过俄罗斯、印度和美国，成为世界第一。高等教育改革取得了一些突破，通过"共建、调整、合作、合并"，组建了一批学科综合和人才汇聚的综合性大学，形成了中央和省两级管理、以省为主的管理新体制。各级政府在增加财政投入的同时，各高校"坚持改革、乘势而上"，通过土地置换、提供低价土地或建设大学校区以及筹资、融资等政策举措，一定程度上克服了规模迅速扩大带来的资源短缺问题，促进了高等教育的大规模扩展。

但是，由于历史的、体制的、社会的和文化的等错综复杂的因素耦合，特别是中国整体改革开放和社会经济转型进入"攻坚性"的关键阶段，在这个大背景条件约束下，中国教育领域长期积淀的矛盾和问题日益凸显。近年来，政府职能转换远未到位，教育体制改革相对于其他领域来说存在严重滞后问题，从而带来一系列难以克服的困境，诸如：义务教育阶段择校热不断升温、农村教师短缺、城市流动儿童就学困难，民办教育发展步履维艰，高校贷款风波不断、行政化弊端丛生，高考移民、地域身份歧视以及其他各种不公平、腐败问题频发，等等，所有这些都成为政府关切的民生难题，也成为社会各界民众普遍关注的焦点矛盾和问题。对此，有待进一步开拓创新、深化改革来积极应对和解决。

二、制度创新是中国教育发展的根本动力和出路

（一）中国教育面临四大发展困境

中国目前的教育状况，按照描述"小康"的官方语言，是"低水平的、不全面的、发展很不平衡的"。归纳起来，中国教育长期以来面临总供给严重短缺、结构矛盾突出、政府主投入不足且投向错置和社会化程度低等四大发展困境。

首先，中国是一个发展中的社会主义大国，教育经费短缺、教育人口众多，以占世界1%的教育经费支撑占世界15%的教育人口，这是中国教育发展面临的基本国情和困境。众所周知，中国是世界上人口规模最大的发展中国家。据世界银行预测，21世纪初叶的20年间，中国人口总规模将达到12亿～14亿人，其中，教育适龄人口将达到4亿左右，占总人口的近1/3。[1] 中国的教育之所以是"大教育"，首先表现在其庞大的基础教育规模上，相对于近乎"饥渴"状态的教育需求，中国基础教育的供给缺口非常之大。从基础教育升（入）学情况的数据资料来看，1978年以来初中毕业生和小学毕业生升学率及小学学龄儿童入学率大致都是逐年提高的。学龄儿童入学率较高，达93%～99%，但因学龄儿童基数较大，每年约有100万～800万学龄儿童不能

---

① 世界银行：《中国高等教育改革》，中国财政经济出版社1998年版，附录21A。

入学；小学毕业生升学率从 1978 年的 87.7% 下降到 1984 年的 66.2% 后持续上升，直到 2005 年的 98.4%，不能升学的小学毕业生每年也有 100 万~700 万不等；初中升学率最低点是 1981 年的 31.5%，后微小波动地升到 1996 年的 48.8%，2005 年达到 69.7%，每年约有 500 万~1 000 万初中毕业生不能升学。① 可见，中国基础教育发展虽然富有成效，但就社会经济发展的要求及国民教育需求规模而言，尚有相当的差距。

其次，中国教育的发展问题还表现为供求结构矛盾突出，教育的供给结构与需求结构严重脱节，教育的社会经济相关性很差。整个学校教育从组织体系、教学内容到评价系统处于层层应试、学历至上的僵化封闭状态，教育、特别是中小学教育供给，与社会经济需要、特别是当地和社区经济发展需要相脱节。农村教育实际上就是"脱农教育"，若能升学便可"脱农"，大量升学无门的学生因在学校没有职业技能方面的必要训练，回乡后也难以适应农村社区生活及经济发展需要。高等教育长期以来处于政府条块统管状态，高校经院式教学，单一的学校教育模式与多元化的社会实际需求严重脱节。更为突出的结构性矛盾还表现在，中等职业技术教育发展长期滞后，大批新成长的劳动者未经任何职业技术培训就参加工作，难以适应社会化大生产的需要。改革开放以来，由于中等教育阶段专业技术教育分流非常有限，85% 以上的都涌进以考大学为最终升学目标的普通教育，而各级毕业生升学率又很低，大约 10%~30% 的小学毕业生、50%~60% 的初中毕业生及 40%~90% 的高中毕业生不能升入高一级学校而失学，这样就造成每年大量的未受专业技术教育而进入劳动市场的劳动者。这些被教育所"忽略"的劳动大军走上市场和社会以后，因缺乏必要的职业技能而很难适应专业化分工和社会化大生产的需要，这就必然对整个社会经济专业化分工的深化和产业结构优化产生极大的阻滞影响。

再次，教育主投入不足，投向在基础教育与非基础教育之间存在严重错

---

① 国家统计局编：《中国统计年鉴》，中国统计出版社 1993 年版、1997 年版。

置。中国"大教育"主要依靠政府支撑，而由于"发展中"的国情，在政府投资项目的优先顺序中，教育这类长远性的"软项目"往往被短期紧迫的"硬项目"排挤于后，致使政府教育投入长期不足。严重的问题还在于，政府有限的教育经费不是主要用于提高国民素质的基础义务教育，而是主要低效率地用于中高等非义务教育、特别是高等教育。在这种情况下，政府极少的教育经费面对基数极大的基础教育只能"撒点胡椒面"，在实际当中还往往被地方政府（特别是经济落后地区政府）挪用，致使亟待均衡化发展的基础义务教育步履维艰；同时，中高等教育政府财政不堪重负，投资经费使用效益极差，成为整个"应试"教育发展的瓶颈。

从公共教育投资总体水平的国际比较来看，据联合国教科文组织的世界教育报告数据，1980～1991年世界公共教育投资占 GNP 比重平均达 5.0%～5.1%，发达国家高达 5.2%～5.4%，发展中国家在 3.9%～4.1% 之间，最不发达国家也由 3% 提高到 3.3%，而中国却在 2.3%～2.6% 之间。[①] 另据 1961～1979 年 38 国教育投资水平与经济发展水平回归计量研究结果，人均 GNP（1980 年价格）达 300 美元、400 美元、500 美元、600 美元、700 美元、800 美元、900 美元和 1000 美元分别对应的公共教育经费占 GNP 比重分别为 3.29%、3.52%、3.69%、3.84%、3.96%、4.06%、4.16% 和 4.24%；[②] 按此标准，中国处于人均 GNP 300 美元的发展水平上，公共教育投资水平也应达 3.29%，实际投资水平显然偏低，而且进入 21 世纪，仍未达到《教育发展纲要》规定的国家财政性教育经费支出占 GNP 比重 4% 的目标投资水平。

就三级教育投资的重点投向和比例结构来看，一般说来，政府教育投资最适合的领域应是具有公共品性质的国民义务教育，因此学前和小学初等教

---

① 联合国教科文组织：《世界教育报告》（1993），第 94 页。1993 年数据前来自于《中国统计年鉴（1994）》转引自王善迈《教育投入与产出研究》，第 133～134 页，河北教育出版社 1996 年版；1994～1996 年数据来自于《中国统计年鉴（1997）》；1997～2001 年数据引自中国教育与人力资源问题报告课题组：《从人口大国迈向人力资源强国》，高等教育出版社 2003 年版。

② 厉以宁主编：《教育经济学研究》，上海人民出版社 1988 年版。

育应成为其投资重点，其次才是准（非）公共品性质的中学和大学，通过适当的方式对之给予一定的财政支持；故就一般情况而言，世界各国公共教育投资在三级教育之间的分配比例是顺金字塔式，即初等教育投资比重最大，中等教育次之，高等教育最小。如据联合国教科文组织统计，1990 年世界政府三级教育投资比重分别是 44.6%、31.4% 和 17.5%，发展中国家为 46%、29.6% 和 17.2%，最不发达国家为 47.1%、28.7% 和 17.8%，发达国家为41.5%、36.2% 和 18.4%；① 而三级教育在校学生人数分布呈坐地金字塔式（比重分别为 69.7%、29.1% 和 1.2%）的中国，其教育投资结构却呈鼓形分布，三级教育投资比重分别为 32.7%、34.4% 和 18.6%。从生均教育投资情况来看，中国大学生均财政性教育经费一般是中学的 6～24 倍、是小学的22～93 倍，而中学生均财政性教育经费也数倍于小学的生均水平；不过从动态上看，这种反差状况逐渐有所改善，大中小学人均教育经费差距有明显缩小的趋势。从生均经费占人均 GNP 比例情况来看，中国高等教育生均经费占人均 GNP 比例高达 193%～362%，中等教育只有 13%～15%，初等教育更低，仅有 4%～5%。中国高等教育入学率很低，而政府用于高等教育的财政支出却很高；这种情况与日本、韩国、印度尼西亚、马来西亚、泰国等国的情况恰成鲜明对照，这些亚洲国家高教入学率很高，而高教财政投入占全部财政支出的比例仅有 11%～17%，其余经费均来自私人渠道。②

最后，教育社会化程度低，发展动力严重不足。现代教育是一个包括学校教育和非学校教育、正规教育和非正规教育及多层次和多元化教育在内的社会化体系和开放系统，特别是对中国这样处于发展中的庞大教育体系来说，教育的正常发展有赖于社会各界的广泛参与，教育投资多元化、教育运作自主化、教育管理民主化是现代教育发展的根本动因和基本趋势。中国政府近年来鼓励和支持社会力量办学，给教育发展带来了巨大活力，但在实际中往

---

① 联合国教科文组织 1993 年统计年鉴，转引自王善迈《教育投入与产出研究》，第 147～148 页，河北教育出版社 1996 年版。

② 参见世界银行：《中国高等教育改革》，中国财政经济出版社 1998 年版。

往把它作为解决政府教育经费不足的权宜之计，并未真正把它与教育发展的内在动因和社会民主化要求联系在一起，致使整个教育系统缺乏活力，发展动力严重不足。

改革开放以来，多渠道筹措教育经费、社会多元化投资办学的新思路首先是由基础教育领域开始并逐渐走出来的。起先是在 80 年代初基础教育开始实行"分级办学、分级管理"，各地区把实现"一无两有"（校校无危房、班班有教室、人人有课桌座凳）问题作为发展基础义务教育的突破口。在此过程中，教育部门及时总结推广各地成功经验，逐渐提出并形成多渠道筹措教育经费的新格局，即以财政拨款为主，辅之以征收用于教育的税（费）、对义务教育阶段学生收取杂费而对非义务阶段学生收取学费、发展校办产业、支持集资办学和捐资办学以及建立教育基金等，简称为"财"、"税"、"费"、"产"、"社"、"基"六渠道。进入 90 年代后，又陆续通过《纲要》（1993）及其《实施意见》（1994）、《教育法》（1995）、《高等教育法》（1998）及由国务院批转教育部的《面向 21 世纪教育振兴行动计划》（1999）等法规文件，对社会多元化投资办学具体实施办法做出明确规定，使之渐次规范化和制度化。从 80 年代末到 90 年代中国教育经费来源构成的情况来看，以财政拨款为主渠道，辅之以税、费、产、社、基的多渠道筹措经费的格局已经形成，但其中真正属非政府主体的社会民间投资所占比例还非常有限（1994 年约占20%），只是在近年来有较快增加。此外，由于公共教育经费投向和使用不合理，中央和省财政把绝大部分资源投放在非义务教育、特别是高等教育上，基础教育的发展主要依赖于地方财政收入和社区非政府资源（农民集资、社会捐资等），农村教育大多名义上实行县、乡、村三级办学，实际上地方政府在多渠道筹集教育经费的借口下推脱其应尽的义务教育职责，农民、特别是贫困地区的农民教育负担不断加重，这样在没有政府转移支付制度或其他政策手段调剂的情况下，伴随区域经济发展不平衡而来的自然就是区域教育发展的日益不平衡，国民教育不公平问题越来越突出。

（二）体制改革滞后是中国教育发展陷于困境的根本原因

无可否认，中国教育发展目前面临的重重困境，有发展中大国办教育的特殊发展背景和国情原因在其中，但归根结底是由于传统计划经济条件下形成的政府教育职能错位替代状况尚未根本改变，而改革开放带来的市场化大趋势、大环境又给教育的生存与发展带来前所未有的冲击和挑战，两者相激相荡、综合作用的结果。

首先，体制改革滞后性最突出地表现为，在公共性较强的基础义务教育与非公共性较显著的非基础教育之间，政府教育职能错位问题没有得到根本改变。经过 30 年的改革开放，中国教育体制发生了很大变化，但政府教育职能错位替代的状况未有根本改变——政府本应在基础义务教育、教育政策环境及法规建设方面很好发挥公共及宏观调控职能的，却没有或没有很好地发挥应尽职责；而应主要由社会民众和学校发挥多元投资办学或自主管理积极性的非义务中高等专业技术教育，尤其是高等教育以及与学校教学有关的一些具体事务，政府教育部门反而大包大揽，管得过细过死。目前教育发展面临的种种问题和困难，诸如教育投入不足，教育结构矛盾突出，教育的社会经济相关性差，区域教育发展不平衡，教育的社会参与程度低、发展动力不足，等等，归根结底，无不是由政府教育职能的这种错位替代状况未能从根本上彻底改变而引起的。众所周知，建立社会主义市场经济新体制是中国改革的既定目标，而市场经济的体制空间，是包括三种生产在内的整个社会再生产和国民经济体系。在计划经济条件下，国民经济各生产领域并非铁板一块，例如，工业、科学技术及文化教育相对于其他领域计划控制程度就要大得多，而其中教育领域又是计划经济的"重中之重"。这种非均衡的初始体制状况决定了市场化改革以渐进的方式推进，即改革先从旧体制的薄弱环节或外围领域突破，先易后难、先农村后城市、先物质生产领域后非物质生产领域（精神生产和人类自身生产领域），逐渐扩大、提高市场化的范围和程度。由于传统思维定势、意识形态控制等非正式制度的阻滞，教育领域虽然也先后出台了一系列改革举措，例如鼓励社会力量办学、扩大学校自主权、毕业分配"双向选择"，等等，但直至目前，教育领域的计划经济总体格局仍未彻底打破，在其他领域市场化程度已相当高、产业化运作机制已相当健全的情况下，教育领域的市场化改革相当滞后，教育日子越来越难过，在外在压力、外部环境影响和外来冲击下衍生出各种各样的扭曲行为、不良现象。

其次，教育体制改革的滞后性还表现在，政府通过行政性垄断权直接包揽办教育的基本状况没有根本改变，多元化的民办教育发展步履维艰，难以获得真正公平竞争的发展机会和空间。长期以来，教育是由"国家"包下来、由各级政府组织直接举办的，各级教育机构从小学、中学到大学都是作为政府机构的附属物（即"行政事业单位"）在各级教育主管机构统一招生、分级管理、统编教材下"不自主"运作的，即所谓"政教不分"、"官学一体"。在市场化改革浪潮冲击下，政府财政拮据，"穷国无力办大教育"，怎么办？中小学（特别是农村中小学）靠农民、"社会力量"集资、筹资、捐资乃至各种"杂费"，大学除各种"募捐"而外，主要靠各种"校办产业"（这些产业有很多是与学校教学科研无关的）甚至"乱收费"来"创收"维持日常教学运转；教育市场长期处于行政性供给垄断下的"卖方市场"状态。这样，一个直接结果就是政府靠"行政垄断"可以得到或明或暗、有形无形的"租金"。从教育机构行为来看，各级学校虽然也有失"自主权益"，但也靠垄断地位得到各种各样的"好处"；同时，学校还可以依靠政府垄断供给而造成的巨大"卖方市场"，收取名目繁多的"杂费"，这样，名义上不交学费的义务教育、有助学金的各级非义务教育，实际上存在着费额巨大的"卖方市场价格"。在这样的情况下，政府一旦在不堪财政重负的情况下，开口允许"扩招"、"收费上学"，那么各个学校就会形成"垄断竞争"，竞相招揽生源、扩招落榜生，在不搞成本核算、提高经济效率的情况下，成本要多大就可以"做"多大，这样按生均成本收费的所谓计划控制实际上是无计划、无控制，最后受害的是广大的教育消费者。"以公有制为主体，多种所有制形式共同发展"的所有制结构已经作为社会主义市场经济的基本制度法定了下来，非公有经济成分的性质和地位已经从"补充"变为"重要组成部分"，在教育领域虽然也有相应的规定，但非国立教育机构的性质和地位在意识形态和实际运作中远没有走出"补充"的初级阶段，国立国办教育学校一统天下的总体格局依然如故。在这样的大环境下，民办学校不具备平等竞争的生存条件，难以形成与国立、公办教育相抗衡的竞争力量，教育供给就难以适应巨大的、多元化的社会需求而有效扩大。

此外，教育机构独立办学的主体地位没有实质性保障，适应社会主义市场经济发展要求的教育投资政策长期含混不清，教育投资运营的市场法规环境尚不健全。目前，有关教育的法规政策很多已经适应建立和发展社会主义市场经济这个基本要求，如何尽快建立健全与社会主义市场经济发展要求相适应的教育投资运营市场法规体系，直至目前还没有正式提到政府决策部门的议事日程上来。例如教育机构的"非营利性"问题，中国现行教育法规定："任何组织与个人不得以营利为目的举办学校及其他教育机构"，高教法也规定，"不得以营利为目的"设立高等学校。① 这在理论逻辑上解不通且有经验主义和教条照搬之嫌，在实践上又缺乏操作性因而有失法规的严肃性。中国是一个发展中的大国，相对于庞大的教育规模，资本近乎无限稀缺是基本国情，在这种情况下，政府应充分调动社会各个方面的力量共同支撑和发展"大教育"体系，特别是依靠市场机制充分调动公众投资积极性。因此，千方百计为教育发展提供宽松的适宜的市场法规环境，才是转型期政府推动教育的正确方向和政策选择，市场效率优先、兼顾公平才是发展中大国政府促进教育发展的"实事求是"态度，也才是社会主义市场经济条件下发展"具有中国特色"教育的明智之举。其实，在西方发达国家现代教育发展史上，一开始也是主要依靠市场机制让民间"自发"投资办教育（虽然也有相当多的非营利性教育机构如教会学校等），直到基础教育已相当普及以后，政府才出

---

① 《中华人民共和国民办教育促进法》规定，民办学校在扣除办学成本、预留发展基金以及按照国家有关规定提取其他的必需的费用后，出资人可以从结余中取得合理回报。这个规定虽然还有"不彻底性"和"含糊其辞"的意味，但在这个问题的认识上已经是一个很大的、可喜的进步。

面颁布义务教育法，强调教育的非营利性和公益性。所以，在教育"蛋糕"还小而又小的情况下，在法规上把教育机构绝对定性为非营利性，显然既不适应社会主义初级阶段的中国国情，也不符合社会主义市场经济发展的客观要求，且有生搬硬套发达国家教育理论和教育法规政策之嫌。

（三）解放思想、制度创新是推进中国教育发展的根本动力

创新，也就是"不断解放思想、实事求是、与时俱进"，"是一个民族进步的灵魂，是一个国家兴旺发达的不竭动力，也是一个政党永葆生机的源泉"；在实践基础上的理论创新是"社会发展和变革的先导"，"通过理论创新推动制度创新、科技创新、文化创新以及其他方面的创新，不断在实践中探索前进，永不自满，永不懈怠，这是我们要长期坚持的治党治国之道"。① 如果纵向整体地看，我们确实取得了巨大的"创新成就"。回顾改革开放30年来的发展历程，我们可以看出，中国之所以能在风云变幻的国际政治经济环境中应付自如、稳步健康快速发展，其动力就来自创新、特别是市场化的制度创新。可以说，没有创新就没有发展，没有市场化的制度创新就没有中国今日的辉煌成就。但是，创新是无止境的，创新必须面向未来，要进一步发展、实现中华民族的伟大复兴，就要塑造中国人永不停歇的创新品格和创新精神。从横向领域比较来看，我们的创新发展是很不平衡的。一些领域（如农工商贸等物质生产领域）在市场化改革方面确实有开拓创新之势，因而取得了令世人瞩目的辉煌成就；但在其他一些领域，特别是教育领域，虽然在市场化改革的外部压力下也做了不得不为之的调整和改革，但从整体来看没有"动筋动骨"，有的方面甚至保持近乎顽固不化的状态，而成为阻碍市场化改革和国民经济健康发展的制度"瓶颈"。目前，教育领域存在的诸多矛盾和问题，说到底都是体制改革长期滞后、制度创新动力严重不足造成的，唯有制度创新才是中国教育摆脱困境、健康发展的根本出路。

---

① 江泽民：《全面建设小康社会，开创中国特色社会主义事业新局面——在中国共产党第十六次全国大会上的报告》（2002 年 11 月 14 日），人民出版社 2002 年版。

　　教育制度创新的最大障碍还是在思想认识问题，特别是市场经济背景下教育的产业性质以及市场化改革背景下教育产业化的取向问题。与80年代末不同，世纪之交引起中国社会各界普遍关注和广泛讨论的教育产业问题是在扩大内需、启动经济的特殊宏观经济形势和政策取向下提出、形成的。其基本推理思路是：在中国经济已全面过剩、买方市场已普遍存在的情况下，唯有教育是供给不足的卖方市场；中华民族有重教传统，大多数家庭都把教育作为支出的首选项目，居民约有6万亿元储蓄存款余额，如能扩大高校招生规模、实行全额收费，就可以通过乘数作用成倍扩大内需、有力拉动经济增长。无可否认，如此推论有一定道理。众所周知，政府宏观调控主要是利用财政货币政策调控总需求以熨平短期波动，而在短期，教育需求确实是总需求的一个重要组成部分。但是应该看到，教育相对于其他产业如果说有什么特点的话，那就是：投资具有长期战略性，生产周期是长达数十年甚至百年的复杂社会过程，其对国民经济发展的推动力主要表现在人力资源开发和人力资本积累方面具有特殊的主导作用，因此，以扩大教育需求拉动经济增长虽有作用但非常有限。特别值得注意的是，当教育还处于政府计划控制之下，由于理性和信息的有限性等原因，短期盲目扩招有可能造成长期隐患，政府"有计划"的供给扩张行为与未来市场需求能否合辙，很难判断，此其一。其二，从教育需求方面来看，我们必须清楚，经济学上所说的"需求"和人们日常所说的"需要"不是一回事，广大人民群众有望子成龙的强烈愿望和希望子女接受高等教育的"需要"，但这并不意味着有货币支付能力作后盾的"需求"。不错，我国目前银行储蓄存款余额总规模是不小，但要"透过现象看本质"，要具体分析这些储蓄存款的构成情况，这就是：60%的个人存款为20%人所有，城市居民储蓄水平为农村居民储蓄水平的两倍以上，除少数"先富起来"的人而外，广大老百姓和工薪阶层的收入中没有或少有受教育所形成的"人力资本报酬"，其有限的储蓄是长期甚至终生节衣缩食、辛辛苦苦积累起来的，如果说这能构成将来子女"教育需求"之用，那也是父母们以牺牲自己的"低级需求"（生存需求）来满足子女的"高级需求"（发展需求）；在这种情况下，试图在短期内通过扩招实行"全额收费"来刺激需求、拉动经济增长，显然很难奏效。由此可见，以扩大内需、拉动经济增长来论证教育产业化的必要性和意义，是避重就轻，同时由于把不同层次、不同性质的问题给搅在了一起，搞乱了人们的思想，也为否定教育的产业性质、反对教育市场化改革和产业化发展者提供了口实。

目前，关于教育的性质和改革发展政策，政府部门确定的宣传口径是："教育是产业，但是不能产业化"。似乎提"产业化"是很"极端"、很"不好"的，一提"化"就把所有的学校都"化"成"学店"了。其实，这是多虑了。就像市场化改革并非是把"非市场"的所有东西都要"改"掉，搞社会主义市场经济并不是削弱而恰恰是为了更有效地发挥政府职能一样，所谓教育产业化也并不会"极端"到把教育领域的一切都"化"了，所有学校都"照搬"工商企业的运作方式来经营。说教育产业化，并非是要所有教育资源都通过市场来配置，也并非是否定政府的教育管理和调控职能，更不是用"铜臭气"污染神圣的教育殿堂，这些都是对"教育产业化"的莫须有误会。"教育产业化"的提出具有特定的制度变革背景，是针对传统计划经济条件下把教育作为纯福利性的"事业"、完全按照政府科层组织方式运作的制度安排而言，要将之"化"为适应社会主义市场经济新体制要求的，由政府调控和规制教育市场、教育市场供求及价格机制引导教育机构的产业运作方式。所谓"产业化"，并非只要市场、不要政府，只认"利"不认"义"，只讲"经济效益"、不讲"社会效益"的"绝对化"，因此，通过这样绝对化的理解去否定或反对"教育产业化"是没有意义的，其结果只能是把问题搅混，而无益于问题的认识和解决。如果能在这个"大体"上去认识和把握"教育产业化"问题及其实质和方向，就一点都"不可怕"，不仅不会"有问题"，而且也绝不会"出问题"。

众所周知，市场经济就是微观经济主体在政府间接调控和管理的"市场"中从事生产经营活动的经济体制，既然我们把"社会主义市场经济"作为改革的目标体制，而在市场经济下国民经济"各行各业"，都要以市场为基本依据和信号来进行生产经营，简言之，都是要作为"产业"运行和发展的；那么，教育作为人类自身生产的主导部门，它无论历史地还是逻辑地都应该是"产业"，相对于过去只把它当作"事业"来办当然就有一个"产业化"问题。认识教育的产业性质及产业化的实质，必须在这个大背景下，从制度变革层面上，用现代大经济观来审视教育的投入产出性质及其在社会再生产及国民经济体系中的地位和作用。现阶段，中国教育健康、顺利、大发展的主要障碍是制度障碍，教育的"产业化"运行和发展，乃是进行到今天的市场化改革大势对尚处在计划经济格局下的教育领域提出的"转制"要求。顺应社会主义市场经济的要求，大力推进教育领域的市场化改革步伐，尽快建立起自主的多元化办学主体、完善的教育市场体系和机制及政府宏观调控体系三位一体的教育产业化运行框架，是教育体制改革的基本方向，是在知识经济新时代和市场经济新体制下繁荣社会主义教育事业的根本途径。这就是所谓"教育产业化"制度创新的真实意义和具体所指，也是中国教育走出困境、获得长期可持续发展的根本出路。

三、新时期中国教育改革与发展前景展望

（一）中国教育总体发展战略的"一二三四"构想

按照国家教育部发布的《中国教育与人力资源问题报告》提出的构想，中国教育人力资源开发战略选择和发展思路可以描述为：要在战略选择上将人力资源作为支撑中国经济社会可持续发展的"第一资源"，从人口大国迈向人力资源大国要实现人力资源水平的"两次提升"，从教育大国到教育强国要实现教育发展的"三步跨越"，为全面提升国民素质和人力资本水平需要实现"四大转变"。[①] 我们不妨简单地称之为"一二三四"构想。

---

① 参见中国教育与人力资源问题报告课题组：《从人口大国迈向人力资源强国》，总报告，高等教育出版社 2003 年版。

第一资源　在实现全面建设小康社会和基本实现现代化的进程中，我们必须基于"三个面向"和"三个代表"的重要思想，继续实施科教兴国战略，树立人力资源是"第一战略资源"观念，将全面深度开发人力资源作为全面建设小康社会的"第一目标"、实现民富国强的"第一国策"和各级政府的"第一责任"，充分发挥教育人力资源开发的先导性、全局性和基础性作用，探索出一条符合中国实际的教育人力资源适度超前发展的新路子。

两次提升　在综合参考了世界银行、联合国开发计划署、经济发展与合作组织等国际机构关于各国人力资源发展水平分类的基础上，根据各国人口与劳动力教育特征、人文发展与生产率等因素，选用 25～64 岁从业人口人均受教育年限、人类发展指数、综合生产率（GDP/劳动力人口）、每百万人口科学家和工程师人数等关键性指标作为国际比较的参照，预计：未来 50 年，教育作为人力资源开发和人力资本水平提升的最重要途径，中国教育的人力资源开发水平将完成从欠发达国家发展水平到中等发达国家发展水平，再从中等发达国家发展水平到发达国家发展水平的跃升，到 21 世纪中叶，中国将发展成为世界人力资本强国。

三步跨越　未来 50 年的发展历程中，中国要实现教育强国的目标，必须实现三大历史性跨越，即：从教育欠发达国家水平跃升到教育中等发达国家水平，再跃升到教育较发达国家水平，最后达到教育发达国家水平，从而实现从教育大国到教育强国的历史跨越。

四大转变　实现国家教育战略重点布局的转变、人才培养规格目标的战略转变、从教育者为主体到学习者为主体的革命性转变以及从学历本位到能力本位的战略转变的"四大转变"，全面建设能力本位型现代教育新体系。

（二）构建"政府—社会—学校"三位一体教育产业运行的总体框架

通过市场化制度创新，建立适应社会主义市场经济要求的"学校自主办学—政府公共治理—社会多元合作"三位一体教育产业运行的制度框架，是革除教育发展和人力资源开发体制弊端、实现教育超前快速发展的突破口和契机。教育制度的基本改革思路应该是：其一，对现有国立教育机构同样按照"抓大放小"的思路进行撤并、资产重组、股份制改造、合资合作及拍卖等多种形式的改革，对于可以作为国立的也应彻底改"国办"为"国有校办"，真正把办学自主权放给学校；对于其他可以非国有化的应视不同情况实行公办、民办、合办、个人办、股份制及股份合作办等多种办学形式，形成多元化并存、公平竞争的教育主体格局。其二，要积极培育各种类型的教育市场，形成规范的教育市场价格形成机制，建立健全有关教育市场准入、正当竞争的市场法规和运行规则。其三，彻底转换政府教育主管部门的职能，使之从把主要精力放在"办"教育上真正转移到"调"和"管"教育方面来，把具有普遍公益性的公共教育领域、教育规划和调控及教育市场秩序规制和管理作为自己的主要职责和职能范围。

学校自主办学，就是指建立学校法人制度，使学校及其他教育机构真正摆脱政府管理部门"附属"的地位，作为教育活动的微观实体和法人主体，真正面向社会和市场自主办学，实行民主管理。面向社会和市场是学校实现依法自主办学的前提，它要求学校适应社会主义现代化建设的需要，关注科技发展、知识创新的最新动态和成果，通过人才培养和培训、信息咨询、科研合作、技术转让等方式，为当地经济和社会发展服务，并不断推进学校治理结构和管理体系的改革和创新。依法自主办学的原则是指学校遵照国家有关法律、法规和行政规章的规定，在法定职权范围内，为实现办学宗旨，自主开展教学、科研活动和社会服务，最终建立起自我管理、自我约束、自我发展的良性运行机制成为真正独立的法人实体。

政府公共治理，就是在社会主义市场经济条件下对政府职能要做明确定位和严格界定，本着公平合理、公开透明、责权统一、激励高效的原则建立宏观调控和规制管理体系。其首要任务是建立政府内部的分层决策体系，处理好各级政府对教育的法律责任和管理权限，以及政府与学校等教育机构和市场及社会之间的关系。政府作为教育活动秩序的维护者、公共教育活动的协调者和服务者、教育机构合法权益的保护者以及公共教育产品供给的辅助供给者，要真正负起责任来，中央与地方各级政府要把这种责任作为第一责任层层落到实处。要建立和完善教育公共选择制度和机制，形成包括决策咨询论证制度、社会公示和听证制度以及人民代表和公众监督制度等在内的完整制度体系。建立基于公平原则的公共教育财政转移支付制度，保证政府对公共教育领域和事务、特别是基础义务教育的投入和职责。政府不再是学校的"主管部门"，而应是"主导"服务部门，所有办学的自主权，包括入学考试权、年度招生计划权和毕业证书发放权等直接管理权都应放给学校，政府主要通过制定规划、立法、督导和专项经费等政策导向对教育发展进行宏观调控。

社会多元合作，从制度创新层面来看，最重要的是指"社会力量办学"，形成多元化的教育主体格局；同时也指通过建立中介服务性质的组织机构，参与高等教育改革和发展的过程。随着政治体制改革的深化，目前这种对社会事务管理主要集中于政府的状况会有所改变，政府管理的一部分职能将由社会中介机构承担，从而形成"小政府，大社会"的管理格局。社会中介组织依法取得社会管理的职能，其涉及的范围很广。在教育领域，这些中介服务机构主要有非政府的教育咨询研究机构、教育信息服务机构、学生就业指导和职业介绍机构、教育基金拨款机构、教育信用金融机构以及教育评估机构等。

（三）依托社会力量办大教育的多元化变革思路

从世界教育发展的历史演变过程来看，教育多元化发展经历了"N"型的否定之否定路径。19世纪以前，世界各国教育基本上是以民间多元化办学为主。19世纪以来至20世纪初期，随着工业革命和现代化的推进以及随之而来的教育世俗化运动的展开，国家教育制度逐渐确立并得到普遍推行，民间私立办学受到限制甚至被取缔。"二战"、特别是20世纪60年代以后，各国公共教育供给相对于民众日益快速增长的教育需求出现严重短缺，同时国立学校效率低下、矛盾和问题成堆，特别是由于政府垄断下的单一化教育服务难以满足民众多样化的教育需求，于是教育自由化、民主化和多元化发展就成为各国教育改革和发展的大趋势，无论是发达国家还是发展中国家都有把更

229

第二篇 人本发展面面观

制度创新是中国教育发展的根本出路

多学校私立化、民办化的动向。近数十年来，在许多西方发达国家和发展中国家，教育发展呈明显的多元化态势，相对于国立教育，私立教育以更快的速度得到发展，有的国家私立学校特别是私立高等学校在整个国民教育中占据了主导地位。许多国家教育多元化发展的实践证明，与国立学校相比，由于私立学校的运行机制更能适应市场经济的制度环境，其生均成本低、教育效率高、社会需求关联性强；而且更为重要的是，大力发展私立学校，可以充分调动社会各界的力量，提高教育的民主参与度，快速提高教育的有效供给，增加民众对教育的自由选择权利。因此，各国政府、特别是发展中国家的政府都经常采取优惠政策，鼓励和支持民间私立办学，推动教育多元化发展。

教育发展的多元化趋势，是现代市场经济社会中教育资源配置市场化和教育制度创新的根本要求，多元化对现代市场经济条件下教育业的健康发展具有特殊重要意义。首先，教育业的多元化发展是适应整个社会经济各行各业对教育产品多元化的需要，满足市场对人力资本多样化需求的必然要求。其次，多元化发展也是现代市场经济中教育业增强竞争活力、提高生产效率、扩大有效供给，从而发挥经济支柱和主导作用的根本出路。第三，也是更重要、更深刻的一点，教育业的多元化发展与教育的"崇高目标"、教育的"特殊规律"天然相契合，是教育促进社会公平、尊重民众的自由选择权利、弘扬人的自由全面发展权利的内在特殊要求。总之，教育规模大众化、普及化，教育对象个性化、终身化，教育模式和制度多样化、多元化，已成为现代市场经济社会中教育业发展的基本趋势，是现代教育业健康快速发展不可或缺的特性；同时，多渠道筹集教育资金及教育成本全社会利益相关者分担，乃是任何国家、包括市场经济发达国家教育业发展的共同趋势和必然选择。

对于中国教育来说，多元化发展更是实现教育现代化和人力资源开发战略目标的必然选择。首先，走教育多元化发展之路是缓解中国教育供给性短缺矛盾的根本途径；其次，走教育多元化发展之路也是市场化改革、发展社会主义市场经济对教育改革和发展的客观要求；最后，走多元化发展之路说到底是教育业适应社会主义市场经济条件下国民经济发展对高素质劳动者、专业化人才和智能型人力资本的多层次、多样化需要的必然反应和选择。中国教育不仅面临着现代化的"发展"使命，而且处于市场化制度转型的关键时期，因此，依托社会力量办大教育的真正含义，不仅是多渠道筹集教育资金及教育成本全社会利益相关者分担的问题，更重要的是塑造多元化的教育投资经营主体，以奠定社会主义市场经济条件下教育产业市场运行的微观基础。这个根本问题不解决，学校还是作为政府行政机构的附属物而不是作为直接面向市场自主投资经营的教育主体来运作，民间教育投资者和办学者还没有在真正公平竞争的市场环境中作为"社会主义教育产业的重要组成部分"形成鼎足之势、发挥不可替代的重要作用，那么，依托社会力量办教育及现代教育业的多元化发展就没有市场经济的制度基础。

（四）大力扶植和推动民办教育发展的渐进式突破策略

众所周知，中国的市场化改革较成功地走出了一条渐进之路。这种渐进式改革的实质究竟是什么，有很多解说，但"外围突破"是大家普遍认同的一个关键点和渐进式改革策略。所谓外围突破，就是如著名经济学家樊纲所解说的，基于中国计划经济初始体制的非均衡条件，在一开始对旧体制（国有经济）还改不动的情况下，不去硬改，而是先从旧体制的外围或狭缝中寻找突破口，先培育和发展新体制的成分（非国有经济），随着新体制经济成分的扩大，新旧体制的力量对比格局发生变化，这样造成一种在外压力，以此策略性地推动旧体制变革，最后完成整个体制改革。[①] 中国 20 多年的改革路径，走的就是类似当年搞革命那样的"农村包围城市"的渐进式道路，这种外围突破的策略确实是符合中国国情特征的一种制度变迁方式，是中国渐进式改革的实质和它获得成功的原因之所在。可以肯定，这种外围突破的渐进式改革经验，同样也完全适用于教育领域的市场化改革情况。

教育改革之所以相对滞后于整个市场化改革进程，主要有两个方面的原

---

① 樊纲：《渐进与激进：制度变革的若干理论问题》，载《经济学动态》1994 年第 9 期。

因：一方面在于，就整个社会经济初始体制格局来说，教育体制正是渐进式改革一开始"改不动"的保守体制领域；另一方面，在传统体制下教育长期直接与政治意识形态相关联，因此在改革开放后一直在"放开搞活"方面步履维艰，大都是在外在推压下被动地放宽一些"生存层面"的政策措施，很少真正触动深层的教育产权改革问题，结果走了不少弯路，延误了很多改革时机。因此，教育的市场化改革要能有突破性进展，必须首先进行所有制结构和产权制度改革；为此，可借鉴其他领域市场化改革的成功经验，先从外围突破，通过创造和提供宽松的制度创新环境，大力培育和发展各种形式的民办教育，以此为依托进而推进国立教育产权多元化变革。未来民办教育的发展，政府应该继续贯彻"积极鼓励、大力支持、正确引导、加强管理"的方针，重点培育和扶植民办学校快速发展。

首先，要为民办教育发展提供宽松适宜的法律政策环境。在法律规范上，要调整不适应民办教育发展的有关法律条文，把有关民办教育的法律法规进一步系统化、规范化和明确化，使其具有可操作性；及时总结民办教育实践中的有益经验和管理规律，并使之法律化，以规制和指导民办教育健康发展。应把民办教育发展纳入国家教育人力资源开发战略框架，根据教育发展的总体战略目标和跨越阶段，提出相应的民办教育发展战略和实施策略，统筹协调、合理布局，形成民办教育与公办教育平等竞争、共同发展的新格局。

其次，分阶段、分领域因应不同情况制定和实施民办教育发展政策。在基础义务教育阶段，应该充分发挥政府的主导作用，政府对民办学校可适度控制，但是不能因此而无视学生和家长的教育选择权，应允许"社会力量"举办义务教育阶段的民办学校。对于非义务教育阶段的学前教育、高中和高中后的民办教育，应该进一步采取"开放"政策，特别是对民办高等教育应该采取更加积极支持和鼓励的政策，以形成国办和民办高校相互补充、平等竞争、协同发展的新格局。对举办职业技术教育的民办学校，由于其对下岗、转岗、在岗人员的培训和再培训方面发挥重要的作用，因此政府除采取一般支持和鼓励政策外，还应给予特殊的优惠政策，促进其快速发展。此外，政府应采取更加灵活的区域财政资助政策，鼓励社会团体、企事业组织和公民个人到西部地区投资办学，促进西部地区教育发展和人力资源大开发。

再者，应将民办学校划分为营利性和非营利性进行分类管理，切实解决民办教育投资回报问题。对于中国这样的发展中大国来说，保证教育机会公平固然很重要，但更为重要的是应正视"穷国办大教育"的现实，保证有限的教育资源能够得到高效配置。相应的，对于教育机构的法律定位，也要以"效率优先，兼顾公平"为原则，允许投资教育获得相应的利润回报，以"鼓励社会力量办学"、繁荣社会主义教育事业。应该首先承认民办学校作为一支重要的教育力量亦具有较强的公益性，大多数民办学校应以传播文化知识、提高人的素质、促进社会的进步为宗旨，应该使国家、受教育者和家庭都受益，而不能通过收取高额学费或其他集资方式来达到营利的目的，因此应享有国家给予非营利性公益事业组织的特殊优惠政策。对这类民办学校，政府应该承担一部分民办教育投入方面的职责，向公办学校所提供的各种减、缓、免等税收优惠政策，民办学校无一例外的都应该享有，针对举办公益性事业所制定的政策也应同样适用于民办学校。但同时为了适应社会主义市场经济发展以及多样化、个性化的市场需要，特别是一些满足人们职业技术培训方面的教育需求，应该允许各种社会力量举办各类营利性教育机构，当然，这类机构无权或不允许它们享有政府的各种减、缓、免等税收优惠政策，以及政府为举办公益性事业所制定的政策。各类民办教育机构可以根据办学宗旨、办学目标、教学组织方式等特点来确定其性质，国家应根据办学性质的不同，对它们的政策和管理方式也应该有所区别，不能一刀切。

其四，要彻底转换政府职能，建立和完善公共治理制度，加强对民办教育的宏观调控和微观规制。建立健全民办学校的审批制度，要严格按照各类学校的设置标准、审批权限、审批程序审批民办学校。建立和完善促进民办教育发展的税收导向机制，提高对教育事业捐赠的免税率，在公益事业捐赠的免税率基础上再单独提高对民办学校捐赠的免税率，可设立民办教育发展基金会，专门办理个人和营利性组织（企业）对民办学校捐赠的有关事宜。

政府可以对民办学校运作依法进行督导评估，积极培育社会中介组织参与对民办教育的管理，可以把一些不必要由政府教育行政部门和行业协会不便于管理的事务，如办学条件、学校经费使用、学生管理、教师队伍管理、学校组织与管理、教学计划和教学质量评估等，转由社会中介组织来承担，通过社会中介组织来沟通民办学校与社会以及民办学校之间的关系，向民办学校提供信息服务。

其五，鼓励采取股份制办学、合作制办学、集团办学、上市公司收购租赁办学、公办大学设立相对独立的二级学院等多种办学形式，大力发展民办教育，同时注意规范和完善民办学校的内部管理体制。建立学校董事会，健全和完善学校管理体制，如设立家长或公众委员会，使其参与学校的管理；建立严格的会计制度，加强审计监督等。要充分落实民办学校的办学自主权，赋予民办学校办学经费使用权、机构设置和人员编制确定权、人员聘任使用权、教职工考核和分配权、自主招生权、办学目标特色决策权，以及课程设置、教材选用、课时安排、教学试验和改革的机动权等方面的自主权，允许民办学校按生均成本确定学费和住宿收费标准。

（五）逐步建立健全现代"学习型"国民终身教育体系

国民教育体系，是一个主权国家通过法律确定的为本国国民提供教育服务的制度体系。在组织形式上，其主体由各级各类学校构成，同时也包括各级教育行政机构；其内在规定性表现为学制、学历、学位、考试、资格证书等基本制度。但是，如果纵向动态来看，国民教育体系有一个从工业化传统体系到后工业化（知识经济）背景下逐步形成现代终身教育体系的历史嬗变过程。工业革命之后建立的传统国民教育体系，是以初等教育为初始对象，以规模教育、职前教育与正规学校教育为特点，以精英教育为核心，以班级授课、严格的学年制和三个基本教育层级构成的学制为基础的完整制度体系。这种体系是适应工业社会初期大机器生产对劳动力素质的需求而建立起来的，强调以统一规格制定教育培养目标和内容，以划一标准衡量评估培养对象，以学历教育为主建立学位文凭和资格证书制度，主要目的是为社会输送合格的职前劳动预备人员。随着工业化推进、经济发展和社会进步，传统的国民教育体系开始向现代国民终身教育体系转化，越来越突出强调非正规、非正式的教育途径与形式，鼓励三级教育之外的继续教育、成人教育、职业教育、技术培训等社会多元化教育形式，提倡学有所用、边学边干、技能为先的教育新理念，并逐步将职前的正式与非正式、正规与非正规教育相沟通以及职前与职后教育相衔接，将校内教育与校外多种形式教育相补充、在岗进修与脱岗学习相交叉，从而构建起以适应不同层次、不同要求、不同环境下国民教育需求为主旨的新型公共教育体系。

在经济全球化和新技术革命的推动下，中国教育将面临巨大挑战，同时也是难得的历史机遇。经济全球化引起的资源全球流动和重组，以及教育机构跨国设立和国际范围内的教育竞争与合作，给中国教育带来了巨大压力和发展契机；以互联网通信技术为核心的科技革命使信息流动和知识传播速度大大尽快，促进了全球网络教育的兴起以及教育质量认证标准的逐步国际化和规范化，给中国参与国际人力资源开发和人力资本竞争提供了可能和条件。因而，在保证国家教育主权的前提下，建立适合中国国情的现代开放型国民教育体系势在必行。为此，未来20年教育人力资源开发面临的基本任务，概括地说有两个层次：第一层次，突破传统国民教育体系的束缚，建立完善的现代国民教育体系，不断提高全体国民接受基础教育的水平，不断满足全体国民接受良好教育的需求，不断提供全体国民享受公平教育的保障；第二层次，在国民教育体系的完善和创新中，构建终身教育体系雏形，为学习者提供多样化且相互沟通的学习型组织，保证人民享有接受良好教育的机会与可能，为人的生存、发展、享受的多样性和丰富性提供教育保障。①

现代"学习型"国民终身教育体系建设的基本任务是：以学习者为中心，以个人的终身学习、社会的终身教育体系和学习型组织为基础，保障和满足

---

① 康宁、康丽颖、谢维和：《完善现代国民教育体系，构建终身教育体系》，收录于中国教育与人力资源问题报告课题组：《从人口大国迈向人力资源强国》，高等教育出版社2003年版，第331~341页。

社会全体成员多样化的学习需求，从而实现经济社会可持续发展。中国由人力资源大国迈向人力资本强国的过程，也是一个积极创建现代"学习型"国民终身教育体系的过程。在现代"学习型"国民终身教育体系中，教育不再单纯是一种有目的、有计划、有组织的学校知识传授过程，而是一种个人自主选择的、多元化和多样化的、积极主动的、全民普及性的学习和创新活动。搭建一个竞争的、开放的，并能为全体人民和社会服务的现代国民教育与终身学习的制度平台，是建设成熟、完善的社会主义市场经济体制的必然要求，也是实现小康目标过程中教育制度创新的重要内容。

参考文献

［1］邓小平：《邓小平文选》，人民出版社 1983 年版。

［2］江泽民：《全面建设小康社会，开创中国特色社会主义事业新局面——在中国共产党第十六次全国大会上的报告（2002 年 11 月 14 日）》，人民出版社 2002 年版。

［3］中国教育与人力资源问题报告课题组：《从人口大国迈向人力资源强国》，高等教育出版社 2003 年版。

［4］樊纲：《渐进与激进：制度变革的若干理论问题》，载《经济学动态》1994 年第 9 期。

［5］厉以宁（主编）：《教育经济学研究》，上海人民出版社 1988 年版。

［6］王善迈：《教育投入与产出研究》，河北教育出版社 1996 年版。

［7］世界银行：《中国高等教育改革》，中国财政经济出版社 1998 年版。

［8］国家统计局编：《中国统计年鉴》，中国统计出版社 1993 年版、1997 年版。

第三篇
人本管理学无边

- 企业人力资本产权制度史论解析
- 人力资本产权安排与国有企业制度变革
- 企业经营者人力资本股权化
- 中国企业人力资本产权变革三次浪潮评析
- 战略性激励论
- 论人力资源管理中的制度激励
- 组织学习通论
- 平衡计酬卡（BCC）
- 从平衡计分卡（BSC）到平衡计酬卡（BCC）
- 中国企业如何打造"战略中心型组织"

企业人力资本产权制度史论解析 *

一、企业所有权安排："多元对等"意义及其现实决定因素

按照"利益相关者论"的通解，企业是一种"关系契约"的网络。① 在这种网络中，拥有独立产权和契约自由、以及某种相通意识或共同目标的要素所有者即"利益相关者"，他们按照正式或非正式的规则，形成特定的所有权结构来共同分担责任、分配权力和分享利益，并把要素组合起来形成专业化组织在不确定的市场环境中进行生产经营，在动态成长和发展过程中根据约束条件的变化不断调整责权利关系。契约当事人作为企业"真实的利益相关者"以独立平等的产权主体身份向企业投入某种"专用性"资产，其在企业所有权结构中的权能和权益，在市场原则和法律规范上是彼此平等的，他们都具有要求和分享企业所有权的平等地位与天然权利；至于他们在事实上和博弈结果上是发挥的委托人还是代理人、监督管理者还是生产劳动者职能，是获得固定收入还是获得剩余收益，抑或是双重职能和权益都要求以及按什么样的比例要求，那是在定价技术特性、资产专用性大小、非对称信息分布状况、监督难易程度等外部环境约束下当事人进行理性选择的结果。

所谓企业所有权安排，其核心问题乃是企业剩余索取权和控制权在企业

　＊　本文原载于《财经问题研究》2002 年第 10 期。

　①　杨瑞龙、周业安：《企业的利益相关者理论及其应用》，经济科学出版社 2000 年版。

产权主体之间的分配及两权对应关系的处置和决定。① 既然所有要素所有者都是企业契约平等自主的产权主体，那么对于具有"不完备性"的企业契约的执行所带来的不确定性风险，自然要由企业所有要素的所有者或成员来承担。对于每个契约主体来说，其契约收益都有一个除去固定收入的剩余收益部分，所不同的是不同成员之间收益的固定部分和剩余部分各自大小及其相互比例会有所差别，而不是绝对地谁拿固定收入谁拿剩余收益的区别；相应的，对于每个契约主体来说，其为应变契约的"不完备性"而采取的对策，或者对于采取何种这样的对策所拥有的发言权或投票权，即企业控制权的拥有，也只有形式和大小的不同，而非绝对有无的问题。所以，企业所有权安排的"状态依存"特征，与其如张维迎（1996）所言表现为"在什么状态下谁拥有剩余索取权和控制权"的问题，倒不如说是一种"在正常状态下企业所有当事人各拥有多大剩余索取权和控制权以及如何行使"的问题。

经济学理论可以证明：一个"最优所有权安排"，即最大化企业预期总收益的所有权安排，定是一种剩余索取权和控制权在实际操作的意义上实现尽可能对应的状态，谁在多大程度上拥有企业的控制权；相应的，谁就应该在多大程度上获得企业的剩余索取权，剩余索取权（控制权）跟着控制权（剩余索取权）走。至于这种对应在利益相关者主体之间究竟如何配置，则要取决于当事人在既定的契约条件下所拥有的谈判能力。从最一般的意义上来看，影响企业所有权安排在契约当事人间分布之事后均衡性的因素有两大类：一类是内在因素，即当事人自身的谈判能力，包括资产专用性、监督难易程度和风险经营才能等因素；另一类是外在因素，即契约订立的外部环境约束。具体包括以下几方面。

（1）资本所有者投入要素的资产专用性。资产专用性大，意味着所有者用以缔结契约的资本要素可抵押性较大，从而其所承担的不确定性风险也较大；反之则反是。因而，为了减少和避免资产专用性较弱者的机会主义动机

---

① 张维迎：《所有制、治理结构及委托—代理关系》，载《经济研究》1996 年第 9 期。

和行为，其资产专用性较强者，在企业所有权安排中应拥有或较多地拥有控制权和剩余索取权，他们应有更大的相机选择空间支配、管理和控制那些资产专用性较弱者。

（2）当事人行为后果的可监测性。投入要素的边际贡献较小、行为后果可监测性较强，就意味着所承担的不确定性风险较小，其要素投入易于通过市场定价机制取得固定性回报，所以在企业所有权安排中的剩余索取权和控制权配置份额就相应较小；反之，投入要素的边际贡献较大、行为后果可监测性较小者，则应获得或较多获得剩余索取权，以便使他们有积极性去监督其他成员的工作；同时，为了使监督工作最终得以实现和有效率，还要较多地赋予他们支配控制其他成员的管理权。

（3）契约者承担风险、进行创新的能力。在企业所有权安排中，那些甘冒风险且有承担风险的能力，具有或较多地拥有天赋的经营才能和市场创新精神的人，以其特殊"企业家才能"在契约谈判中具有明显优势，从而要求并实际取得较大控制权和剩余索取权；反之，那些风险厌恶者、善于按既定程序办事的人，就可能不要求、不会拥有或较少拥有企业所有权。

（4）私人信息的价格显示机制。拥有"非对称性"私人信息者在契约谈判中都会具有信息优势。如果私人信息的价格显示机制比较健全，拥有私人信息者就可以此为筹码报价还价，从而取得较大的企业所有权；如果私人信息的价格显示机制不太健全，拥有私人信息者就会利用其信息偏在优势采取逆向选择和败德行为，损害其他契约当事人的利益，在这种情况下，企业所有权应较多地赋予不具有信息优势的一方。

（5）资本要素市场的供求状况。资本要素市场的供求关系状况反映所有者投入到企业的资本要素之相对稀缺程度及重要程度。在要素供不应求的情况下，要素所有者就会因其所提供的要素稀缺，有"拿住"（hold - up）其他契约方的谈判优势，从而在企业所有权安排中其产权的相对重要性就会提高。

（6）正式的或非正式的制度环境约束。显而易见，在一个"认钱不认人"的社会环境中，财务资本的所有者在企业所有权安排中会处于有利地位；

相反，在一个很"社会主义"的制度环境中，财务资本家在企业中的所有权不是有被剥夺的危险，就是处于无保障的地位。

企业所有权安排的具体实现形式即"企业治理结构"，它是指关于企业利益相关者责权利关系处置、特别是剩余索取权和控制权配置的一系列制度安排、程序规范和机构设置，包括正式的和非正式的、通用的和特殊的。企业所有权安排并不存在唯一或单一的不变程式，而是随不同的契约条件在当事人互动博弈过程中不断变迁，且可有多样化优化选择的方向；对应于不同的所有权依存状态，企业治理结构也表现为一种"共同参与、相机治理"的状态。

二、企业制度安排中人力资本产权及其历史实现形式

如果把企业成员扩及为"利益相关者"，即签订企业这种特殊契约的各方当事人，可以分为两大类：一类是人力资本要素所有者，包括工人、经理和企业家等，当然，他们也可以同时是非人力资本所有者；另一类是纯粹提供非人力资本要素且与非人力资本的具体支配使用权相对脱离开来的，主要指股东和企业债权人，也包括重要供应商和主体客户。这样，企业可以看作人力资本所有者与非人力资本所有者所订立的一种不完全契约①。

既然人力资本所有者和非人力资本所有者都是企业契约的当事人，那么对于具有"不完备性"的企业契约的执行所带来的风险，自然既要由非人力资本所有者又要由人力资本所有者来承担。因此，无论企业所有权安排的最终结果如何，从契约自由平等的根本原则和事前的应然权利要求来看，人力资本与非人力资本所有者都有平等的权利要求参与剩余索取权和控制权的分配。在绝对的意义上，因为无论是人力资本所有者还是非人力资本的所有者，

---

① 周其仁：《市场里的企业：一个人力资本与非人力资本的特别合约》，载《经济研究》1996 年第 6 期。

都要在契约形成以后的相当长时期，或多或少地承担不确定性带来的风险；因而对于每个人力资本或非人力资本的所有者来说，其契约收益都有一个除去固定收入的剩余收益部分，所不同的是不同成员之间收益的固定部分和剩余部分各自大小及其相互比例会有所差别，而不是绝对地谁拿固定收入谁拿剩余收益的区别；相应地，对于人力资本和非人力资本所有者来说，其为应变契约的"不完备性"而采取的对策，或者对于采取何种这样的对策所拥有的发言权或投票权，即企业控制权的拥有，也只有形式和大小的不同，而非绝对有无的问题。

如上所述，企业所有权是一种"状态依存"所有权，企业治理结构是一种"相机治理"结构，这状态如何"依存"、治理怎样"相机"则具体取决于上述内外在等六大因素。因此，人力资本产权在企业所有权和治理结构中的地位和作用，要从这六大方面的因素去解析。但在一般意义上说，人力资本在企业所有权结构中具有不同于非人力资本所有权的特殊地位和作用，无论非人力资本所有者在企业中具体拥有多大的剩余索取权和控制权，都少不了人力资本所有者作为企业内部成员对企业生产经营的直接控制，非人力资本产权权能和权益必须通过人力资本的直接参与和使用而间接发挥作用和实现。企业产权制度安排随契约条件的改变而在企业成员的互动博弈中实现变迁。纵观企业制度变迁的一般历史过程，我们可以看出一条由古典到现代企业制度不断演变的历史链条：从古典手工工场制度到近代机械化工厂制度再到现代股份公司制度，历史演变的基本趋势就是人力资本产权相对于非人力资本产权在企业所有权制度安排中的主导地位和作用不断得到发扬光大，其变迁的根本动力在于生产力发展和变革引发"契约条件"改变从而使企业所有权安排不断重新调整。

古典企业制度，简单地说，就是一种"资本雇佣劳动"的业主制。所谓"资本雇佣劳动"，其实质乃是这样一种企业制度安排，即那些具有专业技术技能、经营管理才能，同时又能很容易筹措到财务资本并设计、制造或购买到特定的物质资本的人——他们往往既是发明家、企业家又是资本家，以笼统的"资本"所有者角色，雇佣"劳动"即作为一般人力资本供给者和所有者的"劳动大众"从事生产经营活动，支付给他们事先规定好的固定性工资，而自己则从经营成果中索取并占有"剩余"价值。这是早期自由市场经济阶段即资本原始积累时期典型的企业制度模式。那么，为什么会形成这样一种"资本雇佣劳动"的企业制度模式呢？我们可以从影响企业所有权安排的六大因素条分缕析。

第一，从资本所有者投入要素的资产专用性来看，由于当时处于从农业社会向工业社会转轨的初期，刚刚离开土地的农村无产者所拥有的一般人力资本形成了庞大的"产业后备军"，其具有很大的可流动性或较弱的资产专用性；与此相对应，业主所具有的特殊技能、经营管理才能等专业化人力资本的资产专用性却特别突出，同时，他们所用以创业的非人力资本要素也具有较大的可抵押性，从而其所承担的不确定性风险也较大。因而，具有"企业家"与"资本家"双重身份的雇主在企业所有权安排中拥有或较多地拥有控制权和剩余索取权，他们有很大的相机选择空间支配、管理和控制着企业运营。

第二，从当事人行为后果的可监测性来看，一般体力劳动者没有特殊的技能，每个工人投入的劳动力要素其边际贡献相对较小，其劳动行为和劳动成果较易度量和监督，所以他们所承担的不确定性风险较小，易于通过市场定价机制取得固定性回报，从而在企业所有权安排中的剩余索取权和控制权配置份额就相应较小；反之，作为"企业家"的业主其投入要素即"企业家才能"属于高素质、专业化的人力资本，对企业成败关系重大，而其行为后果具有很大的不可监测性，所以在制度安排上应获得或较多获得剩余索取权和控制权，以便使他们有积极性和可能去监督管理工人的生产劳动。

第三，从契约者承担风险、进行创新的能力来看，创业主大都属于那种甘冒风险且有承担风险的能力，具有或较多地拥有天赋的经营才能和市场创新精神的人，所以他们以其特殊的"企业家才能"在企业制度安排中占据重要地位，从而要求并实际取得较大控制权和剩余索取权；而一般工人则大都属于那种规避创业风险、只能干一些操作性的体力劳动的人，且大多属于刚刚离开土地的、除了出卖自己的"劳动力"一无所有的"无产者"，也没有承担风险的能力，因此他们就可能不要求、不会拥有或较少拥有企业所有权。

第四，从私人信息的价格显示机制角度来看，雇主的"企业家才能"型人力资本相对于工人的"体力劳动"型人力资本显然具有较强的"私人信息"特性，同时他们拥有雄厚的非人力资本财富来显示其特殊偏在的人力资本即"企业家才能"，因此他们在企业所有权安排中具有较强的讨价还价能力，可以此为筹码"敲竹杠"，从而取得全部或较大的企业所有权；而雇佣工人的人力资本大多属于"体力劳动"能力，有无能力一看便知道，即使具有"企业家才能"这样的特殊人力资本，但是因为自己是"一无所有"的穷光蛋，在当时缺乏其他健全的社会评价机制的情况下，其经营才能无从显示，所以他们在企业所有权安排谈判中既无私人信息方面的优势，又缺乏应有的信息显示途径和条件。

第五，从资本要素市场的供求状况来看，在进行资本原始积累的市场经济形成初期，金融资本和物质资本等非人力资本以及"企业家才能"这样的人力资本显然较为稀缺；与此相反，广大无产者"劳动大军"的供给则近乎无限，这种资本要素市场供求的非均衡性或不对称性，无疑是决定"资本雇佣劳动"这种企业制度模式的重要因素，它使资方有谈判"资本"以"拿住"劳方而成为企业所有者。

第六，从外在社会制度环境约束来看。市场经济特别是自由竞争时期的市场经济，其基本的法制规则和社会文化，总的来说，是一种"认钱不认人"的，或者说是"先认钱再认人"的；货币作为一般等价物，乃是衡量社会经济活动中所有人才能及贡献的统一或同一的价值尺度，谁拥有货币就意味着他可能拥有和能支配人力的和非人力的资本，意味着他能为社会同时也是为自己创造财富，如果他同时拥有"企业家才能"这种特殊的人力资本的话；在这种社会制度环境中，金融资本的所有者如果同时是具有经营才能的企业家，自然在企业所有权安排中会处于绝对有利的地位，古典企业的业主恰是这样的人，而作为"无产者"的工人则不是，或大多数不是。

综上所述，在古典企业制度安排的合约中，自由契约的形式上的平等在实际中是"资本雇佣劳动"的事实上不平等。在称作"资本主义"的市场经济发展初期，乃至从"自由资本主义"上升到"垄断资本主义"的市场经济高度发展的近现代，亦或是叫做其他什么"主义"的市场化转型经济中，古典企业始终是作为一种典型的、基础性的企业组织形式制度模式而存在，只要以上所述的内在基因和外在条件存在，那么就必然会有这种古典型的企业制度，以及这种制度安排下人力资本运营管理的"社会景观"。

随着时间的推移，企业合约当事人的地位和谈判能力会发生变化，企业所有权结构和治理结构会随之改变。在长期的生产劳动过程中，雇员可以通过教育培训和边干边学取得并积累自己的专业化人力资本，其人力资本的资产专用性不断提高；同时，随着科技进步和经济发展，人力要素、特别是专业化的人力资本在企业生产经营活动中的地位不断提升，其作用也越来越重要，而且其显示机制也得以改善；加之，生活的进步、民主化运动的开展，雇员通过工会组织采取集体行动，使他们面对雇主和政府，可以理直气壮地宣称："我们工人有力量！"这样，企业制度安排就从过去单一的业主制演变为包括合伙制、合作制、分享制、公司制等多样化的制度格局。

人力资本权益在近代企业中的确认和提升突出表现在以下几个方面：①在企业所有权安排上突破了古典型的"资本雇佣劳动"模式，形成了包括合伙制、合作制、公司制等多元的制度安排，从而确认和提升人力资本权益提供了制度基础；②劳资冲突引起社会各界普遍关注，实行"工业民主"，建立工会组织，进行集体谈判等确保人力资本所有者权益的社会改革举措，逐渐被社会各界特别是管理界所认可；③人们普遍认识到，提供磋商、妥协、合作实现各方利益关系的整合，保护人力资本所有者的本位权益，这是决定一个企业运营管理成败的关键环节和根本原则；④政府、学界和其他社会公共机构也从各个方面提供了有利于提升人力资本权益的宏观制度环境。中国在进行20余年的市场化改革后，社会各界也已开始反省古典型的"资本雇佣劳动"企业模式，并探索多元化的弘扬人力资本产权的企业制度模式。

三、人力资本股权化：合乎现代企业制度逻辑与进程的必然要求

现代企业制度是在公司制的基础上发展起来的，它是一种所有权利益相关者共同参与企业治理、具有多元化制衡机制的企业制度安排。现代企业的典型形式是取得永续法律生命的公司制。现代企业制度的本质特征就在于：股东、债权人，董事、经理和职工乃至客户等在企业中进行了"专用性投资"的所有利益相关者，形成多元的、复杂的、相互制衡的企业所有权结构和治理结构。具体来说，所谓现代企业制度有如下几个基本特征：①完善的企业法人制度；②严格的有限责任制度；③规范的法人治理制度。这里，规范的企业法人治理结构，乃是以法人财产制度及有限责任制度为基本标志的公司制"现代化"发展的必然结果，是现代企业制度最本质的特征。首先，投资风险的有限性使相当数量的资本所有者逐渐从实业经营活动中脱离出来而成为专门的食利阶层，社会大众也能通过股票市场进行适合自身情况的投资组合，这样使企业投资主体逐渐分散化和多元化；同时，随着新技术革命的推进和工业化的纵深发展，专业技术知识和管理技能即专业化的人力资本成为最重要的生产要素，在生产经营过程中居于决定性的地位；这样，在公司外部有产品市场、经理市场和股票市场组成的网络化市场体系和机制约束，在公司内部有股东大会、董事会、监事会及经理人员组成的有效科学的法人治理结构，两者的有机结合就形成了规范的法人治理制度体系。现代公司制度的实质，与其说是所有权与经营权相分离，倒不如说是人力资本和非人力资本所有者的巧妙分工条件下更加凸显人力资本的直接、能动和决定性作用的一种制度安排。

在理论上，我们已经在前文讨论了所有权安排在企业成员之间具有天然的平等性和状态依存性，只要遵循控制权（剩余索取权）跟着剩余索取权

（控制权）从而使两者达到最大可能的对应这一基本逻辑，所有的企业所有权安排模式都有理论合理性和特定的实践可行性。就公司制股权性质和要求来说，只要所有权主体将其资本要素投入公司而具有不可收回性，并能以投入数额为限承担责任和取得收益回报，那么，无论其投入的是非人力资本还是人力资本要素，都可以"股份化"为股权形式拥有剩余索取权和相应的控制权。具体来说，对于非人力资本来说，如果其所有者不愿承担企业经营的"应有"风险，将其资本要素投入企业还要求按期收回，那么他就可以得到较固定（相对说来风险较小）的债券收入（利息），虽然在有关债务安全的决策上他也拥有一定的控制权；如果其所有者愿承担企业"应有"风险，将其资本要素投入企业后就不能要求退还，那么他就作为股东拥有较大的企业控制权，取得较大的剩余收入即风险较大的股息红利收入。这就是说，非人力资本可以是股份资本，也可以是非股份资本，可以具有股份性也可以是非股份性的。同样，对于人力资本来说，如果其在企业中的重要性较小、专用性不大（即具有较强的通用性），从而具有较大的流动性即可以方便地将其投入从企业中抽走，那么其所有者就可以得到较固定（相对说来风险较小）的工薪收入，虽然在有关工薪支付等决策上他也拥有一定的发言权或投票权；如果其在企业中举足轻重，具有较强的专用性和团队性，以致很难将其投入从企业中抽走，或要流动就要付出高昂的成本或代价，甚至一旦离开企业其价值就会荡然无存，那么其所有者就要拥有较大的企业控制权和剩余索取权，以股权形式取得风险收益。也就是说，人力资本可以是非股份性的，也可以股份化为股份资本形式。

现代股份公司制度的最大优越性和特色，正如张维迎（1996）所言，就在于解决了"能"（人力资本）和"财"（非人力资本）在社会大众之间分布不对称的问题，它既为那些"有财无能"（即有财务等非人力资本而无企业家才能等人力资本）的人创造了赚取收益的机会，又为那些"有能无财"（即有企业家才能等人力资本而无财务等非人力资本）的人提供了从事经营管理职业和其他工作的机会。这就是说，股份公司制度在内在逻辑上允许一些企

产组合，极易规避风险；特别是在股份公司制度下，在股票市场上，社会投资者往往是作为"局外人"对其资本进入的企业"用脚投票"的，一旦看到企业出现经营危机往往"落井下石"、溜之大吉，从而使这种资本的可抵押性大大降低。而人力资本由于与其所有者不可分离，很多企业员工在与企业长期"同命运、共患难"的合作过程中积累形成一些专业化人力资本，例如，特有的团队精神、同事友情、集体荣誉和组织归属感、只适用于本企业的专业技术特长和经营管理才能等，这些具有显著的专用性和团队性限制人力资本，一旦退出企业就全无用处，它们显然具有特殊的抵押功能。

而人力资本产权在现代公司制中之所以处于越来越重要的主权地位，根本性的原因还是在于：首先，新技术革命突飞猛进，知识经济初现端倪，人力资源、特别是知识工人专业化人力资本越来越成为稀缺要素，成为决定企业市场竞争成败的战略性要素；其次，人才评估等社会信息显示系统在技术上也日趋成熟，专业化人力资本显示机制日益完善；最后，随着产业和经济民主化运动的推进，严格的反歧视、平等就业、劳动保障方面的法规纷纷出台，以及工会高度组织化的外部压力不断加剧，这就使企业人力资本产权问题和人力资本运营在现代公司制下比过去任何时候都更加复杂化、更加重要、更加具有战略意义。

综上所述，在现代公司制企业中，人力资本所有者扮演着比非人力资本所有者更直接、更重要、更主体性和更本位性的角色，因而也具有更需要在制度安排上加以维护和保障的权能和权益。既然人力资本特别是专业化的人力资本由于其资产专用性和团队性而不能轻易退出企业，既然人力资本特别是专业化的人力资本所有者具有"亲临其境"直接进行企业财富生产和价值创造的特殊重要性，那么，人力资本特别是专业化的人力资本分享企业剩余和企业控制权，就既是必然合理的又是现实可能的；而"资合"性质的公司制下，企业剩余索取权和控制权就具体体现为股权，一切权能和权益都要体现为股权并最终通过股权来实现，因此，为了维护和保障人力资本特别是专业化的人力资本产权权益，应将人力资本所有者投入企业的人力资本资产

"作资人股"，转化为股权，按照股权平等的原则参与公司经营管理和利润分配。当代西方市场经济国家广泛开展的员工持股和经理人员期股权实践，正是这种理论逻辑统一于历史现实的产物。现代管理学在"人力资源管理"名义下发明的各种"人本型"战略管理、权变管理理论与方法，实际上也是对这种企业制度新变革中人力资本股权化趋势在企业运营管理层面的具体回应。

参考文献

［1］张维迎：《所有制、治理结构及委托—代理关系》，载《经济研究》1996年第 9 期。

［2］周其仁：《市场里的企业：一个人力资本与非人力资本的特别合约》，载《经济研究》1996 年第 6 期。

［3］杨瑞龙、周业安：《企业的利益相关者理论及其应用》，经济科学出版社2000 年版。

［4］方竹兰：《人力资本所有者拥有企业所有权是一个趋势》，载《经济研究》1997 年第 6 期。

［5］凯尔萨（Louis O. kelso）：《民主与经济力量：通过双因素经济控制雇员持股计划革命》，南京大学出版社 1996 年版。

［6］李宝元：《人力资本运营》，企业管理出版社 2001 年版。

第三篇　人本管理学无边

企业人力资本产权制度史论解析

人力资本产权安排与国有企业制度变革[*]

一、中国国有企业在人力资本产权制度上的根本矛盾

按照现代企业的契约理论，市场经济中的企业本质上是一种人力资本与非人力资本的特别市场合约。但是，在传统计划经济体制下形成和运作的国有企业，作为一种典型的公有制企业形态，其制度基础和根本特征恰在于它的非市场合约性。[①] 公有制的内在逻辑否定了任何个人意义上的产权关系，任何个人不能以任何资本（包括人力资本）的要素所有者身份集结要素进行生产经营活动，而都是作为"没有最终委托人的代理人"按照行政命令系统行事。因此，传统体制下国有企业的人力资本实际上还谈不上什么"运营"，其实质就是通过劳动人事部门或组织部门进行"计划分配"和"行政性控制"。国有企业的人力资本是国家进行公共投资形成，然后通过行政性计划调配给企业的；但是，由于人力资本产权具有个人自主性或个人决定性，法权上"公有"并被计划"配置"到企业的人力资本，其人力资产价值和使用绩效在实际上的供给水平究竟如何，国有企业员工个人在事实上拥有很大的决定权。所以，国有企业虽然没有选择和引进人力资本的权力，也无进行人力资本投资的主动性和积极性，更没有把既有人力

---

* 本文原载于《财经问题研究》2001 年第 8 期。

[①] 周其仁：《公有制企业的性质》，载《经济研究》2000 年第 11 期。

资本给"优化组合"出去的可能，但如何激励使用和整合管理其已拥有的人力资本，以顺利完成"国家计划任务"，依然是国家和国有企业经常考虑并努力解决的重要问题。

在市场经济中，企业面对有各种各样可能的不确定环境，在一切可能的方向上进行生产经营创新活动，以获取"利润最大化"回报；而在传统计划经济的环境中，国有企业面临的唯一不确定性就是"国家租金分配"及"国家计划任务"的不确定性，其追逐的目标就是通过"计划会议"进行"兄弟竞争"，使企业获得的国家租金分配最大化或国家计划任务最小化。无论是组织思想宣传、劳动模范表彰，还是各种"物质刺激"或规章制度约束，国有企业人力资本激励约束机制的有效性最终都取决于在多大程度上能使国家租金分配与国家计划任务完成程度正相关。但是，在传统计划经济体制下，国有企业所有激励机制都由于根本性的制度缺陷而最终低效、无效或失效。据周其仁（2000）分析，其根源主要有二：首先，公有制经济中，对每一个企业职工（包括经营管理者）个人来说，都是除了其人力资本以外"一无所有"的劳动者，其合法分享国家租金的唯一途径就是使用其人力资本即劳动，而"按劳分配"由于人力资本及其使用绩效的无法直接度量性最终流于按固定的工龄年限、职位级别、学历高低或按人头平均分配，而且劳动所得往往以实物福利形式发放，允许个人占用、消费和享受但不可交易和投资，这就使激励效果大打折扣；其次，对于国有企业的职工、特别是经营管理者来说，他们拥有极其有限的固定份额的国家租金索取权与实际获得相当大的国有资产控制权极不对称，而控制权必须在职在位才能享用的特性，必然造成"有权不用、过期作废"、滥用控制权及经营管理短期行为等的制度性腐败后果，这是国有企业经营管理者专业化人力资本激励约束机制普遍无效或失效的制度根源。①

---

① 周其仁：《公有制企业的性质》，载《经济研究》2000 年第 11 期。

二、市场化转型期国有企业面临的人力资本运营危机

国有企业人力资本激励使用机制这两个根本性缺陷，在计划经济环境中由于没有"比较"和外部市场性组织的竞争，很难鉴别判断和显露；但是，随着市场化改革的推进和新成长起来的非国有企业的竞争加剧，国有企业人力资本运营的制度性矛盾和问题就越来越凸显、越来越严重和复杂化。人力资本要素的市场配置是市场化改革的必然逻辑结果，而一旦推行全员合同制允许人力资本在国有企业与非国有企业之间合法流动，国有企业人力资本运营在获得"用人自主权"和"减员增效"好处的同时，面临的更多的是问题、危机和挑战。由于国有企业人力资本运营机制不承认个人产权，特别是人力资本产权及其向非人力资本产权转化的合法通道，通过国民教育或一般培训形成并长期积累滞存下来的高素质和专业化人力资本的供给受到制度性需求的严重约束，并因经营效益差、大面积亏损使平均主义地分配和索取的国家租金收入相对越来越有限，这与非国有企业，特别是人力资本稀缺的乡镇企业等民营企业认可知识和人力资本产权、"求才若渴"、重金重用的人力资本政策和激励使用机制形成强烈反差。在这样的情况下，大量高素质、专业化的人力资本不断地流出国有企业，而普通工人没有多大市场价值的一般人力资本（劳动力）却作为冗员留存了下来，这样国有企业人力资本运营管理必然面临"减员"而不能"增效"、"下岗"而无法"分流"、"组合"也难以"优化"甚至"恶化"的尴尬局面和矛盾危机。

（一）从人力资本投资及形成来看，国有企业人力资本投资动力衰微，企业人力资本形成存在逆向选择、难以为继的危机

国有企业的人力资本存量是通过国民教育或一般培训形成，并通过严格的户籍管理制度和行政性人事档案管理制度使之长期滞存下来的。国有企业本身的教育投资，长期以来主要用于承担本来应由政府或社会举办的国民义

务教育，如子弟学校和捐资助学等；即使有真正用于形成企业人力资本的教育投资，如委托高等学校培养或自己举办职工学校等，由于传统学历教育制度方面的原因，其教育培训内容绝大部分也属于一般性的教育培训课程，特殊教育培训项目十分有限。因此，在市场化的转型时期，随着人力要素市场流动和配置合法化，虽然一些国有企业通过种种措施阻止挽留，但人力资本流失终成为不可阻挡的浪潮和大趋势；在这样的情况下，国有企业人力资本投资缺乏必要规划，教育培训投资动力和人力资本存量必然日益衰微，教育培训机构被减并撤销，本来就微乎其微的职工教育培训经费也时常被挪用，人力资本投资经费逐年下降。改革以来，随着全员劳动合同制、承包经营责任制的推行，劳动用工制度和干部管理制度有了很大改善，但是由于人力资本产权及其股权化问题没有根本解决，传统人事管理运作方式依然起着主导作用，国有企业人力资本形成在新形势下面临严峻危机。例如，固定工与临时工在事实上的"双轨"并存，引发的各种劳动纠纷、人事摩擦和矛盾；企业经营者绝大多数仍由国家行政机关选拔委任，严重阻滞着企业家人力资本的竞争形成通道，这是国有企业普遍管理不善、大面积亏损的主要原因；由于缺乏明确、系统合理的人力资本引进政策、战略规划及激励机制，国有企业职工招聘选拔出现"劣胜优汰"的逆向选择，使企业人力资本整体素质每况愈下。

（二）从人力资本激励使用看，由于人力资本产权及其股权化问题没有根本解决，致使国有企业激励约束机制在面临外部市场竞争时普遍存在越来越低效、失效或无效的状态

自 20 世纪 80 年代中期以来，在国有企业中普遍推行"承包制"和"工效挂钩"，一些国有企业试行各种形式的"劳动分红制"让一般职工分享企业利润，主要目的是探索在社会主义市场经济条件下真正体现和贯彻"按劳分配"原则的新路子。随着股份制改革的推行，国有企业开始实行职工持股计划、股份合作制改造和经营者年薪制及经理股票期权计划等，也取得了初步成效。但是，从国有企业人力资本激励机制整体状况来看，人力资本产权及其股权化问题没有根本解决，国有企业激励约束机制在面临外部市场竞争时普遍存在越来越低效、失效或无效的态势。企业在薪酬激励决策上没有自主权，薪酬项目结构单一、薪酬分配存在严重平均主义倾向，经营管理者的正向激励和负向约束障碍重重，薪酬福利管理混乱、激励效率差，等等，仍是国有企业的主流和普遍现象。

目前，由于国有企业产权主体问题仍未通过公司制改造得到根本解决，加之"计税工资"等政策方面的原因，绝大多数国有企业的工作总额决策权仍由政府主管部门掌握，通过行政手段对企业实行工效挂钩或工资总额包干办法。据劳动与社会保障部劳动工资司统计，2000年，仍有10万户、4000多万名国有企业职工实行工效挂钩，其他大都实行工资总额包干或直接由政府部门核定的办法；另据该部劳动工资研究所2000对367户国有企业进行问卷调查，80%的企业表示没有工资总额决定权。由于大多数国有企业仍然没有人力资本运营决策权，加之历史遗留的传统观念阻滞、问题矛盾长期积累，国有企业普遍存在机构臃肿且岗位重叠，人浮于事职责不清，绩效考评不切实际，条块分割缺乏竞争的问题，致使人力资本使用效率极其低下。这样，企业经营效益差且每况愈下，企业职工分享国家租金份额因"工效挂钩"也就越来越少，结果"僧多粥少"不得不搞平均主义分配——在国有企业中，大部分员工工资收入与受教育程度没有直接关系，专业技术和管理人员收入拉不开档次。据有关最近调查数据，国有企业的大学本科为中小学毕业生、关键技术和管理岗位为一般员工的工资水平不到2倍；同时，份额不断增大的工资外收入、股权收益也基本上是以福利补贴的形式平均发放和分配的——而平均主义的分配又进一步挫伤员工积极性、加剧低效率运作，形成恶性循环。国有企业面临的最大激励约束机制障碍和问题是经营管理者人力资本产权制度安排。在上文中已指出，国有企业的内在制度逻辑是国家租金索取权与国有资产控制权的极度不对称，国有企业的厂长、经理作为政府委任的行政官员，享有微小份额（且固定）的租金索取权但却拥有巨大的在职控制权。国有企业年薪制推行困难重重，年薪名义收入很低，据中国企业家协会 1998 年专题调查，样本国有企业经营者年均职务内收入仅为 1.77 万元，49.6% 国有企业经营者月收入不足 1000 元，42.8% 的国有企业经营者月收入在 1001～3000 元之间①；另据中国企业家调查系统资料，年薪逾 5 万元的经营者在各类企业经营者中所占比重，国有企业仅为 4%，而外资企业、港澳台地区的企业和私营企业分别为 32%、26% 和 24%②。但如果加上工资外的收入，如一些垄断性行业的国有企业经营者并不低，一些地方政府和企业主管部门自行出台一些"重奖"措施，一些股份公司内部治理结构不健全导致经营收入分配的"内部人控制"，特别是国有企业经营者普遍享有数额惊人、项目非常混乱、往往无控制约束的在职消费或灰色收入，国有企业经营者实际获得的收入就并不能说很低。同时，企业经营者拥有的巨大数额的国有资产控制权，使具有一些企业家人力资本的人获得了相应补偿，并能够额外凭借"良心"、"党的教育"或"爱国精神"，把国有企业搞得很成功，如四川长虹、无锡小天鹅、邯钢、宝钢、燕山石化、大庆、一汽集团等。但是，由于企业家人力资本产权没有通过剩余索取权（股权）得到正面认可和维护，而控制权回报又只能在职在位才能拥有，这种控制权及在职待遇更不能合法转化为股权或物质财产权益积累或延期享用；这样，国有企业的生存、发展和成功只能凭借"运气"（如遇见了一个"伯乐"式的好部门主管）与具有企业家人力资本同时又是"好人"的某个自然人相遇，在实际中，只有少数国有企业才有这种"运气"，大多数"遇见"的要么是无能的"败家子"，要么是有企业家才能的"坏人"，要么可能是既不能说"好"也不能说"坏"而只能令人悲叹的"悲剧人物"，如云南红塔集团褚时健的悲剧人生。这些"英雄难过退职关"的"59 岁先生"们的悲剧，与其说是个人悲剧，倒不如说是国有企业的制度悲剧，他们大都是具有很高的"政治思想觉悟"，也具有很高企业家人力资本水

第三篇 人本管理学无边

人力资本产权安排与国有企业制度变革

---

① 苏海南：《经营者激励与约束——年薪制操作》，珠海出版社 1999 年版。

② 《中国劳动保障报》，2000 年 10 月 28 日。

平，也曾通过自己的"无私奉献"和很大努力取得了辉煌的经营业绩，但在临近退职即将失去控制权回报时，却因"一念之差"、"心理失衡"最后因贪污腐败犯罪终结其余生，真可谓可悲可叹。因此，彻底改变企业经营者索取权与控制权不对称的制度安排，认可并推行企业家人力资本股权化，是解决国有企业经营者激励约束问题、保证国有企业长期生存和发展的根本出路。

现在，国有企业薪酬激励机制的运作管理存在明显的制度悖论和两难处境。一方面，国有企业自身无法成为真正的所有权主体，因而也无法在国家租金分享上克服"兄弟竞争"、"机会主义"的天然动机和行为冲动，在职工工资分配上也不可能形成什么自我约束机制，因此政府主管部门迟迟不敢放权，只能通过行政办法严格控制各国有企业的工资总额指标；但由于存在信息不对称，政府部门只能通过统一"一刀切"的固定等级工资制管住工资收入，这样很难适应各企业千差万别的实际情况，也就大大削弱工资薪酬的激励功能，企业为了弥补这一功能缺失，往往试图也实际可能在工资外大幅度增加职工的各种福利津贴收入。据国家统计局对全国 15 万户家庭进行抽样调查结果显示，1999 年全国工资外收入占从业人员总收入的55%，比 1990 年增长了23%①。另一方面，从"规范管理"的角度，政府需要也应该对制度外收入加以控制，但这实际上又是不可行的，因为正是政府对企业工资收入的行政控制，无法适应各企业具体激励需要才导致了工资外收入的形成和增长，把所有收入都纳入行政控制的结果只能回到传统计划经济的老路上，这显然有违市场化改革大趋势，不要说企业不干，"职能转换"到今天的政府也已经没有当初那样独揽分配大权的合法性和能力。

（三）从人力资本整合管理来看，转型期的国有企业员工关系繁杂难顺，离心离德倾向比较明显，专业化、高素质人力资本流失问题突出，企业人力资本运营整体绩效水平差

由于传统计划体制下形成的"企业办社会"状况，国有企业人力资本在

———————

① 苏海南：《经营者激励与约束——年薪制操作》，珠海出版社 1999 年版。

物质层面整合上，本来具有很大优势。在市场化初期，一些国有企业员工之所以"不忍心"下海，或即使下海也要通过"停薪留职"或"双轨制"家庭组合（即夫妻两人分别在国有企业与非国有企业任职，实行高福利与高薪酬的"优化组合"）等办法，来留条后路、分散因下海带来的不确定风险，就是因为国有企业有物质福利保障的优越条件，如福利住房、子女就学就业、公费医疗及各种特殊身份待遇等。随着市场化改革的推进，国有企业在这方面的整合优势逐渐淡化，特别是进入20世纪90年代改革主攻方向对准国有企业进行"攻坚战"时，很多国有企业的一般职工连就业都没了保障（工人大规模"下岗"），更不用说养老、医疗、分房、安排子女就学就业了，国有企业在物质福利层面的整合力丧失殆尽。如果说国有企业在物质层面的人力资本整合还有一定优势的话，那么在制度层面上就很难说有什么优越性。从承包制开始，到股份制改造，再到后来租赁、拍卖等多元化改革，名义上作为"主人翁"实行"按劳分配"的国有企业职工，实际上沦为给企业经营者"打工"的雇员，职工代表大会等民主参与管理、民主监督制度形同虚设，论资排辈、任人唯亲、暗箱操作、内耗互斗的人事管理秩序严重窒息着人们的主体意识、积极性和创造性。一些实行公司制改造的国有企业，包括国有独资公司和国有控股公司，新三会（股东会、董事会和监事会）与老三会（党委会、职代会和工会）机构重叠、职能错位、角色冲突，不能形成相互制衡、协同运作的法人治理结构，致使员工关系繁复杂乱无法有效整合、协调、控制和管理。这样，在精神层面上，国有企业人力资本的整合就基本可以说是劣势和颓势，主人翁意识逐步淡化，更谈不上忠诚和团队精神，离心离德、人心惶惶成为转型期大部分国有企业员工的普遍心态和精神状态。

三、中国国有企业人力资本产权制度及运营模式构想

所谓国有企业，无非是政府拥有或控制的从事生产经营活动的经济实体。世界各国，无论在历史上还是当代，都几乎无一例外地存在由政府经营或监

管的国有企业。但是，在不同的体制中，国有企业形成和存在的制度逻辑是不同的。在市场经济体制中，国有企业一般是为了实现某种公共政策目标而形成的一种特殊企业，其存在与弥补"市场缺陷"有关，大多是在外部性较强或自然垄断性很强的行业，政府为达到某种政治或社会的特殊目标，才通过举办和经营少数具有特殊功能的国有企业，这种企业的运作和管理不是由一般的公司法来规范的，而是通过特殊的政治程序和行政法律规范来约束和规制的。但作为一般的（主体或主导的）、普遍存在于各行各业的微观经济基本单位来运作，是计划经济体制下国有企业的基本性质和制度逻辑。而只要这样的国有企业还是国民经济中普遍存在的一般企业形式，大大小小地大量存在于国民经济各行各业之中，那么国有企业的问题就无法根本解决。因此，市场化改革的一项攻坚任务或制度转型最根本性问题，就是在初始体制的"既成事实"给定的前提下，如何渐进地把国有企业从"各条战线"上撤出，使之变成仅限于特殊领域，仅出于特殊目标（公共政策目标）而少量存在的特殊企业，而把大片越位占领的空间让位于市场来调节。国有企业改革的未来走向，首要的是突破国有企业的"主体"观念，加大国有企业的"退出"力度和范围；其次是创造公平竞争的法规环境，大力鼓励和诱导非国有企业"进入"和发展；然后才是对被界定了"特殊性质和职能"的少数国有企业（有学者认为应保留 4000～6000 家）采取特殊"监管"，实行以人为本的人力资本运营模式，真正使少数国有企业发挥"主导"国民经济运行的"特殊"作用。

国有企业，作为在市场经济中"特殊存在"的企业组织形式，其人力资本有效运营的制度框架之核心问题，就是要解决企业组织成员即人力资本所有者权益的个人自主性与国有资产所有者社会目标的政策公益性之间的矛盾。国有企业，包括在竞争性领域担负主导国家产业政策实施的大型国有企业，在自然垄断性领域承担提供准公共产品和服务、通过规模经营超前发展基础产业和进行基础设施建设的典型垄断经营型国有企业，其与一般企业不同的特殊之处就在于它具有政策公益性和经营自益性的双重目标。因此，不能以一般的民商法律体系（公司法）对国有企业经营活动进行规制管理，须有一套特殊的法律规制体系和制度安排来约束。总的来说，就是应建立一套有效保护、激励和约束企业成员人力资本合法权能权益，多元利益相关者相互制衡、相机竞争和调控的国有企业特殊法人治理结构。

首先，从人力资本投资形成机制来看，应在法律框架及具体制度安排上保证，国有企业包括经营者在内的所有员工，都能拥有合法的人力资本权能权益，以及向非人力资本产权转化和向非国有企业流动的合法通道，以保证国有企业具有进行特殊的或一般的人力资本投资积极性，以及吸引社会市场上高素质、专业化人力资本加盟的内聚力。国有资产经营是具有特殊政策和公益导向的，经营的外部环境也具有特殊的垄断性和政策约束，如国有企业经营要有利于国民经济结构优化、宏观经济稳定、国家竞争力提高、居民福利改善等，为此政府要设置准入壁垒、投资和财务监督、进行价格和利润指标控制以及人事方面的某些干预等；但是在企业人力资本的投资、形成和运营上，国有企业应与非国有企业具有平等竞争的地位和机会，要在制度安排上保证无论谁担任厂长、经理，无论什么人成为国有企业职工，都能与非国有企业一样具有平等竞争、积累和发挥自己人力资本的空间和机会，既不会因为国有企业的政策优惠或垄断地位而"坐享其成"，也不会因为国有企业的行政干预或特殊负担而"无用武之地"。国有企业的人力资本不能简单地看作是"公有资产"（公家人），应该本着"谁投资、谁收益"的原则，在资产评估的基础上对国有企业人力资本股权进行划分和界定，对职工个人投资和积累的人力资本份额应在法律上给予正面认可，而且作为股权结构中的股份资本予以确认，并与其他非人力资本产权一样享有相应的剩余索取权和控制权。同时，国有企业应建立与整个社会人力资本市场配置系统相连接的人力资本形成机制，企业所有员工一律取消行政级别和身份制，企业经营者可以通过社会企业家或经理人力资本市场公开竞聘来获得，专业技术人员和一般职工都可以通过开放的人才或劳动力市场公开招聘择优录用。一旦成为国有企业员工，任何人都能够凭借其人力资本产权获得"市场平均水平"的收益率

（不仅是有限的固定的"劳动报酬"），有特殊人力资本运营绩效的还可以获得"超额收益"。这样才能保证国有企业具有正向选择、开放畅通的人力资本形成通道。

其次，从人力资本激励使用角度看，国有企业应在多元利益相关者相互制衡的治理结构下，建立员工人力资本产权与社会非人力资本产权共同参与企业经营控制和收益绩效分享的激励约束机制。国有企业的利益相关者是一个庞大的社会群体，除了作为人力资本产权主体的企业职工而外，还包括直接消费者、相关厂商、社会公众、银行和金融机构、政府主管部门和行政监管机构及官员等；因此，国有企业特殊法人治理结构应由各方面代表按适当比例组成，以国有资产法定代表为核心设立的股东会（或"国有资产经营管理代表大会"）作为国有企业最高权力机关，下设由企业职工代表、外部专家代表和国有股权代表组成的执行机关即董事会（或称"企业经营管理委员会"），以及由工会代表、债权人代表、政府监管代表及社会公众代表等各方面代表组成的监事会（或称"企业经营管理督察委员会"），形成权力制衡、动态相机调控的运作程序和机制。对于国有企业经营运作绩效，要通过社会信誉、投资项目评价系统、宏观经济景气统计预警系统、财政金融监测系统及价格、服务质量听证会等从外部进行监管和控制，还要利用职代会、监事会等对经营者行为进行内部财务审计和工作绩效评估，以保证国有企业经营管理者和所有职工能最大限度地在给定的经营空间运用其人力资本获得应得收益，保证他们能随其人力资本价值及努力程度提高而获得相应提高的人力资本收益。这里的关键环节是：第一，要恰到好处地设置国有企业经营管理绩效的考核指标体系，使企业员工的人力资本运营既能契合特定的社会政策目标，又能保持较高的运营效率及经营绩效，既不会因为特殊政策扶植或垄断地位而额外获得好处，也不会因为特殊社会负担而抹杀其人力资本价值和运营绩效评估得分；第二，在制度安排上充分保障国有企业职工的人力资本权益，通过制订和实施适当的职工持股计划和经理股票期权计划等长期薪酬激励项目，实现国有企业人力资本股权化，促使国有企业经营管理长期持续业成员"出钱不出力"的同时也默认一些企业成员即人力资本所有者"出力不出钱",两者都是"合法"的。在西方市场经济国家中,企业家年薪收入一般包括基本薪水和红利报酬两部分,既拥有薪水、奖金较固定的收入,又拥有利润分成和股票期权等剩余收入;同时,20世纪60年代以来,许多公司大力推行利润分享和雇员持股计划,使企业职工成为企业所有者。虽然企业内部成员拥有股份并不是以其人力资本直接作资入股的,但许多企业确实是以优惠价格或其他优惠形式把股份"送"给企业经营者或职工的;这种优惠或无偿送股凭的是什么?其实质就是默认"出力不出钱",将人力资本部分"股份化"。因此,绝对地认定排斥人力资本作股是现代股份制企业的一个基本特征,是有失偏颇的,既在理论逻辑上讲不通,又与实践不相符合。

有学者认为,人力资本与其所有者的不可分离性意味着人力资本不具有抵押功能,不能被其他成员当"人质";因为常言道,"跑了和尚跑不了庙",一个只有人力资本没有非人力资本的人就类似一个"无庙和尚",怎么能得到别人的信赖呢(张维迎,1996)?其实,从逻辑上看,可抵押性与否不必然由资本与其所有者可分离与否推出。就拿"无庙和尚"来说,即使他没有"庙"作抵押品,但他也要以不能做"和尚"而受到约束,无论他"跑"到哪里,只要他还想作"和尚",他就要好好"念经",否则他就会丧失其"做和尚"的人力资本。一种特殊的人力资本,是经过长期的艰辛投资活动而得来的,而且与其所有者的生命相连带,一旦失败,其成本只能由自己来承担。一个企业家的人力资本,即使无财务资本作担保,但在激烈的市场竞争下,一旦经营不成功就意味着丧失或结束其当企业家的职业生涯,因此,他绝不会拿自己的人力资本开玩笑。可见,以人力资本与其所有者的不可分离性来否定人力资本的可抵押性,是没有道理的。在现代社会,正如方竹兰(1997)所论,情况可能恰巧相反。对于纯粹作为企业外部成员或利益相关者的社会投资者即所谓"股民"和债权人来说,其投入企业的非人力资本由于其与所有者自身可以分离,在现代发达的金融市场机制和信用制度下,一些非人力资本往往极容易从一种形态转化为另种形态、从一种资产组合转化为另种资高效率运作。

再次，从人力资本整合管理层面看，国有企业应借助国家知识创新体系，特别是教育培训系统，利用自己独特的社会信誉和政策前瞻优势，直面 21 世纪国际市场竞争环境和知识经济时代的现实挑战，积极地选择和恰当地制定适应本企业情况的人力资本运营模式和战略规划，从人力资本维持保障到员工关系沟通网络建设，从契约化管理和集体协商制度完善到团队精神及企业文化重塑，进行全面系统的整合管理。鉴于历史遗留问题累积负担沉重和传统意识形态惯性作用强势，国有企业人力资本整合管理的重点应放在意识形态、个人价值观、团队精神和企业文化的重塑及再造方面。国有企业文化的重塑和建设，要彻底转变过去国有企业"无比优越性"的盲目优越感，真正树立"竞争中获取优势"的自主独立主体意识；应从过去由政治意识形态理论赋予的"主人翁"梦境中走出来，树立以其人力资本合法权益获得真正的真正归属感和主人翁责任感；加入市场经济公平竞争的大潮大浪中，以自己竞争得来的市场信誉和品牌重塑企业团队精神，强化国有企业员工的凝聚力、创造力和竞争力。

国有企业改革和人力资本运营制度框架及战略模式形成是一项复杂的社会互动和历史过程，以上只是对市场经济条件下已经恰当定位的国有企业人力资本运营制度框架和目标模式所作的粗略勾画，而从目前状态向这个目标状态过渡尚有很长的路要走，有很多操作性难题要克服，也会遇到各种各样的不确定性，须有充分的时间、勇气和耐心。

参考文献

[1] 樊纲、张曙光等：《公有制宏观经济理论大纲》，上海三联书店 1990 年版。

[2] 樊纲、张曙光、王利民：《双轨过度与双轨调控》，载《经济研究》1993 年第 10 期。

[3] 周其仁：《市场里的企业：一个人力资本与非人力资本的特别合约》，载《经济研究》1996 年第 6 期。

[4] 周其仁：《"控制权回报"和"企业家控制的企业"——"公有制经济"

中企业家人力资本产权的个案研究》，载《经济研究》1997 年第 5 期。

［5］周其仁：《公有制企业的性质》，载《经济研究》2000 年第 11 期。

［6］方竹兰：《人力资本所有者拥有企业所有权是一个趋势》，载《经济研究》1997 年第 6 期。

［7］劳动与社会保障部劳动工资研究所：《重构与创新：现代企业工资收入分配制度》，中国劳动社会保障出版社 2001 年版。

［8］苏海南主编：《经营者激励与约束——年薪制操作》，珠海出版社 1999 年版。

［9］金碚：《何去何从——当代中国的国有企业问题》，今日中国出版社 1997 年版。

［10］杨瑞龙、周业安：《企业的利益相关者理论及其应用》，经济科学出版社 2000 年版。

京师经管文库

人本发展与管理——李宝元文集

企业经营者人力资本股权化：制度意义与实现途径*

一、工者有其股：现代企业制度中
人力资本股权化的内在逻辑

现代企业制度，是在公司制的基础上发展起来的，它是一种所有权利益相关者共同参与企业治理、具有多元化制衡机制的企业制度安排。现代企业的典型形式是取得永续法律生命的公司制。而一旦企业建立在有限责任制度基础上获得永续生命，便会在协调利益相关者多元目标的互动中求生存谋发展（杨瑞龙，周业安，2000）。现代企业制度的本质特征就在于：股东、债权人、董事、经理和职工乃至客户等在企业中进行了"专用性投资"的所有利益相关者，形成多元的、复杂的、相互制衡的企业所有权结构和治理结构。现代公司制度的实质，与其说是所有权与经营权相分离，倒不如说是人力资本和非人力资本所有者的巧妙分工条件下更加凸显人力资本的直接、能动和决定性作用的一种制度安排。

在理论上讲，所有权安排在企业成员之间具有天然的平等性和状态依存性，只要遵循控制权（剩余索取权）跟着剩余索取权（控制权）走而使两者

达到最大可能的对应这一基本逻辑，所有的企业所有权安排模式都有理论合理性和特定的实践可行性。就公司制股权性质和要求来说，只要所有权主体将其资本要素投入公司而具有不可收回性，并能以投入数额为限承担责任和取得收益回报，那么，无论其投入的是非人力资本还是人力资本要素，都可以"股份化"为股权形式拥有剩余索取权和相应的控制权。具体来说，对于非人力资本来说，如果其所有者不愿承担企业经营的"应有"风险，将其资本要素投入企业还要求按期收回，那么他就可以得到较固定（相对说来风险较小）的债券收入（利息），虽然在有关债务安全的决策上他也拥有一定的控制权；如果其所有者愿承担企业"应有"风险，将其资本要素投入企业后就不能要求退还，那么他就作为股东拥有较大的企业控制权，取得较大的剩余收入即风险较大的股息红利收入。这就是说，非人力资本可以是股份资本，也可以是非股份资本，可以具有股份性也可以是非股份性的。同样，对于人力资本来说，如果其在企业中的重要性较小、专用性不大（即具有较强的通用性），从而具有较大的流动性即可以方便地将其投入从企业中抽走，那么其所有者就可以得到较固定（相对说来风险较小）的工薪收入，虽然在有关工薪支付等决策上他也拥有一定的发言权或投票权；如果其在企业中举足轻重，具有较强的专用性和团队性，以致很难将其投入从企业中抽走，或要流动就要付出高昂的成本或代价，甚至一旦离开企业其价值就会荡然无存，那么其所有者就要拥有较大的企业控制权和剩余索取权，以股权形式取得风险收益。也就是说，人力资本可以是非股份性的，也可以股份化为股份资本形式。

现代股份公司制度的最大优越性和特色，正如张维迎（1996）所言，就在于解决了"能"（人力资本）和"财"（非人力资本）在社会大众之间分布不对称的问题，它既为那些"有财无能"（即有财务等非人力资本而无企业家才能等人力资本）的人创造了赚取收益的机会，又为那些"有能无财"（即有企业家才能等人力资本而无财务等非人力资本）的人提供了从事经营管理职业和其他工作的机会。这就是说，股份公司制度在内在逻辑上允许一些企业成员"出钱不出力"的同时也默认一些企业成员即人力资本所有者"出力不出钱"，二者都是"合法"的。在西方市场经济国家中，企业家年薪收入一般包括基本薪水和红利报酬两部分，既拥有薪水、奖金较固定的收入，又拥有利润分成和股票期权等剩余收入；同时，20世纪60年代以来许多公司大力推行利润分享和雇员持股计划，使企业职工成为企业所有者。虽然企业内部成员拥有股份并不是以其人力资本直接作资入股的，但许多企业确实是以优惠价格或其他优惠形式把股份"送"给企业经营者或职工的；这种优惠或无偿送股凭的是什么？其实质就是默认"出力不出钱"，将人力资本部分"股份化"。因此，绝对地认定排斥人力资本作股是现代股份制企业的一个基本特征，是有失偏颇的，这既在理论逻辑上讲不通，又与实践不相符合。

在现代公司制企业中，人力资本所有者扮演着比非人力资本所有者更直接、更重要、更主体性和更本位性的角色，因而也具有更需要在制度安排上加以维护和保障的权能和权益。新技术革命突飞猛进，知识经济初现端倪，人力资源特别是知识工人专业化的人力资本越来越成为稀缺要素，成为决定企业市场竞争成败的战略性要素；同时，人才评估等社会信息显示系统在技术上也日趋成熟，专业化人力资本显示机制日益完善；加之，随着产业和经济民主化运动的推进，严格的反歧视、平等就业、劳动保障方面的法规纷纷出台，以及工会高度组织化的外部压力不断加剧，这就使企业人力资本产权问题和人力资本运营在现代公司制下比过去任何时候都更加复杂化、更加重要、更加具有战略意义。

既然人力资本特别是专业化的人力资本由于其资产专用性和团队性而不能轻易退出企业，既然人力资本特别是专业化的人力资本所有者具有"亲临其境"直接进行企业财富生产和价值创造的特殊重要性，那么，人力资本特别是专业化的人力资本分享企业剩余和企业控制权，就既是必然合理的又是现实可能的；而"资合"性质的公司制下，企业剩余索取权和控制权就具体体现为股权，一切权能和权益都要体现为股权并最终通过股权来实现，因此，为了维护和保障人力资本特别是专业化的人力资本产权权益，应将人力资本所有者投到企业的人力资本资产"作资入股"，转化为股权，按照股权平等的原则参与公司经营管理和利润分配。当代西方市场经济国家广泛开展的员工持股和经理人员期股权实践，正是这种理论逻辑统一于历史现实的产物。现代管理学在"人力资源管理"名义下发明的各种"人本型"战略管理、权变管理理论与方法，实际上也是对这种企业制度新变革中人力资本股权化趋势在企业运营管理层面的具体回应。

二、经理层持股：企业经营者人力资本股权化的现实必然性

经理层持股是整个企业人力资本股权化的题中之义或重要组成部分。所谓经理层持股，主要是指公司中层以上管理人员和核心技术人员通过适当的制度安排和机制设计持有本公司一定比例的股权，以改善其收入结构、赋予其剩余索取权，从而激励其采取有利于维持公司长期经营业绩的行为。

企业家和经理的专业化人力资本在现代公司治理结构和运营管理中处于举足轻重的地位，在规模不断巨型化、经营不断多元化和股权不断分散化的现代企业中，经理层一般拥有对企业的很大或绝对控制权。正如钱德勒所说，所谓"现代企业"干脆就是"由一组支薪的中、高层经理所管理的多单位企业"，"管理层级制的存在是现代工商企业的一个显著特征"，而技术性、职业化的支薪经理人员倾向于有利于公司长期稳定成长的"内部控制"恰是现代企业可持续发展的重要动因。既如此，按照剩余索取权与控制权相对称的企业所有权安排原则，拥有企业相当大控制权的经理人员也应享有相应的剩余索取权，才能实现经理行为的激励相容。这样，经理层持股就成为弘扬企业家和经理专业化人力资本产权、实现企业所有权与治理结构激励相容的必然要求和基本途径。

中国企业，特别是国有企业和集体企业的产权制度存在天然的所有者缺位和内部人控制问题。企业经营者（大多数还不是现代公司意义上的企业家和经理）的薪酬与一般职工差不太多，但他们拥有数额巨大的公有资产控制

权和"在职消费"收入。特别是国有企业的厂长、经理，许多消费都可以全额由公款报销。这种与"在位"相关的控制权究竟怎么用，全凭这个厂长、经理的"良心"和"思想觉悟"，其间有天壤之别。大多数情况是，在没有外在市场竞争压力下，有的干脆就是自然垄断和独家垄断性行业，企业就以官僚机构般支撑运行；一旦进入市场竞争环境，大多都会面临经营危机，不是"明亏"就是"暗亏"，1/3 亏损、1/3 勉强维持、1/3 有盈利就成为国有企业运营的常态；即使原先曾靠具有"上进心"的创业者艰苦奋斗成长起来的集体企业，如四通那样的高科技企业，最终也会由于"产权模糊"而陷于危机四伏的局面。也有不少集"好人"和"能人"于一身的国有企业厂长经理在改革开放的大风大浪中奋发图强，成为（或被评为）"优秀企业家"，然而可悲的是，这些人能"光荣退休"的不多，大多难过 60 岁退休制度关，晚节难守，在 59 岁就纷纷落马，被"拉下水"，演绎了从"优秀企业家"变为阶下囚的人生悲剧。

根据周其仁（1997）的研究，在有些如浙江横店集团这样的严格界定了政府与企业关系的集体所有制企业中，作为总裁的企业家人力资本产权回报一般主要以两种形式体现：一是相当有限的剩余索取权，二是相当大的企业控制权；控制权回报具有一个与剩余索取权不同的重要特性，就是要求企业家本人必须在控制企业的位子上才能"享用"这一权利。这种相当大的控制权经过多年积累，实际上已经沉淀为企业总裁在企业中专用性、团队性很强的人力资本存量，应该把它"股份化"到企业的资产结构之中，转化为相应的剩余索取权，以"剩余权"回报企业家过去对企业的贡献，以避免可能出现的企业家能力弱化和消失而使企业现在和将来无法永续生存的情况。据此，周推出的基本结论是：如果没有企业家人力资本产权的股份化①或其他具有同等效能的制度变迁，企业家控制的社团所有制企业，与现在大多数国有企业

---

① 周其仁称之为"资本化"，笔者认为不准确。对公司制企业来说，确切地说，应为"人力资本股权化"或"人力资本产权股份化"。

的命运相同，也一样很难在与股份公司这样几乎可以有永久生命的企业类型的竞争中，通过更长程的"生存检验"。总之，"我们有天下最便宜的企业家——工资最低，同时，又有天下最昂贵的企业制度——大量亏损"，说的就是企业经营者在拥有巨大的在位控制权的同时没有或少有剩余索取权所造成的两难悖论情景。出路是有的，那就是通过经理层持股实现其人力资本股权化。

现代企业中经理层持股的实现形式是多种多样的，但归纳起来无外乎两大类——ESO 和 MBO。ESO 的操作问题，实际上是在产权比较清晰、公司治理结构建立健全的情况下，通过设计适当的股票期权计划或方案，对那些掌握企业未来运营控制权命脉的人力资本所有者，包括经营管理人员、技术开发人员和市场营销人员等，给予企业剩余索取选择权，使他们与企业结成命运共同体，以其达到专业化人力资本的长期激励使用目标。中国目前面临的关键问题还不是 ESO 操作问题，而首先是 MBO 运作问题，即：在产权改革层面如何推行 MBO，使一些成功及成长性国有或集体企业，如联想、四通这样的高科技企业，其产权关系由于历史原因"说不清"，而现在亟须赋予企业创业者或现在及今后实际控制企业经营命脉的企业家以股权激励，鼓励企业员工特别是经理层"向前看"，通过增量和边际转换迂回解决产权界定问题，从而保证企业"长治久安"、稳步向前发展。

三、管理者收购：实现企业经营者人力资本股权化的
制度操作杠杆

管理者收购（Management Buy-Outs，MBO），作为一种特殊形式的"杠杆收购"（LBO），它是指由公司经理层借助金融杠杆购买本公司股份，实行资产重组改变公司所有权结构，从而达到经理层持股控制企业所有权的目的。对于处在转型期的中国来说，MBO 主要还不是一般性的融资收购解决代理成本问题，而是产权制度的变革或改制问题。国有企业如何战略性改组和"退出"，产权关系不清的集体企业怎样绕开死结实现制度创新，私营企业发展壮

大以后如何在制度上保证可持续发展，人们在各种方法都使尽了以后，就把希望寄托在 MBO 上。但是，MBO 要实现本土化，还需要克服一系列思想、制度和技术障碍，作艰苦卓绝的努力。在中国转型经济条件下利用 MBO 进行企业改制、实现股权激励，必然在收购目标、参与收购方角色责任、收购方式和途径、收购操作程序等方面都具有不同于西方发达市场经济国家的特殊性。

首先，在中国，MBO 的目标企业主要是国有中小企业、各类集体企业和私有企业。进入 20 世纪 90 年代，国有企业改革步伐加快，政府出台了关于"抓大放小"、出售中小企业即国有股权转让的方针和政策，国有企业的战略性改组和调整也成为"十五"规划纲要的重头戏。在这样的宏观背景下，一些国有企业的经营者及职工在政府和有关管理部门的支持和推动下，通过职工持股会与经营者控股相结合的形式，分期支付购买国有企业产权，从而实现了产权关系明晰化和彻底改善经营激励机制的目的。中国各类集体企业特别是众多的乡镇企业，由于历史原因，其产权关系大都是一团理不清的乱麻；在经过一二十年的风雨坎坷和成长壮大后，以前不大成问题的产权问题就成为进一步发展的根本性制度障碍，因此，通过 MBO 方式实现职工持股制和股份合作制改革，就成为越来越多的集体企业制度创新的必然选择。同样，好多私有企业经过摸爬滚打终于奠定创业根基，如"傻子瓜子大王"年广九这类私人企业主，这些年来利用自己据说可以流成黄河的汗水、泪水干出了一番"轰轰烈烈"的事业，年已 65 岁尚不减当年勇，仍在郑州的瓜子作坊挥铲炒瓜子；但毕竟如他的儿子所言，像父辈那样没有文化科技知识就可闯天下的时代已经过去，当企业发展到一定规模后，具有现代经营管理知识和能力的经营者必然会实际控制操纵企业运营，进而要求剩余索取权，在这种情况下业主与经营者协商通过 MBO 方式转让企业所有权就成为经常发生的事情。著名的民营高科技企业四通集团公司的产权改革和 MBO 典型案例，足以说明 MBO 对中国转型期的企业制度创新和股权激励机制具有重大的现实意义。

其次，从实际收购主体运作情况来看，中国 MBO 不像西方公司那样就是纯粹的"高层经理人"，而大都是与职工持股会制度相结合，由全体公司员工参与、经营者主导进行收购。长期以来，"均贫富"的传统文化氛围、"一大二公"的意识形态和"大一统"的计划经济体制环境，致使成功企业的经营者（人们所说的"能人"）很难在短期内，就能以一个真正企业家身份和职业化的经理阶层出现，独立承担 MBO 的收购任务。当然，企业经营者要能独立进行产权收购，除了外部宽松适宜的社会环境外，还需要具备高度的自信心、敏锐的直觉、理性的判断力、快速的应变能力以及长期运作企业的成功（或失败）经验基础等内在的专业化人力资本水平和存量积累。而且，管理者一旦进入 MBO 收购这角色，就要相应承担收购行为所引发的一系列平衡各方面利益关系的法律责任及道德义务，包括保证公正维护公司利益的信托责任、保密责任及其他相关法律责任，收购行为符合可信赖性、公开公正性等"最佳行为准则"。而所有这些都是一个渐进的、潜移默化的制度变迁过程，需要时间和耐心，不是一蹴而就的事情。

最后，从融资系统和收购方式来看，中国企业 MBO 的借贷融资手段和渠道目前受法律和政策约束较大，采用杠杆收购的情况还不多。在西方国家，收购方式一般有：资产收购，即经理层通过收购目标公司（一般是上市公司、集团子公司或分支机构公营公司或部门）的大部分或全部资产获得所有权和控制权；股票收购，即经理层通过购买目标公司股东的股票直接获得控股权和经营管理支配权；综合证券收购，即经理层对目标公司提出收购要约时，其出价是包括现金、股票、公司债券、认股权证、可转换债券等多种形式的证券组合。无论哪种方式，经理层要能完成收购，都需要借助外部战略投资人、金融机构等提供的金融杠杆，在这样的条件下 MBO 收购才能最终顺利实现。目前在我国，经理层收购尚缺乏必要的金融支持系统。传统金融体系是一种物本型，只注重"历史"的制度安排，只有账面净资产和有形资产才可作为可抵押或担保的融资砝码，企业家专业化人力资本及其"面向未来"的收购在这种体制下是很难得到金融杠杆支持的；同时，风险创业投资、二板市场目前都还处在起步阶段，企业经营者多以自筹资金或私募投资为主进行公司改造来完成，例如，以承包利润反购或通过定向扩股迂回逐期以资产融资收购股权来实现，因此经理层收购在实际操作中步履维艰。此外，我国企业目前的管理者收购程序远未规范，公开竞价、融资操作的法律程序以及投资银行家、律师、会计师、资产评估师、管理顾问等中介支持系统尚未建立。我国企业收购大多是企业内部经营者与所有权代表（如政府主管部门）达成默契的前提下，进行暗箱操作，以政府上下撺掇、当事者人际关系协调等私下交易为主，桌面上基本是走走形式、公布一下结果，局外人很难了解收购过程的程序合法性。

总之，MBO 在中国已不是"理论"问题而是实际"行动"的问题，不仅仅是商业运作问题更重要的是通过制度创新推进企业改革、实现经营者股权激励的"大是大非"问题。通过实施 MBO，一则能解开长期困扰公有制企业的产权死结，用清晰的增量来赎买或稀释产权模糊的存量资产；二则可以有效解决长期难以解决的经营者短期行为和代理成本昂贵问题，从根本上建立企业运营管理的长期激励和约束机制；三则为那些企业家和经营管理人员提供很好的创业机会和舞台，使中国企业家队伍或经理阶层逐渐形成并发展壮大，从而使之成为推动中国经济发展的主力军。可以预示，MBO 在中国将会有广阔的应用前景。当然，这是一个渐进的、艰难的制度变迁和社会利益互动过程，需要时间和耐心。

四、经理股票期权：企业经营者人力资本股权化的一般实现形式

在产权比较清晰、公司治理结构建立健全的情况下，公司决策机构通过设计和实施适当的股票期权（ESO）计划，使那些掌握企业未来运营控制权命脉的人力资本所有者与企业结成命运共同体，以其达到专业化人力资本的长期激励使用目标。所谓经理股票期权（ESO，Executive Stock Option），是指赋予公司高层经理人员或技术骨干一种选择权利，持有者可以在特定时期内行权，即在特定时期以事先确定的行权价（一般是授予期权时的公平股市价）

购买本公司的股票。在行权时，如果股市价格上升，股票持有者就会行权并获得可观的差价收益；否则，股票期权就失去价值，放弃行权任何收益没有。一项完整的股票期权计划设计要素包括授予对象、行权价格、授权数量、股票来源和执行期限等。实行股票期权计划的企业需要具备一些条件，如：具有良好的以人为本、民主参与的软环境；企业家人力资本在企业运营管理过程中的主导作用明显，其未来潜在价值和提升空间也较大；企业属于竞争性的或非政策性、制度性垄断行业，企业生产要素、包括人力资本要素的市场化程度较高；企业发展前景看好，具有较大的潜在管理效率提升空间，一般属于如电子计算机、网络通信、生物医药等高科技企业。有关实证研究结果表明，股票期权计划有力地促进了企业、特别是高科技企业的迅速成长，对核心员工提高长期绩效具有明显的激励作用。

股票期权计划近年来在中国的应用和实施首先是从一些高科技电子企业开始的。1994年，联想集团就对其股权结构和激励机制作了较大调整，联想的所有权主体中科院将其在联想35%的"分红权"授予联想员工，其中35%授予参与创业的老员工，20%授予一般老员工，而另外的45%则预留给未来的新员工，这种"分红权"授予已经具备了股票期权计划的某些属性和激励效应。同年，联想集团在香港的子公司68%的权益授予柳传志等6位执行董事，他们可以在未来10年内以每股1.122港元的价格购买总额达820万股的股票期权，其中柳传志获得200万股，按目前市值行权可获得1000万元以上的期权收益。1998年，方正香港公司也实行了股票期权计划，公司向王选等6名公司董事授予期权，他们可以在5年内以每股1.39港元的行权价购买总数达5700万股的公司普通股，其中王选获得1080万股期权。此外，还有四通利方公司、北京华远公司、深圳华为公司等高科技企业都先后实施了股票期权计划，并取得了明显的激励成效，对于股票期权在中国的推广应用起到了开路先锋作用。除高科技企业而外，近年来北京、上海、武汉、广州、南京等地很多国有企业也纷纷对企业经营者尝试进行股票期权激励计划。由于我国目前人力资本市场尚未形成，企业家市场形成机制不健全，股票市场价格和企业业绩的相关性很小，科学合理的企业业绩评价体系又没能建立，法人治理结构还没有完善，在这样的情况下，实行股票期权计划的企业往往是结合企业改制，通常采用类似与西方的股票延期支付计划或期股的变通做法，对企业经营者进行长期性的股权激励。

股票期权，作为企业给予员工在未来一定时期内以某种约定价格购买本公司股票的权利而非义务，由于受激励员工获得期权代价很低甚至是免费的，员工公司获得增值分享权即剩余索取权时，一般没有相对应的惩罚机制，或者说约束惩罚力相对较弱，因此这种制度安排的主要作用是正面激励，而不是约束机制。将这种机制引入我国企业特别是国有企业改革中，存在下列一系列操作上的难题：第一，我国多数国有企业没有高成长性，大量的国有企业连年亏损，管理效率潜空间狭小，受政府干预还是很多，在这种情况下，股票期权计划赋予企业经营者增值收益选择权也就失去了实际意义；第二，企业家市场尚没形成，国有企业经营者行政性选择机制以及治理结构缺乏规范性，是股票期权计划实施的内部制度障碍；第三，我国资本市场的投机性，内部人操纵市场行为突出使公司业绩评价没有一个客观合理的参照标准，而目前社会中介机构又难以担当此重任，造成股票期权操作缺乏必要的市场制度基础；第四，我国在一个相当长的时期处于制度转型期，多变的制度环境虽然给企业生存发展提供了大量的机会和创新空间，但对历史包袱沉重、经营活力不足的国有企业来说，这更多地意味着系统性风险和严峻挑战；第五，在法律制度和税收政策方面，如上所述，我国《公司法》实施的是注册资本制而非国外的授权资本制，不允许回购本公司股票，也不允许有库存股，在信息披露制度方面也存在很多问题，法律对所有股票交易行为都一概征收印花税，对个人股息红利要征收个人所得税，对实施股票期权计划的企业没有所得税方面的优惠政策，这也给股票期权计划的实施造成不利影响；第六，在会计处理方面，在试行股票期权这一激励方案时，会计准则上没有相关规定和操作依据，企业会计体系若以人力资本为中心，按照人力资本与非人力资本所有者共担风险、共享权益的原则构建时，会计基本要素应增加新的内容，成本和利润概念也须相应拓展，这在我国企业实际操作中还没有提到议事日程上来；此外，长期形成的"大锅饭"、"平均主义"的社会氛围和观念根深蒂固，使国有企业连经营者年薪制推行都步履维艰，就更不用说股票期权计划的实施了。

参考文献

［1］张维迎：《所有制、治理结构及委托—代理关系》，载《经济研究》1996年第9期。

［2］周其仁：《市场里的企业：一个人力资本与非人力资本的特别合约》，载《经济研究》1996年第6期。

［3］周其仁：《"控制权回报"和"企业家控制的企业"——"公有制经济"中企业家人力资本产权的个案研究》，载《经济研究》1997年第5期。

［4］周其仁：《公有制企业的性质》，载《经济研究》2000年第11期。

［5］方竹兰：《人力资本所有者拥有企业所有权是一个趋势》，载《经济研究》1997年第6期。

［6］杨瑞龙、周业安：《企业的利益相关者理论及其应用》，经济科学出版社2000年版。

［7］李宝元：《人力资本运营》，企业管理出版社2001年版。

［8］李宝元：《人力资本产权安排与国有企业制度改革》，载《财经问题研究》2001年第8期。

中国企业人力资本产权变革三次浪潮评析*

一、"两权分离"悖论：中国企业人力资本
产权变革的逻辑起点和时代背景

如果简单概括，现代企业理论的基本论点就是：相对于市场完全契约关系而言，企业本质上是要素所有者（人与人之间）缔结的一种长期性"不完全契约"；所谓企业无非是一种特殊性质的市场契约，它不同于一般市场契约的特殊性质就在于，其长期合作关系具有"不完备性"，即企业利用要素所有者提供的人力与非人力要素进行生产经营活动时，要遇到各种市场不确定性风险，而这些风险在事前无论如何是"说不清楚"的，并且是无法预料和在保险市场上投保的。换句话说，拥有独立产权和契约自由的要素所有者，由于某种相通意识或共同目标，按照正式或非正式的规则形成特定的契约关系，共同分担责任、分配权力和分享利益，并把要素组合起来形成专业化生产经营，这样的交易方式或组织形态就是"企业"。按照现代企业理论中"利益相关者"学派的通解，企业是一种"关系契约"的网络。① 在这种网络中，拥有独立产权和契约自由，以及某种相通意识或共同目标的要素所有者即"利益相关者"，他们按照正式或非正式的规则，形成特定的所有权结构来共同分

＊ 本文原载于《财经问题研究》2007 年第 7 期。

① 杨瑞龙、周业安：《企业的利益相关者理论及其应用》，经济科学出版社 2000 年版。

担责任、分配权力和分享利益，并把要素组合起来形成专业化组织在不确定的市场环境中进行生产经营，在动态成长和发展过程中根据约束条件的变化不断调整责权利关系。契约当事人作为企业"真实的利益相关者"以独立平等的产权主体身份向企业投入某种"专用性"资产，其在企业所有权结构中的权能和权益，在市场原则和法律规范上是彼此平等的，他们都具有要求和分享企业所有权的平等地位与天然权利；至于他们在事实上和博弈结果上是发挥的委托人还是代理人、监督管理者还是生产劳动者职能，是获得固定收入还是获得剩余收益，抑或是双重职能和权益都要求以及按什么样的比例要求，那是在定价技术特性、资产专用性大小、非对称信息分布状况、监督难易程度等外部环境约束下当事人进行理性选择的结果。所谓企业所有权安排，其核心问题乃是企业剩余索取权和控制权在企业产权主体之间的分配及两权对应关系的处置和决定。

在企业所有权安排的一般理论逻辑上来说，既然所有要素所有者都是企业契约平等自主的产权主体，那么对于具有"不完备性"的企业契约的执行所带来的不确定性风险，自然要有企业所有要素的所有者或成员来承担。对于每个契约主体来说，其契约收益都有一个除去固定收入的剩余收益部分，所不同的是不同成员之间收益的固定部分和剩余部分各自大小及其相互比例会有所差别，而不是绝对地谁拿固定收入谁拿剩余收益的区别；相应地，对于每个契约主体来说，其为应变契约的"不完备性"而采取的对策，或者对于采取何种这样的对策所拥有的发言权或投票权，即企业控制权的拥有，也只有形式和大小的不同，而非绝对有无的问题。所以，企业所有权安排的"状态依存"特征，与其如张维迎（1996）所言表现为"在什么状态下谁拥有剩余索取权和控制权"的问题，倒不如说是一种"在正常状态下企业所有当事人各拥有多大剩余索取权和控制权以及如何行使"的问题。经济学理论可以证明：一个"最优所有权安排"，即最大化企业预期总收益的所有权安排，定是一种剩余索取权和控制权在实际操作的意义上实现尽可能对应的状态。谁在多大程度上拥有企业的控制权，相应的，谁就应该在多大程度上获得企业的剩余索取权，剩余索取权（控制权）跟着控制权（剩余索取权）走。[①]

但是，现代企业制度发展到"公司制"这样一种典型的制度安排，恰使控制权与剩余索取权两者在股东与经理人之间相分裂，股东拥有剩余索取权但无控制权，而经理人则拥有控制权而无剩余索取权，由此而造成的矛盾和问题，传统理论说是"代理成本"问题或"内部人控制问题"，而用信息经济学的观点来解说则属于"激励不相容"或激励机制建设问题。对此问题，传统经济学理论长期以来是从"物权本位"的立场和角度来加以解说的，也就是说，其基本逻辑思路大致是：先将企业所有权（剩余索取权和控制权）界定给物质或财务资本要素所有者（即股东），然后将公司制看作一种"委托—代理"关系，即拥有专业化人力资本要素的职业经理人接受物质或财务资本要素所有者（即股东）的"委托"，来代理行使企业生产经营活动，或者说是外部股东只留有剩余索取权，而将控制权通过"委托—代理"合约让渡给内部经理人，这样就造成所谓"两权（所有权与经营权）分离"的格局。其实，如果就全新的"人本"立场和视角来看，企业无非是由两类利益相关者——人力资本要素所有者（经理、员工等）与非人力资本要素所有者（股东、债权人等）——所订立的一种"不完全契约"；[②] 这样一来，现代公司制度与其说是"两权分离"的结果，倒不如说是人力资本和非人力资本所有者的巧妙分工条件下，更加凸显人力资本的直接、能动和决定性作用的一种特别制度安排。

中国国有企业的原始称呼是"国营企业"，即企业所有权（剩余索取权和控制权）全部归属国家（政府），国有国营，即所谓"两权合一、政企不分"。这在改革之初被认为是国营企业产权制度的一大根本性缺陷，因此一开始就是按照"两权分离"的思路着手改革，即所有权（剩余索取权）归国家

[①] 张维迎：《所有制、治理结构及委托—代理关系》，载《经济研究》1996 年第 9 期。

[②] 周其仁：《市场里的企业：一个人力资本与非人力资本的特别合约》，载《经济研究》1996 年第 6 期。

第三篇 人本管理学无边 中国企业人力资本产权变革三次浪潮评析

所有，但生产经营自主权应该还给企业（厂长、经理），这样拥有经营自主权的"国有企业"就可以避免"产权模糊"的弊端。后来，随着市场化改革的深入，国有企业改革进入大规模"股份制改造"阶段，于是在"抓大放小"、"国退民进"的总体战略思路指引下，由国企股份制改造而来的国有控股公司和国有独资公司纷纷成立，并接连上市。在这样一些具有国有股控股背景的公司中，所有权（剩余索取权）归国家，而实质控制权则归企业的经营管理者，这就是出现了"激励不相容"的矛盾和问题。也就是说，在信息不对称、所有者主体缺位的情况下，如何使实际拥有国有资产控制权而没有剩余索取权的经理们具有"内在"的积极性按照国有股权收益最大化原则去经营管理企业，就成为很大的激励难题。由于"两权"不对称，国营企业的管理者们利用"在位控制权"自谋私利，而不关心企业的长程可持续发展。这与西方传统公司制度遇到的激励难题十分相似。

但是，在西方发达国家，由于他们有完善的证券市场机制和公司治理结构，因此可以借助员工持股计划（ESOP）、管理层收购（MBO）和经理股票期权（ESO）等人力资本股权化或股权激励的途径和形式，来解决激励不相容的问题。而在我国，由于诸多转型期的特殊历史原因，特别是股权分置格局下形成的扭曲证券市场环境以及"新三会"与"老三会"犄角耦合的复杂关系下公司治理缺陷，使企业人力资本产权与非人力资本产权关系一直无法理顺，企业管理者和员工的股权激励机制也长期无法形成和完善。然而，从企业制度变迁的基本历史进程来看，人力资本股权化是现代企业产权制度变革的大趋势。正是人力资本因其使用与其天然所有者个人的不可分离性从而具有个人自主性或决定性，才使它与非人力资本相结合进行生产经营时无法采用"事前全部讲清楚"的一般市场契约模式，人力资本要素在企业这种"特别合约"中扮演着"关键角色"，发挥着"积极货币"或"主观能动"作用。因此，从企业产权制度历史变迁中，人力资本产权相对于非人力资本产权在企业所有权制度安排中的主导地位和作用不断得到发扬光大，其变迁的根本动力在于生产力发展和变革引发"契约条件"改变从而使企业所有权安排不断重新调整。同样，在中国企业制度改革中，这种人力资本产权变革的"韧性"和"方向性"，从20多年的市场化改革进程中也能明显感受到，特别是1992年以来形成的人力资本产权变革"三次浪潮"最为显著。

二、从职工持股制到股份合作制：中国企业人力资本产权变革第一次浪潮

1992年邓小平南方讲话以后，中华大地掀起市场化改革热潮，中国企业，特别是一些乡镇企业、民营企业、中小国有企业等，经过长期的改革实践探索，逐步形成了适合各自情况的"职工持股制"模式。从实际改革过程来看，中国职工持股制主要是伴随企业股份制或股份合作制改造而产生的，它是在缺乏统一法律规范的情况下，由企业职工和经营者自发选择并逐渐走上正轨的。从根本上说来，"职工持股制"其实是一场深刻的产权制度变革，它不仅涉及企业内部管理机制和股权结构调整问题，而且触及整个经济体制改革进程中各种社会利益集团矛盾冲突和博弈关系。这可以看作中国企业人力资本产权变革的"第一次浪潮"，大约在1997年前后达到最高潮。

就当时情况来，从股份制改造中引发的职工持股制是先自下而上"自发"展开，而后才由政府部门政策规制举措跟进，逐步规范、完善的。从1994年开始，外经贸系统和各省市针对企业实行职工持股的迫切要求，在借鉴国外经验的基础上结合各地实际情况，纷纷制定和出台了相应的行政性管理办法及实施意见。各地制定相关规定的法律法规依据主要是《中华人民共和国公司法》、《社会团体登记管理条例》和《中华人民共和国工会法》，但事实上，这几个主要的法律法规中并没有与职工持股制相对应的条款。由于缺乏统一、规范的法律依据，各地具体做法及政策法规不一，各类企业操作也很不规范。

大多数企业实行职工持股制的基本做法是：股份制企业依照有关政策法规，委托工会作为社团法人或单独注册为社团法人成立职工持股会，对职工自愿认购的本企业股份进行统一监管和运营，并代表职工股东进入董事会和

监事会，参与企业重大决策和分享股息红利。职工持股的资金来源一般有两个渠道：一是职工按照自愿原则出资认购，二是由职工劳动积累形成的公益金、集体福利基金、工资基金、奖励基金等提取一定比例向职工个人配发股权或股份。持有内部职工股的职工，以出资额为限对职工持股会承担有限责任；职工持股会以其全部出资额为限，对公司承担有限责任内部职工股始终是在岗职工群体人力资本的一种公共权益，只在企业内部运行，所以必须遵循不上市、不交易、不继承的"三不原则"。内部职工股分配一般按责任轻重和贡献大小，采取持股会大多数职工赞同的办法来进行，经营者与生产者之间、一般劳动者之间既有差别又保持适度比例。[①]

职工持股制实施的结果之一，就是导致企业转制，由原先的股份制企业变成一种近似股份合作制的职工股份制企业。股份合作制是股份制与合作制在特定历史背景和经济条件下相融合的产物。在西方国家，股份制与合作制作为独立的企业组织形式起源很早，但两者的大规模融合重组则发生在19世纪。在合作制的合作化重组创新运动中，成立于1956年的西班牙蒙德拉贡合作联合公司的实践，堪称股份合作制运作模式的成功典范。中国企业改革实践中出现的股份合作制模式则具有其特殊的实践背景，其最初起源于20世纪80年代的农村，特别是到20世纪80年代中期各地农村为解决分田到户、分产到家与集体非农产业发展的要求不相适应，个体家庭企业发展受到自身积累缓慢资金缺乏及技术改造困难和市场应变能力差的阻滞和围绕，以及乡镇企业由于政企不分、产权不清而又面对市场压力亟须转变经营机制等三大基本矛盾和问题，于是不约而同地开始进行股份合作制改革探索。1987年中央5号文件提出建立农村改革试验区要求后，设立了山东省淄博市周村区、安徽省阜阳地区和浙江省温州地区等三个试验区，分别重点探索和进行乡村集体企业、户办及联户办企业和个体私营企业的股份合作制改革的政策法规建设

---

① 中国（海南）改革发展研究院课题组（唐新林，吴琼武执笔）：《中国职工持股制度建设背景报告》，引自迟福林主编：《中国职工持股》，中国经济出版社2001年版。

和理论经验总结。1992年后，股份合作制改革从农村扩及城市，从工业扩及第三产业、第一产业，从东部沿海地区推广到中西部地区，在机制设置和操作规则上不断完善和规范。

这种当时在中国各地普遍推行的股份合作制模式，实际上是传统计划经济向现代市场经济制度变迁过程中由农民群众在特定的宏观制度框架约束下根据现实利益诱致所进行的具有创新意义的微观制度安排。其制度特征表现在：在所有权安排与股权设置上，它以劳动与资本直接结合、职工全员相对均衡为其最基本的制度特征；在控制权安排和管理体制上，它以按股按人配票表决相结合、变通设置法人治理结构为其最关键的制度特征；在控制权安排和管理体制上，它以按股按人配票表决相结合、变通设置法人治理结构为其最关键的制度特征；在转让权安排和股权管理上，它以职工内部持股、外部自由转让为其外在的制度特征。其制度创新意义在于：它突破了资本雇佣劳动的古典企业模式，实现了资本与劳动的有效结合和积极合作，从而很好地激发和利用了劳资双方的能动潜力；建立了正负激励相结合的激励约束机制，显示了较强的激励相融性；作为一种具有现代企业制度特征的公有制实现形式，具有改革成本和阻力最小化的制度变迁优势。当然，由于股份合作制在特定的宏观制度供给约束条件下具有明显的制度嫁接特点，其内在的制度要素天然的差异性所决定，这种制度安排随着其外部约束条件的改变会渐次显露其矛盾和局限性。目前一些实行股份合作制较早的企业在发展中出现的一些新问题，即使很好地解决了一些企业"由死变活"的问题，但并不一定能解决"由小变大"、"由弱变强"的问题。但是，股份合作制作为渐进式改革在微观制度安排上的一种典型表现形态，在特定历史时期和特殊适用范围内曾经显示、现在正在显示出其优越的制度绩效，则是应该基本肯定的。[①]

总之，对于职工持股制和股份合作制的企业人力资本产权变革实践，

---

① 李宝元：《股份合作制企业制度论析》，载《财经问题研究》1998年第3期。

应用"历史的观点"给予客观的认识和评价。从当时一些地区和有关企业改革实践来看，职工持股制和股份合作制对于推动产权主体多元化、优化资本结构、转换经营机制、调动职工生产积极性、加强民主管理、增强企业凝聚力等，都具有积极作用。职工持股及股份合作制改革涉及方方面面的利益和矛盾，在实际推行中由于地区特点、企业性质、历史及人文环境等多种错综复杂的原因，会遇到这样或那样的操作问题和运作困境，有关职工持股会的性质功能界定、设立程序、管理运作规范和法律责任义务，有关股份合作制的产权界定、股权设置和运作机制等，都需进一步探索解决。但是总的来看，经过人们的长期实践和探索，这种制度安排确实显示了惊人的乡土亲和性和特殊的改革适用性，成为当时中国农村经济和城镇集体、国有中小企业改革的主导模式和现实途径，并在 20 世纪 90 年代末掀起过一股很大的"改革浪潮"。

三、管理层收购中国企业人力资本产权变革第二次浪潮

管理层收购（Management Buy-outs，MBO），是一种特殊形式的"杠杆收购"（Leveraged Buy-out，LBO），即不是由战略投资人和金融（风险）投资人，而是由公司经理层借助金融杠杆购买本公司股份，实行资产重组改变公司所有权结构，从而达到经理层持股控制企业所有权的目的。作为一个正式术语，MBO 最早是由英国经济学家麦克·莱特（Mike Wright）在 1980 年提出来的，他在研究英国企业并购问题时发现：在被分立或剥离的公司中有相当比例是被该公司的管理层"买出来"（Buy – outs）的①。MBO 产生于 20 世纪 70 年代泡沫经济破损下的杠杆收购浪潮。当时，市场平均市盈率大幅度下降，一些战略或金融投资人纷纷寻机低成本扩张，采取杠杆收购的方式。在杠杆

---

① Mike Wright. Entrepreneurial Growth Througt Privatization：The Upside of Management Buy-outs，*Academy of Management Review*，Vol. 25，2000，591 – 601.

收购浪潮中，有些目标公司特别是具有巨大资产潜力或潜在管理效率空间的目标公司，其内部经理层或者出于开辟创业新途径的考虑，或者是为了预防敌意收购，抑或是许多上市公司的机构投资人或大股东为了退出公司而转让大额股权、家族控制的上市公司业主面临退休而找不到合适接班人，还有一些公司干脆就是想摆脱上市制度的约束，在这些情况下，他们就利用其内部信息优势和管理才能（人力资本），通过借贷融资购买公司股票达到持股控股的目的；也有一些实行多角化经营的集团公司，为了转移其经营重点或调整经营战略而出售其子公司和分支机构，还有一些公营部门要实行私有化，这时，MBO 亦是实现产权重组、有效节约代理成本的较恰当选择和途径。

对于处在转型期的中国企业来说，MBO 具有特殊的制度创新意义。它主要不是一般性的融资收购解决代理成本问题，而是人力资本产权制度变革问题，是通过制度创新推进企业改革、实现经营者长期激励的大问题。大量的国有企业如何"战略性改组"和"退出"？产权关系不清的集体企业怎样绕开死结实现制度创新？私营企业发展壮大以后如何在制度上保证可持续发展？对于诸如此类制度变革层面的根本性问题如何解决，人们在各种法子都使尽了以后，就把希望寄托在了 MBO 上。于是，很早就有一些乡镇企业，如辽宁盼盼集团有限公司，就通过资产转让协议，由管理者个人将企业资产买断，从而将原企业改制为产权明晰的、企业经营管理者控制的有限责任公司；这种资产转让实际上就有了一定的 MBO 性质，但是真正引领 MBO 浪潮之先的首家典型运作案例还是 1998 年启动的四通集团。

1998 年以来，经过内部研讨和外部专家咨询，四通集团提出了"冻结存量、界定增量"的重组方针，采用 MBO 方式进行产权制度变革，把重点放在新扩大部分的资产界定上，用清晰的增量来稀释不清晰的存量。经理层通过贷款买下公司或公司的大部分股权，从而达到对公司有绝对的控制能力，通过资产重组使企业摆脱历史包袱，明晰产权，规范管理。1999 年 5 月 6 日，四通的职工持股会经审批正式创立。紧接着，四通集团公司经理、员工出资搭建了一个产权清晰的新平台即组成"四通投资有限公司"，然后把原四通集

中国企业人力资本产权变革三次浪潮评析

团拉进这个平台，分期分批通过募资扩股收购四通有关 IT 产业的资产，以此实现该公司的产权明晰。在当时既定的政策法律框架约束下，四通集团采用 MBO 方式来进行重组，委托融资顾问、财务顾问作为中介，操作也比较规范，这为转型期的中国企业改革展示了一个开阔的前景。

在四通集团以中国 MBO 先行者的姿态内外欢呼之时，江苏、浙江和广东等沿海地区的企业就纷纷在通过 MBO 实现所有权归位的"摘帽"行动了。十六大以后，民营企业家与工人、农民和知识分子平起平坐，都是"社会主义建设者"，"合法的非劳动收入"与"合法劳动收入"一样得到保护，劳动、资本、技术和管理等生产要素按贡献参与分配也以成为"基本原则"。于是，MBO 一时间成为企业界、管理界和证券金融界的热门话题，无数的非上市公司 MBO 行动没法统计，仅公布 MBO 方案的上市公司来看，自 2000 年粤美的美托公司打响上市公司 MBO 第一枪，在短短两三年时间里，就有粤美的、深圳方大、宇通客车、四川全兴、恒源祥、万家乐等十余家公司陆续实施了 MBO，还有大量不是在上市公司层面而是在集团层面、旗下子公司层面以及部分资产和业务层面的 MBO "潜在水下"，其他中小企业纷纷效仿，掀起一轮 BMO 热潮。2002 年中央政府出台了有关国有股权转让的政策规定，同年 10 月《上市公司收购管理办法》、《上市公司股东持股信息变动信息披露管理办法》陆续出台，这些政策法规为上市公司和非上市公司实施 MBO 提供了宽松的政策环境。

当时，MBO 的目标企业主要是国有中小企业、各类集体企业和私有企业。早前，在政府和有关管理部门的支持和推动下，一些国有企业的经营者及职工就已开始通过职工持股会与经营者控股相结合的形式，分期支付购买国有企业产权，以达到产权关系明晰化和彻底改善经营激励机制的目的。1998 年下半年到 1999 年上半年以及 2001 年 6 月，为了解决国企业资金需求和完善社会保障机制，国家有关部门曾先后两次进行过国有股减持的探索性尝试，可以说，MBO 为国有股减持政策和建立国有企业经营者股权激励机制之间提供了一个操作契合点。一方面，国有股减持为 MBO 提供了政策机会；另一方面，MBO 又是国有股减持的一条重要途径，它能够在实现国有股减持政策的国有经济"有进有退"战略性重组和提高国有资本配置效率的宏观目标，以及促进国有企业股权多元化和建立规范公司治理结构微观目标的同时，达到建立有效的国有企业经营管理者激励约束机制和在制度上保障国有企业长程可持续发展的根本目的。而各类集体企业特别是众多的乡镇企业，由于历史原因，其产权关系大都是一团理不清的乱麻；在经过一二十年的风雨坎坷、成长壮大后，以前不大成问题的产权问题就成为进一步发展的根本性制度障碍，因此，通过 MBO 方式实现职工持股制和股份合作制改革，就成为越来越多的集体企业制度创新的必然选择。同样，很多私有企业经过摸爬滚打终于奠定创业根基，但当企业发展到一定规模后，具有现代经营管理知识和能力的经营者必然会实际控制操纵企业运营，进而要求剩余索取权，在这种情况下业主与经营者协商通过 MBO 方式转让企业所有权就成为经常发生的事情。

总之，与西方企业不同，对当时看好并尝试进行 MBO 的中国企业来说，其"兴奋点"大多集中在产权制度变革层面：人们试图通过 MBO 来解开长期困扰公有制企业的产权死结，用清晰的增量来赎买或稀释产权模糊的存量资产；同时，也指望通过 MBO 有效解决长期难以解决的经营者短期行为和代理成本昂贵问题，从根本上建立企业运营管理的长期激励和约束机制；当然，还希望 MBO 能够为企业家和经营管理人员提供很好的创业机会和舞台，使中国企业家队伍或经理阶层逐渐形成并发展壮大，从而使之成为推动中国经济发展的主力军。因此，中国企业 MBO 实践有自己特殊的背景、特色和问题。首先，其收购主体不像西方公司那样就是纯粹的"高层经理人"，而大都是与职工持股会制度相结合，由全体公司员工参与、经营者主导进行收购；其次，从融资系统、收购方式以及操作过程和程序来看，中国企业 MBO 实际运作尚缺乏必要的金融支持系统，其借贷融资手段和渠道受宏观法律和政策约束较大，采用杠杆收购的情况还不多，企业经营者多以自筹资金或私募投资为主进行公司改造来完成，例如以承包利润反购或通过定向扩股迂回逐期以资产融资收购股权来实现，因此，在实际操作中步履维艰，矛盾和问题重重。

正当MBO如火如荼、轰轰烈烈进行之际，2003年3月财政部突然叫停，并表示在相关法规未完善之前暂停受理审批上市或非上市公司的MBO；4月6日国资委正式成立，年底出台《关于规范国有企业改制工作的意见》；2004年1月出台《企业国有产权转让管理暂行办法》，宇通客车等10多家全国有影响的企业启动或完成MBO。实施MBO上市公司达到近20家。也就是在这个时期，一时弥漫全国上下的"郎旋风"骤起，2004年12月国务院高层明确指示：大型国有企业不搞MBO，中小企业可以探索；随后，国资委发布禁令、出台规范意见，中小国有企业MBO行为进行规范约束。2005年4月14日国资委、财政部正式公布《企业国有产权向管理层转让暂行规定》，从此，BMO在操作管理层受让国有产权上有了明确的合法依据，散布在全国各地的15万家中小国有企业的命运有可能由此而改变，笔者认为，这将预示着以MBO为契机将形成席卷全国的新一轮产权制度变革浪潮，当然这仍然是一个需要时间和耐心的渐进过程。

四、从股权分置改革到股权激励计划：
中国企业人力资本产权变革第三次浪潮

由于复杂的历史原因，虽然相关政策法规上没有明确的制度性安排或禁止性规定，但1992年开始股份制试点以来，事实上在很大程度上限制了国有股、法人股股份的上市流通，由国有企业改制而来的上市公司其股权设置采取了"双轨制"做法，形成了"中国特色"的二元股权结构，即上市公司的一部分股份上市流通，另一部分股份（国有股）暂不上市流通，这就是后来所说的"股权分置"现象。截至2004年年底，上市公司7 149亿股的总股本中，非流通股份达4 543亿股，占上市公司总股本的64%，非流通股份中又有74%是国有股份。这种股权分置格局，严重扭曲了股价的真实性和证券市场的资本配置功能，造成大批"庄家"及券商投机行为猖獗，更重要的问题是，它使一些在西方有效的股权激励计划无法在中国上市公司正常实施。

　　在股权分置的情况下，上市公司非流通股东和流通股东存在"利益分置"，流通股股东的利益焦点在市场股价升降，而非流通的国有大股东则只关注资产净值增减，只有"圈钱"冲动却不关心公司股价走势，这样就上市公司治理缺失共同利益基础。同时，股权分置也扭曲了证券市场的定价机制，大量（2/3）非流通股的存在客观上也导致流通股本规模相对较小，加大了股票定价预期的不确定性，这是造成中国股市投机性强、股价波动较大的重要原因。更严重的是，股权分置及其所造成的股价分割扭曲，不仅直接导致国有股权正常的市场化动态增值通道梗阻，而且也无法对公司管理层实施有效的股权激励机制，从而使国有企业内在动力缺失、资产增值乏力、国际化进程缓慢和市场开拓创新颇受制约。总之，股权分置是历史遗留下来的制度操作性缺陷，在诸多方面已经制约了资本市场规范发展和国有资产管理体制根本性变革，并且随着新股发行上市不断积累，这种负面影响也日益突出，到了非改不可的地步。

　　于是，在 20 世纪 90 年代末，国家有关部门曾先后两次进行过国有股减持的探索性尝试，但国有股减持动机与股权分置改革初衷存在错位，因为减持股份并不必然获得流通权，而非流通股获得了流通权也并不意味着一定会减持，因此，效果不理想，很快停了下来。2004 年年初，国务院发布《国务院关于推进资本市场改革开放和稳定发展的若干意见》（简称"国九条"），明确提出"积极稳妥解决股权分置问题"。这样股权分置改革才被正式提上日程。2005 年，经国务院批准，中国证监会发布了《关于上市公司股权分置改革试点有关问题的通知》，宣布正式启动股权分置改革试点工作，要求试点上市公司的非流通股股东，通过证券交易所挂牌交易出售获得流通权的股份，应当做出分步上市流通承诺并履行相关信息披露义务。2005 年 5 月，中国证监会根据上市公司股东的改革意向和保荐机构的推荐，协商确定了金牛能源、三一重工、紫江企业和清华同方为首批股权分置试点上市公司名单正式亮相，标志着股权分置改革试点工作正式启动，并进入实质操作阶段。接着，中国

第三篇　人本管理学无边

中国企业人力资本产权变革三次浪潮评析

证监会又推出第二批 42 家股权分置改革试点公司，涵盖了大型中央企业、地方国企、民营企业和中小板块企业等不同类型和层面的企业。与此同时，股权分置改革得到国家众多部委的通力合作，加快配套制度建设步伐，为股权分置改革在操作层面提供了有力支持。目前，轰轰烈烈的股权分置改革已经进入扫尾阶段，后股权分置时代在资产估值功能、市场有效性、大股东行为、上市公司业绩考核目标等方面将为股权激励计划的实施提供有利条件。①

其实，关于国企经营者的激励问题，国家有关部门早就在"年薪制"的制度层面上试探解决；而有关上市公司高管实施股权激励计划问题，早在 1999 年中央也就有明确表态。2000 年，一些大型国有企业纷纷在海外上市，为了给国际投资银行、承销商传递"信心"，在各公司的招股说明书上都曾写着有关推行高级管理层股权激励计划的承诺，但实际上都是"纸上谈兵"，不可能有实际操作意义。2001 年，几大部委准备推动国有股权激励计划，但由于有很多的政策障碍（比如公司法不允许公司回购库存股等），最后也都不了了之；此后几年，围绕 MBO 闹得沸沸扬扬，基本处于政策调整期，直到 2005 年着手修订《公司法》和《证券法》，进行股权分置改革后，才为股权激励计划的实施真正扫清了障碍。在"后股权分置"时代，市场参与者利益显性化，上市公司控股股东从资本市场后台步入前台，其角色由原来"置身局外"的利益相关者变成资本市场实际参与者，其"效用函数"和"行为模式"也随之改变，与非流通股股东有了共同的利益基础。这样，上市公司就可以在完善公司治理结构和资本运营机制的条件下，通过推行各种股权激励计划切实解决上市公司激励不相容的问题。

毫无疑问，股权分置改革，从根本上解决了制约企业实施股权激励计划的外部市场环境问题和内部治理缺陷，两者相辅相成，但是两者的着眼点和着力点有些不同。如果说，股权分置改革是在资本市场上解决处于控股地位的非流通股与中小分散的流通股之间因"同股不同价"引致的利益矛盾问题，

① 吴晓求：《股权分置改革后的中国资本市场》，中国人民大学出版社 2006 年版。

使"股价"成为所有股东共同关心的真实指示器；那么，推行股权激励计划所要解决的，就是现代公司制故有的外部非人力资本所有者（股东）与内部人力资本所有者（经营管理者和员工）之间因"剩余索取权与控制权不对称"而引致的激励不相容问题，使"股价"也成为推动上市公司经营管理者和核心员工积极关注公司长期可持续发展的强大驱动器。通过推行股权激励计划，将处于公司内部、具有实际控制权的高管和核心人员与处于公司外部、拥有剩余索取权的股东紧紧"捆绑"在一起，连股连心、荣辱与共，从而在内在动力机制上解决上市公司长期持续稳定发展问题。概括来说，在国有控股上市公司试行符合国际惯例的股权激励计划，有利于解决国有企业长期存在的激励乏力、激励手段和方式单一问题，是建立健全国有企业激励约束机制的重要环节，也是规范公司治理、促进上市公司持续稳定发展的有效手段，还是深化企业分配制度改革、探索生产要素参与分配的现实途径，对深化国有企业改革、提高国有企业的竞争力具有重要的现实意义。①

因此，在股权分置改革的基础上，中国证监会于2005年年底发布《上市公司股权激励管理办法》（试行），国资委与财政部又相继于2006年1月和9月适时出台《国有控股上市公司（境外）实施股权激励试行办法》、《国有控股上市公司（境内）实施股权激励试行办法》。在这样一系列政策法规指引下，上市公司股权激励计划本着"规范起步、循序渐进、总结完善、逐步到位"十六字方针，在实施策略上"着眼增量、慎用存量"，在实施步骤上"先境外后境内；先上市后非上市；先多元化后全资；先试点再推开"，就在中国大地上如火如荼地广泛开展了起来。2006年12月19日，"宝钢股份"正式公告了其限制性股票激励计划，作为国资委《境内办法》出台后的"央企第一家"具有重要的标杆意义，意味着国有控股上市公司股权激励计划正式启动。截至2007年2月底，在实施股权分置改革的上市公司中已有22家上市

291

第三篇 人本管理学无边

中国企业人力资本产权变革三次浪潮评析

---

① 国资委企业分配局：《规范实施股权激励，推动国有企业改革》，国资委官方网站，2006年12月6日。

公司获得了证监会备案无异议，这些已经获得权威监管部门书面放行的股权激励计划方案，将构成未来上市公司股权激励实践的主要样板，成为新一轮彻底的、立体化的公司治理革命浪潮之领头浪。

五、结论：在顺应变革大趋势中注意具体实施策略

人力资本股权化是现代企业产权制度变革的大趋势，这已经在实践上被中外企业，特别是中国企业"三次浪潮"改革和发展历史进程所验证，而且在理论上也被现代人力资本论、产权和制度经济学说所证明。换句话说，无论东西中外，只要是在市场经济背景下以公司制为典型组织形式的现代企业，要在其制度变革中首先可持续长期发展，那么实现人力资本股权化、推行股权激励计划就是其必然选择，这在实践上乃"大势所趋"，在理论逻辑上也是"顺理成章"的。

就公司制股权性质和要求来说，按照企业利益相关者契约理论，只要所有权主体将其资本要素投入公司而具有不可收回性，并能以投入数额为限承担责任和取得收益回报，那么，无论其投入的是非人力资本还是人力资本要素，都可以"股份化"为股权形式拥有剩余索取权和相应的控制权。具体来说，对于非人力资本来说，如果其所有者不愿承担企业经营的"应有"风险，将其资本要素投入企业还要求按期收回，那么他就可以得到较固定（相对来说风险较小）的债券收入（利息），虽然在有关债务安全的决策上他也拥有一定的控制权；如果其所有者愿承担企业"应有"风险，将其资本要素投入企业后就不能要求退还，那么他就作为股东拥有较大的企业控制权，取得较大的剩余收入即风险较大的股息红利收入。这就是说，非人力资本可以是股份资本，也可以是非股份资本，可以具有股份性，也可以是非股份性的。同样，对于人力资本来说，如果其在企业中的重要性较小、专用性不大（即具有较强的通用性），从而具有较大的流动性即可以方便地将其投入从企业中抽走，那么其所有者就可以得到较固定（相对说来风险较小）的工薪收入，虽然在

有关工薪支付等决策上他也拥有一定的发言权或投票权；如果其在企业中举足轻重，具有较强的专用性和团队性，以致很难将其投入从企业中抽走，或要流动就要付出高昂的成本或代价，甚至一旦离开企业其价值就会荡然无存，那么其所有者就要拥有较大的企业控制权和剩余索取权，以股权形式取得风险收益。也就是说，人力资本可以是非股份性的，也可以股份化为股份资本形式。这就是我们在理论上给予解说的现代公司制下人力资本产权制度变革的基本逻辑。

至于在实际操作层面，企业人力资本股权化和股权激励计划的具体实现方式和途径，究竟是通过员工持股计划（ESOP）来实现，还是通过管理层收购（MBO）或经理股票期权（ESO）的方式来达成，要因应具体情形而定，不存在一个划一恒定的模式，应该放开让企业当事人进行多元化试探来决定。在实践中须特别注意：首先，要正确认识、严格把握实施股权激励计划的前提条件，包括健全的资本市场、规范的公司治理结构、完善的监管体系以及透明度较高的公司信息披露制度等；其次，股权激励计划必须充分体现出资人意志，充分发挥出资人主导作用，严防在"内部人控制"状态下的自我激励行为；再次，政府有关部门也应在规制层面加大对机构投资者、大股东和管理层的监管力度，建立健全证券市场信息披露机制，及时而有效地对上市公司及有关当事人进行严格的监督管理。总之，推行股权激励计划，不可能事先将一切制度都安排好了再进行，应按照"规范起步、循序渐进"的思路，在试错中不断调整完善，因应情势有什么问题就解决什么问题，不要在操作层面一有问题就"上纲上线"否定变革大方向，这样只会加大无谓的"内耗"而损害各方长期发展利益。

我们的基本结论是：实现人力资本股权化、推行股权激励计划，在中国已不是"理论"问题而是实际"行动"的问题，也不仅仅是商业运作层面的"小问题"，更重要的是通过制度创新推进企业改革、建立经营者股权长期激励机制的"大问题"。通过实施股权激励计划，可以有效解决长期难以解决的经营者短期行为和代理成本昂贵问题，从根本上建立企业运营管理的长期激

中国企业人力资本产权变革三次浪潮评析

励和约束机制，也为那些企业家和经营管理人员提供很好的创业机会和舞台，使中国企业家队伍或经理阶层逐渐形成并发展壮大，从而使之成为推动中国经济发展的主力军。中国企业推行股权激励计划是大势所趋，具有广阔的制度创新和应用前景，当然这也是一个渐进的、艰难的制度变迁和社会利益互动过程，需要时间和耐心。

参考文献

[1] 杨瑞龙、周业安：《企业的利益相关者理论及其应用》，经济科学出版社2000年版。

[2] 张维迎：《所有制、治理结构及委托—代理关系》，载《经济研究》1996年第9期。

[3] 周其仁：《市场里的企业：一个人力资本与非人力资本的特别合约》，载《经济研究》1996年第6期。

[4] 中国（海南）改革发展研究院课题组（唐新林，吴琼武执笔）：《中国职工持股制度建设背景报告》，引自迟福林主编《中国职工持股》，中国经济出版社2001年版。

[5] 李宝元：《股份合作制企业制度论析》，载《财经问题研究》1998年第3期。

[6] Mike Wright. Entrepreneurial Growth through Privatization：The Upside of Management Buyouts. *Academy of Management Review*，Vol. 25，2000，591–601.

[7] 吴晓求：《股权分置改革后的中国资本市场》，中国人民大学出版社2006年版。

[8] 国资委企业分配局：《规范实施股权激励，推动国有企业改革》，国资委官方网站，2006年12月6日。

战略性激励论：现代人力资源管理精髓理念及其在转型期中国企业的应用探析[*]

一、战略性激励：现代人力资源管理的精髓理念

管理思想来自于制度现实，企业管理及其理论思想随企业制度的历史演变及对企业性质的认识深化而演进。从大的历史发展趋势来看，随着企业制度从古典单一的业主制到近代多样化的合伙合作制再到现代多元化的公司制演进，人力资源要素在企业生产经营活动中地位和作用越来越突出，人力资本产权相对于非人力资本产权在企业所有权制度安排中的主导地位和作用不断得到发扬光大，"以人为本"的管理思想在管理现代化过程中逐渐被人们认可、共识，成为现代管理理论思想的主流和大趋势。

近 30 年，新技术革命突飞猛进，知识经济初现端倪，人力资源特别是知识工人和专业化的人力资本越来越成为决定企业市场竞争成败的战略性要素；同时，随着产业和经济民主化运动的推进，严格的反歧视、平等就业、劳动保障方面的法规纷纷出台，以及工会高度组织化的外部压力不断加剧，使企业人力资源关系比过去任何时候都更加复杂化。这样，传统人事型管理那种仅着眼于劳资关系而由个别人事雇员从事一些经验性、简单低档次的人际关系处理工作的做法，已经很难适应新形势的要求，而由战

---

* 本文原载于《财经问题研究》2003 年第 4 期。

略性的、全面系统的、真正"以人为本"的思想为指导的现代"人力资源管理"（Human Resource Management）所代替。

从德鲁克于 1954 年在其《管理实践》首次提出"人力资源"概念，到巴克（Bakke, E. Wight, 1958）对"人力资源功能"（The Human Resources Function）的经典性阐释，以及同期舒尔茨（Schultz, T. ）和贝克尔（Becker, Gray）提出"人力资本理论"，再到 20 世纪 60 年代中期曾有管理学者发表相关研究论著，虽引起学界和实业界关于"人力资源"术语及"人力资源管理"概念的认同，但对于人力资源管理区别于传统人事管理的实质性理念究竟是什么，直到其后的十余年时间里，人们一直不甚了然，以致出现了"人事/人力资源管理"这样莫名其妙的提法。进入 20 世纪 80 年代后，在知识经济和全球化的新时代背景下，以哈佛大学以及英国学者盖斯特模式等为首的一批西方管理学者才重又继承德鲁克和巴克的研究思路，对人力资源管理的人本化思想、战略性理念和系统化运作模式进行了一系列开拓性探索，逐渐形成了关于现代人力资源管理的独立框架和完整体系。

基于西方人力资源管理理论研究成果，结合现代企业经营管理实际发展大趋势，我们认为现代企业人力资源管理的核心理念可以用"战略性激励"五个字来表达。以此为基石我们可以搭建科学合理的逻辑框架和理论体系。相对于传统人事管理，现代人力资源管理的根本特性总的来说是"战略性"的；相对于其他非人力资源管理，现代人力资源管理是以激励为核心的。

与传统劳动人事管理不同，现代人力资源管理的主要特性表现在"战略性"层面上：（1）在战略指导思想上，现代人力资源管理的"以人为本"的人本管理；（2）在战略目标上，现代人力资源管理是为了"获取竞争优势"的目标管理；（3）在战略范围上，现代人力资源管理是"全员参与"的民主管理；（4）在战略措施上，现代人力资源管理是运用"系统化科学方法和人文艺术"的权变管理（见表1）。

表 1	现代人力资源管理与传统人事管理比较	
比较	PM（传统人事管理）	HRM（现代人力资源管理）
战略 管理 思想	以事为中心，强调组织权威和 个人服从，侧重人力成本控制考虑	以人为本，注重人的能动性和创造性，侧 重人力资源开发和人力资本投资以及员工的精 神激励
战略 管理 层次	基本属于行政事务性工作，主 要由人事部门短期导向和事务性操 作，很少涉及企业高层战略决策	首席执行官亲自过问，并有副总裁级领导分 管，由组织最高决策层从战略高度制订人力资源 规划，协调有关职能部门，实施战略性管理
战略 管理 范围	主要限于人员招聘选拔、工作 委派、人事档案保管等琐粹的具体 工作	由所有经理人员负责，涉及产权、民主、 法制、文化等企业经营管理重大问题，是由全 员参与的组织管理
战略 管理 策略	封闭性、就事论事性地处理问 题，主要凭经验管理，方法简单、 无特殊技术含量	开放性、动态应变性地面对外部挑战，有 系统化、科学化的一整套专门方法技术

第三篇　人本管理学无边　战略性激励论

　　与非人力资源管理比较，人力资源管理是通过"激励"来实现的。所谓"激励"，就是从满足人的多层次、多元化需要出发，针对不同员工设定绩效标准和奖酬值，以最大限度地激发员工工作积极性和创造性去实现组织目标。一个企业的人力资源利用效果如何，是由许多复杂因素耦合作用的结果，但其中管理的激励作用是最重要的因素之一。人力资源不同于其他非人力资源的根本特征就是，它依附于员工活的人体而存在，与员工个人须臾不可分离，其他如何人或组织要使用人力资源，都要经由它的天然所有者个人的"积极主动"配合才能实现。因此，人力资源管理工作能否"以人为本"，有效激发员工的积极性，最大限度地发挥员工的主体能动性和创造性，就成为决定企业生产经营绩效优劣的关键因素和企业人力资源管理成功与否的核心问题。

二、赢得竞争优势：现代企业人力资源战略管理的基本任务

　　人力资源战略管理的基本任务，就是通过人力资源管理来获得和保持企业在市场竞争中的战略优势。所谓"竞争战略优势"，是指一个企业所拥有的

相对于竞争者更为优越的稳定市场地位或发展潜能。竞争战略优势是一个复杂的管理系统，它是企业在市场竞争中"天时"（出其不意的卓越竞争行动）、"地利"（得天独厚的优越竞争条件）和"人和"（雄厚扎实的要素竞争能力）的有机统一，是不断获取、保持、发挥、强化和更新优势的动态过程。根据波特（Porter, Michael E., 1980）关于"竞争战略"经典理论，企业竞争战略优势可通过实施低成本战略、差异化战略和集中性战略这三种基本方式来获取。

低成本战略，即"全成本指导原则"竞争战略，其核心是以比竞争对手较低的产品或服务成本获取市场竞争优势。低成本战略优势的实质是较高的企业工作绩效，较高的工作绩效可以通过技术创新、组织创新和管理创新等途径来实现，而提高工作绩效最直接、最重要的途径就是改善人力资源管理。所谓"高绩效工作系统"（high-performance work systems），是指将组织的技术系统与社会系统有机结合起来，能够获得高效率和高效益的生产运作管理体系。建立和拥有高绩效工作系统，是一个企业获得市场竞争战略优势的组织基础。首先，高绩效工作系统要有高新技术信息系统的支撑；其次，高绩效工作系统更本质地说是一种社会组织系统；而将企业的技术支撑基础与社会组织系统有机结合起来，以形成高绩效工作系统的中介环节，正是人力资源管理。

差异化战略，即通过为顾客提供独特的差异化产品或服务，满足消费者的特殊需要，来获取市场竞争优势。差异化战略的实质是一种"顾客至上主义"战略，其核心是如何满足利益相关者个人或群体的需要，这同样可以通过产品工艺改进、产品售后服务或市场营销宣传等多种途径来达到，但所有这些无不与人力资源管理直接相关。在现代市场经济中，企业实质上是由股东、银行、员工、客户及供应商等利益相关者组成的一种社会经济组织。一个企业能否兼顾各利益相关者群体的需要，就成为从根本上决定它经营成败的战略性问题。为什么满足利益相关者群体需要可以为获取竞争力？这是因为，企业只有做到在资本市场上很好满足社会投资者利润收益的需要，它才可以获得市场竞争的坚强金融资本后盾和坚实物质资本基础；只有在企业内部推行"以人为本"的人力资源管理政策和人力资本投资方略，很好地满足员工的物质利益和精神追求需要，才能获得市场竞争的人力资源战略要素和人力资本股权激励效应；只有真正奉行"顾客是上帝"的市场经营理念，全方位满足消费者个性化需求，才能在市场竞争中拥有雄厚的"群众基础"；如此等等，也只有同时兼顾和满足各个利益相关者群体的需要，做好利益关系平衡术，才能不会陷于"顾此失彼"的窘境，才能在战略上"有条不紊"地应对竞争。在激烈的市场竞争中，企业只有与利益相关者群体结成"战略伙伴"关系，取得利益相关者的理解、长期支持和合作，它才具有获取和保持竞争优势的可能和条件。

　　在实际市场竞争过程中，一个企业要真正紧紧攫取它所拥有竞争优势，还要取决于它如何在具体的细分市场中建立自己的低成本或差异化优势。所谓"集中性战略"，就是低成本战略或差异化战略在细分市场上的具体运用，这就涉及如何从具体情况出发进行市场优势战略选择与组合的问题。一般说来，市场范围越广阔、市场越有"厚度"，那么，企业所面对的优势战略选择问题就越复杂、越困难。企业经营全球化是近在眼前的挑战。目前，一流的有竞争力的大型跨国公司，诸如摩托罗拉、通用电气、可口可乐、微软、西门子、惠普等，无不在努力"跨"越多元文化篱笆，在全球范围内的不同国家、企业或其他组织中，通过"网络"介体进行合作与交流，在调动着全世界一切可以调动的经济资源，从事着虚拟化的企业经营活动。在全球化的市场竞争中，人力资源将成为企业市场竞争成败的战略性资源，真正拥有全球经济霸权的是知识产权和专业化人力资本产权，真正有竞争力量的是掌握知识和专业化人力资本的"符号分析人员"。在当今全球经济一体化的国际市场竞争环境中，企业如何通过人力资源管理系统成功扩展其人力资本运营实力，不断提高跨文化管理水平，就成为攫取市场竞争战略优势的关键。

　　因此，现代企业战略管理所面临一个基本任务，就是如何通过人力资源管理应对三大挑战：高绩效工作系统的挑战，满足利益相关群体需要的挑战，以及全球性挑战。

三、规矩与方圆：关于人力资源制度性激励管理的意义

说到"激励"，人们往往普遍关注的是管理学中关于激励因素、过程和机制的理论，而对经济学中关于激励的制度属性和制度安排问题很少注意和研究。其实，制度激励与管理激励是人力资源激励的一体两面，是组织激励体系不可或缺的两个层面，两者在实践中是辩证地整合在一起的。特别是对于正处于转型期的中国组织来说，制度激励问题相对于管理激励问题来说更具有根本决定性和现实意义。

人是一种复杂的、有七情六欲的社会动物，人的行为也是因人、因时、因地异常多样和多变的。在组织人力资源管理过程中，管理者面对的是一个个活生生的现实的个体，所以，对人力资源的日常维持和激励使用就必须因人而异、区别对待。这就要求管理主体有高超的"运动人"的技能和技巧，能综合运用政治学、社会学、心理学甚至人体功效学等所有"人学"知识和技术，有效地"支配别人去干事"，即激发每个员工的积极性使之最大限度地运用其人力资源，为组织生产经营做贡献。这就是所谓管理激励。

相对而言，一方面，管理激励是组织一种动态权变的日常性激励机制，它是制度激励的具体实现形式。管理的本义就是"支配别人去干事"，管理者与被管理者一般是"界限分明"的，因此管理激励往往形成以经营管理者为主体、以组织员工作为客体或对象的一种非对称人际关系，强调管理者的"领袖权威"、"知人善任"、"体察民情"、"为民做主"等。总之，其是以某种科层性的、行政性的、不对等的程序和方式，来体现进而实现激励所内含的民主性质及人本化要求。

但另一方面，经济行为，即在既定的制度环境约束下追求自身利益最大化，乃整个人类行为最基本、最普遍、最具主导性因而也是最重要的规定性和表现形态。因此，人力资源管理的首要任务，就是遵从其天然所有者这种

经济行为属性，按照"一视（都是经济人）同仁（同样的制度约束）"的公平原则，设计和建立统一的、规范的、具有可操作性的激励制度，并在整个组织范围内贯彻实施之。而在所有的组织制度安排中，最根本、最核心的是产权制度。所谓"有恒产者有恒心"，就是这个道理。这就要求从组织所有权安排和公司治理结构高度确立人力资本的产权地位，保证其主体权能和权益的实现，即设计和实施全员持股、民主控制的股权激励计划和措施。然后，在此基础上建立一系列绩效考评和奖酬制度，以及组织文化、团队精神等非正式的制度安排。

　　无论是产权制度还是具体的规章制度，正式的还是非正式的制度，其建立和实施都非一日之功，而是要经过长期的互动博弈和潜移默化的累积渐进才能实现。所以，相对而言，制度激励是组织需要建立的一种长期稳定的根本性激励机制，它是管理激励的基础或前提。同时，制度作为一种公共品，是一种公共选择的结果。其供给是由大家即组织要素所有者以平等的契约当事人身份"讨价还价"，或者说，是由所有成员长期相互博弈形成的；只有大家即组织所有成员"都同意"并自觉遵守的情况下，制度的供给或维持才具有现实可能性和可行性。一旦形成，组织所有成员都会通过"制度消费"满足其对制度的"需求"，各得其所、各获其益。因此，制度激励虽然也有激励主体和激励客体、激励者与被激励者之别，但这种区别完全是相对的；在总体上，制度激励更加强调民主互动，更强调人力资本主权。这可以说是制度激励与管理激励在"思想方法"和"激励观"上的根本性差异之所在。

　　现代组织人力资源激励管理模式具有东西方文化背景方面的适应性和差异性。西方文化强调"契约制度"，而东方文化注重"人伦纲常"，这样，在组织人力资源激励管理上自然各有侧重。经济学的制度激励理论与管理学的管理激励理论，实际上是组织人力资源激励管理活动在市场经济具体文化背景下的理论反映。东方文化背景下人力资源激励管理的典型形态是日本模式。日本组织更多的是从人的社会性层面实行激励管理，与管理学中的激励理论较接近。日本模式的基本特征，简单来说，就是注重"管理激励"，强调员工从业者主权，充分利用了人的"社会性"或"合群性"动机，通过终身雇佣、年序工资、内部晋升和开发培训等，进行人力资源激励管理。西方文化背景下人力资源激励管理的典型形态是美国模式。欧美组织更强调"产权"制度约束，在人力资源激励管理中多从经济人理性层面考虑问题，与经济学中的制度激励理论相接近。美国模式的基本特点可以概括为：侧重"制度激励"，注意利用市场竞争机制；在组织内部专业化分工的基础上，主要通过外部市场的竞争压力，对在职员工进行契约化制度管理。

但是，应该明确的是，无论是在理论归纳还是实践模式上，制度激励与管理激励的区分都只有相对的意义。在组织战略层面上和操作实务中，制度激励与管理激励都必须统一纳入人力资源管理这个本体系统，将之有机结合起来，并整合为完整的组织激励体系和运作机制。管理激励措施及其实施必须建立在制度激励的民主基石之上，制度激励必须为管理激励的有效实现提供制度前提、组织保障和人文环境。

四、三层次整合：人力资源战略性激励管理理论新架构

在已有的相关著述中，关于人力资源管理理论体系的安排大都是按照上述基本管理职能来安排理论体系的。这样，虽然内容很清晰，也便于说明人力资源管理的有关操作职能，但难以体现现代人力资源管理的核心理念和战略管理逻辑。在本文中，我们试图以"战略性激励"为核心，来构筑人力资源管理理论新体系。

人力资源战略管理的重要意义，不仅意味着在战略形成阶段积极参与企业战略决策及战略规划的制定，形成与整个企业战略规划相契合的人力资源战略规划；而且更为重要的是在运作层面大力推动战略规划的有效实施，从而保证企业战略目标和任务能如期全面实现。在战略实施阶段，人力资源管理的基本任务是要从下述三个基本层面进行整合激励，以保证企业获得和保持实现战略的竞争力。

首先，是基本管理层面的战略性激励。企业作为一种由个体和工作团队组成的正式组织，其运作和发展必须有基于专业化分工组织技术基础的一系列约束组织成员行为的契约规范。人力资源管理的基本任务就是：从获取和保持企业市场竞争优势出发，根据组织结构变革进行相应的工作职位设计，随时吸引招募和甄选和引进企业所需人力资源，并通过制定和形成适宜的契约化管理规范，将员工的日常工作绩效与基本薪酬挂起钩来，不断调整和协调组织成员的行为倾向、化解人际矛盾和利益冲突。这是保证企业在组织层面上正常运行的基础。

其次，是产权制度层面的战略性激励。现代企业的契约理论证明，企业实质上是一种由人力资本与非人力资本组成的"不完全和约"。人力资本产权在企业所有权安排中具有一种特殊决定性的地位和作用，非人力资本产权权能和权益必须通过人力资本的直接参与和使用而间接发挥作用和实现；企业所有权制度安排随契约条件的改变而在企业成员的互动博弈中实现变迁，其基本趋势就是：人力资本及其所有权在企业契约中具有越来越大的竞争优势，并在与非人力资本进行竞争与合作的博弈过程中不断演化出多样化的所有权安排及公司治理模式（周其仁，1996）。因此，按照"以人为本"的基本原则和经营理念，彻底变革企业产权制度和治理结构，通过推行员工持股计划、管理者收购或经理股票期权计划等，实现人力资本股权化运营，以保证企业长期经营战略目标的达成和通过市场的长程生存检验。通过适当的股权制度安排进行战略性激励，是现代企业人力资源管理的最前沿和前展性的重要课题。

最后，是企业精神层面的战略性激励。这是最高境界，也是最为困难和重要的战略性激励管理。其主要任务是：真正从员工个人利益和职业生涯发展需要出发，为用功提供培训开发其人力资源的机会；建立畅通的沟通渠道和民主机制，使全体员工充分了解企业所面临的竞争机遇和挑战、优势和劣势、战略目标以及实现目标所需要作出哪些的努力和贡献，形成共同价值观和愿景；与员工建立良好的"心理契约"，积极培育和提高员工的组织归属感、主人翁责任感及组织忠诚度，强化团队合作精神和组织文化建设，营造宽松和谐的人际关系环境和积极进取、学习新的意识形态及文化氛围。

五、直面现实紧接地气：现代人力资源管理
理论中国本土化应用展望

有学者指出，人力资源管理在理论上的渲染和"修辞超过现实"的宣传比企业管理实践要超前许多，真正意义的人力资源管理在实际中目前尚没有形成"大趋势"（谢晋宇，2001）。回看中国企业管理状况，我们真正在市场经济环境下成长起来的企业只有几年、十几年的发展"历史"，引进学习西方管理思想和方法也只是改革开放后近 20 年的时间。而西方国家有数百年的市场经济发展历史以及企业管理实践和理论研究基础，仅就其"人力资源管理"的形成和发展来看，也比我们实践和学习整个"管理"的时间还要长，而且它是伴随着企业制度变迁的漫长"自然历史"过程，从劳工管理和人事管理"瓜熟蒂落"、自然"长成"的。因此，既然"人力资源管理"在西方国家尚且是没有普遍开展的"新生事物"，那么在正处于转型期"婴幼儿"阶段"发展中"（更确切地说是"茁壮成长中"）的中国企业来说，其推广应用就更不能盲目乐观了。

特别是我们中国这样一个有着自己浓厚文化传统的发展中国家，在运用人力资源管理模式的时候面临着更大的本土化任务。对人力资源管理模式的每一个理论假设，都应该按照中国的国情进行重新评价，根据具体的应用环境加以创新。无论是从宏观环境还是从微观条件来看，转型期的中国市场、经济、法规等外部环境约束，以及传统人事管理系统的重重阻碍，都决定了要将现代人力资源管理系统成功引进和应用到中国企业，是一件艰难困苦、任重道远的大使命。但是，从长期发展趋势来看，学习引进现代企业人力资源管理精髓理念，并将它置于中国本土文化的肥沃土壤，创造性地探索自己的人力资源管理之道，这是中国企业要"活"下去并逐步发展壮大的必然选

择甚至是唯一出路。

实际上，并不存在一个普遍适用的、"放之四海而皆准"的一般模式，而只有根据某些基本思想、理念或理论，结合本土文化特点自然长成的"特殊模式"。例如，在大和民族精神和儒家东方文化传统中，通过吸纳现代市场文明成果逐渐形成的"日本型"企业人力资源管理模式，有其突出特点：高度重视企业长期人力资本投资，具有发达的企业教育培训系统；战略性激励以终身雇佣制、年功序列工作制和企业工会民主参与制"三位一体"为基本框架；以精神整合为核心强化员工忠诚、精诚合作和民主协商精神等。

中国企业人力资源管理模式的选择和形成，显然既不能照搬美国西洋模式亦不适合小国东洋模式，而要继承以"天下主义"为精髓的大中华优良文化传统，基于"社会主义发展中大国"人力资源丰富但人力资本贫乏的现实国情和转型期渐进式企业制度改革的特殊逻辑，同时总结汲取属于全人类的人力资源管理方面的文明成果为我所用，从而走出自己的企业人力资源管理成功之路。

随着改革开放的深入，人力资源管理本土化推广应用一定有利条件也日益突现。例如，我们有遍布中国大地的国际一流企业和高新技术企业如摩托罗拉、IBM、飞利浦等人力资源管理本土化实践的"近水楼台"；还有来自国有企业、乡镇企业和私营企业自身渴望摆脱制度约束、管理困境和封闭狭隘"乡土文化"困扰的"内在冲动"和动力；同时，更为重要的是，我们有越来越强"快速学习"能力，目前已经有相当规模的教学和科研力量致力于人力资源管理的理论研究和推广工作。因此，我们应该有信心、有能力在不久的将来能够成功探索出一条既包含现代前沿理念又适合中国情况的人力资源管理模式。

参考文献

[1] 谢晋宇：《人力资源管理模式：工作生活管理的革命》，载《中国社会科学》2001年第2期。

［2］周其仁：《市场里的企业：一个人力资本与非人力资本的特别合约》，载《经济研究》1996 年第 6 期。

［3］Porter, Michael E. , *Competitive Advantage Strategy*, New York：Free Press, 1980.

［4］Raymond A. Noe, John R. Hollenbeck, Barry Gerhart, Patrick M. Wright, *Human Resource Management*：*Gaining A Competitive Advantage*, McGraw-Hil, Inc. 2000.

论人力资源管理中的制度激励[*]

一、问题的提出

在人力资源管理中，说到"激励"，人们往往普遍关注的是管理学中关于激励因素、过程和机制的理论，而对经济学中关于激励的制度属性和制度安排问题很少注意和研究。其实，制度激励与管理激励是人力资源激励管理的一体两面，是企业激励体系不可或缺的两个层面，两者在实践中是辩证地整合在一起的。在企业经营管理过程中，相当多的激励矛盾、冲突和问题都是制度性的。特别是对于正处于转型期的中国企业来说，制度激励问题相对于管理激励问题来说更具有根本决定性和现实意义。

所谓制度激励问题，就是由于制度安排方面的原因，使作为组织成员个体的工作或劳动付出得不到相应的回报，或者个人不须承担其行为的部分或全部后果。制度激励所要解决的核心问题就是：作为"主代理者"的管理者应制定什么样的制度规则，才能使组织中的成员即企业员工的努力与报偿高度正相关，使之追求个人预期利益最大化的自利行为结果与给定的组织目标相一致。

现代经济学关于企业内部的制度激励问题，是由阿尔钦和德姆塞茨（1972）在其团队生产理论中正式发展出来的。他们认为，企业实质上是一种

---

* 本文原载于《学习与探索》2004 年第 1 期。

"团队生产"（team production）方式，即一种产出物是由若干集体成员共同努力、协同生产出来的，任何成员的行为都将影响其他成员的生产率，而每个成员的个人贡献无法精确分解、观测和计量，因而也就无法按照每个人的真实贡献支付报酬。这就导致了两个层面的制度激励问题："搭便车"问题与"代理成本"问题。

在现代市场经济中，企业实质上是由股东、银行、员工、客户及供应商等利益相关者组成的一种社会经济组织。"搭便车"问题（free-rider problem），又称"偷懒"问题（shirking problem），是指在团队生产中，由于团队成员的个人贡献与所得报酬没有明确的对应关系，每个成员都有减少自己的成本支出而坐享他人劳动成果的机会机会主义倾向，团队成员缺乏努力工作的积极性，这样就导致团队工作无效率或低产出。为了避免这种问题，就需要在制度安排上建立相应的监督机制，让团队中的部分成员专门从事监督其他成员的工作；而为了使监督者真正有"监督"的积极性，必须赋予他们一定的剩余索取权和控制权。这样，在企业中就形成了作为监督者的经理人员与作为被监督者的一般职工之间的基本管理关系，以及命令—服从式的科层管理链条。沿此思路，激励问题的解决就有赖于企业治理结构及其股权安排和日常监督管理的一系列规章制度。

我们重点讨论一下关于"代理成本"这个核心激励问题及其制度解决思路。

二、代理成本：制度激励核心问题及其经典解决思路

现代企业制度的基本特征就是所有权与经营权的分离，管理人员受社会所有者委托而"代理"进行经营管理，在这种制度安排下就会"代理成本"的激励问题。"代理成本"是企业所有权结构的决定因素，它来源于管理者不是企业完全所有者这样一个事实。由于管理者不是企业完全所有者，管理者努力工作可能承担全部成本而仅获得部分好处，如果他不努力工作而增加在

职消费却能获得全部好处而只承担小部分成本；于是，企业收益价值就小于他是完全所有者时的收益价值，其差额就是"代理成本"。

所以，解决"代理成本"问题的最根本办法是让管理者成为完全剩余权益的拥有者，这样可以降低甚至消除代理成本。但同时，由于管理者成为完全剩余权益的拥有者受自身财富限制而往往需要举债，而这又要发生"代理成本"，故均衡的所有权结构是由股权与债权的代理成本折中来决定的。但是，让代理人承担全部风险并享有全部剩余索取权，委托人的利益即为零，这在现代公司制下是非现实的，除非资本利率为负。这等于用取消"代理"制度安排的办法来解决"代理"问题。

其实，委托—代理关系是广泛存在于企业等社会组织中的一般人际关系，其实质是在契约不完备和信息不对称情况下的经济行为关系。所谓"代理成本"，其实就是在契约不完备和信息不对称情况下，拥有信息劣势的一方（委托人）不得不为拥有信息优势的一方（代理人）承担成本或风险。例如，上述"搭便车"问题，也可以看作在契约不完备和信息不对称情况下，一部分组织成员不得不为另一部分成员支付成本或承担风险的问题。可见，"代理成本"问题，在广泛的意义上，就是在契约不完备和信息不对称情况下的激励问题，即拥有信息优势的一方（代理人）不以拥有信息劣势的一方（委托人）利益最大化为目标而引发的"道德风险"和"逆向选择"问题。这正是委托—代理理论所要研究的主题，也现代企业制度激励理论的核心。

解决"代理成本"问题的最直观办法，就是由委托人对代理人进行直接监督，通过惩罚或奖励的办法加以解决。但应该注意到的是，这里发生的"监督成本"只不过是"代理成本"的另一种说法。一方面，因存在委托人与代理人之间的信息不对称，直接监督尽管能约束代理人行为上的偏差，但不能从根本上解决"积极性"问题，从而不可能完全消除代理成本；另一方面，委托人可能因监督成本太高而"得不偿失"，还不如不监督为好。通常这种激励措施只能应用于代理人行为结果易于判断的简单情况，如工头监督体力劳动者的场合。但现代经济社会中的大多数经济关系是在"契约不完备"

和"信息不对称"的情况下发生的。因此,代理成本问题的解决最终还要"从实际出发",从委托—代理关系发生的两方面约束条件考虑对策。

关于代理成本问题最直接的应对办法就是所谓"契约解决法",就是针对"契约不完备"的情况,通过完善契约条款,如在契约增加尽可能详尽的"应变条款",把各种可能发生情况及其各方在这些情况下应该做些什么,都事先预料到、规定好,以此化解激励矛盾和冲突。但是由于"信息不对称"及其引发的"逆向选择"问题,注定了任何契约在本质上都是"不完备"的;因此,这种想通过事前完善契约的"契约解决法"只能是相对有效的。

而从企业所有权和治理结构的历史演变角度来看,代理问题是由剩余所有权和控制权的所谓"两权分离"引起的。因此此问题的一个自然回应思路就是利用"合久必分,分久必合"的历史辩证法去解决问题,这就是所谓"股权解决法"或"股权激励"——主要是针对"信息不对称"的情况,明智地承认"契约不完备"的事实,赋予代理人部分剩余索取权,使之承担部分风险,将剩余收益与经营绩效挂钩,以解决管理者的"积极性"问题。这种"股权激励"措施是目前绝大多数公司对经理人员和职业技术人员进行激励的普遍做法,只是剩余索取权的具体分配比例有大有小。在构建代理人收入结构模型时,为减少代理人的"机会主义"行为,风险收入是一个不可或缺的控制变量。

当然,解决"代理成本"问题,实现"激励相融",仅有对代理人收入结构的技术设计是不够的,如何改善委托人与代理人之间的信息不对称以减少因此而来的激励偏差,也是应该注意研究的问题。

三、股权激励:人力资本股权化的制度逻辑和安排

按照现代企业的契约理论,股权激励的核心问题企业所有权安排,它可以表述为,企业剩余索取权和控制权在企业产权主体之间的分配及两权对应关系的处置和决定。

经济学理论可以证明：一个"最优所有权安排"，即最大化企业预期总收益的所有权安排，定是一种剩余索取权和控制权在实际操作的意义上实现尽可能对应的状态，谁在多大程度上拥有企业的控制权，相应地，谁就应该在多大程度上获得企业的剩余索取权，剩余索取权（控制权）跟着控制权（剩余索取权）走。至于这种对应在利益相关者主体之间究竟如何配置，则要取决于当事人在既定的契约条件下所拥有的谈判能力，包括：资本所有者投入要素的资产专用性，当事人行为后果的可监测性，契约者承担风险、进行创新的能力，私人信息的价格显示机制，资本要素市场的供求状况等一系列因素。换句话说，企业所有权安排并不存在唯一或单一的不变成式，而是随不同的契约条件在当事人互动博弈过程中不断变迁，且可有多样化优化选择的方向；对应于不同的所有权依存状态，企业治理结构也表现为一种"共同参与、相机治理"的状态。

如果把企业成员扩及为"利益相关者"，即签订企业这种特殊契约的各方当事人，可以分为两大类：一类是人力资本要素所有者，包括工人、经理和企业家等，当然，他们也可以同时是非人力资本所有者；另一类是纯粹提供非人力资本要素且与非人力资本的具体支配使用权相对脱离开来的，主要指股东和企业债权人，也包括重要供应商和主体客户。这样，企业可以看作人力资本所有者与非人力资本所有者所订立的一种不完全契约（周其仁，1996）。

既然人力资本所有者和非人力资本所有者都是企业契约的当事人，那么对于具有"不完备性"的企业契约的执行所带来的风险，自然既要由非人力资本所有者又要由人力资本所有者来承担。因此，无论企业所有权安排的最终结果如何，从契约自由平等的根本原则和事前的应然权利要求来看，人力资本与非人力资本所有者都有平等的权利要求参与剩余索取权和控制权的分配。在绝对的意义上，因为无论是人力资本还是非人力资本的所有者，都要在契约形成以后的相当长时期，或多或少地承担不确定性带来的风险；因而对于每个人力资本或非人力资本的所有者来说，其契约收益都有一个除去固定收入的剩余收益部分，所不同的是不同成员之间收益的固定部分和剩余部分各自大小及其相互比例会有所差别，而不是绝对地谁拿固定收入谁拿剩余收益的区别；相应的，对于人力资本和非人力资本所有者来说，其为应变契约的"不完备性"而采取的对策，或者对于采取何种这样的对策所拥有的发言权或投票权，即企业控制权的拥有，也只有形式和大小的不同，而非绝对有无的问题。

就公司制股权性质和要求来说，只要所有权主体将其资本要素投入公司而具有不可收回性，并能以投入数额为限承担责任和取得收益回报，那么，无论其投入的是非人力资本还是人力资本要素，都可以"股份化"为股权形式拥有剩余索取权和相应的控制权。

具体地说，对于非人力资本来说，如果其所有者不愿承担企业经营的"应有"风险，将其资本要素投入企业还要求按期收回，那么他就可以得到较固定（相对说来风险较小）的债券收入（利息），虽然在有关债务安全的决策上他也拥有一定的控制权；如果其所有者愿承担企业"应有"风险，将其资本要素投入企业后就不能要求退还，那么他就作为股东拥有较大的企业控制权，取得较大的剩余收入即风险较大的股息红利收入。这就是说，非人力资本可以是股份资本，也可以是非股份资本，可以具有股份性也可以是非股份性的。

同样，对于人力资本来说，如果其在企业中的重要性较小、专用性不大（即具有较强的通用性），从而具有较大的流动性即可以方便地将其投入从企业中抽走，那么其所有者就可以得到较固定（相对说来风险较小）的工薪收入，虽然在有关工薪支付等决策上他也拥有一定的发言权或投票权；如果其在企业中举足轻重，具有较强的专用性和团队性，以致很难将其投入从企业中抽走，或要流动就要付出高昂的成本或代价，甚至一旦离开企业其价值就会荡然无存，那么其所有者就要拥有较大的企业控制权和剩余索取权，以股权形式取得风险收益。也就是说，人力资本可以是非股份性的，也可以股份化为股份资本形式。

现代股份公司制度的最大优越性和特色，正如张维迎（1996）所言，就在于解决了"能"（人力资本）和"财"（非人力资本）在社会大众之间分布不对称的问题，它既为那些"有财无能"（即有财务等非人力资本而无企业家才能等人力资本）的人创造了赚取收益的机会，又为那些"有能无财"（即有企业家才能等人力资本而无财务等非人力资本）的人提供了从事经营管理职业和其他工作的机会。这就是说，股份公司制度在内在逻辑上允许一些企业成员"出钱不出力"的同时也默认一些企业成员即人力资本所有者"出力不出钱"，两者都是"合法"的。

在西方市场经济国家中，企业家年薪收入一般包括基本薪水和红利报酬两部分，既拥有薪水、奖金较固定的收入，又拥有利润分成和股票期权等剩余收入；同时，20世纪60年代以来许多公司大力推行利润分享和雇员持股计划，使企业职工成为企业所有者。虽然企业内部成员拥有股份并不是以其人力资本直接作资入股的，但许多企业确实是以优惠价格或其他优惠形式把股份"送"给企业经营者或职工的；这种优惠或无偿送股凭的是什么？其实质就是默认"出力不出钱"，将人力资本部分"股份化"。此外，20世纪80年代以来，欧美企业界风起云涌的并购浪潮中出现的管理者收购（MBO），国际一流的大型跨国公司普遍推行的经理股票期权计划，都显示通过"人力资本股权化"实行股权激励成为企业人力资源管理的一个基本趋势。

其实，实行股权激励，人力资本产权在现代公司制中处于越来越重要的主权地位，具有很宽广、深刻的历史背景：新技术革命突飞猛进，知识经济初现端倪，人力资源特别是知识工人专业化的人力资本越来越成为稀缺要素，成为决定企业市场竞争成败的战略性要素；同时，人才评估等社会信息显示系统在技术上也日趋成熟，专业化人力资本显示机制日益完善；加之，随着产业和经济民主化运动的推进，严格的反歧视、平等就业、劳动保障方面的法规纷纷出台，以及工会高度组织化的外部压力不断加剧，这就使企业人力资本产权问题和人力资本运营在现代公司制下比过去任何时候都更加复杂化、更加重要、更加具有战略意义。

由于上述原因，在现代公司制企业中，人力资本所有者扮演着比非人力资本所有者更直接、更重要、更主体性和更本位性的角色，因而也具有更需要在制度安排上加以维护和保障的权能和权益。既然人力资本特别是专业化的人力资本由于其资产专用性和团队性而不能轻易退出企业，既然人力资本特别是专业化的人力资本所有者具有"亲临其境"直接进行企业财富生产和价值创造的特殊重要性，那么，人力资本特别是专业化的人力资本分享企业剩余和企业控制权，就既是必然合理的又是现实可能的；而"资合"性质的公司制下，企业剩余索取权和控制权就具体体现为股权，一切权能和权益都要体现为股权并最终通过股权来实现，因此，为了维护和保障人力资本特别是专业化的人力资本产权权益，应将人力资本所有者投到企业的人力资本资产"作资入股"，转化为股权，按照股权平等的原则参与公司经营管理和利润分配。

当代西方市场经济国家广泛开展的员工持股和经理人员期股权实践，正是这种理论逻辑统一于历史现实的产物。现代管理学在"人力资源管理"名义下发明的各种"人本型"战略管理、权变管理理论与方法，实际上也是对这种企业制度新变革中人力资本股权化趋势在企业运营管理层面的具体回应。

四、"精神"激励：内隐契约及声誉解决机制

关于"代理成本"这个制度激励问题，从精神层面来看，通过改善所谓"内隐契约"及"声誉机制"也可以有效解决代理人的"积极性"问题。

在企业组织的形成过程中，除了有形的、法定的或外现的契约关系外，还存在无形的、非正规的或内隐的契约关系，这种契约关系对于企业制度激励的有效性具有特殊重要的意义。而企业作为一种不同于一般市场契约的特别"不完全"合约，其特别之处恰在于此；正是由于存在大量无形的、非正规或内隐的契约关系，才使企业合约具有特殊的"不完全性"。

内隐契约之所以能够实际形成并发挥防范"机会主义"、降低"代理成

本"的重要作用，主要原因是存在一种"声誉"激励机制。关于"声誉"（reputation）的精神激励作用，管理学家、心理学家及行为科学家早就关注并作过详尽研究；经济学关于"声誉"激励机制的正面研究，则是近20年随着博弈论的兴起并将之应用于解析代理成本问题才开始的。

经济学从自己最大化理性假定出发，认为企业成员的良好"声誉"是长期动态重复博弈的结果。在多次重复博弈的情况下，委托—代理关系即使没有正式契约维系，当事人仅仅出于自己长期利益的考虑，也会看重并追求"声誉"等隐性制度激励及约束因素。声誉机制就是建立在长期信任基础上的委托—代理关系，是有助于降低代理成本的一种精神激励机制。

克瑞普斯等（Kreps & Wilson，1982；Milgrom & Roberts，1982）提出的"声誉模型"，很好地解释了静态博弈中的"囚徒困境"难题。当只进行一次性交易时，理性的参与者往往会采取"机会主义"行为，通过欺诈等"非名誉"手段来追求自身收益最大化，其结果只能是"非合作博弈均衡"。但当重复多次交易时，为了获取长期利益，参与者通常需要建立自己的"声誉"，一定时期内"合作博弈均衡"就能够实现。

法玛（Fama，1980）的研究表明，在竞争性经理市场上，经理人员的市场价值决定于其"声誉"即过去的经营业绩；从长期看，经理人员必须对自己的行为负完全责任，即使没有显性激励机制，他们也会积极努力工作；因为，这样做可以改进其在经理市场上的"声誉"，从而提高未来的收入。霍姆斯特姆（Holmstrom，1982）将法玛上述思想模型化为"代理人市场—声誉模型"。声誉机制的激励约束作用在于：经理的"声誉"即过去的工作绩效是显示其人力资本的一种信号，"声誉"好者人们对他的预期就好，其内部提升或被其他企业重用的机率就大；相反，"声誉"差者人们对他的预期就差，其内部提升或被其他企业重用的机率就小。因此，在声誉机制激励下，经理人员懈于经营将意味着断送其职业生涯、人生前程和市场价值。当然，随着职业生涯临近完结，"声誉"的未来贴现减少，声誉机制的激励约束作用也就随之减弱。目前普遍存在的国有企业经营者"59现象"很能说明这个原理，为发挥声誉的激励作用，退休制度安排很有学问可讲。

应该看到，声誉机制只是这个制度激励体系中的一个子系统，其能够有效解决激励问题是有条件限制的：（1）机会主义行为对当事人来说"不值得"；（2）由于信息显示或监督机制较完备，机会主义行为被发现的可能性很大，并且被发现后的惩罚力度也足够大；（3）委托—代理关系是长期的、多次的重复博弈，代理人要具有足够长的未来预期；（4）"声誉"在制度的宏观环境中有质量保证，即在反映代理人工作绩效时具有"真实性"，不含"水分"。

五、结　论

企业激励制度是严格完整的体系。制度激励的基础或根本出发点是经济人理性假定，激励是针对每个人追求自身预期收益最大化经济行为，通过规范的制度安排来引导和约束企业员工，为实现组织目标而努力。在人力资源管理实践中，激励之所以往往成为"问题"，很多情况下都与制度安排"问题"密切相关。制度激励问题，就是指由于制度安排方面的原因，使作为组织成员个体的工作或劳动付出得不到相应的回报，或者个人不须承担其行为的部分或全部后果。其典型表现形态就是"搭便车"问题与"代理成本"问题。

经济学关于企业制度激励问题的理论解析是围绕与"产权安排"相关的委托—代理关系展开的，所以，"代理成本"问题是更具一般性或普适性的制度激励问题。代理成本问题的实质，是在契约不完备和信息不对称情况下的激励问题，即拥有信息优势的一方（代理人）不以拥有信息劣势的一方（委托人）利益最大化为目标而引发的道德风险和逆向选择问题。"代理成本"问题解决办法无外乎在如下四种方法之间做折中选择：（1）直接监督解决法；（2）契约完善解决法；（3）股权激励解决法；（4）声誉机制解决法。

"天下之事，合久必分，分久必合"。在企业所有权制度安排和治理结构的历史演变方面来看，这也真理。从两权分离引出"代理成本"问题，由于代理成本的存在才使所有权与控制权的"分离"有了不可逾越的限度，一点两权分离超过这个限度，那么通过员工持股计划（ESOP）、管理者收购（MBO）或经理股票期权（ESO）等股权激励途径和方式，实现人力资本股权化以弘扬人力资本产权的应有权能和权益，就成为企业制度变迁和制度激励的必然选择。这对于处于转型期的我国企业改革和发展，特别是人力资源管理具有重要指引意义。

参考文献

［1］R. 科斯、A. 阿尔钦等：《财产权利与制度变迁——产权学派与新制度学派译文集》，上海三联书店、上海人民出版社 1994 年版。

［2］James A. Brickley 等：《管理经济学与组织架构》，华夏出版社 2001 年版。

［3］陈郁编：《所有权、控制权与激励——代理经济学文选》，上海三联书店、上海人民出版社 1998 年版。

［4］张维迎：《博弈论与信息经济学》，上海三联书店、上海人民出版社 1996 年版。

［5］张维迎：《所有制、治理结构及委托—代理关系》，载《经济研究》1996 年第 9 期。

［6］周其仁：《市场里的企业：一个人力资本与非人力资本的特别合约》，载《经济研究》1996 年第 6 期。

［7］杨瑞龙、周业安：《企业的利益相关者理论及其应用》，经济科学出版社 2000 年版。

［8］方竹兰：《人力资本所有者拥有企业所有权是一个趋势》，载《经济研究》1997 年第 6 期。

第三篇 人本管理学无边

论人力资源管理中的制度激励

组织学习通论：关于组织行为在社会生态学
意义上的一个解说[*]

一、从赫斯特组织生态循环模型说起

组织是社会运动的一种形态，而人类社会乃是自然界大系统的一个小生
境，组织之于社会、之于大自然，就如同孙悟空之于如来手掌，其学习行为
是无法超越社会生态学法则的。因此，"组织学习"（Organizational Learning）
的最普适性、最具辩证意义的解析，应该是社会生态学意义上的，即组织这
种有机体在社会生态系统中的一种生存方式和成长状态，它是一种持续不断
的自然历史或生命循环过程，也就是组织为适应外部社会生态环境变化，周
而复始地积极积累经验所引起的行为方式之持久性变化。

关于组织行为的社会生态学观点，笔者所看到的最清晰、最形象也是最
具启发性的描述和解析，要属加拿大西安大略大学的组织行为学家戴维·K·
赫斯特了，他于 1995 年发表了一部名叫《危机与振兴：迎接组织变革的挑
战》的著作。赫斯特基于自己的亲身管理经历，结合《美国科学》杂志关于
南非卡哈拉里沙漠上布希曼人（Kalahari Bushmen）从游猎到定居放牧转变过
程中社会组织结构的变迁，以及原始森林从产生到成长维持进而从创造性毁
坏中获得再生的隐喻类比，认为人类社会任何组织，包括现代企业的形成和

---

* 本文原载于《财经问题研究》2005 年第 1 期。

发展，都是一种"战略上多属偶然，经济上每出意外，政治上源于灾难"，在管理上"应急行为"、"理性行为"和"被迫行为"因应环境交替出现，"学习"与"运作"矛盾统一的自然历史过程，由此他提出了一个形象化的组织生态循环模型（见图1）。在图中，黑实箭头线表示赫斯特所说的"运作环"，而黑虚箭头线表示他所说的"学习环"。

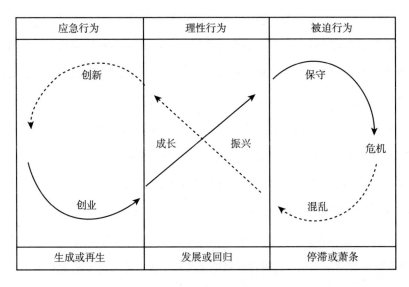

图1　赫斯特组织生态循环模型

　　就某一个组织来看，它的生命周期是有始有终、阶段性发展的，往往很少有组织能够进入"长生不死"的大组织生态循环圈。但从宏观的、动态的历史观点来看，正如图示中的"无穷号"形状所蕴含的寓意那样，整个人类组织的生态循环是无限连续、无始无终的。赫斯特将处于前半环即用实线表示的传统生命周期上的组织称做"运作型组织"，而用"学习型组织"特指处于后半环即用虚线表示的变革振兴周期上的组织。如果我们将"学习"一般地理解为组织适应环境而调整并周而复始地积极积累经验所引起的行为方式之持久性变化，那么，我们就可以将用赫斯特组织生态循环周期来解说组织学习的周期性运作原理。

二、由情景激发的自发性组织学习

组织在初创时期表现出典型的自发性组织学习行为。这种组织学习，是由一群具有"自我超越"精神和能力的人，在外部情景激发下"走"到一起，为了他们心目中某个共同的志向互动影响形成的。

按照圣吉的说法，所谓"自我超越"（personal mastery）就是个人生命中产生和延续的创造性张力，即一种不断追求其真正心之所向的能力，这是组织生命力的源泉。但是，在自发性组织学习的情况下，创业者们所具有的"自我超越"的精神和能力还不是在组织内部自觉地修炼得来的，而是外在于组织作为个人既得的人力资源或资本而存在的。这些人要么是"不守本分"的激进分子，要么是对某项事业具有特殊热情的狂热分子，要么是具有非凡技术和经验的活跃分子，总之都是有"自我超越"精神和能力的人。

自发性组织学习的启动不是由内部动力机制正规引发的，而是在外部"情景"下激发出来的。这种情景可能是市场一种尚未被觉察的潜在需求，或者是由于人口规模和结构的变化引发的特殊机遇，还可能是某项技术发明或政府政策调整带来的新情况，更有可能是自然灾害、经济危机、政变或战争带来的意外困境。无论什么情况，由于这些人大都具有"自我超越"精神和能力，具有相近的"心智模式"即认识、思考和解决问题的方式，他们往往会不约而同地"嗅到"平常人感觉不到的机遇。

在自发性组织学习情况下，"共同愿景"的形成正所谓"心有灵犀一点通"，创业者们由于"志同道合"，所以很容易"同志式"地讨论问题和进行沟通，相互之间做到信息知识共享，对组织初创时期面临的复杂、无序和棘手的问题能够迅速作出反应并灵活地应对和解决。在自发的价值驱动下"如饥似渴"地接受新观念、吸收新知识、共担新风险、共享新成果，成为组织学习最原始纯真的特征和形态。

大部分公司在初创时期大致都处于这样一种自发性组织学习状态。例如，耐克公司的情形就是这样。其创始人菲尔·耐特原是著名的田径运动员，同时获得有会计资格证书和MBA学位，他与他的教练、慢跑运动创立者比尔·鲍尔曼，都对当时跑鞋的技术性能"不满"而基于共同志向聚到一起，全身心投入高性能跑鞋的设计和研制工作。1964年组建公司，当时叫"蓝带体育用品公司"（BRS），直到七年后的1972年由加入公司的第一位雇员杰夫·约翰逊在梦中偶然想到"耐克"名字，而著名的钩形标识则是花35美元由一名学设计的研究生绘制出来的，但这个"运动员的公司"标识所蕴含的使命即"通过运动和健身来提高人们生活水平"，早在公司创立之初就已经自发地成为组织的学习基因。在最初的岁月，还没有"组织"来物色人选，人们通过无边界的网络关系随时以不同的角色加入其中，凭借着运动员之间的信任、伙伴关系和合作精神，以及创出最好成绩的共同愿望，通过直接亲密沟通互相学习。

三、基于经验和专业化知识的常规性组织学习

获得创业成功的组织，由于成员人数和业务量的增加，规模的不断扩大，逐渐达到了"丰羽渐满"的规模效应，组织开始形成专业化分工体系，并在此基础上组建有关职能部门和科层系统；随着细密的劳动分工和专业化生产体系的建立和矩阵式部门网络构架的逐步形成，围绕不断加剧的集权和分权矛盾会形成"领导"或"控制"方面的危机。这时，需要有得力的领导精英明确组织进一步发展的使命、方向和目标，聚合组织成员个人和各方面力量带领组织朝前行进，并强化规章制度建设，进行权利界定，通过命令链实施集权化和程序化控制。在这种情况下，组织学习表现为一种基于经验和专业化知识的常规性学习形态。

首先，在创业时期经过自发试错性组织学习获得的经验教训，经过长期累积沉淀下来，形成组织正式的行为规范。原先由无形"使命"价值驱动的自发性组织学习行为，逐渐转变为战略管理框架下的理性化组织学习方式；当初的"使命"及其所代表的核心价值观被管理当局总结归纳成组织"战

略"，以原则、方针、规划、条文等形式框定约束和指导规范着人们的行为或做事方式。这时，在创业的自发性组织学习过程中获得并累积下来的那些一再导致"成功"的、被证明是"正确"的行为方式，也逐渐以规章纪律、行为准则或操作规范的有形制度形式出现。

其次，原先由创业者自行选择、各自随机担当的角色，逐渐沉淀成有明确分工任务、固定工作内容、严格定额标准和操作规程的岗位。每个岗位工作被逐渐分解和细化为单一的、标准化和专业化的操作，工作者间的关系被既定的工艺过程或作业流程严格界定。这样一来，组织学习对个体成员"自我超越"精神和能力的要求就完全不同了。当初，一个人仅凭对组织的满腔热情就能加入，而技能如何还在其次；现在，仅有满腔热情的学习精神就不够了，理性地掌握专业化的操作技能就成为首位要求。

再次，最初创业阶段形成的具有很大弹性和灵敏应变性的工作团队化网络，逐渐被等级制的职能部门结构体系所取代。随着组织走向成熟，规模逐渐增大，参与性强、技能种类多且具有较大灵活性的工作团队或生产小组就变得越来越不适应了，以一定的生产工艺流程和数据处理系统为基础、由既定规章制度所界定的专业化部门结构逐渐形成。这样，当初提供"密集"信息的网络结构被专门使用"稀薄"知识的专业化管理体制所取代，员工之间亲密无间的信息沟通"小道"也变成有正规渠道、间接分割的"命令—服从链"系统。

另外，起先凝聚组织成员的无形"认可"和精神激励机制也逐渐失灵，由有形"报酬"和物质刺激机制来发挥作用。工作和任务一旦明确，相应的知识技能也就确定下来，工作进度也能够测定出来，一整套业绩评估体系逐渐被置于组织管理系统，人力资源开发以及职业规划管理成为整个战略管理系统的一个有机组成部分。这时，起初那些"凭着满腔热情干革命"的创业元老们也逐渐退出"历史舞台"，被从正规教育系统出来的专业技术和管理人员所取代。新的职业化管理者往往雄心勃勃、目标远大，但是由于他们都是外在于组织的，对组织的历史和文化也了解得不多、没有深切感触，组织使命感和内在的价值驱动越来越弱化，而提高效率和业绩成了他们的主要目标和外在驱动力。

最后，随着组织与外部环境的界限变得清晰可见，组织与周围的环境也逐渐"和谐"或"稳定"甚至达到能够预期、操纵和决定外部环境的地步。这样，组织学习的基本方式也逐渐转变，从过去由情景激发而积极试错式地适应环境，变为通过条条框框来"过滤"外部信息，消极地、滞后地、被动地处理和应对外部环境的变化。这样，组织就逐渐按照一个既定的框架、流程和模式来运作，并在"复制自我成功"的过程中成长壮大。

在这种组织学习架构下，其突出优越性就是能够取得规范的专业化分工好处和技术操作效率。但是，由于它与人的自主性、能动性和创造性等天然本性相违背，就是说，在这里人仅仅作为组织机器上的一颗"螺丝钉"被使用，自然会使组织大大丧失社会性协作方面的好处或非技术性效率，从而会导致组织横向协同差、趋向保守和缺乏应有的灵活应变力。

例如在耐克公司的案例中，早期吸引到公司来不一定是好经理，却都是些优秀的球队队员选手，他们大都是具有"真实性"和"不守规矩的人"或"大型体育项目中的反传统人物"。但是，后来随着生意的扩大，起初那种仅靠通才和热情来推动的做法已经不能适应，当锐步（Reebok）公司趁其不备打入健身用品市场时，耐克公司仍然以"运动员的公司"自居，热衷于所谓"真实性"，当时一名高级经理曾声言："耐克决不会为那些搞健身的外行们生产鞋子。"结果，1981～1987年锐步公司销售额增长了近千倍，耐克公司花了好几年功夫才赶上。耐克不得不雇佣一些有专业知识和技能的管理人员，1982年任命了一名总裁，并成立了一个政策与程序委员会，决定引进海氏评价系统来框定组织职位和薪酬管理体系。原先的创业者纷纷离开公司，或将自己的股权变现，或因分配不均而分道扬镳，到1988年所有资历老的副总经理都离开了公司，随着创业者的退出，耐克逐渐走向基于经验和专业化运作的常规性学习组织。

康柏电脑公司的情形也很能够说明问题。该公司是由原先受雇于得克萨斯仪器公司（TI）的三位职员，于1982年年初辞职后另起炉灶创建的，其第一台电脑设计图纸就是在休斯敦一家馅饼店的盘子垫上画出来的。在罗德·卡尼恩的领导下，创业者们依靠开放型交流、团队精神、广泛协商和民主决策的"猎人社会动力机制"，不惜成本向市场快速灵活地推出高质量、配备有前沿科技的个人电脑，仅用了四年时间就跻身《财富》500家排行榜，到1989年销售额达近30亿美元。然而，到了1990年由于竞争对手大幅度降价，康柏公司销售迅速下滑，到1991年首次发生亏损，并大幅度裁员。1991年10月25日，董事会接受首席经营官艾克哈德·法尹弗的观点，解雇卡尼恩，裁减25%的雇员，转而推行专业化控制的运作机制和常规性组织学习系统，以降低成本和提高效率为首要管理目标，结果两年后公司状况迅速改观，在没有增加核心生产设备的情况下电脑产量却翻了两番。

四、回归价值理性的创新性组织学习

在常规性组织学习框架下，管理当局通过严格的科层系统进行集权控制，以期永远保持可观测的效率和业绩。但是，由于命令—服从链条的拉长、"各管一摊"的专业化分工割据以及"照章办事"的运作方式，组织逐渐丧失了人性、灵活性，对外部环境的变化越来越不敏感，这样，官僚化运作的组织逐渐丧失了"学习能力"和创新活力。这时，一旦外部环境发生灾变，这种庞然笨拙的组织就变得不堪一击，立刻会陷入危机状态。

为了走出"官僚危机"，组织必须精简日趋巨型化的官僚机构和繁琐的规章制度，通过组建工作团队，引进顾客导向的创新系统，学习借鉴"小组织思维"，重塑组织文化，来整合、完善组织结构体系，这些就成为组织完善阶段变革的主要任务。这个阶段是组织生命周期中一种未止的、开放的、不确定的、不断创新求发展的时期，如果组织能成功地应变环境而不断创新变革，那么就会获得新生，进入新的生命周期，否则就必然以衰落灭亡为结局。

当外部环境以不确定性为常态在不断地发生变化，加之技术进步日新月异、文化背景变幻莫测，在这样的环境下组织要能够重新"振兴"必须随着这种变化不断调整自己的战略目标，通过适当途径，诸如：撤换过去高高在上、集权专断的当权者；实行扁平化的组织变革；采取随机应变、民主化的领导方式；开展工作丰富化、团队化再设计；面向客户形成网络化信息传递和反馈系统等，以便恢复原来创业时期的价值观，在新机体中重新激发原始初动状态的那股"革命热情"，以基于价值驱动的理性行为取代过去基于工具的理性行为，激发员工在无边界的网络结构中进行多元化的探索和创新，使组织在新的环境中抓住新的机遇从而获得新生、走向新辉煌。

关于回归团队精神和价值驱动的创新性组织学习，1981年杰克·韦尔奇接手通用电气公司的情形就是一个典型例子。当时，韦尔奇接手的通用电气公司就面临着严重的官僚危机。正如赫斯特所说："管理者如果想避免遭受'自然'灾害，就得制造危机。"制造危机的目的就是"打破在传统生命周期最后阶段里束缚组织的有害制约因素"。韦尔奇一上任就大刀阔斧地进行反官僚的组织变革，努力打破等级制，首先削减总部职员和中层管理人员，要求管理者"把自己看成是身兼教师、拉拉队队长和解放者三职的人，而不是控制者"，责成10万员工集中致力于他所认定的几大核心业务；进而积极动员他们的情感能量和创造精神，主张恢复"你看着我、我看着你"的公开交流，强调"以价值观为基础的理性"，推崇新式平等主义，要求公司"工作能力测验"评估系统将重点放在使企业领导人能够了解组织成员的意见、感觉、情绪、士气等工作氛围方面，使他们能够与员工公开对话并就地解决迫在眉睫的问题。韦尔奇的目标实际上就是将公司从基于成功经验和专业化知识的常规组织学习系统回归基于团队精神和价值驱动的创新性组织学习状态，以便使公司经过危机激发的变革而获得新生。实践证明他成功了。

五、小结：组织学习及学习型组织要义

综上所述，组织学习可以一般地定义为：组织适应外部环境而对自身行

为进行权变调整，以达成自己特定生存和发展目标的行为。组织学习的过程，在一个生命周期的管理行为上，表现为"应急行为"、"理性行为"和"被迫行为"因应环境交替出现；而在广泛的社会生态学意义上，可以看作"学习"（环上的组织状态即所谓"学习型组织"）与"运作"（环上的组织状态，可对应称作"运作型组织"）矛盾统一的自然历史过程。从赫斯特组织双环（无穷号）生态模型来看，可以将组织学习状态分为运作型和学习型两种极端抽象化的典型模式。

"运作型组织"即处于赫斯特组织双环（无穷号）生态模型中运作环上的组织，也就是依照韦伯、泰勒和法约尔等传统组织理论所描述和分析的科层官僚等级制（Hierarchy/Bureaucracy）模式。其基本特征为：（1）在稳定环境中从事例行工作；组织基本宗旨明确，但具体操作目标多元复合需要权威集中统一；（2）技术以效率为本，文化系统崇尚非个人化的等级原则，成员以遵守纪律、照章办事、忠于职守、忠诚服从为己任；（3）组织结构以专业化分工为核心，形成金字塔式的纵向层级命令—服从链和正式权威体系。

"学习型组织"即处于赫斯特组织双环（无穷号）生态模型中学习环上的组织，也就是以马斯洛、梅奥、赫茨伯格和温勒等所阐释和描绘的现代开放型组织行为模式。其基本特征为：（1）在不稳定环境中完成非常规任务；（2）为实现共同认可的组织目标而积极自主地进行分工协作；（3）组织技术和文化以目标为导向，强调成员个人独立自主、平等互动、责任分担、开拓进取；（4）组织结构以工作团队为核心，形成扁平化的横向互动联系为主的非规范网络体系。

近年来关于"学习型组织"理论的提出，实际上主要是基于这样的组织运作阶段和背景来说的。例如，彼得·圣吉（Peter M. Senge, 1990）关于学习型组织"五项修炼"，从系统动力学的角度，对工业文明以及相关的专业化和社会分化给人类思想割裂和组织学习创新带来的一系列"智障"进行了革命性的批判，从而努力寻找出使已经进入正规运作状态的组织走出官僚危机而重新获得创新性学习能力的途径。野中郁次郎和竹内广隆（Ikujiro Nonaka and Hirotaka Takeuchi，1995）关于群体知识创造的"七项原则"，则是从知识论的角度对日本公司如何从战后的管制危机中走出来，并通过建立创新性组织学习系统迅速获得振兴，所做的精彩理论解说和经典描述。

参考文献

［1］［美］彼德·圣吉（Peter M. Senge）：《第五项修炼：学习型组织的艺术和实务》，上海三联书店 2000 年版。

［2］野中郁次郎（Hirotaka Takeuchi）、竹内广隆（Hirotaka Takeuchi）：《创造知识的公司》，科学技术部国际合作，1995 年。

［3］David K Hurst. *Crisis and Renewal*：*Meeting the Challenge of Orgnazitional*. Harvard Business Press，1995.

第三篇 人本管理学无边

组织学习通论

平衡计酬卡（BCC）：基于战略性广义薪酬整合激励的综合平衡设计*

一、关于"战略性广义薪酬整合激励"的意义

薪酬概念，其实是一个历史范畴。随着工业化起步、大发展到后工业化社会的来临，薪酬概念由狭义到广义，从货币到非货币，从直接到间接，从物质、经济层面到精神、非经济层面，从外在到内在，逐渐扩展演化开来。在现代人力资源管理中，薪酬概念是泛指社会从业者从所供职组织中获得的各种形式报酬或好处的总和，凡是员工从组织得到的一切收益性要素，包括直接的或间接的，内在的或外在的，货币的或非货币的，所有形态的正面报偿，都属于"薪酬"范畴。

在现代人力资源管理，"薪酬"概念是关于组织战略性激励的一个关键变量，涉及人力资源战略管理工作的焦点问题和核心内容。按照广义薪酬概念，薪酬项目可以分为内在薪酬（intrinsic compensation）与外在薪酬（extrinsic compensation）两大类。前者指员工直接从组织劳动或工作过程本身所获得的好处，后者是指员工从组织劳动或工作之外所间接获得的货币或物质性报酬，而内外在薪酬各自又可分为直接薪酬与间接薪酬，这样形成一个完整的薪酬项目分类体系（见图1）。

---

* 本文原载于《中国人力资源开发》2011年第2期。

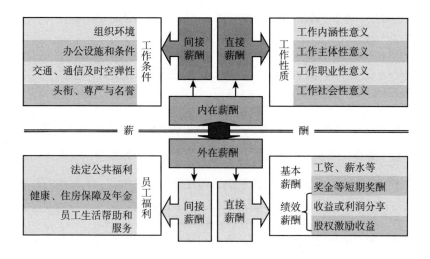

图1 薪酬项目分类

我们知道，"战略性激励"是现代人力资源管理的核心理念，薪酬管理作为人力资源管理一个重要子系统，自然要很好地体现和贯彻此核心理念。总的来说，现代薪酬管理就是以"战略性广义薪酬整合激励"为主线的，具体表现为五大特点：（1）在项目内容上，越来越重视外在间接薪酬乃至内在薪酬的战略性激励意义；（2）在时代主题上，长期股权激励乃至内在的精神激励越来越受到关注；（3）在焦点职能上，广义薪酬内外在有机整合对于组织绩效的战略性提升作用越来越凸显；（4）在管理层次上，工作重心逐渐转到以团队性、战略性、规范性和制度性的规划设计调控方面来；（5）在组织范围上，已成为工商企业、政府机关和事业单位等所有组织焦点职能型战略管理工作之一。

如何针对特定组织的内外部环境和总体战略目标，紧紧围绕"战略性广义薪酬整合激励"这条基准主线，将战略性激励核心理念层层贯彻到组织薪酬规划、设计和管理的具体行动中，搭建起一整套独具特色、富有竞争力的薪酬战略管理框架，可以说是现代组织薪酬管理研究的一条主轴线索，也是薪酬管理领域的最新实践和前沿课题，在战略管理总体思路上具有"革命性"拓展创新意义。当然，在实际操作技术层面，这种战略薪酬设计却存在着相当大的难度，本文拟就此做点初步尝试。

二、"平衡计酬卡"（BCC）的提出及总体构想

20 世纪 80 年代以来，在以互联网为核心的新技术革命推动下，现代社会的"后工业化"特征日趋明显，越来越多的工商企业和非营利组织面临着全球化剧烈竞争的严峻挑战。现代组织运营管理中，无形的、人文性的和知识性的要素越来越举足轻重，逐渐替代有形的、物质的和财务的要素，成为更具战略性和长期决定意义的资源、资产和资本。战略管理的总体趋向是：传统"可计算"的工具理性驱动，逐渐转向基于"共同愿景"的价值理性驱动；传统线性的、直接的和机械操作性质的组织运作架构，逐渐转向非线性的、复杂的和生态有机式的战略演进框架。在这样的时代背景下，"以人为本，战略性激励"，以更加人性化、强调内在价值驱动的绩效与薪酬管理策略，积极激发员工学习与创新，推行大刀阔斧的组织流程再造及结构变革，逐渐成为世界各类组织运营管理及可持续发展的核心理念和主导趋势。

从绩效战略管理层面来看，传统以短期的、有形的、货币的后置财务指标为核心的绩效评估管理体系，逐渐转向以长期的、无形的、非货币的前置价值指标为核心的战略管理体系。鉴于此，20 世纪 90 年代初，美国学者罗伯特·卡普兰（Robert S. Kaplan）、大卫·诺顿（David P. Norton）在绩效管理领域提出著名的"平衡记分卡"（balanced scorecard，BSC）。在第 5 章我们曾提到，关于"平衡记分卡"的理论和方法有一个渐次演化的过程，最初主要是为了克服传统工具理性驱动下仅着眼于短期财务绩效评估的局限，而特别设计的一种综合平衡性组织绩效评估体系；后来经过不断改进和完善，逐渐演变成为基于"共同愿景"价值理性驱动的一种有效战略执行平台和核心绩效战略管理工具。

同样，在薪酬战略管理层面，也可以借鉴卡普兰和诺顿的"平衡计分卡"思想方法，相应地提出一个叫做"平衡计酬卡"（balanced compensation card，

BCC）的四维薪酬战略整合管理框架。其基本设计和规划思路是：基于"广义薪酬"概念、"战略性激励"理念和"综合平衡"战略思想，从内在薪酬、外在薪酬、直接薪酬和间接薪酬等四个基本维度，分别将基于共同愿景的组织薪酬战略目标明晰化、具体化，从而构建一种"四维标度盘"（见图2）。这样，在实际操作中，薪酬管理工作者就可以平衡计酬卡的四维标度盘为基架，一一选择和设置相应的薪酬项目指标体系，在内在与外在薪酬、直接与间接薪酬项目综合平衡的基础上，对整个组织薪酬体系总体状态进行统筹规划、平衡设计和整合监控。

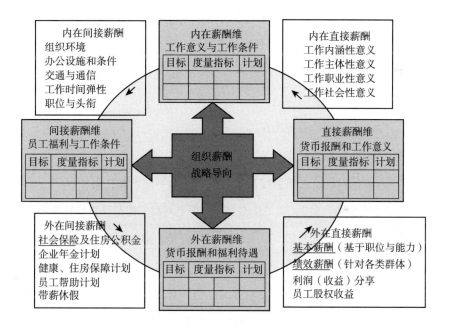

图2　平衡计酬卡四维标度盘

三、内外在薪酬平衡设计的基本思路

在平衡计酬卡四维框架体系中，关于内在薪酬与外在薪酬的平衡设计，可以说是最为核心和关键的，也是技术难度最大、最具挑战性的工作。因为，在特性上，一个是主观内隐性的、有些虚无缥缈的、难以用货币度量的；另一个是客观外显性的、实实在在的、往往可用货币确切计量的，要将这样两个性质截然不同、彼此有些不搭界的东西硬"拉扯"在一起，用一个统一标尺权衡彼此，并给出一个"平衡"的方案，这无疑是件极为困难的事情。但是，在"广义薪酬"概念和"战略性激励"理念框架下，要进行薪酬整合规划与管理，这种虚实并重的平衡设计又是必要的、重要的和非常关键的。

首先，在薪酬战略目标设置上，要做到内在薪酬目标与外在薪酬目标相统一。内在薪酬目标设置要立足于"工作本位，价值激励"，外在薪酬目标设置则要立足于"市场基础，保健功能"，将两者整合起来说，薪酬战略目标设置的一般原则或基本方针，就应该是："立足工作本位，注重价值激励；夯实竞争平台，强化保健功能。"在薪酬战略目标设置时，要高度重视外在薪酬的市场竞争基准意义，以及它所具有的"有向下刚性"的基础保健功能；同时，还要特别注意工作本身的内隐价值和外显条件，应明确这才是保证"战略性激励"目标顺利实现的关键所在。

其次，在薪酬项目量度方法上，要做到内在薪酬指标与外在薪酬指标相衔接。内在薪酬特别是内在直接薪酬与外在薪酬不同，往往是一种"心理收入"或"主观价值收益"，即工作本身在性质上对员工的某种直接精神心理满足，很难用客观价值（货币）指标来衡量。但是，随着现代心理学、经济学和行为科学研究的深入发展，先进心理测量技术和方法的出现，关于工作主观内在价值的外化（货币化）度量并非完全不可能。工作的内在价值可以转化为客观描述性因素来进行度量，例如，工作内涵性意义可转化为内容丰富性、任务完整性和价值重要性等几个维度，工作主体性意义转化为决策自主性、过程挑战性和结果成就性等几个维度，工作职业性意义可以转化成长空间、晋升机会和发展潜力等几个维度，然后在不同维度上设计不同的价值评价量表或主观调查问卷，来分别描述和分析员工对工作内在价值的主观感受，最后将之整合起来，甚至将之适当转化为货币价值，以与外在薪酬在量上进行比较平衡。在进行薪酬项目度量时，可以在同样的"心理尺度"上将外在薪酬与内在薪酬"打通"来衡量把握，无论是外在薪酬还是内在薪酬，都应注意员工真实的精神情感状态及心理满足程度，并进一步探索设计出有可能综合度量内外在薪酬的统一尺度和方法。

最后，在薪酬体系计划安排上，要做到内在薪酬项目与外在薪酬项目相平衡。具体薪酬项目设计，要在长期短期、有形无形、物质精神、宏观微观、大小权重和货币非货币等各个维度上对内在薪酬项目与外在薪酬项目有一个清晰分类、明确对应的平衡设计。例如，在长期短期薪酬项目平衡设计中，一定要明确哪些外在薪酬项目和哪些内在薪酬项目属于短期，而哪些外在薪酬项目和哪些内在薪酬项目则属于长期，最好能够做到一一对应、明确细化。在大小权重方面，可以根据组织性质、价值导向、发展阶段和战略要求，明确设定各明细内在薪酬项目与外在薪酬项目在整个薪酬项目体系中各自所占权重比例究竟有多大，是以外在薪酬为主还是以内在薪酬为重，在外在薪酬和内在薪酬项目内部又以哪些项目为重哪些项目为轻，如此等等。总之，在整个薪酬计划安排上是内外在项目平衡有序的。

四、直接与间接薪酬平衡设计的操作要领

直接薪酬项目是与员工人力资源特性或人力资本水平直接相关联的，而间接薪酬项目往往与员工人力资源特性或人力资本水平没有直接关联性，或关联性不显著，而主要是员工作为组织成员身份间接享有的待遇。就内外在薪酬两个方面来说，直接薪酬与间接薪酬的平衡设计有四种组合情况。

第一，关于外在薪酬项目内部直接薪酬与间接薪酬的平衡设计。在这方面，传统薪酬设计大都关注到了，基本平衡原则是"直接薪酬促效益，间接薪酬确保障"。

第二，关于外在直接薪酬与内在间接薪酬的平衡设计。在外在直接薪酬设计中，无论是基本薪酬设计中的职位基准还是能力基准，抑或是绩效薪酬设计中的短期奖酬还是长期激励计划，都与工作条件方面的内在间接项目，诸如组织环境、办公设施和条件、交通与通信、工作时空弹性和职位职衔等，

有着紧密的关联。例如，基于工作职位和能力的基本薪酬设计，必须充分考虑组织的软环境和硬条件，以及工作弹性特点和职位职衔的具体情况及其对员工产生多大的内在激励性回报，两者之间的相互影响情况如何，彼此怎么搭配等。同样，由于工作条件对绩效状态的直接而主要的影响，在进行外在的绩效薪酬设计时，更是需要充分考虑工作条件方面的匹配性和适应性，如果不能将工作条件对绩效水平的影响从实际绩效总体效应中剥离出来，就无法准确衡量员工个人或团队努力程度与工作绩效的关联性，也就无法科学设计相关绩效薪酬项目体系。因此，在薪酬体系整合设计中，外在直接薪酬项目与内在间接薪酬项目的平衡设计至关重要。

第三，关于外在间接薪酬与内在直接薪酬的平衡设计。外在间接薪酬即员工福利计划与内在直接薪酬即工作内在价值意义是什么关系？按照赫茨伯格的因素论，前者显然属于"保健因素"，而后者正是赫氏所说的"激励因素"。由于员工福利具有普适性保健功能及向下刚性的特点，外在间接薪酬计划安排一定要本着"适度从紧，周而不滥"的基本设计原则；同时，要将薪酬平衡的天平向工作本身的内在价值方面倾斜，按照"以人为本，快乐工作"这个基本准则，最大限度地从工作丰富化、团队化的角度进行激励性设计。

第四，关于内在薪酬内部直接薪酬与间接薪酬的平衡设计。在内在薪酬中，工作性质方面的直接薪酬与工作条件的间接薪酬，其划分有很大的人为成分，在实际当中往往是彼此难（不）分的，当事者很少在理性上作"科学区分"的。但在组织薪酬体系设计者的思想方法上，应该有"辩证统一"的综合把握和科学设计思路。总的原则应该是，以内在直接薪酬为本位或主导，以内在间接薪酬为保障或辅助，在长期战略设置好内在直接薪酬项目，而在短期策略上随机应变安排好内在间接薪酬项目，从而使两者在动态上协同匹配起来。

总之，直接薪酬与间接薪酬的平衡设计，主要是照应好组织人力资源个性化差异与整体凝聚力之间的辩证统一关系，以及组织薪酬体系的直接激励功能与间接保障功能在整个人力资源战略性激励机制中的协力作用关系，其具体设计策略要因应实际的组织情形随机应变。

五、基于BCC的四维薪酬综合平衡设计

关于薪酬体系"两面四维"的综合平衡，除了上面讨论的四个要点以外，还有两个点：一是关于外在直接薪酬与内在直接薪酬的平衡设计；二是关于外在间接薪酬与内在间接薪酬的平衡设计。

外在直接薪酬，包括基本薪酬、绩效薪酬特别是长期激励机制设计，要充分考虑工作本身的内在激励意义，只有与工作本身的内在价值得到了充分体现，外在薪酬设计才能获得最大限度的激励效果。另外，工作价值的内在激励意义，包括工作内涵性意义（内容丰富性、任务完整性和价值重要性）、工作主体性意义（决策自主性、过程挑战性和结果成就性）和工作职业性意义（成长空间、晋升机会和发展潜力）等，只有与外在直接薪酬设计的职位、能力和绩效基准挂起钩来，才有实实在在的依托基础，从而将直接激励作用发挥到极致。

外在间接薪酬，即工作条件方面间接性报偿，与内在间接薪酬也就是员工福利计划安排，其中有一部分是重叠的。例如，办公设施和交通条件等方面的待遇，往往是许多组织员工福利计划的重要内容；而员工福利计划如带薪休假和员工帮助计划中的一些项目，也都有很强的内在间接薪酬性质。不过，总的说来，员工福利计划是外在于工作条件的，而内在间接薪酬虽然是工作条件方面的待遇，但毕竟是工作本身的内容。因此，在进行薪酬体系整合设计时，一定要在指导思想和策略上把握好两者的彼此通性、内外差异及大小轻重。

要特别强调的是，进行薪酬体系的综合平衡，设计者必须树立"全盘统筹"观念，注意从总体上、战略上以长远眼光进行全面安排，做好瞻前顾后、统筹兼顾，在计划上留有余地、在运行中有变通空间。此外，设计者还应注意摆脱自以为是的精英意识，牢固树立"群众观点"，鼓励各级管理者和员工

积极参与，做到"从群众中来，到群众中去"，坚持群策群力，这样设计出的方案就容易被各方面普遍接受，实际执行起来也容易并能够获得满意效果。

参考文献

［1］［美］马尔托奇奥 J. J.：《战略薪酬管理》，中国人民大学出版社 2005 年版。

［2］曾湘泉：《薪酬：宏观、微观与趋势》，中国人民大学出版社 2006 年版。

［3］李宝元：《战略性激励：现代企业人力资源管理精要》（第 2 版），经济科学出版社 2005 年版。

［4］李宝元：《薪酬管理：原理·方法·实践》（第 2 版），清华大学出版社、北京交通大学出版社 2009 年版。

［5］Kaplan, R. S. & Norton, D. P, The Balanced Scorecard：Measures That Drive Performance. *Harvard Business Review*, 1 - 2, 1992.

从平衡计分卡（BSC）到平衡计酬卡（BCC）：现代企业人力资源战略性激励焦点整合管理框架*

一、研究背景、理论实践线索及新起点

百余年来，企业绩效与薪酬管理经历了一个从理论到行动、从实务到战略的历史演化过程。今天，绩效与薪酬管理已经超出工商企业组织范围和实务设计层面，成为各类社会组织提升工作绩效水平、实现组织使命和目标的一项核心职能型战略管理工作。21世纪之交的数十年间，在数字化、全球化和绿色化发展的时代大背景下，从传统线性的、直接的和机械操作性质的组织运作架构逐渐转向非线性的、复杂的和生态有机式的战略演进框架，从传统"可计算"的工具理性驱动逐渐转向基于"共同愿景"的价值理性驱动，基于"以人为本，战略性激励"理念推行大刀阔斧的组织流程再造及结构变革，以更加人性化、强调内在价值驱动的绩效与薪酬管理策略积极激发员工学习创新，成为世界各国企业人力资源战略管理发展的主轴线和大趋势。

早在17世纪和18世纪工业化大发展时期，企业基本上处于一种自由竞争、供大于求的非均衡劳动市场态势和环境，其运营管理大致说来是一种粗放的乃至有些粗暴的劳工监控型管理模式。这时，企业绩效与薪酬管理理论

---

* 本文原载于《中国人力资源开发》（理论研究版）2013年第17期。

主要基于效率主义原则，倾向于倡导工资市场机制决定，至19世纪末20世纪初演化为泰勒（Frederick Winslow Taylor）的"科学管理"原理和信条。随着市场自由竞争逐渐走向垄断竞争，规模化、资本密集型、官僚机构式的经济组织大量涌现，加之周期性的经济危机频繁发生以及不对称的劳动力市场矛盾日益突出，泰勒主义在理论逻辑和思想方法上的局限性日益凸显。于是，"产业关系"（industrial relations），特别是企业生产经营中的"人际关系"（human relations），以哈佛商学院教授艾尔顿·梅奥（Elton Mayo）"霍桑实验"为学术契机形成的"人事管理"（personnel management）学派和"劳动制度经济学"（institutional labor economics）学派，逐渐成为学界、产业界及社会各界的焦点。

20世纪50年代被称作"产品至上"、"顾客至上"的时代，企业组织管理中"人的问题"，以扭曲的形式在学术上表现为这样一个挑战性问题，即：在"充分就业"的情况下，企业不能用"饥饿恐惧"来逼迫人们劳动，那又能用什么来"激励"人们好好工作呢？于是，一些心理学家、组织行为学家异军突起，纷纷提出各自有关"组织激励"的理论学说。其主要代表人物及理论有：马斯洛（A. H. Maslow，1954）提出"需要层次论"，麦格雷戈（D. McGregor，1957）提出"X－Y理论"，赫茨伯格（F. Herzberg，1959）提出"激励—保健双因素论"。一时间，强调人的主观能动性及工作本身直接内在价值驱动意义的组织激励理论大行其道、影响深远，并且成为后来人力资源管理中"广义薪酬"概念及其管理理念的一个重要思想支点。与此同时，以舒尔茨（T. W. Schutz）、加里·贝克尔（G. S. Becker）为代表的经济学家在解释"增长剩余"的学术和实践背景下，提出并发展完善了一套关于"人力资本"（human capital）的新理论，为企业人力资源战略性激励管理，特别是绩效薪酬管理和股权激励提供了重要的经济理论支持。

20世纪六七十年代，世界市场基本上被"商业列强"分割占据完毕，企业在市场上的竞争态势发生了很大变化，从以前的"非零和博弈"走向"零和博弈"。在这种情况下，企业要在市场上求生存、谋发展，仅有营销策略和技巧已远远不够，还必须有长期的"大战略"（grand strategy）眼界和定位，以及实实在在的"核心竞争力"。于是乎，"战略管理"（strategy management）就成为这个时期企业管理界和学术界的热门话题。其主要代表人物和著作有：钱德勒（A. Jr. Chandeler），他于 1962 年出版《战略与结构》；德鲁克，他于 1964 年出版《基于结果的管理》；安索夫（I. H. Ansoff），他于 1965 年出版《公司战略》，鲁梅尔特（R. P. Rumelt），他于 1974 年出版《战略、结构与经济绩效》；迈尔斯和斯诺（R. E. Miles and C. S. Snow），他们于 1978 年创办《组织战略、结构和过程》。到 20 世纪七八十年代，关于战略管理的完整理论体系已经基本形成，接着，在数字化、全球化为新时代背景下，一种强调管理战略性、资本运营性、全员民主性和专业技术性的管理新范式即"人力资源管理"（human resource management），逐渐形成并得到广泛认可、追捧和传播。

近年来，为了进一步突出战略驱动性意义，所谓"人力资源战略管理"（strategic human resource management，SHRM）成为人们研究和关注的焦点。基于 1992 年怀特（Wright）等人的经典性理论总结，SHRM 研究大致有资源论（resource-based view）、行为论（the behavioral perspective）和系统论（cybernetic systems）三大理论源头及线索，他们虽然研究角度不同，但其核心和主线都是强调人力资源管理的"战略性激励"功能，认为企业要获取并维持外部市场可持续的竞争战略优势，不仅必须依赖组织内部稀缺的、不易流动性的、难以替代和模仿的、具有高附加值的人力资源开发与整合管理，而且必须围绕并配合组织总体经营战略的制定和实施，向员工展示组织的角色期待进而影响和控制组织成员个人的观念及行为，并根据内外部环境变化保持各要素之间的内在一致性及其与内外部环境要素的外在匹配弹性，因应情势随时作出适应性策略调整。从研究大趋势看，在 SHRM 框架思路导向下，薪酬与绩效管理作为实现企业战略目标、推动组织绩效水平不断提升的核心职能模块，受到人们越来越聚焦的关注。

其中，在绩效管理领域有两个值得关注的著名成果：一个是 20 世纪 80 年代末 90 年代初，柯林斯（J. C. Collins）等人围绕"追求卓越，基业长青"主

339

第三篇 人本管理学无边

从平衡计分卡（BSC）到平衡计酬卡（BCC）

题，对 GE、惠普、IBM 等 18 家高瞻远瞩公司（Visionary Company）进行了长达 6 年的实证案例比较研究，结果表明：凡是真正卓越、有核心价值观操守的公司都是"长期赚大钱"的。另一个成果是 1990 年美国诺兰—诺顿学院罗伯特·卡普兰（Robert S. Kaplan）、大卫·诺顿（David P. Norton）等人对苹果电脑、杜邦、GE、惠普等 12 家企业绩效评估模式为期一年的实验研究，提出关于"平衡计分卡"的理论和方法，后来经过不断改进和完善，逐渐演变成为基于"共同愿景"价值理性驱动的一种有效战略执行平台和战略管理工具。这两大成果标志着现代企业绩效战略管理三大"革命性"前沿走势：（1）从传统"可计算"的工具理性驱动，转向基于"共同愿景"的价值理性驱动；（2）从传统以短期的、有形的、货币的后置财务指标为核心的绩效评估管理体系，转向以长期的、无形的、非货币的前置价值指标为核心的战略管理体系；（3）从线性的、直接的和机械操作性质的组织运作架构，转向非线性的、复杂的和生态有机式的战略演进框架。近年来，一些国内外学者紧跟前沿，并结合本土实践，在绩效管理领域也做了一些有益探索。例如，普华永道博意门咨询公司的毕意文（Irv Beiman）与孙永玲，在"平衡计分卡中国战略实践"领域提出了一整套可行的系统操作思路和方法；段钢基于战略管理，提出"大绩效考评"的概念和体系等。此外，林泽炎等对转型中国企业人力资源管理状况所做的全面调查研究，对于把握本土绩效管理动向也很有参考价值。

相应的，在薪酬战略管理研究领域，随着时代变迁和工业化社会转型，人们将研究视野从传统外在直接薪酬逐渐扩展到重视外在间接薪酬乃至内在薪酬方面来，并在此基础上提出"广义薪酬"（又称"全面报酬"）概念及创新性的理论及设计框架。早在 20 世纪中叶，美国组织行为及管理学家道格拉斯·麦格雷戈（Douglas M. McGregor，1957）、赫茨伯格（Frederick Herzberg，1959）就提出著名的"双因素论"（Two-factor Theory），他们借助理论抽象和实证研究方法，将影响人们在组织中劳动或工作行为的诸因素，进一步细分为内在和外在两个层面，进而观察和分析组织激励的根本动因所在，结果其结论是惊人的一致，即认为：工作本身的内在价值是最直接、最重要的激励因素。后来，美国行为科学家莱曼·波特和爱德华·劳勒（Lyman Porter & Edward E. Lawler, 1968）在一个更加完备的激励过程模型中，进一步明确地将薪酬按照工作性质分为内在与外在两大类。近年来，面对日益激烈的人力资源市场竞争，传统基于财物的狭隘报酬组合模式愈发显得力不从心，如何为员工的绩效付酬，有效控制人工成本，并最大限度地保留和激励核心员工，成为各类企业薪酬管理面对的新问题、新挑战。目前，关于广义薪酬概念，已经得到人力资源管理领域很多专家诸如蒙迪、诺伊（R. W. Mondy, R. M. Noe, 1996）、沃克（J. W. Walker, 2001）、米尔科维奇和纽曼（G. T. Milkovich, J. M. Newman, 2002）和马尔托齐奥（J. J. Martochio, 2005）等普遍认同。2000 年，美国薪酬协会（World at Work, WAW）在总结多位薪酬领域专家关于"定制性和多样性相结合实施整体薪酬计划"思想成果的基础上，正式提出"全面报酬模型"，并于后陆续进行了改进和完善。此外，近年来薪酬战略管理还凸显如下两大趋势：（1）从过去以短期劳资谈判为主进行实务性干预逐渐转到长期股权激励乃至内在的精神激励方面来；（2）从注重个体性、事务性、随机性和零散性的日常行政监控工作转到以团队性、战略性、规范性和制度性的规划设计调控工作方面来。顺应这样的大趋势，国内学者如曾湘泉（2006, 2010）等，结合中国本土实践陆续做出了各有侧重的研究成果。

　　关于绩效与薪酬的相关实证研究，国内一些学者多集中在组织行为与应用心理学层面，探讨绩效、薪酬、员工满意度及相关中介或调解变量之间的相互影响关系；而另一部分学者，往往侧重基于"效率工资理论"（efficiency wage theory），讨论特殊员工群体行为、薪酬变量及团队特征（如高管权力、高管薪酬）对企业绩效（公司治理或经营业绩）的影响机制。从既有的研究文献来看，国内外学者少有将绩效与薪酬在战略管理层面的内在联动关系和对接整合运作机制纳入宏观理论视野，并将之真正作为整个组织战略性激励管理的基础平台和重要支撑点在实践操作层面上做切实可行的落地试验。而这正是本文研究的理论逻辑及实践操作起点，我们将从此出发做创新性实证和试验研究。

从平衡计分卡（BSC）到平衡计酬卡（BCC）

二、研究主题目标及对接设计基本思想方法

人力资源战略性激励整合管理研究的目标任务及总体思路是：充分汲取现代组织绩效与薪酬管理前沿理论和实战操作方法，立足中国转型期特殊国情和本土企业实践，沿着"绩效—薪酬挂钩联动架构，BSC – BCC 双卡对接导入，激励焦点模块对偶设计，战略激励水平整合提升"的核心理念思路及技术操作路线，探索全球化数字化学习型组织变革背景下中国人力资源战略规划与管理落地实施的新平台、新路径和新方法。

我们知道，"战略性激励"是现代人力资源管理的根本特性或核心理念，而绩效与薪酬是组织激励基本矛盾的两个方面，也可以说是战略性激励的两个焦点。所谓"战略性激励"，概括地说，就是树立"以人为本"的战略指导思想，为"获取竞争优势"而确定战略目标，通过"全员参与"的民主管理，运用系统化的科学方法和人文艺术，最大限度地激发员工工作热情、积极性和创造力，以获得组织持续发展的核心竞争力和战略竞争优势。在实际人力资源管理中，组织激励的基本矛盾具体体现为"绩效"与"薪酬"两个焦点职能模块之间的整合关联性。绩效体现的是组织目标，薪酬体现的是组成成员的个人目标，组织目标与个人行为的一致协同要求，就表现为绩效与薪酬在制度设计理念和具体制度安排上的相容性，以及两者在运作管理机制层面的契合性。因此，人力资源战略管理的基本任务，就是通过设计恰当的薪酬—绩效制度框架及激励机制，以使个人与组织目标最大限度地一致起来，让他们有能动性、积极性和创造性开发利用其人力资源去实现组织目标。

从 HR 战略性激励职能模块定位来看，绩效提升职能模块与薪酬设计职能模块是两大焦点职能模块。绩效目标是组织存在的理由或动因，实现高绩效是组织运营发展的基本目标，也是组织成功的根本标志；而绩效提升是一个连续不断、具有战略性控制功能的动态管理系统，担负着在动态上为组织成长和发展提供持续推动力的重大使命。为此，我们提出一个叫做"三层四维

关键目标绩效动态提升机制"的设计原理（李宝元，2009A）。另外，薪酬是员工从组织获得的个人利得，它是激发员工努力工作的动力和源泉，其战略定位及设计思路与员工个人利益关系最直接也是矛盾和争议最突出、操作难度最大的职能模块；如何基于"战略性广义薪酬整合激励机制"（李宝元，2009B），在薪酬政策明确导向下综合平衡设计内外在薪酬项目体系，是薪酬战略管理的重中之重。更为重要的是，将绩效与薪酬两个模块在战略层面上与人力资源规划、引进、配置、开发及关系整合等各个职能模块相对接，将绩效—薪酬挂钩联动，将 BSC 与 BCC 双卡对接设计，在企业人力资源战略形成与实施两个层面完成导入落地工作，则是一项富有挑战性且具有重大理论价值和实践意义的创新活动。

近十几年来，在推进 BSC 落地的案例研究、项目试验和操作实践过程中，卡普兰和诺顿始终直面实际问题并及时跟踪实践问题不断完善他们的理论和方法。1993 年，他们发表第二篇专题论文《在实践中运用 BSC》，提出运用 BSC 来传递组织战略，并建立与战略相符合的内部组织架构，以将绩效管理的重点从现有流程的绩效改进提升到具有战略意义的流程再造和价值驱动方面来。1996 年，他们又根据最新实践更加详细地论述了如何利用 BSC 建立组织战略管理系统。2001 年，他们对美孚 NAM & R 等十余家成功实施 BSC 的企业进行了跟踪研究，提出以 BSC 为基架构建"战略中心型组织"的普遍模式和操作原则。近年来，一些中国企业也开始尝试引进 BSC 方法。例如，青岛啤酒公司，在 21 世纪之交战略转型的关键时期，高层管理者不失时机引入 BSC 作为战略执行核心工具，通过五年的艰苦努力，从浅层次到深层次、从模块到系统成功实现战略整合和转型，使公司迅速从过度扩张的困境中走出来并大幅度提升了经营业绩，堪称成功案例。

与此同时，多年来"广义薪酬"概念已被业内人士广泛认同和接受。在薪酬管理模块中，如何针对特定组织的内外部环境和总体战略目标，紧紧围绕"战略性广义薪酬整合激励机制设计"这条基准主线，将战略性激励核心理念层层贯彻到组织薪酬规划、设计和管理的具体行动中，搭建起一整套独具特色、富有竞争力的薪酬战略管理框架,这显然是一个在战略管理总体思路上具有"革命性"拓展创新意义的前沿课题和实践难题,然而直至目前尚未有人涉足研究。按照广义薪酬概念,薪酬项目可以分为内在薪酬(intrinsic compensation)与外在薪酬(extrinsic compensation)两大类,前者指员工直接从组织劳动或工作过程本身所获得的好处,后者是指员工从组织劳动或工作之外所间接获得的货币或物质性报酬,而内外在薪酬各自又可分为直接薪酬与间接薪酬,这样形成一个完整的薪酬项目分类体系。为此,基于"广义薪酬"概念、"战略性激励"理念和"综合平衡"战略思想,从内在薪酬、外在薪酬、直接薪酬和间接薪酬等四个基本维度,分别将基于共同愿景的组织薪酬战略目标明晰化、具体化,就可以构建一种可以称为"平衡计酬卡"(balanced compensation card,BCC)的四维标度盘(李宝元,2011)。这样,在实际操作中,薪酬管理工作者就可以平衡计酬卡的四维标度盘为基架,一一选择和设置相应的薪酬项目指标体系,在内在与外在薪酬、直接与间接薪酬项目综合平衡的基础上,对整个组织薪酬体系总体状态进行统筹规划、平衡设计和整合监控。

更进一步,就"战略性激励焦点模块对接设计、整合提升"的前沿创新要求来说,如何基于 BCC 构建"战略性广义薪酬整合激励机制",以与绩效管理模块比较成熟的"三层四维关键目标绩效动态提升机制"对接联动,以有效驱动整个组织战略性激励水平的大幅度提升及公司基业长期可持续发展,就是现代企业人力资源管理面临的一个重大战略性挑战难题。

三、关于 BSC – BCC 双卡整合设计的总体框架思路

基于"战略性激励"核心理念进行整合设计的核心是将绩效与薪酬作为战略性激励两个焦点模块(组织激励基本矛盾两个方面)联动起来,其关键是将 BSC 与 BCC 进行"双卡对接"。这实质上是一个如何进行企业战略(尤其是人力资源战略)规划以及推动战略有效执行的问题,其核心内容和基本

任务就是要为企业战略落地打造一个可操作性基架，以便有效推行组织四维绩效与薪酬八方动态协同型战略管理。为此，需要设计 BSC – BCC 双卡对接战略地图模板（见图1），这就如同飞机驾驶舱中的标度盘，可以让企业各级管理者一眼看清组织战略愿景目标，并有效操控保障战略安全着陆。具体地说，该模板在聚焦战略执行方面发挥着如下重要功能：（1）为组织战略规划提供一种逻辑清晰、简单明了的思维模型；（2）为组织普通员工理解高层战略意图，在组织成员间实现愿景互动沟通，提供一种必要而重要的基础操作平台；（3）为统筹配置组织资源、协同相关部门步调提供一种战略目标导向；（4）为全程监控组织运作状况和绩效状态提供一种罗盘标度性质的评价测量基准；（5）为企业长期健康可持续发展提供一种"战略性激励"机制。

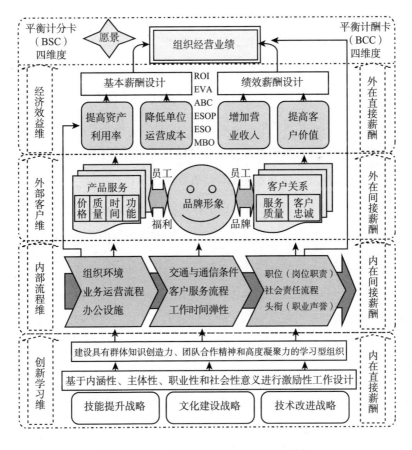

图1 BSC – BCC 双卡对接战略地图模板

　　通过绘制 BSC－BCC 双卡对接战略地图，将创新学习、内部流程、外部客户与经济效益四维绩效，以及内在直接、内在间接、外在间接与外在直接四维薪酬之间的内在逻辑关系，包括各种前置薪酬驱动因素与后续业绩成果之间的战略关联性，以一种"行军路线图"的形式全面完整系统地呈现出来，使战略愿景变得清晰可视、形象生动。借助这样一种战略模板，人们在认识、理解、讨论、研究和执行组织战略时就有了一种得力、实用的操作工具或技术手段。具体绘制，要从战略目标开始，首先从组织使命出发确定战略愿景，将战略分解为若干战略主题，以由上而下的方式进行。

　　首先，要在经济效益与外在直接薪酬维度上进行透视，确定战略所要追求的财务经营成果，以及相应的基本薪酬与绩效薪酬政策导向及设计要求。在实际操作层面，一个组织特别是工商企业组织的绩效水平高低，最能直观看到并令各利益相关者群体聚焦的是"经济性"（Financial）业绩，其具体绩效衡量指标，传统上用"投资回报率"（ROI）或"投入资本回报率"（ROIC）等指标，近年来流行使用"经济增加值"（EVA）和"作业成本"（ABC）等基于价值的新型管理衡量指标。这里的关键问题是，以这些经济效益指标衡量的绩效目标不仅要与组织愿景及战略目标上下挂钩，还要与适当的薪酬维度即外在直接薪酬（包括基本薪酬与绩效薪酬）目标及指标左右对接。我们知道，基本薪酬是组织对员工劳动或工作贡献的基础性回报，是按照时间和劳动定额支付的固定性劳动报酬，而绩效薪酬即各类短期奖酬与产权连带性收益，作为一种带有不确定性的风险收入，它是通过让员工参与剩余收益分配，随工作努力程度或工作绩效不同而获得一定比例的剩余收益。与经济效益挂钩对接的薪酬项目及其指标，除了针对生产工人、工程技术、市场营销与行政管理人员等各类群体进行细化目标及指标而外，还有各类收益（利润）分享计划，以及包括员工持股计划（ESOP）、管理层收购（MBO）和经理股票期权（ESO）等股权激励计划。无论用什么价值指标衡量经营业绩，通过什么途径和方式进行外在直接物质激励，其核心任务就是紧紧抓住这样两个战略焦点，做好基本薪酬与绩效薪酬、效率提升与效益优化的平衡，开拓营销渠道、增加客户价值，改善成本结构、提高资产利用效率。对此，BSC – BCC 战略路线图要首先给予清晰描述。

接着，要在外部客户与外在间接薪酬维度上进行透视，通过双卡对接战略图清晰描述和传达组织（包括员工）对客户的"价值取向"（Value Proposition），瞄准目标客户群，要始终注意做好一般价值取向与特殊价值取向的平衡工作。一个组织为什么而存在？简单地说，就是为了外部客户而存在，为了服务客户并满足客户诉求而存在，因此，客户满意度是决定并标志着一个组织成功与否的根本因素或关键指标。为此，在绩效维度上，就应该以企业品牌形象塑造为核心，全面满足客户对产品和服务在价格、质量、时间和功能上的一般要求，同时注意客户关系的建立和保持，尽量满足客户的个性化特殊需要，不断提高客户满意度和价值。但是，外部客户服务是由内部员工提供的，客户满意度的高低，归根结底是由员工服务状态决定的。而员工工作及其服务状态，虽然与外在直接薪酬、内在直接间接薪酬都有关系，但最直接地与其在组织中所感受到的福利待遇紧密相关。为此，需要在外在间接薪酬设计上，以法定福利要求为基准，按照企业员工素质层次、年龄结构、健康状况及生活需求，量身定制具有自助餐功能的员工福利计划，塑造与产品及服务品牌相适应的员工品牌形象。

然后，要在内部流程与内在间接薪酬维度上进行透视，通过整合内部的运营业务流程、客户服务流程和社会责任流程，以实现价值取向，兑现组织所承诺的客户价值主张。要在绩效维度上进行透视，通过整合内部的运营业务流程、客户服务流程和社会责任流程，以实现价值取向，兑现组织所承诺的客户价值主张。在三项流程中，客户服务流程对于外部客户维的价值实现是最直接、最重要的，其他两项流程都是从属性或辅助性的。从绩效薪酬整合设计目标任务及意义来看，业务运营流程的设计和变革，包括技术发明、新产品开发、上市速率提高，以及组织环境营造与办公设施建设，相对来说是基础性和根本性的；客户服务流程的设计及适应性调整，包括交通、通信效率提升以及员工工作时间弹性设计，具有直接性和关键性意义；而健康、安全、环境保护和其他社会责任方面的流程再造和变革，包括员工岗位职责落实、职业声誉塑造及生涯设计，则相当大程度上是长期性和战略性的。无论基础性和根本性的业务运营流程设计和变革，还是具有直接性和关键性意义的客户服务流程设计及适应性调整，抑或是长期性和战略性的社会责任流程再造，都需要兼顾绩效薪酬两个维度，在内部工作流程的运作效率绩效与工作条件间接薪酬效应之间做好平衡。

最后，要在创新学习与内在直接薪酬维度上进行透视，以建设具有群体知识创造力、团队合作精神和高度凝聚力的学习型组织为核心任务，基于内涵性、主体性、职业性和社会性意义进行激励性工作设计。组织成员的学习创新能力，可以通过专门的人力资源开发项目来实现，但归根结底需要员工在"干中学"，其根本动力来自于组织为员工提供的"内在直接薪酬"即富有意义的工作性质所带来的好处，诸如：工作富有挑战性、趣味性，工作给予个人成长和发展带来的机会，工作能够参与决策管理而有权威感、责任感和成就感，以及工作具有令人鼓舞的团队精神和氛围等。所有这些都与技能提升战略、文化建设战略和技术改进战略三大战略直接相关。在此维度层面描绘三大战略，以技能提升战略为工作团队或经营单位提供具有战略执行知识和技能的职工队伍，以文化建设战略保证塑造有利于战略执行的文化氛围和团队合作精神，以技术改进战略为战略执行提供数据库、网络信息系统、先进技术和设施等方面的支撑。

根据图2提供的基础模版，人们可以根据工商企业、非营利组织和政府公共组织等不同组织的具体情形，以及特殊研究目标和要求，绘制出形式多种多样、内容丰富多彩的 BSC - BCC 战略路线图。

四、BSC - BCC 双卡对接轮盘模板及若干典型绩薪整合模式

基于 BSC - BCC 双卡对接战略路线图，可以通过设计"双卡对接轮盘"为各类组织不同类型的战略落地及运营管理模式提供相应的基础性操作平台。

首先，为了便于描述和说明实操套路及程序，我们首先给出一个可称作"双卡对接轮盘"的技术操作工具（见图2）。

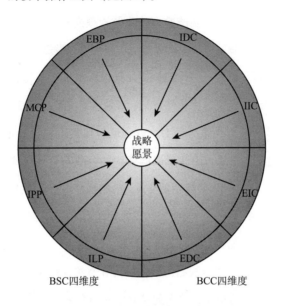

图2 BSC – BCC 双卡对接轮盘基础模板

在轮盘中，左半部表示平衡计分卡（BSC）四个维度，从下到上分别是学习创新维（ILP）、内部流程维（IPP）、市场客户维（MCP）和经济效益维（EBP）；右半部表示平衡计酬卡（BCC）四个维度，从下到上分别是外在直接维（EDC）、外在间接维（EIC）、内在间接维（IIC）和内在直接维（IDC）。双卡八个维度所指向的中心位置，表示组织战略愿景及目标。其中，左右两卡对角线两个维度表示主对接关系，其他非对角维度表示辅助对角关系。例如，平衡计分卡中的学习创新维（ILP）与平衡计酬卡中的内在直接维（IDC）直线相对成主对接关系，内部流程维（IPP）与内在间接维（IIC）直线相对成主对接关系，市场客户维（MCP）与外在间接维（EIC）直线相对成主对接关系，经济效益维（EBP）与外在直接维（EDC）直线相对成主对接关系。主对接关系表示 BSC 与 BCC 双卡两两相对的维度链接，针对其他非对角维度的链接，在技术性质及激励机制设计上具有较显著的契合性、相似性或相关性，故前者如果称作"主导对接关系"，那么后者就可称作"辅助对接关系"。基于双卡对接轮盘模板,就可以针对不同类型组织战略愿景目标导向及实际运作情景,检核其绩效薪酬及其个维度相互对接匹配的程度及问题,有针对性地制定和实施绩效薪酬整合战略及管理模式。下面我们就几种典型的组织类型及绩效薪酬整合管理模式落地实施情景,做简要说明。

内驱型绩薪整合模式。一个组织,如果以激发员工工作本身内在价值意义(包括工作内涵性意义、主体性意义、职业性意义和社会性意义),特别是自主自由创新学习精神为主导动力,以获取和保持组织永远走在行业发展、产业升级和科技创新前沿,由此形成的绩薪整合战略管理模式,我们称之为"内驱型"模式。基于两卡对接轮盘模板,内驱型绩薪整合模式设计以"ILP – IDC"主导对接关系为轴心,同时——辐射其他辅助性非对角关系,进行分维度问题检核、对接匹配和协同联动体系设置(见图3)。一方面,从 BSC 角度来看,要基于组织创新学习战略愿景,以内在直接薪酬为主动力,为绩效提升打下扎实的创新学习根基,并在此基础上——检核内部流程、市场客户与经济效益三个维度上绩效目标、指标体系设置的契合性,调整并设置与之契合的绩效综合平衡衡量体系;另一方面,再从 BCC 角度,要回答符合组织创新学习战略愿景目标要求,特别是为员工自主自由创新学习以及团队和整个绩效可持续提升,应该提供什么样的内在直接薪酬主动力,并配合这种内在直接薪酬与创新学习需要,其他三个薪酬维度,包括内在间接薪酬(工作条件)、外在间接薪酬(福利)和外在直接薪酬(工资薪水及各类绩效薪酬),应该——做出什么样的调整和变革,以及与之相匹配、切合的薪酬体系究竟是什么。一般来说,内驱型绩薪整合模式的基本特征有三点:(1)绩效评估以员工自主自由创新学习为导向和准则,在组织层级上以个人创新周边绩效、团队学习协同绩效和组织长期卓越绩效为贯通整合要则,在时序动态上强调立足内部高绩效工作流程满足客户价值诉求需要以追求长期可持续高收益为要则,进而设置相应的关键卓越绩效指标体系;(2)薪酬设计强调员工在工作过程中直接从创新学习活动中获得精神动力的内在激励意义,同时注意营造有利于个体多元化自由创新学习的舒适条件、宽松环境、组织氛围,以及效应的薪资体系、长期股权激励计划和福利待遇；（3）绩效薪酬对接整合设计以"高绩效、高激励创新学习型工作系统"为主轴和主线，以工作为直接原动力带动绩效提升、拉动薪酬平衡，进而驱动绩效与薪酬实现高层次、高水平、高境界的融合。在实践中，一些互联网数字化高科技公司（如微软、谷歌、IBM、摩托罗拉、华为、中兴通讯、联想等），还有一些具有长期卓越历史并处于变革创新状态的大型跨国公司（如通用电气、青啤等），其绩效薪酬整合战略管理往往属于或适用于这种内驱型模式。

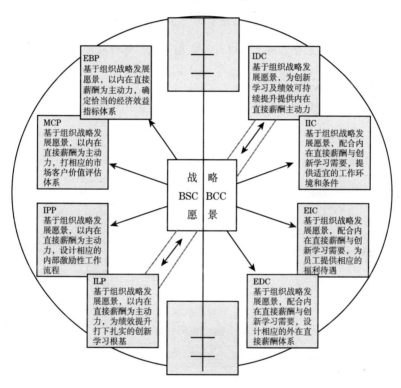

图 3　内驱型组织 BSC – BCC 双卡对接轮盘设计模板

中和型绩薪整合模式。一个组织，如果主要以满足员工满意的工作条件和福利待遇为基本原则，以获取和保持组织长期稳定和谐发展动力，由此形成的绩薪整合战略管理模式，我们称之为"中和型"模式。基于两卡对接轮盘模板，内驱型绩薪整合模式设计以"IPP – IIC"与"MCP – EIC"两个主导对接关系为轴心，同时辐射其他两个辅助性非对角关系，进行分维度问题检核、对接匹配和协同联动体系设置（见图4）。首先，从 BSC 角度来看，要基于组织长期稳定和谐发展战略愿景，以工作条件及福利待遇为主导激励机制，设置内部工作流程及外部市场客户价值评估体系，同时一一检核并解决更根本性的学习创新维度以及更外在的经济效益维度在目标、指标体系设置和运作流程上存在的问题。其次，再从 BCC 角度，回答适应内外部利益相关者群体（员工与客户）价值诉求的高绩效工作系统建设需要，应该提供什么样的工作条件及福利计划，以及为配合这种需要其他两个直接薪酬维度，包括内在直接薪酬（工作意义）、外在直接薪酬（工资薪水及各类绩效薪酬），应该一一做出什么样的调整和变革，以及与之相匹配、契合的薪酬体系究竟是什么。一般来说，中和型绩薪整合模式的基本特征有三点：（1）绩效评估以内部工作流程和外部客户价值为重心，以外部客户价值创造为导向检核内部工作流程关键绩效驱动因素，同时兼顾创新学习与经济效益一虚一实两头情况，

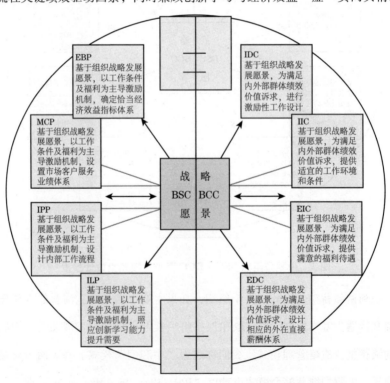

图 4　中和型组织 BSC – BCC 双卡对接轮盘设计模板

因而具有内外兼顾实操可行性特点；（2）薪酬设计强调构建和谐的组织人文氛围、优越舒适的工作环境条件和优厚平等的福利待遇，以此为出发点考虑工作本身的激励性意义，以及基本薪酬体系及适度绩效薪酬挂钩设计；（3）绩效薪酬对接整合设计以"福利性工作条件"为主轴和主线，强调以福利留人、以优越的工作条件吸引人才，以便争取达到一种绩效薪酬"务实和合"协同状态。目前，国内很多国有垄断性企业、国家机关事业单位，其绩效薪酬整合战略管理往往属于或适用于这种中和型模式。

外驱型绩薪整合模式。一个组织，如果以外在直接薪酬特别是与绩效直接挂钩的传统外在薪酬项目以及短期财务业绩目标为主轴线，来设计其绩薪整合战略管理模式，我们称之为"外驱型"模式。基于两卡对接轮盘模板，外驱型绩薪整合模式设计以"EBP－EDC"主导对接关系为轴心，同时一一辐射其他辅助性非对角关系，进行分维度问题检核、对接匹配和协同联动体系设置（见图5）。其基本思路是：首先，从BSC角度来看，基于特定财务改善和调整需要，以外在直接薪酬特别是与绩效直接挂钩的薪酬项目为底盘，设置与之匹配的经济效益指标体系，并在此基础上由外而内依次检核市场客户、内部流程与创新学习三个维度上绩效评估体系；其次，从BCC角度来看，在进行薪酬设计时，主要聚焦特定财务业绩提升诉求，重点设计外在直接薪酬特别是绩效薪酬体系，同时兼顾福利计划实施，以及工作本身的内外在激励性设计；最后，考虑到长期战略愿景的可持续性要求，在双卡对接意义进行试错性调整和平衡，最终实现特定的绩薪整合目标。

一般来说，外驱型绩薪整合模式的基本特征有三点：（1）组织管理当局特别注重外在功利性运营目标，绩效评估体系及运作机制以经济效益维度为重心；（2）薪酬体系以岗位绩效工资为主体，强调薪资收入与工作业绩或经济效益指标直接挂钩；（3）绩效薪酬整合以"短期雇佣，工效挂钩，胡萝卜加大棒"为基本指导思想和运作管理模式，员工个人诉求与组织目标要求处于一种外在、游离、短期功利性对接状态。目前中国转型期，长三角、珠三角地区诸多低端中小制造企业，甚至像富士康这样遍布中国大地的著名IT高

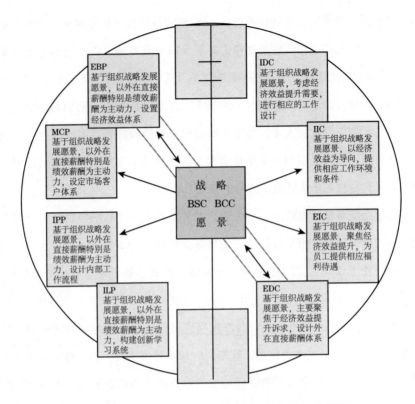

图5　外驱型组织 BSC‒BCC 双卡对接轮盘设计模板

科技代工企业，以及各种无处不在、尚没有发展到一定规模、形成现代企业管理规范的零售及餐饮等生活服务类企业，往往采取的是这种外驱型绩效薪酬管理模式，事实上，很多企业还远谈不上在"战略"层面如何将绩效与薪酬进行有效对接、有机整合的问题。

五、绩薪整合战略管理导入实施操作要点

在当今快速而多变的市场环境中，战略定位尤其是既定战略的有效落地实施，对企业获得并保持长期竞争优势尤为关键。但在实际中，很多企业往往不能做好战略定位，即使有战略，也根本无法有效执行战略。据1999年《财富》调查数据显示，世界著名公司相当多的CEO之所以"败走麦城"，有

70%不是因为糟糕的战略，而是导因于糟糕的战略执行。按照卡普兰和诺顿提供的分析数据，企业组织战略执行阻碍主要来自四个方面：（1）愿景沟通障碍，往往只有5%的员工理解组织战略愿景；（2）激励机制障碍，很多组织的激励系统是为取得财务目标而与实现长期战略目标无关，通常只有25%的管理人员享有与战略相关的激励；（3）资源配置障碍，60%的企业组织没有将预算与战略相联系、人力及非人力资源与长期战略相结合；（4）运营管理障碍，反馈学习与战略缺乏关联性，85%的管理人员每月讨论战略问题的时间不超过1小时。归根结底，就是因为衡量战略变化的工具没有跟上组织学习型变革步伐。

可以沿着卡普莱和诺顿打造"战略中心型组织"（the Strategy – focused Organization）的总体思路，我们可以构建战略性激励五步运作架构：第1步，依托双卡四维标度盘将战略转化为操作指令；第2步，变革组织结构、再造组织流程、重新整合和优化资源配置以适应战略；第3步，将战略贯彻到全员日常工作中；第4步，让战略管理成为连续性过程；第5步，动员高层领导推动组织变革。在实践中，按照"双向四维五步薪绩协同联动"基础架构，探索"绩效—薪酬挂钩联动架构，BSC－BCC双卡对接导入，激励焦点模块对偶设计，战略激励水平整合提升"具体导入实施的可行路径和模式，具体需要解决四个关键性操作难题。

首先，如何在最高管理层的激发和支持下进行愿景阐释，从检核组织使命、核心价值观开始，通过绘制 BSC－BCC 战略图，将共同愿景转化为战略规划，进而将之具体化为四维八方平衡卡评价体系？

其次，怎样实现有效沟通、变革与整合，使企业每个成员都能够深刻理解组织的战略思维，并获得激励去帮助组织实现战略目标，能够将他们的日常行为和实现战略目标联系起来，使他们能够自觉而经常地去发现新的、具有创意的、往往是跨部门或跨单位的机会？

再次，领导如何推动开发，团队怎么监控实施，将组织的高层战略愿景目标以某种方式转化为经营单位、团队和个人的行动目标和具体评价指标？

最后，实施绩效反馈，持续改进薪酬激励机制，根据执行结果自下而上及时反馈信息，适时调整组织战略方向，矫正战略管理偏差，进而修正经营单位或个人原定目标和评价指标，以确保组织经营活动在战略上持续稳定地进行？

对于中国企业来说，更为关键的问题可能还不在技术层面上，而是在人文关系层面上。这是本项目需要认真深入研究并直接回应的一个具有挑战性的难题。

参考文献

［1］曾湘泉：《薪酬：宏观、微观与趋势》，中国人民大学出版社 2006 年版。《薪酬管理》（第二版），中国人民大学出版社 2010 年版。

［2］李宝元：《绩效管理：原理·方法·实践》，机械工业出版社 2009 年版。

［3］李宝元：《薪酬管理：原理·方法·实践》，清华大学出版社、北京交通大学出版社 2009 年版。

［4］李宝元：《关于"平衡计酬卡"的构想：基于战略性广义薪酬整合激励的综合平衡设计》，载《中国人力资源开发》2011 年第 3 期。

［5］Kaplan, R. S. & Norton, D. P., The Balanced Scorecard: Measures that Drive Performance. *Harvard Business Review*, 1 – 2, 1992.

［6］Kaplan, R. S. & Norton, D. P., Putting the Balanced Scorecard to Work. *Harvard Business Review*, September October, 1993. – Using the Balanced Scorecard as a Strategic Management System. *Harvard Business Review*, 1996.

［7］Kaplan, R. S. & Norton, D. P., *The Balanced Scorecard: Translating Strategy into Action*. Harvard Business School Press, Boston, MA, 1996.

［8］Kaplan, R. S. & Norton, D. P., *The Strategy-Focused Organization: How Balanced Scorecard Companies Thrive In The New Business Environment*. Harvard Business School Press, Boston, MA, 2001.

中国企业如何打造"战略中心型组织"：基于青啤导入 BSC 实践的案例研究*

一、问题的提出：理论及实践背景

20 世纪 80 年代以来，在以互联网为核心的新技术革命推动下，现代社会的"后工业化"特征日趋明显，越来越多的工商企业和非营利组织面临着全球化剧烈竞争的严峻挑战，学习创新、流程再造和结构变革逐渐成为世界各类组织运营管理及可持续发展的主导趋势。在这样的时代背景下，组织运营管理中无形的、人文性的和知识性的要素越来越举足轻重，逐渐替代有形的、物质的和财务的要素，成为更具战略性和长期决定意义的资源、资产和资本。这样，传统以短期财务业绩评价为核心的组织绩效考评系统，越来越显得脱离实际，越来越不能真实反映组织绩效动态，也越来越不能适应组织学习型变革和发展的战略需要。从动态战略导向角度看，现代组织学习型变革和发展的基本趋势就是：从传统"可计算"的工具理性驱动，转向基于"共同愿景"的价值理性驱动；从传统以短期的、有形的、货币的后置财务指标为核心的绩效评估管理体系，转向以长期的、无形的、非货币的前置价值指标为核心的战略管理体系；从线性的、直接的和机械操作性质的组织运作架构，转向非线性的、复杂的和生态有机式的战略演进框架。这样一系列转变，在

---

* 本文原载于《中国人力资源开发》（理论研究版）2013 年第 21 期。

组织战略管理特别人力资源战略管理操作思路上将是"革命性"的，如果没有可验证、可行性的操作平台支撑，很容易导致技术层面的危机而走向失败。

正是在这样的时代大背景下，1990 年，美国诺兰—诺顿学院设立一个关于绩效测评模式改革的研究项目，由哈佛商学院教授罗伯特·卡普兰（Robert S. Kaplan）担任学术顾问，诺兰—诺顿公司下属机构复兴方案公司总裁大卫·诺顿（David P. Norton）担任项目组长。他们经过对苹果电脑、杜邦、通用电气、惠普等 12 家企业为期一年的研究，在《哈佛商业评论》1992 年 1/2 月号上联合发表，正式提出关于"平衡计分卡"（Balanced Scorecard，BSC）的理论和方法①。其核心思想是：传统绩效评估系统只侧重于对企业内部短期财务绩效做事后评估，这种方法在工业化时代背景下可能是较为有效的，但是，在后工业社会中却越来越不适应组织学习和发展的新情况；为此，就需要从动态战略管理的高度，将企业内部流程与外部市场环境以及组织创新发展等统一纳入和整合进来，建立一种能够保证组织在战略层面可持续发展的新型绩效评估系统。

一开始，卡普兰和诺顿提出 BSC，仅仅是着眼于克服传统工具理性驱动下仅着眼于短期财务绩效评估的局限，而特别设计的一种综合平衡性组织绩效评估体系，但后来，在实施中发现，不在组织战略变革层面上"大动干戈"，这个所谓的平衡工具根本无法实施。于是，经过长期不断摸索、改进和完善，在实际应用中 BSC 才逐渐演变成为基于"共同愿景"价值理性驱动的一种有效战略执行平台和战略管理工具。

1993 年，卡普兰和诺顿发表他们的第二篇论文《在实践中运用平衡计分卡》，提出运用平衡计分卡来传递组织战略，并建立与战略相符合的内部组织架构，以将绩效管理的重点从现有流程的绩效改进提升到具有战略意义的流程再造和价值驱动方面②。1996 年，他们又联合发表论文和出版专著《平衡

---

① Kaplan, R. S. & Norton, D. P., The Balanced Scorecard: Measures that Drive Performance. *Harvard Business Review*, 1–2, 1992.

② Kaplan, R. S. & Norton, D. P., Putting the Balanced Scorecard to Work. *Harvard Business Review*, 9–10, 1993.

计分卡：化战略为行动》，根据最新实践，更加详细地论述了如何利用平衡计分卡建立组织战略管理系统①。2001 年，卡普兰和诺顿又出版了《战略中心型组织》论著，对一些成功运用平衡计分卡的组织实践经验进一步进行研究总结，声称他们发现了一种战略协同作战和密切合作的普遍模式，并明确提出"战略中心型组织"（the strategy-focused organization，SO）五项原则：（1）转化，将战略转化为可操作的行动；（2）协同，使组织围绕战略系统化；（3）激励，使战略成为每个人的日常工作；（4）管控，使战略成为持续性流程；（5）动员，高层领导推动变革②。

2004 年，卡普兰和诺顿依托"平衡计分卡协会"，发起由希尔顿酒店、摩托罗拉、佳能、美国陆军等十余家实施平衡计分卡的明星组织参与的研究项目，旨在探索如何利用平衡计分卡持续聚焦于战略转型，并特别针对构建"战略中心型组织"的第 1 项原则拓展开来，并给出一个关于如何将组织战略具体转化为四维度战略目标并将流程、人员、信息技术及组织文化协同起来聚焦客户价值定位和股东期望目标的通用操作模式。这项成果最后体现在他们的第三本专著《战略地图》之中。③ 紧接着，作者又将构建"战略中心型组织"的第 2、3 项原则进一步充实拓展，推出了第四本专著《组织协同》，给出了如何借助平衡计分卡及其战略地图将组织业务单元及员工个人整合于一个经营实体之中，并通过沟通将员工的个人目标、薪酬激励与业务单元及公司总目标挂钩，形成具有协同效应的组织合力④。

按照卡普兰和诺顿（2001）估计，《财富》1000 强（Fortune1000）等公

---

① Kaplan, R. S. & Norton, D. P. , Using the Balanced Scorecard as a Strategic Management System. *Harvard Business Review*, 1996.

Kaplan, R. S. & Norton, D. P. , *The Balanced Scorecard：Translating Strategy into Action*. Harvard Business School Press, Boston, MA, 1996. 后者的中译本见广东经济出版社 2004 年版。

② Kaplan, R. S. & Norton, D. P. , *The Strategy-Focused Organization：How Balanced Scorecard Companies Thrive In The New Business Environment*. Harvard Business School Press, Boston, MA, 2001. 其中译本见人民邮电出版社 2004 年版，周大勇等译。

③ 罗伯特·卡普兰、戴维·诺顿：《战略地图》，广东经济出版社 2005 年版。

④ 罗伯特·卡普兰、戴维·诺顿：《组织协同》，商务印书馆 2006 年版。

司有 50% 以上都引进和应用了平衡计分卡来推行其绩效战略管理运作实施。①一些非营利组织和政府公共组织也尝试引入平衡计分卡进行绩效评估和管理，并取得了初步成效。经过十多年来在欧美国家各类组织中的探索性试验及推广应用，他们发现，大多数组织在利用平衡计分卡构建"战略中心型组织"绩效管理体系时，大都能够遵循第 5 项原则，很快动员管理团队行动起来，也遵循第 1 项原则通过战略地图将组织战略很快分解建立起四维绩效考核体系，以及遵循第 2 项原则协调组织各个业务单元及个人行动；但是，由于第 3 项原则需要重新设计一些关键的人力资源系统，而第 4 项原则需要重新构建规划、预算和控制系统，因此，很多公司往往在导入平衡计分卡一年甚至多年后，才能将新的做法完全彻底地融入组织既有管理运作体制之中。2008 年，他们终于找到了实施第 4 项原则的所有关键操作流程，并将之呈现在其第五本平衡计分卡专著《重在执行》之中，在这本最新集成性著作中，明确提出了整合战略规划与运营执行的六阶段操作模型②。

近年来，关于 BSC 的理论和方法，很快也被一些咨询公司和专家学者介绍到中国来，卡普兰和诺顿等学者的一些著作陆续有中译本出版，国内专家学者的相关著作也相继出版③。与此同时，一些中国工商企业及其他一些组织也开始尝试引进平衡计分卡方法，诸如青啤、宝钢、华润、新奥集团、中国石化、深圳中航集团和光大银行等，以及台湾的致远、品佳、楠电及力晶等集团公司，都是本土平衡计分卡应用的旗舰标杆组织。但总体来看，真正成

---

① Kaplan, R. S. & Norton, D. P. , On Balance, *CFO*, 2001, 2：73 – 77.

② Kaplan, R. S. & Norton, D. P. , *The Execution Premium*：*Linking Strategy to Operations for Competitive Advantage.* Harvard Business School Press, 2008.

罗伯特·卡普兰、戴维·诺顿：《平衡计分卡战略实施》，中国人民大学出版社 2009 年版。

③ 这方面的中文著作近年来出版很多，如：保罗·尼文（Paul R. Niven）：《平衡计分卡实用指南》，中国财政经济出版社 2003 年版；布莱恩·贝克（Brian E. Becker）等：《人力资源计分卡》，机械工业出版社 2003 年版；马克·休斯理德（Mark A. Huselid）等：《员工计分卡：为执行战略而进行人力资本管理》，商务印书馆 2005 年中译本；毕意文、孙永玲：《平衡计分卡中国战略实践》，机械工业出版社 2003 年版；宝利嘉顾问：《战略执行：平衡计分卡的设计和实践》，中国社会科学出版社 2003 年版；于泳泓、陈依萍：《平衡计分卡导入与实施》，电子工业出版社 2010 年版。

功落地并有效实施的典型案例却很少,未来深入拓展的应用空间仍然很大。

青岛啤酒是中国少有的百年老店式名牌企业。历经百年沧桑,特别是后半个多世纪以来历经计划经济和改革开放两大时代,又在1993～2003年的市场化转型期,经历了彭作义时代"做大做强"及其后向"做强做大"战略变革,并基于BSC成功实现了重振百年基业的战略整合与转型,这家中国最早的啤酒企业已经发展成为国内首家在香港和上海两地同时上市、在全国20个省市自治区拥有60多家啤酒生产基地,其"青岛啤酒"品牌享誉世界并昂首阔步迈向国际化人公司的中国啤酒制造旗舰企业。本文基于青啤在典型案例研究,试图回答在中国本土转型期大环境下企业如何通过打造"战略中心型组织"实现长程可持续发展这个重大现实问题。

二、聚焦战略执行:基于BSC打造"战略中心型组织"基架

战略决定成败。关于"战略"(strategy),是历来被管理学界强调加的研究领域,而且众说纷纭,虽然在商业实践中往往被忽视或不受重视。事实上,在今天快速而多变的市场经济环境中,战略定位尤其是既定战略的有效落地实施,对一个组织获得长期竞争优势前所未有的重要。但是,在实际中,很多企业不能做好战略定位,即使有战略,更多的企业根本无法有效执行战略。据1999年《财富》调查数据显示,世界著名公司相当多的CEO之所以"败走麦城",有70%不是因为糟糕的战略,而是由于糟糕的战略执行而导致的①。

为什么会是这样?按照卡普兰和诺顿提供的分析数据,认为企业组织战略执行的困难和障碍主要来自四个方面:一是愿景沟通障碍,往往只有5%的员工理解组织战略愿景;二是激励机制障碍,很多组织的激励系统是为取得财务目标而与实现长期战略目标无关,通常只有25%的管理人员享有与战略

---

① Charan, R. & Coivin, G., Why OECs Fail. *Futune*, 21 (6), 1999.

相关的激励；三是资源配置障碍，60%的企业组织没有将预算与战略相联系，人力资源和非人力资源与长期战略相结合；四是运营管理障碍，反馈学习与战略缺乏关联性，85%的管理人员每月讨论战略问题的时间不超过1小时①。他们认为，归根结底，是因为衡量战略变化的工具没有跟得上因外部环境剧烈变化而导致的组织变革步伐。

卡普兰和诺顿坦率地承认，最初设计BSC时，主要是想在绩效考核侧面平衡历史财务数据与企业组织未来价值动因，而没有意识到它可以用来解决更为重要的战略执行问题。但是，越来越多的统计数据和经验报告表明，BSC是一种有效整合短期行为与长期战略的重要工具，一种推行战略管理、推动新战略实施的基础平台。BSC就如同飞机驾驶舱中的标度盘，可以让管理者一眼就可以看清组织战略愿景目标，并操控设备保障战略管理安全着陆。简单概括地说，BSC在聚焦战略执行方面发挥着如下重要功能：

（1）为组织战略规划提供一种逻辑清晰、简单明了的思维模型；

（2）为组织普通员工理解高层战略意图，在组织成员间实现愿景互动沟通，提供一种必要而重要的基础操作平台；

（3）为统筹配置组织资源、协同相关部门步调提供一种战略目标导向；

（4）为全程监控组织运作状况和绩效状态提供一种罗盘标度性质的评价测量基准；

（5）为组织健康可持续发展提供一种"战略性激励"机制。

2001年，卡普兰与诺顿对美孚NAM & R、CIGNA财产灾害保险公司、Brown & Root能源服务公司、AT & T加拿大有限公司、北美农产品公司、加州圣地亚哥大学、杜克儿童医院和联合包裹服务公司等十余家成功实施BSC的组织进行了深入的调查研究，这些组织大都以BSC为基架构建了"战略中心型组织"，从而以成功的战略实施获得了不凡的经营业绩。他们认为，战略中心型组织的关键词有：一是"战略"，以战略组织运作的重心，让BSC以易

---

① 转引自保罗·尼文：《平衡计分卡实用指南》，中国财政经济出版社2003年版。

于理解和便于实施的方式来描述和传递战略；二是"中心"，建立一种毋庸置疑的中心，以 BSC 为"航标"将组织资源及员工行为与战略联系起来；三是"组织"，动员所有员工以全身心和全新方式投入工作，BSC 为经营单位、共享服务组和员工个人建立长期战略伙伴关系提供了中介和框架。在此基础上，卡普兰和诺顿提出基于 BSC 进行战略性协同作战和密切合作的"五项基本原则"（见图1）。①

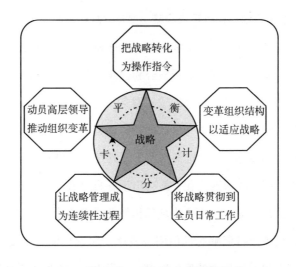

图1　战略中心型组织五项基本原则

原则1：将战略转化为操作指令　BSC 使战略愿景转化成为一种执行语言或操作指令，可以很快将潜藏在组织中有形资本、无形资产和人力资源充分调动起来，并凝聚成为一股强大的集体力量和现实行动。在以财物主导的组织中，总账户、损益表和资产负债表为制定财务计划和报告财务状况提供了标准化框架；同样道理，在战略核心型组织中，BSC 也为规划、描述和执行战略提供了一个标准化框架。这就如同为人们提供了一个可以美食的"菜谱"，有了它，各种力量诸如烹饪原材料、烤箱或炉子以及厨师等就会聚集在一起，奏响一部"锅碗瓢盆交响曲"，变成一顿有丰富营养价值的美味大餐。

①　罗伯特·卡普兰、戴维·诺顿：《战略中心型组织》，人民邮电出版社 2004 年版。

这也相当于给为组织中的人们提供了一个"行车路线图",使他们看清行进方向和路标,在图中标有各种要素之间的前因后果联系,显示了各种无形要素如何转化为有形的损益,以及哪些是驱动要素或领先指针而何者为运作结果或后置指标,什么时候应该动用什么要素、采取何种行动等,一清二楚、明明白白。总之,BSC以清晰的、容易理解的和可具体操作的语言,使所有组织成员明白做什么以及如何做,从而最大限度地释放潜能。

原则 2:变革组织结构以适应战略 要建立战略核心型组织,实现战略协同效应,即组织整体绩效大于各部分绩效之总和,就必须对传统组织结构进行彻底变革,再造组织流程、重新整合和优化资源。传统组织结构是围绕专业化分工的思路而设计的,由此形成了财务、生产、工程、采购和营销等不同的职能部门,每一个部门都有自己的特殊语言、专业领域和文化理念。这种组织结构在外部环境比较稳定的情况下,其按部就班式的运作效率是很高的;但是如果外部环境快速变化,就会出现各自为政、相互扯皮的现象,造成很大的战略执行障碍。以 BSC 为基础构架的战略中心型组织需要突破这种组织模式,让组织成员能够跨部门围绕战略主题进行横向交流、双向沟通,并重新组合要素和安排行动的优先顺序。有了 BSC,人们不需要绘制和设计新的组织图表,各经营单位、工作团队和共享性服务组可以根据计分卡上的共同主题、愿景目标和战略要求,能够很容易达成共识,在日常工作中能够密切合作、协同作战,以默契的方式彼此共享信息并进行流程链接和配合,从而实现整合绩效提升目标。

原则 3:将战略贯彻到全员日常工作中 战略的有效执行需要群策群力,仅靠 CEO 和个别经理人是没有办法实施新战略的。战略核心型组织必须动员所有人积极参与进来,必须将战略意图切实贯彻的每一个人的日常工作中去,使战略执行成为全体员工的日常行动。全员执行战略的关键在于上下沟通。要使每一位员工了解战略、理解战略并以自己的切实行动去实施战略,就不能采取自上而下的命令方式,而应该采取自上而下、自下而上、上下结合的双向沟通方式。BSC 可以充当这样的沟通中介和工具,帮助员工了解和理解组织战略意图和经营理念，通过组织—经营单位—个人层层设计 BSC，使组织战略目标层层分解、由上而下贯彻到基层每一位员工和每个工作岗位。此外，战略核心型组织还要注意将绩效—薪酬激励机制有机地植入 BSC 战略框架，以工作团队而不是员工个人为单元进行业绩奖励，激发员工对所有战略要素而不仅仅限于自己岗位职责的关心和兴趣，并鼓励人们去努力实现它。这样，战略执行就真正成为组织中人们的日常事务。

原则4：让战略管理成为连续性过程　大多数组织往往围绕财务预算和经营计划建立工作流程，按照每日、每月和每季策略递进地执行计划，而很少在战略层面上进行管理沟通，这样战略执行失败在所难免。而基于 BSC 的战略核心型组织引入一种"双环流程"，将财务预算和月度检查的策略管理与战略管理整合一个连续不断的过程。要实施基于 BSC 的战略性绩效管理，首先将预算与战略相衔接，以战略预算矫正运营预算，使预算流程在短期内达到最优业绩的同时保持长期创造力；其次，要将战略问题引入管理会议日程加以讨论，围绕 BSC 来讨论、反馈和监控战略性绩效状态；最后，逐渐形成一种学习和适应战略的流程，使创新和群体知识在战略实施中不断产生。这样，以 BSC 为基础框架，组织绩效整合战略管理就成为一种推动整个组织协同发展、持续不断进行战略性反馈和学习型变革的动态过程，而不是简单的、局部的、一次性的随机事件。

原则5：动员高层领导推动组织变革　BSC 的实质不是一种计量工具，而是一种推动变革的战略框架。要建立战略核心型组织，推动基于 BSC 的战略性绩效管理，需要贯彻"以人为本"方针，让所有员工积极参与进来、行动起来，这需要管理者、尤其是高层领导人发挥主导作用，大力推动组织成员的所有创新、学习和变革行动。在推动组织变革中，高层领导要发挥"创造性破坏"作用，通过领袖式的激发行为"充分发动群众"，让组织成员清楚地认识到变革的必要性和重要性，积极创造适度的紧迫感、危机感，以使人们赶快从传统僵化状态下解放出来；在此基础上，组建 BSC 开发小组和绩效整合战略指导委员会，调动各方面力量通过民主互动制定战略愿景和规划。一旦变革进程开始，高层领导要担负起跟踪监督和全面协调的责任，其主要内容包括创建工作团队、召集各种沟通工作会议以及宣传变革和创新文化等。总之，通过一系列"领导"行动，将新战略和新文化循序渐进地植入 BSC 框架，最终建立起一种新型的绩效整合战略管理系统。

总体看来，这五项基本原则，大致符合现代国际化大公司搭建"战略中心型组织"，实施战略性激励整合管理、实现基业长青可持续发展的历史逻辑和现实走势。但是，将之融于中国本土实践，归纳起来，最要紧的其实就三条：其一，领导激发，在公司总体战略方向和目标明确锚定的情况下，必须由最高层领导自上而下激发，大力倡导和推动；其二，变革推动，公司管理层必须有变革魄力、动力和能力，能够"大动干戈"乃至"伤筋动骨"触动公司上上下下因循保守势力圈和既得利益关系网，推动组织从文化理念到实体结构实现"革命性"整合和转变；其三，落地规范，借助有力的战略杠杆撬动，将战略转化为切实的操作指令、管理工具和语言以及全员的日常行为习惯，使战略管理成为连续不断、可持续传承的制度规范和管理流程。这个经过本土改造的"三原则"假说，可以通过青啤十余年来的战略管理实践，予以有力验证和生动解说。

三、领导激发：青啤打造"战略中心型组织"的主导成功要素

在计划经济时代，面对商品紧缺的卖方市场，青岛啤酒从未出现过"卖酒难"的问题，生产多少就能销售多少。改革开放初期，面对啤酒市场日趋激烈的竞争挑战，传统体制下养成的"国企暮气"和"坐商习气"难改，青啤这个曾经的"啤老大"一度在市场上陷入被动局面。直到 1995 年，青啤依然没有卸下"计划经济啤老大"的沉重包袱，竟然还没有自己独立的销售公司，"行业第一"桂冠被后起之秀燕啤夺取。

1996 年，彭作义出任青啤总经理，提出青岛啤酒应实施"大名牌"战略，走"高起点发展、低成本扩张"之路。其基本思路是：以"做大做强"

及"低成本收购"作为其经营战略核心，通过购并把市场向下延伸，以高中档市场补贴大众市场，抄近路收购当地啤酒品牌来快速打入不同省市的大众市场，以赢得市场先机。具体说来就是"两手抓"：一方面，面对市场以大众消费者为中心开展"新鲜度"营销传播，采取"直供"模式使青啤快速占领既有市场；另一方面，利用名企品牌及资金优势大刀阔斧地通过兼并、收购、托管、控股等方式进行规模化扩张。这样，短短几年下来，青啤企业规模发生了"核裂变"式的快速扩张。

青啤的低成本向外扩张，大致顺应了啤酒产业发展趋势，基本遵循了市场运作规律，特别注意了企业文化融合和人力资源整合，实现了跳跃式、超常规发展，总体来说还是相当成功的。但是，随着时间推移，青啤扩张的负面效应逐渐显现，例如，经过一轮疯狂收购后，青啤旗下的品牌增至40多个，不但难以控制管理，更造成"自己人打自己人"的情况。盲目急速收购，而内部管理远跟不上，给青啤带来高成本、入不敷出、债台高筑等问题。应时而变，积极实施新的战略整合与转型，成为摆在青啤人面前的新使命。

2001年，青啤达到了247万吨的产量规模，但利润却在逐渐下滑，资产负债率直线升高，财务风险十分突出，组织管理跨度膨胀、控制难度加大。7月，彭作义意外辞世，金志国临危受命，接任青啤总经理，一上任即着力推行改革。在公司上下互动讨论中，管理层提出战略重心转移的基本方向是由"做大做强"向"做强做大"转变，即：由外延式扩张到内涵式发展，由生产导向转为市场导向，由经营产品到经营品牌，由规模扩张到运营能力提高，以便为扩张奠定良好的基础。基于此，以"稍息、立正、齐步走"的两条腿走路节奏将企业运营节奏调整为"整合、规范、一致性"，大刀阔斧地进行品牌重组、组织架构和文化变革。

在以整合为重心的战略调整过程中，青啤管理层经过了多方的考虑、协商和论证，最后选择了BSC作为战略执行工具和战略整合调整的基础平台，进而建立起一整套比较完善的多维绩效协同战略管理体系，从而有效保证了整合转型战略的落地。

2002 年，青啤开始调整经营战略，并明确了"从做大做强到做强做大"的战略转型思路。一开始，取得了一些明显的效果，但随着整合向纵深发展，操作难度也越来越大。当初，企业在并购扩张的时候，大家都有一种亢奋的"激情"，但当并购之后面临整合管理，需要尽快并持续地提升业绩，光有激情是不够的，这就需要耐得住寂寞练内功。首先，如何将战略落地，执行力及细节就成了关键，怎么解决执行力不强和执行不到位的问题。其次，随着内外部环境的变化，原先过度分权化的组织架构及运作模式造成了一系列协调上的困难，如何发挥集团协同作战的整体优势。面对这些难题，无论是领导层还是普通员工都感觉到很大压力。

究竟怎么做才能把战略转型落实到每一个业务单元？当时管理层尝试或考虑过很多操作工具，包括"目标管理"、"预算管理"、"六西格玛"等，但都未能具体实施。一次偶然的机会，他们发现了罗伯特·卡普兰教授关于"平衡计分卡"（BSC）的著作，感觉到 BSC 这个工具简明明了且有操作性，可能比较契合青啤当时面临的实际困境。

于是，2003 年，青啤集团现任董事长、当时分管战略的副总裁孙明波先生，与正在着力推广 BSC 权威的上海博意门咨询公司接洽，聘请其作咨询顾问，将最新的"战略中心型组织"思想和 BSC 操作管理系统导入青岛啤酒集团。经过近十年的磨合运转，目前青啤已经初步建立起一套基于 BSC 的战略绩效整合管理体系，成为青啤整合转型战略落地实施的操作杠杆和坚实基础。

青啤高层很清楚，要尽快完成从"粗放化管理"到"精细化管理"的转变，其中，最具重要性和艰巨性的任务就是，从传统劳动人事管理向人力资源管理的转变。2002 年 8 月 21 日，青岛啤酒召开了"组织整合暨竞争上岗动员大会"，这标志着青岛啤酒搭建"总部—事业部—子公司"三层联动的新型组织架构：总部是战略发展和资源配置中心，事业部是区域管理和利润实现中心（2005 年再次组织变革，转型为区域营销公司），各子公司则是质量和成本控制中心。与此相适应，总部在整合其他职能部门的同时，专门增设了

"人力资源管理总部",并将时任总裁助理、现已是副总裁的姜宏女士调去兼任部长。如金志国所说,姜宏女士"做事认真,有头脑,有经验,有能力,敢于创新",她在青啤摸爬滚打三十余载,从统计、成本会计做起,到生产计划、车间主任、企业管理部部长,再到人力资源管理总部部长,现如今已是分管青啤人力资源管理总部、内控部、企业策划总部的副总裁,一路走来,在扎扎实实的企业管理实践中勇于思想理念创新、敢于战略变革探索,积累了丰富的实践经验。姜宏女士曾于1996年任生产总部部长期间,在啤酒二厂任厂长期间创立业界闻名的"同值比价,同价比服务"公开竞价议标采购模式,由她领导组建新型人力资源管理团队带领青啤走上人力资源管理创新之路,可以说是恰逢其时、恰遇其人。

在实际运作中,为了使BSC实施推进具有权威性,青啤集团成立了一个专门战略管理机构,并得到公司一把手的高度重视和大力支持。集团总裁在年度工作报告中,提出要将BSC作为公司战略执行的重要工具,并将之作为一项集团级年度重点工作来组织实施。在整个项目推进过程中,包括董事长、总裁和各位副总在内的高管层全部参加了所有重要的会议,参与了战略图、平衡计分卡开发及战略分解管理体系建设等一系列研讨活动。青啤高层领导以特有的专注和执着,坚定不移地促动BSC有条不紊循序推进,从而切实保证了所有管理人员及全体员工都能够聚焦公司战略目标层层分解落实各自的工作任务。

从青啤实践的事后经验观察来看,一个有着长期历史包袱的国有企业,能够将国际化大公司人力资源管理的前沿理念和先进工具,理解透彻、贯彻到位、做得有板有眼,循序渐进将"战略中心型组织"打造成型,并有条不紊地构建起一整套人力资源战略管理体系,其中起着主导作用的决定因素是自上而下的领导激发,从董事长、总裁、副总裁到各个部门、工厂经理,一直到班组长乃至一线员工,上上下下能够以"专业主义"职业精神凝练成积极进取的团队合作意识、雷厉风行的战略执行力和步调一致的组织凝聚力。

四、变革推动：青啤打造"战略中心型组织"的关键驱动因素

首先，实施品牌资源战略整合。1997～2002 年，青啤大规模扩张兼并时期，品牌数量伴随产量规模也急剧增加，由单一牌子扩大到 150 多个牌子，产品品种数量也上升到 1000 多个。针对品牌资源分散、混乱且浪费的情况，从 2002 年起着手进行品牌整合，2006 年决定实施"1＋3"品牌整合战略，即以 1 个"青岛啤酒品牌"为首位高档主品牌，以广东地区"山水啤酒"、山东地区"崂山啤酒"和陕西地区"汉斯啤酒"3 个区域强势品牌为中低档副品牌，而把其他杂牌全都砍掉，使青啤品牌价值和市场影响力逐年提升。

其次，以价值链为核心整合组织架构。扩张时期，青啤建立的是区域性事业部制和区域营销公司体系，每个子公司都是独立的营运单位，同一地区内的子公司在营销范围上没有清晰的划分，各自都有自己的销售网络和行政单位，造成资源重叠配置和浪费。自 2002 年起，金志国在青啤发动"管理大清仓"运动，以战略管理、营销管理与人力资源管理、信息化与组织创新为突破口，将发展部改造为"战略发展总部"，变革计划体制下的劳动人事管理成立"人力资源管理总部"，将企业管理部转型为"管理推进总部"，组建"信息管理总部"导入 ERP 系统、建立公司信息化高速公路，将市场部改造为"营销管理总部"；2005 年，金志国又发动"第二次管理革命"，取消了运行近 6 年的事业部制，在市场导向的总目标下，将八大事业部改造为七个具有独立法人资格的"区域营销公司"，将工厂和销售的责任与利润捆绑在一起形成价值链，同时，将总部各部门职能界定回归到价值链指向；紧接着，2007 年通过成立"营销中心"与"制造中心"两个专业化运营平台，重新打造一套"结构一体化、资源集约化、分工专业化、执行一致性"的新型组织体系，形成高效凝聚的运营型管理团队，同时围绕投资中心定位规划、优化和重组高管团队，使公司管理体系向集中化、集团化、一体化的轨道上迈进（见图 2）。

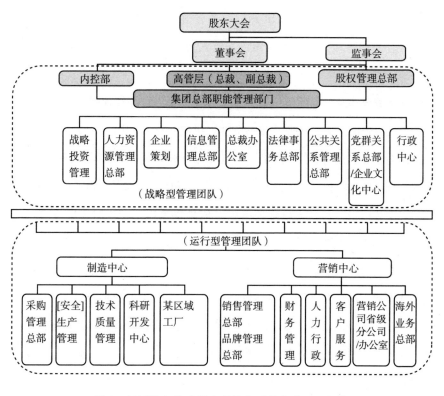

图 2   经过数年战略性变革整合后的青啤组织架构

再次，推动人力资源管理部门组织变革。从 2003 "HR 基础年"起步，从管理架构、制度、流程、机制、队伍建设等方面着手进行基础性建设，很快搭建起人力资源战略管理的基础框架。2003 年 10 月，青岛啤酒与美国 A－B 公司达成协议，长期进行最佳实践经验交流，运用"标杆管理"理念，采取"走出去，请进来"的方式，学习引进国际名企人力资源管理机制和经验，使青啤人力资源管理专业化水平在短期内获得大幅度提升。2004 年，构建以能力为导向的用人机制，以业绩为导向的激励机制，全面推行基于岗位价值的薪酬管理体系。2005 年，伴随着公司由事业部制向区域营销制转变，首次明确阐释了青啤人力资源管理愿景和使命，提出职能管理部门要从"裁判员"到"教练员"的转变，以及"合适的人干合适的事"的人才观，并借助导入 BSC 建立起基于战略目标导向、聚焦和整合的绩效管理体系。从 2007 年开始，人力资源管理角色和职能逐渐从"专家"

转变为"业务伙伴",要求 HR 跟踪业务节拍、用业务语言、贴近业务实践重新诠释和塑造人力资源专业角色,使人力资源管理工作融入业务运营价值链。

伴随着公司及总部的组织管理变革步伐,人力资源管理团队经过循序渐进、持之以恒的努力,按照"横向立法、纵向执行"原则,建立了总部、营销及制造中心、营销子公司及工厂三级人力资源管理体系,制定与完善人力资源管理制度和流程,快速提升提高了 HR 人员的专业素养。纵观近十年来青啤组织变革历程,人力资源管理组织架构大致经历了三大阶段:从 2002 ~ 2006 年强调专业化和技术性的单维度职能式架构,到 2007 ~ 2009 年充分考虑制造与营销两大业务系统对人力资源管理个性化、差异化要求的"一横两纵"矩阵式架构,甚至在 2010 年以后逐渐建立起基于"战略目标导向、三级职能定位"的人力资源战略管理体系(见图3)。人力资源管理总部侧重于战略目标导向,两大中心人力资源运营管理紧密聚焦对接核心业务,基层业务单元通过专业化管理为业务运营及一线员工提供贴身服务,这样一整套人力资源战略管理体系充分体现了战略变革推动者、业务合作伙伴、职能模块专家和员工代言人的多重角色定位及要求。

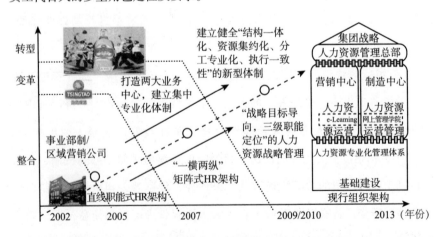

图3 近十年来青啤集团人力资源管理组织架构演化及现状

最后,重塑青啤企业文化。三流公司经营产品,二流公司经营品牌,一流公司经营文化。从战略比较优势来看，青啤企业文化最不可模仿和不可复制的地方就在于，它有着真正的"历史"，而历史是需要有时间的沉淀、沧海桑田的磨砺和陈陈相因的传承。"好人酿好酒"、"诚信"和"和谐"，是青啤最根本、最核心的文化理念。一百多年来，"青岛啤酒"的产品质量从来没出现过任何问题；50多年来出口到60多个国家和地区，也没在世界各地发生过任何问题。21世纪来临，青啤面临严峻的"规模危机"，40多家被并购企业陆续加入青啤大家庭，不同的企业文化短兵相接、碰撞冲突，扩张给企业的资源配置、经营管理和发展带来了一系列新矛盾、新问题和新挑战。在全球化的市场经济新时代，青啤要从原来地区性企业、全国性企业走向国际化大企业，必须加入"开放"和"创新"的新文化元素，实现突破性的文化整合与转型。

在100多年的发展历程中，青啤经历了自发、自觉和提升三个文化修炼阶段，逐渐形成了表层形象文化、中层制度文化及以深层价值理念为核心的完整企业文化体系（见图4）："以人为本，团结合作，造福社会"是青岛啤酒的经营宗旨；"尽职尽责，追求卓越"是青啤人遵循和崇尚企业精神；"诚信，和谐，开放，创新"是青啤人共同认可和信仰的核心价值观，诚信、和谐体现青啤立足本土的"黄河文化"，开放、创新体现青啤面向全球的"海洋文化"，黄河文化加海洋文化形成青啤核心文化理念。立足"青岛啤酒"品牌价值，建立"具有全球影响力品牌的国际化大公司"，是青啤人共同追求的战略愿景和目标；由此界定了青啤业务经营范围，指明了青啤人努力的方向，明确了青啤人需要完成的基本使命，即"用我们的激情酿造出消费者喜好的啤酒，为生活创造快乐"。青啤在长期经营实践中总结出"锐意进取，奉献社会"的核心理念。锐意进取，做到奋发向上、大胆创新、勇于开拓、永不满足；奉献社会，做到对股东、对消费者、对社会真诚奉献。"锐意进取，奉献社会"，体现了青啤人在追求发展、追求经济效益的同时，注重社会效益的价值观念。在此理念指导下，青啤进一步设计并导入了CI战略，形成了"科学严格的管理与和谐的人际关系相统一"的青啤管理模式，以及"热爱青岛啤酒，献身青岛啤酒"的团队精神，建立了独具特色、富有驱动力的人力资源战略管理体系。

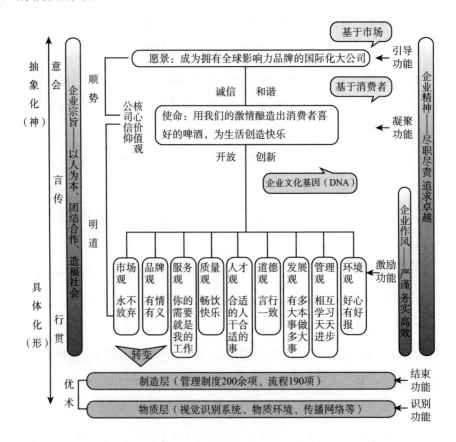

图 4　重塑青啤企业文化框架体系

　　青啤文化，可以说是人力资源战略管理机制形成的历史基因和指路明灯。2005 年，青岛啤酒推出了百年以来的第一个品牌主张——"激情成就梦想"，即"用我们的激情酿造出消费者喜好的啤酒，为生活创造快乐"，将青啤建成"具有全球影响力品牌的国际化大公司"，这不仅蕴含了青啤百年的认真、进取、不断超越自我的传统文化，更体现了积极的社会价值观，为百年品牌增添了激情、活力的因子。与此相适应，"以机制激活人力资源，营造和谐发展氛围，为员工创造快乐"被确立为青啤 HRM 的使命，其愿景就是要成为一家"具有国际影响力的最佳雇主"。基于此使命和愿景，在整合以往内部管理经验、吸收外部先进成果的基础上，青岛啤酒搭建了"外部选聘职业化、内部选聘日常化"的内外部选聘平台，对外广招人才，对内广造人才，以全新思路加强核心人才库建设；积极探讨精神激励与物质激励相结合、有形激励与无形激励相结合的多元化激励机制，以及科学合理的约束机制，注重职业经理人、技术创新人才、专业管理人才的价值体现和动态管理。

五、落地规范：青啤"战略中心型组织"的形成路径

第1步：绘制战略图，清晰描述战略路径。成功执行战略的前提是清晰地描述战略，并通过有效沟通把战略传递给全体管理者及员工。青啤集团借助BSC工具对战略进行了全面梳理，有效地实现了公司战略的沟通、传播和理解，避免战略讲一套，实际工作是另一套；统一了战略沟通的语言，公司自上而下、每个单位和每个员工都可以清晰地讨论沟通公司战略，公司的战略重点被浓缩在战略地图中，不需要特别的解释员工也可以按图索骥从中理解战略意图，并从中确定自己在战略执行中的目标定位。首先，基于公司愿景按照学习创新、内部流程、客户价值与财务绩效四个维度绘制集团战略地图，确定出了集团应该聚焦的核心战略目标、关键衡量指标及重要战略举措（见图5）。

第2步：确定关键衡量指标，形成战略行动方案。跨部门成立若干指标开发小组，每个小组均由一位公司副总裁领导，基于战略地图指引确定关键衡量指标。第一轮下来，共形成了100多个指标，然后再兼顾平衡财务与非财务、长期与短期、内部与外部、结果与驱动型指标，最终形成了20多个关键指标。进一步又根据历史数据、行业情况、竞争对手表现等因素，为指标设定目标值及相应的行动方案和举措。最后，又通过将行动方案和战略目标进行匹配，砍掉了许多对战略目标贡献不大的，增加了一些以前忽视的，最终形成战略目标有效执行的行动方案。

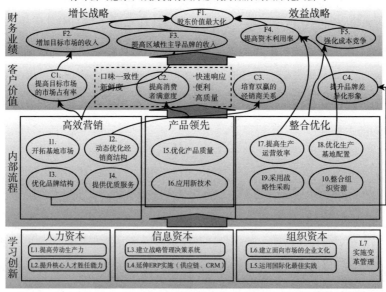

青啤公司愿景：成为拥有国际影响力品牌的国际化大公司

图5　青岛啤酒集团战略

第3步：自上而下层层分解，自下而上逐级对接，双循环落地。2005年，青啤将全国各地原有的工厂及营销公司整合为两大中心，基于BSC按照新的组织架构形成了一种"战略形成与战略执行双循环"的战略控制管理系统，进一步确保了全公司战略目标的聚焦和一致性（见图6）。在确定集团及总部职能部门的战略地图和计分卡后，绩效管理小组会逐一向两大中心及各营销公司/工厂层层分解战略目标，并与两大中心及各营销公司/工厂就这些目标的可行性、重要性及考核准则等方面进行沟通和确认，进一步通过一整套"瀑布式"的战略目标分解流程和方法，将四维目标逐次纳入公司绩效考核及薪酬管理体系，使员工岗位责任和日常行为都能够始终如一地聚焦公司战略目标。基层工厂对应于公司战略目标，按照职能分工划分不同的战略模块，如质量与食品安全、成本管理、生产管理、设备管理、动力运营等，一一明确各项目标的分管领导、主管及协调部门，例如，质量与食品安全的职能分管领导是总酿酒师，其职能主管部门是品管部，而协调部门则涉及酿造、包装、品管、生产和工程等（见表1）。

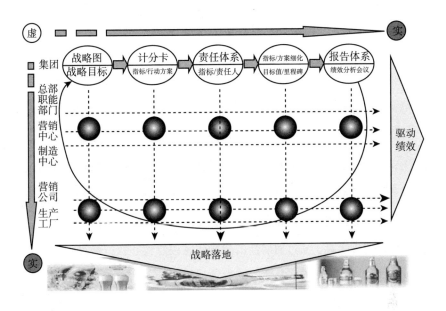

图6　青啤基于 BSC 的双循环战略管理运作模式

表1 工厂战略目标分解与职能部门工作对接（样表）

对接公司战略目标		质量	食品安全	成本及运营效率				人力资源	……	企业文化
工厂管理模块		质量及食品安全		成本	生产及消耗	采购	设备及动力	……		
职能分管领导		总酿酒师		厂长	总酿酒师	……				
职能主管部门		品管部		……						
职能协调部门	生产部	（目标责任描述）	……							
	包装部	……								
	……									

　　这样，不仅在业务单元和职能部门之间建立了横纵向协同，而且将战略与运营有效对接了起来，在价值链管理上通过下游评价上游层层真正落实到负责的部门和岗位，使公司上下对战略目标达成共识并采取一致的协同行动，并聚焦战略导向有效利用并不断挖掘提升价值空间，大大提高了公司资源整合利用率和价值链竞争力。

第4步：重在坚持，持之以恒，将战略转型变成日常工作。在实践中，很多公司引入BSC时，在短时间也能够搞得轰轰烈烈、热热闹闹，但是由于行为习惯、路径依赖和运作惯性以及在利益集团博弈中形成的组织惰性，往往一阵风过后又回归老样子。如何像孙明波先生所说将它"做透"，坚定不移、持之以恒，通过不断回顾、紧盯整改使绩效管理工作长期流程化，是成功的关键。为此，青岛啤酒在实施过程中，特别建立了基于BSC的战略执行回顾报告及会议制度，并设立了一个专门小组负责根据每年的战略目标分解、考核，借助博意门提供的回顾会议专用模板和PDCA循环模型（见图7），引进战略管理时钟工具，通过周期性的战略回顾跟踪检查执行情况，及时寻找问题和差距并提出解决办法，使战略管理成为一种包括战略沟通机制、责任落实机制、跟踪回顾机制和纠偏机制等在内的一环套一环持续改进提升绩效的长期规范化运作系统。

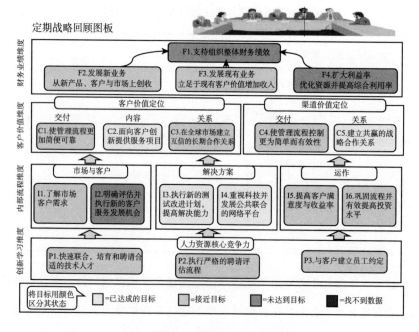

图7 青啤各级部门战略回顾模板

总之，通过近十年持之以恒的努力和磨合，青啤从浅层次到深层次，从模块到系统，逐渐建立起一整套基于BSC的科学战略管理框架。在这样的框架下，公司所有的业务单元、职能部门都承担着为公司创造价值的使命，所有员工都知道公司需要他创造什么价值以及怎样衡量其创造的价值，总部职能部门、营销中心各公司和制造中心各工厂都能够围绕统一明晰的公司战略目标步调一致地协同行动，这使公司资源投向更加聚焦，大大提高了资源的综合配置和利用效率。BSC 的导入和实施，推动了管理者和员工思想转变，培育了数字化科学管理意识，聚焦并优化了资源配置，提高了组织的协同能力，打造了专业化的工作团队；也正是借助了 BSC 的杠杆撬动作用，青啤集团顺利实现了从"扩张"到"整合"再到"整合与扩张并举"以及从"生产外延型全国性企业"向"市场内涵型国际化大公司"的战略变革和转型。这不仅使青啤在短期内取得了突破性收益，其销售收入、利润率、市场占有率等财务业绩均获得持续增长并保持了行业首位水平，同时也为青啤重振百年基业、未来长期可持续发展奠定了坚实的基础。

六、结论：中国企业如何打造"战略中心型组织"

基于青啤案例研究，我们可以得出如下三点具有普适性的结论：（1）建立健全一套摆脱外部干扰、超脱私欲权力斗争、基于公司长程可持续发展的高层领导人选拔、接任和传承制度，是百年国际大公司经久不衰、基业长青的根本保证；（2）战略决定成败，领导激发、战略导向是组织创新性变革的核心和灵魂，人力资源战略管理是企业运营管理和可持续发展的重中之重；（3）以人为本，战略性激励，是现代企业人力资源管理的核心理念和精要意义，也是绿色发展、数字化生存的全球化时代背景下国际大公司人力资源核心竞争力和战略优势之所在。

综观具有"百年老店"历史特征、"誉满全球"国际影响力的卓越企业，诸如通用电气、摩托罗拉、惠普、IBM、强生、宝洁、索尼、迪士尼等，首先在公司领导人传承机制上大都具有"内部锻炼成长、长期有序选拔、制度化继承"的可持续性特征。其中，最具代表性和说服力的典型案例就是通用电气（GE），这家拥有130年辉煌历史、多元化技术和服务、30余万员工、业务遍及世界100多个国家的巨型跨国公司，也是自道·琼斯工业指数1896年设立以来唯一至今仍在指数榜上的上市公司，从其创始人大发明家爱迪生算起，先后有九届CEO执掌家业，直到2001年杰夫·伊梅尔特接替赫赫有名的杰克·韦尔奇，担任GE公司第十任首席执行官，在一个多世纪的发展历程中，正是由于他们形成了一套成规无扰的领导人选拔继承制度，因而总能保证"在适当的时候选对合适的人、关键的时候选对变革领导人"，从而在根本上保证了百年基业、万贯家业自始至终掌握在有眼光、负责任的"当家人"手中，才得以基业永续、走向永远。国内企业，少有青啤这样一开始就有着国际化背景的"百年老店"，但仅就国企背景来看，一些改革开放后开创新局面、快速崛起的可比企业，如联想、海尔和红塔等，也都从正反两个方面的运作走势初步印证了这条铁律：海尔传承以及可否持续目前尚不明朗，联想的领导人接班传承现在看来大致可作为正面案例来解读，而与青啤形成鲜明对照的负面典型案例就是红塔，在褚时健出事后，由于受随机的外部行政力量强力干扰，频繁从外部空降委派行政官员进入"当家"，使红塔集团近十多年一直陷于摇摆、停滞、徘徊的艰难困境不能自拔，这为"山高人为峰"的企业文化传承和可持续发展前景蒙上不少阴影。而同样是国企背景的青啤集团，之所以百岁归零、重整旗鼓，在短短的十余年内再度阔步走上新征程，首先与其契合基业长青国际大公司"内部锻炼成长、长期有序选拔、制度化继承"的领导人形成机制，以至于能够在危难当口、关键时期按照不同于"好人里面选能人"的政府标准，以企业自己的标准在"能人里面选好人"，可以说有着直接而相关的联系；这一点，由彭作义突然去世、金志国临危受命，高瞻远瞩、大刀阔斧推进战略整合、转型和变革，以及孙明波平稳接班、得力领导团队紧密配合，借助BSC杠杠推动战略落地，循序渐进打造人力资源战略管理组织架构、专业化团队、制度化流程和规范化运作机制的一系列行动中，都可以看得明明白白、清清楚楚。

当年，金志国之所以能够不辱使命，推动青啤成功实现战略转型和变革，就在于坚信一个朴素而又普适的伟大哲理，这就是："不谋万世者不足以谋一时，不谋全局者不足以谋一隅。"有人说"细节决定成败"，而细节决定成败的前提是战略选择对路、战略目标明确、战略思路清晰、战略重点聚焦、战略步骤明晰，只有这样，将战略落地，做实做透，做到日常工作中每人每件事的"细微"之处，才能算真成功。因此，说到底，还是"战略决定成败"。

其实，所有好的领导者都应该首先是一个高瞻远瞩的战略家，尤其是卓越企业的"当家人"，正如管理大师德鲁克所说，其基本使命就是要"为企业创造未来"；在这个意义上说，企业家、企业高层管理者能否立足核心价值观高瞻远瞩，为企业的未来描绘愿景、确立战略目标并将之转化为每个员工的切实行动，乃是基业长期公司临危变革、走出困境进而现实可持续发展的关键因素。从十余年来青啤变革和发展历程来看，高层管理团队一开始就提出了清晰而明确"从做大做强到做强做大"战略指向，特别是在大政方针中能够明白贯彻"做人先于做事，小企业做事，大企业做人"的人本管理核心理念，始终如一地将打造科学先进的现代企业人力资源战略管理体系作为所有战略管理工作的重中之重来抓紧、抓实、抓好，并能够全面发动全公司员工自上而下坚持不懈地聚焦努力、始终如一地对焦调整，循序渐进地不断推动、持之以恒地贯彻落实，这确是青啤人的"过人之处"，也是青啤变革成功的关键所在，尤其是对于具有国企背景的"百年老店"青啤集团来说，实属难得。

21 世纪之交的数十年间，在数字化、全球化和绿色化发展的时代大背景下，从传统线性的、直接的和机械操作性质的组织运作架构逐渐转向非线性的、复杂的和生态有机式的战略演进框架，从传统"可计算"的工具理性驱动逐渐转向基于"共同愿景"的价值理性驱动，基于"以人为本，战略性激励"理念推行大刀阔斧的组织流程再造及结构变革，以更加人性化、强调内在价值驱动的绩效与薪酬管理策略积极激发员工学习创新，成为世界各国企业人力资源战略管理发展的主轴线和大趋势。一个有着长期历史包袱的国有企业，能够将国际化大公司人力资源管理的前沿理念和先进工具，理解得这么透彻、贯彻得这么到位、做得这么有板有眼，特别是

第三篇 人本管理学无边

中国企业如何打造「战略中心型组织」

姜宏女士及她领导的人力资源管理团队之专业素养、精神面貌和做事风格，特别是他们数十年如一日持之以恒导入 BSC，由此有力地撬动青啤战略变革与转型，并在基础上循序渐进、有条不紊地推进青啤人力资源战略管理制度体系建设的真实情景和鲜活实践，给我们留下了无比深刻的印象。可以说，在青啤的战略变革与转型中，人力资源战略管理发挥了举足轻重的杠杆作用，功不可没。

就像青啤这样具有百年文化基因传承、在竞争性市场领域背负"国有企业"历史包袱打拼的中国本土企业来说，本案例研究结论具有重要启迪意义。概言之，要在现行中国转型体制环境下成功打造"战略中心型组织"，建立健全现代企业人力资源战略管理体系，以实现基业长青可持续发展，需要具备三大成功要素：（1）自上而下强有力的领导激发、战略导向，是最为重要的主导因素；（2）从理念到行动"大刀阔斧"的组织战略变革，是决定成败的关键因素；（3）雷厉风行的执行力、持之以恒的专业主义精神，是落地贯彻的基本因素。

参考文献

［1］李宝元、王文周：《从平衡计分卡到平衡计酬卡》，载《中国人力资源开发》2013 年第 10 期。

［2］李宝元、王文周、蒯鹏州：《人力资源战略管理》，清华大学出版社 2013 年版。

［3］李宝元：《战略性激励：现代企业人力资源管理精要》，经济科学出版社 2005 年版。

［4］李宝元：《追求永远：中国企业谋求长程发展行为案例研究》，经济科学出版社 2004 年版。

［5］金志国：《一杯沧海：我与青岛啤酒》，中信出版社 2008 年版。

［6］孙明波：《青岛啤酒利用平衡计分卡的成功经验介绍》，载《哈佛商业评论》2008 年 12 月 1 日。

［7］闫治民：《青岛啤酒百年品牌的年轻化革命》，载《中国食品商务网》2007 年 11 月 21 日

［8］徐绍峰：《青啤转型的管理魔方》，载《金融时报》2007 年 11 月 9 日。

［9］陈慕鸿：《青岛啤酒靠平衡计分卡成功转型》，载《证券日报》2007年11月6日。

［10］晨南：《青啤：激情燃烧执行力》，载《新民周刊》2007年11月28日。

［11］彭长桂：《引爆员工的激情：青岛啤酒的人力资源管理》，载《人力资源》2006年第6期。

［12］赵满福、王文晓：《青岛啤酒人才战略透视》，载《企业研究》2005年第8期。

［13］华威、魏微：《青啤结盟美国A－B金志国扩张手法有别彭作义》，载《经济观察报》2002年8月5日。

［14］李云：《青啤革命：与青啤公司总经理金志国对话》，载《南方都市报》2002年8月20日。

［15］王宏彦：《树立新观念　打赢品牌战：青岛啤酒股份有限公司董事长彭作义谈名牌企业参与市场竞争》，载《市场报》1997年10月6日（第七版）。

图书在版编目（CIP）数据

人本发展与管理：李宝元文集/李宝元著．—北京：
经济科学出版社，2016.5
（京师经管文库）
ISBN 978 - 7 - 5141 - 6797 - 9

Ⅰ．①人…　Ⅱ．①李…　Ⅲ．①人本主义 - 发展经济学 - 文集
②人本主义 - 管理学 - 文集　Ⅳ．①F069.9 - 53②C93 - 53

中国版本图书馆 CIP 数据核字（2016）第 068239 号

责任编辑：齐伟娜　张蒙蒙
责任校对：刘　昕
技术编辑：李　鹏

人本发展与管理
——李宝元文集

李宝元　著
经济科学出版社出版、发行　新华书店经销
社址：北京市海淀区阜成路甲 28 号　邮编：100142
总编部电话：010 - 88191217　发行部电话：010 - 88191540
网址：www. esp. com. cn
电子邮件：esp@ esp. com. cn
天猫网店：经济科学出版社旗舰店
网址：http://jjkxcbs. tmall. com
固安华明印业有限公司印装
710 × 1000　16 开　25.5 印张　360000 字
2016 年 5 月第 1 版　2016 年 5 月第 1 次印刷
ISBN 978 - 7 - 5141 - 6797 - 9　定价：60.00 元